全国二级建造师执业资格考试一次通关

建设工程法规及相关知识
一次通关

品思文化专家委员会　组织编写

魏文彪　主　编

中国建筑工业出版社

图书在版编目（CIP）数据

建设工程法规及相关知识一次通关 / 品思文化专家委员会组织编写；魏文彪主编. -- 北京：中国建筑工业出版社，2025.3. -- （全国二级建造师执业资格考试一次通关）. -- ISBN 978-7-112-30937-5

Ⅰ. D922.297

中国国家版本馆 CIP 数据核字第 2025BT1926 号

责任编辑：牛 松
责任校对：赵 菲

全国二级建造师执业资格考试一次通关
建设工程法规及相关知识一次通关
品思文化专家委员会 组织编写
魏文彪 主 编

*

中国建筑工业出版社出版、发行（北京海淀三里河路 9 号）
各地新华书店、建筑书店经销
北京建筑工业印刷有限公司制版
北京云浩印刷有限责任公司印刷

*

开本：787 毫米 × 1092 毫米 1/16 印张：24¾ 字数：571 千字
2025 年 3 月第一版　　2025 年 3 月第一次印刷
定价：68.00 元
ISBN 978-7-112-30937-5
(44629)

版权所有　翻印必究

如有内容及印装质量问题，请与本社读者服务中心联系
电话：（010）58337283　QQ：2885381756
（地址：北京海淀三里河路9号中国建筑工业出版社604室　邮政编码：100037）

品思文化专家委员会

（按姓氏笔画排序）

丰朴春　王　洋　龙炎飞　许名标

张少帅　张少华　胡宗强　秦臻伟

董美英　魏文彪

前 言

为了更好地帮助广大考生复习应考，提高考试通过率，我们专门组织国内顶级名师，依据最新版考试大纲和考试用书的要求，对各门课程的历年考情、核心考点、考题设计等进行了全面的梳理和剖析，精心编写了二级建造师执业资格考试一次通关辅导丛书，丛书共分五册，分别为《建设工程施工管理一次通关》《建设工程法规及相关知识一次通关》《建筑工程管理与实务一次通关》《机电工程管理与实务一次通关》《市政公用工程管理与实务一次通关》。本套丛书在体例上独树一帜，能够帮助考生轻松掌握所有核心考点，非常适合没有充足时间学习考试用书的考生。

《建设工程法规及相关知识一次通关》主要包括以下四个部分：

1. "导学篇"——分析了2022—2024年度真题考点及分值分布、命题规律、题型分析、复习方法及答题技巧，为考生提供清晰的复习思路，突出重点、把握规律，帮助制定系统全面的复习计划。

2. "核心考点升华篇"——①"考情分析"：归纳各章节近三年核心考点及分值分布，让考生清晰了解知识点；②"核心考点分析"：按照章节顺序，提炼每节核心考点提纲，针对各个核心考点，结合真题或模拟题，总结各种典型考法，深入剖析核心考点，使考生全面了解考试命题意图、明晰解题思路；③"经典真题及预测题"：针对每个核心考点，以单选、多选分别罗列的形式，按照考试用书章节顺序，精选若干典型真题及预测题，使考生全面扎实掌握各个知识点。

3. "近年真题篇"——提供了近两年考试真题，让考生全面了解考试内容，提前体验考试场景，尽快进入考试状态。

4. "模拟预测篇"——以最新考试大纲要求和最新命题信息为导向，参考历年试题核心考点分布情况，精编2套全真模拟试卷。两套试题覆盖全部核心考点，力求预测2025年命题新趋势，帮助广大考生准确把握考试命题规律。

本系列丛书具有以下三大特点：

1. "全"——对历年的二建考试真题进行了全面梳理和精选，对核心考点进行了全面归纳和剖析，点睛考点，总结考法，指明思路；每个核心考点都配套了历年典型真题和模拟题，帮助考生消化考点内容，加深对知识点的理解，拓宽解题思路，提高答题技巧；

结合核心考点，精心编写模拟预测试卷并对难点进行解析，帮助考生进一步巩固知识点。

2."新"——严格依据最新版考试大纲和考试用书，充分体现2025年考试趋势；体例新颖，每一核心考点均总结各种考法，并对其进行精准剖析，理清解题思路，提炼答题技巧，每章附经典真题及模拟强化练习，使考生能举一反三，尽快适应2025年的考试要求。

3."简"——核心知识点罗列清晰，在涵盖所有考点的前提下，简化考试用书内容，使考生一目了然，帮助考生在短时间内将考试用书由厚变薄、轻松掌握考点，节省了时间。

本书在编写过程中得到了诸多行内专家的指点，在此一并表示感谢！由于时间仓促、水平有限，书中难免有疏漏和不当之处，敬请广大考生批评指正。

愿我们的努力能够帮助大家顺利通过考试！

目 录

导 学 篇

一、近三年考点分值统计 ………………………………………………………… 2
二、法规科目考试题型及分数 …………………………………………………… 2
三、命题规律 ……………………………………………………………………… 2
四、题型分析 ……………………………………………………………………… 3
五、复习方法 ……………………………………………………………………… 4
六、答题技巧 ……………………………………………………………………… 4

核心考点升华篇

第 1 章　建设工程基本法律知识 ………………………………………………… 8
　　1.1　建设工程法律基础 ……………………………………………………… 8
　　1.2　建设工程物权制度 ……………………………………………………… 13
　　1.3　建设工程知识产权制度 ………………………………………………… 20
　　1.4　建设工程侵权责任制度 ………………………………………………… 23
　　1.5　建设工程税收制度 ……………………………………………………… 27
　　1.6　建设工程行政法律制度 ………………………………………………… 31
　　1.7　建设工程刑事法律制度 ………………………………………………… 35
　　本章模拟强化练习 …………………………………………………………… 40

第 2 章　建筑市场主体制度 ……………………………………………………… 48
　　2.1　建筑市场主体的一般规定 ……………………………………………… 48
　　2.2　建筑业企业资质制度 …………………………………………………… 54
　　2.3　建造师注册执业制度 …………………………………………………… 58
　　2.4　建筑市场主体信用体系建设 …………………………………………… 65
　　2.5　营商环境制度 …………………………………………………………… 71
　　本章模拟强化练习 …………………………………………………………… 74

第 3 章　建设工程许可法律制度 ………………………………………………… 82
　　3.1　建设工程规划许可 ……………………………………………………… 82

3.2 建设工程施工许可 ·············· 85
  本章模拟强化练习 ·············· 89

第4章 建设工程发承包法律制度 ·············· 93
  4.1 建设工程发承包的一般规定 ·············· 93
  4.2 建设工程招标投标制度 ·············· 99
  4.3 非招标采购制度 ·············· 110
  本章模拟强化练习 ·············· 115

第5章 建设工程合同法律制度 ·············· 120
  5.1 合同的基本规定 ·············· 120
  5.2 建设工程施工合同的规定 ·············· 128
  5.3 相关合同制度 ·············· 135
  本章模拟强化练习 ·············· 148

第6章 建设工程安全生产法律制度 ·············· 156
  6.1 建设单位和相关单位的安全责任制度 ·············· 156
  6.2 施工安全生产许可证制度 ·············· 161
  6.3 施工单位安全生产责任制度 ·············· 164
  6.4 施工现场安全防护制度 ·············· 173
  6.5 施工生产安全事故的应急救援和调查处理 ·············· 179
  6.6 政府主管部门安全生产监督管理 ·············· 185
  本章模拟强化练习 ·············· 190

第7章 建设工程质量法律制度 ·············· 197
  7.1 工程建设标准 ·············· 197
  7.2 无障碍环境建设制度 ·············· 204
  7.3 建设单位及相关单位的质量责任和义务 ·············· 208
  7.4 施工单位的质量责任和义务 ·············· 215
  7.5 建设工程竣工验收制度 ·············· 222
  7.6 建设工程质量保修制度 ·············· 228
  本章模拟强化练习 ·············· 232

第8章 建设工程环境保护和历史文化遗产保护法律制度 ·············· 240
  8.1 建设工程环境保护制度 ·············· 240
  8.2 施工中历史文化遗产保护制度 ·············· 248
  本章模拟强化练习 ·············· 252

第9章 建设工程劳动保障法律制度 ·············· 258
  9.1 劳动合同制度 ·············· 258
  9.2 劳动用工和工资支付保障 ·············· 266
  9.3 劳动安全卫生和保护 ·············· 269
  9.4 工伤保险制度 ·············· 272

  9.5 劳动争议的解决 ·· 277
  本章模拟强化练习 ·· 281

第10章 建设工程争议解决法律制度 ·· 286
  10.1 建设工程争议和解、调解制度 ·· 286
  10.2 仲裁制度 ··· 289
  10.3 民事诉讼制度 ··· 296
  10.4 行政复议制度 ··· 309
  10.5 行政诉讼制度 ··· 314
  本章模拟强化练习 ·· 324

近年真题篇

2024年度全国二级建造师执业资格考试试卷 ·· 334
参考答案 ··· 346
2023年度全国二级建造师执业资格考试试卷 ·· 347
参考答案 ··· 360

模拟预测篇

模拟预测试卷一 ·· 362
参考答案 ··· 374
模拟预测试卷二 ·· 375
参考答案 ··· 388

导 学 篇

一、近三年考点分值统计

序号	章节名称（重点★）	分值		
		2024年（分）	2023年（分）	2022年（分）
1	建设工程基本法律知识★	16	12	16
2	建筑市场主体制度	10	10	7
3	建设工程许可法律制度	5	2	1
4	建设工程发承包法律制度	9	15	17
5	建设工程合同法律制度	8	15	13
6	建设工程安全生产法律制度★	17	10	10
7	建设工程质量法律制度★	14	11	12
8	建设工程环境保护和历史文化遗产保护法律制度	3	5	4
9	建设工程劳动保障法律制度	8	11	11
10	建设工程争议解决法律制度	10	9	9

二、法规科目考试题型及分数

法规科目考试分值及题型		
分值	单选题60分，多选题40分，满分100分，各省自主划定合格线（最高及格线为60分）	
题型	单选题	每题1分，4个备选项。每题的备选项中，只有1个选项最符合题意
	多选题	每题2分，5个备选项。每题的备选项中，有2个或者2个以上选项符合题意，至少有一个错项。错选，本题不得分；少选，所选的每个选项得0.5分

三、命题规律

1. 紧扣大纲

全国二级建造师执业资格考试大纲是确定考试内容的唯一依据，而考试用书是对考试大纲的具体细化。试题不会超出考试大纲和考试用书的范围，更不会出现与现行法律、法规、规范相冲突的内容。

2. 挖掘陷阱

主要表现为三个方面：（1）在题干中设置隐含陷阱，考试用书中以肯定形式表达的内容，命题者以否定形式提问；考试用书中从正面角度阐述的内容，命题者从反面角度提问；（2）命题者喜欢将考试用书中某些知识点的关键字提取出来设置其他干扰项；（3）题干和选项同时设置陷阱，命题者会同时选择两个以上的知识点来迷惑考生。

3. 体现关联

某些多项选择题可能涉及两个以上知识点，回答问题时要依据考试用书所阐述的概念、方法、公式，注重不同知识点之间的关联性，多方面、多角度考虑，慎重选样。

4. 注重实务

全国二级建造师执业资格考试的目的是考查考生运用基本理论知识和基本技能综合分析解决问题的能力，考试试题更趋向施工现场的质量、安全、成本、进度、环保和职业健康等实务性方面，越来越全面细致，越来越注重题干的复杂性、干扰性、迷惑性，回答问题时，要善于利用相关理论，同时结合工程实际，来分析和解答试题。

四、题型分析

1. 概念型选择题

此类选择题主要依据基本概念来出题，对基本概念的特点、原因、分类、原则、内容、作用、结果等进行选择，经常出现的主要标志性措辞有"性质是""内容是""特点是""标志是""准确地理解是"等。在各备选项的表述上，命题者一般会采用混淆、偷梁换柱、以偏概全、以末代本、因果倒置等手法。

2. 否定型选择题

也称为逆向选择题，此类题型题干部分采用否定式的提示或限制，如"无""不是""没有""不包括""无关的""不正确""错误的""不属于"等提示语。

3. 因果型选择题

此类选择题即考查原因和结果的选择题，其基本结构一般有两种形式：一种是题干列出了原因，各备选项列出结果，在试题中常出现的标志性词语有"影响""结果"等；另一种是题干列出了结果，而各备选项列出了原因，在试题中常出现的标志性词语有"原因是""目的是""是为了"等。

4. 案例型选择题

对于案例型的选择题，一般题量不会很大，需要我们熟记相关知识内容，并能够简单运用。

5. 比较型选择题

比较型选择题是把具有可比性的内容放在一起，让考生通过分析、比较，归纳出其相同点或不同点。此类选择题在题干中一般会出现"相同点""不同点""共同""相似"等标志性词语，有些选择题也有反映程度性的词语，如"最大的不同点""最根本的不同""本质上的相似之处"等，主要考查考生的分析、归纳和比较能力。

6. 组合型选择题

此类选择题是将同类选项按一定关系进行组合，并冠之以数字序号，然后分解组成各选项作为备选项。解答组合型选择题的关键是要有准确牢固的基础知识，同时由于此题型的逻辑性较强，所以考生还应具备一定的分析能力。

五、复习方法

1. 依纲靠本

首先要根据考试大纲的要求,确保有充足的时间理解考试用书中的知识点,尤其是核心知识点;然后要明白考试时所有的试题和标准答案均来自考试用书,答题时必须严格按考试用书的内容、观点和要求回答每个问题。

2. 提前准备

根据经验,考试用书至少要通读三遍。第一遍要仔细地看,不放过任何一个要点、难点、关键词;第二遍要快速地看,主要针对核心考点和第一遍中不理解的内容;第三遍要飞快地看,主要是看第二遍没有看懂或者没有彻底掌握的核心考点。复习前,要制定一个切实可行的学习计划,杜绝先松后紧、突击复习造成精神紧张甚至失眠的现象。很多考生临考前总会抱怨"再给我一周时间,肯定能够过关",与其考后后悔,不如笨鸟先飞,提前准备。

3. 紧抓核心

复习时,要特别注意知识点之间的内在联系,有些知识点可能跨越好几页,而这些知识点往往是多项选择题的出题点,要留意层级关系,深刻把握,举一反三,以不变应万变。复习中,必须把握重点,避免平均分配。本书提供的核心考点几乎囊括了该课程所有出题点,建议考生严格按照本书顺序和逻辑,好好复习,大幅提高效率。

4. 学会总结

我们要做到一边看书,一边做总结性标记,罗列要点、难点,将书由厚变薄。要注意准确把握文字背后的复杂含义,要注意不同章节之间的内在联系。本书是作者多年教学辅导经验的结晶,总结了该课程所有的核心考点,同时非常注意章节之间的联系,可以带领考生快速掌握考试用书内容。

5. 精选资料

复习资料不宜过多,多了浪费时间,难以取舍、增加压力。备考过程中,适当做一些真题和模拟题,但千万不要舍本逐末,以题代学,杜绝题海战术。本书针对每个核心考点,详细讲解了命题思路、考试方法,并配套了例题、历年真题和强化模拟题,相信本书能让考生达到事半功倍的效果。

六、答题技巧

1. 控制情绪

考试前一定要休息好,考试过程中,要学会控制自己的情绪,不要急躁,如果心里紧张,深呼吸几口气,做到心平气和,面对不会的题,善于跳跃,千万不要被命题者一开始就来个下马威,更加要杜绝心里想的是答案 A 却涂成答案 C 的情况。

2. 稳步推进

单项选择题难度较小,答题要稍快,同时注意准确率;多项选择题可以稍慢一点,但要求稳。一定要耐着性子把题目中每个字读完,提高准确率,杜绝心急。根据考试时间的分配，单项选择题按照每题 1 分钟、多项选择题按照每题 1.5 分钟的速度稳步推进，效果良好。

3. 讲究方法

针对上述 6 类题型，可以采用不同的答题方法。概念性选择题采用逻辑推理法，解题的关键是要注意一些隐性的限制词，结合相关的理论知识来判断选项是否符合题意。否定型选择题可以采用排除法、推理法、直选法等方式进行。因果型选择题要正确理解有关概念的含义，注意相互之间的内在联系，全面分析和把握影响的各种因素，准确把握题干与各备选项之间的逻辑关系，弄清二者之间谁因谁果。案例型选择题可以采用逻辑推演方法来作答。比较型选择题一般都是对考试用书内容的重新整合，要善于运用理论进行分析判断，采用排除法，从同中找异，从异中求同。组合型选择题可以采用肯定筛选法和否定筛选法，肯定筛选法是先根据试题要求分析各个选项，确定一个正确的选项，排除不包含此选项的组合，然后一一筛选，最后得出正确答案。否定筛选法即确定一个或两个不符合题意的选项，排除包含这些选项的组合，得出正确答案。

4. 回头检查

按照上述时间稳步推进，至少可以预留 15~20 分钟的回头检查时间。考试过程中，把不太肯定或不会做的题目在题号位置标记一个符号，回头主要对这些题进行检查，做到心中有数、有的放矢。

核心考点升华篇

第 1 章　建设工程基本法律知识

近五年真题考点分值表

节	题型	2020 年（分）	2021 年（分）	2022 年（分）	2023 年（分）	2024 年（分）
1.1　建设工程法律基础	单项选择题					
	多项选择题	2	2	2	2	2
1.2　建设工程物权制度	单项选择题	2	2	3	2	2
	多项选择题	4	4	4	4	2
1.3　建设工程知识产权制度	单项选择题	1	2	1	1	1
	多项选择题	2	2	2		
1.4　建设工程侵权责任制度	单项选择题	1	1	1		2
	多项选择题		2	2	2	2
1.5　建设工程税收制度	单项选择题					1
	多项选择题					
1.6　建设工程行政法律制度	单项选择题					2
	多项选择题					
1.7　建设工程刑事法律制度	单项选择题	1	1	1	1	2
	多项选择题					

1.1　建设工程法律基础

核心考点提纲

1	1.1.1　法律部门和法律体系
2	1.1.2　法的形式和效力层级

1.1.1　法律部门和法律体系

核心考点及重点提示

	考点	重点提示
1	法律部门	★
2	法律体系	★

★普通　★★重要　★★★非常重要

核心考点及考法

1. 法律部门

在我国法律体系中，根据所调整的社会关系性质不同，可以划分为不同的部门法。部门法又称法律部门，是根据一定标准、原则所制定的同类法律规范的总称。

2. 法律体系

表 1-1　法律体系

法律体系	所调整的社会关系性质	举例
宪法及宪法相关法	根本大法	《地方各级人民代表大会和地方各级人民政府组织法》《全国人民代表大会和地方各级人民代表大会选举法》《国籍法》《全国人民代表大会组织法》《国务院组织法》《民族区域自治法》
民法商法	调整平等主体的公民间、法人间及公民与法人间的财产关系和人身关系	《民法典》《商标法》《专利法》《著作权法》《消费者权益保护法》《公司法》《招标投标法》
行政法	调整行政主体在行使行政职权和接受行政法制监督过程中而与行政相对人、行政法制监督主体之间发生的各种关系，以及行政主体内部发生的各种关系	《土地管理法》《城市房地产管理法》《行政处罚法》《行政复议法》《环境影响评价法》《行政许可法》《城乡规划法》
经济法	调整国家在协调、干预经济运行的过程中发生的经济关系	《建筑法》《统计法》《标准化法》《税收征收管理法》《预算法》《审计法》《节约能源法》《政府采购法》《反垄断法》
社会法	调整劳动关系、社会保障和社会福利关系	《无障碍环境建设法》《残疾人保障法》《矿山安全法》《劳动法》《职业病防治法》《安全生产法》《劳动合同法》
刑法	关于犯罪和刑罚	《刑法》
诉讼与非诉讼程序法	规范诉讼程序	诉讼法有《刑事诉讼法》《行政诉讼法》《民事诉讼法》。非诉讼程序法有《仲裁法》《劳动争议调解仲裁法》《人民调解法》

◆ **考法 1：法律部门**

【例题】在同一法律体系中，根据一定的标准和原则制定的同类法律规范的总称是（　　）。

A. 法律形式　　　　　　　　　B. 法律部门
C. 法律规章　　　　　　　　　D. 法律制度

【答案】B

◆ **考法 2：法律体系的基本框架**

【例题】（2024 年真题）下列法律中，属于民商法法律部门的有（　　）。

A.《民法典》　　　　　　　　B.《公司法》
C.《建筑法》　　　　　　　　D.《土地管理法》
E.《劳动法》

【答案】A、B

1.1.2 法的形式和效力层级

核心考点及重点提示

	考点	重点提示
1	法的形式	★★
2	法的效力层级	★★★

★普通　★★重要　★★★非常重要

核心考点及考法

1. 法的形式

（1）法的形式的4层含义：① 法律规范创制机关的性质及级别；② 法律规范的外部表现形式；③ 法律规范的效力等级；④ 法律规范的地域效力。

（2）法的形式分类：

表 1-2　法的形式分类

形式	制定机关	内容
宪法	全国人大	最高的法律地位和法律效力
法律	全国人大及其常委会	
行政法规	国务院	《建设工程质量管理条例》等
地方性法规、自治条例和单行条例	省（较大的市）人大及其常务委员	
部门规章	国务院各部、委员会等	《必须招标的工程项目》等
地方政府规章	省、自治区、直辖市和较大的市的人民政府	
国际条约	我国与外国具有条约性质的文件	

（3）只能制定法律的事项：① 国家主权的事项；② 各级人民代表大会、人民政府、监察委员会、人民法院和人民检察院的产生、组织和职权；③ 民族区域自治制度、特别行政区制度、基层群众自治制度；④ 犯罪和刑罚；⑤ 对公民政治权利的剥夺、限制人身自由的强制措施和处罚；⑥ 税种的设立、税率的确定和税收征收管理等税收基本制度；⑦ 对非国有财产的征收、征用；⑧ 民事基本制度；⑨ 基本经济制度以及财政、海关、金融和外贸的基本制度；⑩ 诉讼制度和仲裁基本制度；⑪ 必须由全国人民代表大会及其常务委员会制定法律的其他事项。

◆ 考法 1：法的形式的含义

【例题】（2018年真题）法的形式的含义包括（　　）。

　　A. 创制机关的性质及级别　　　　B. 法律规范的内涵
　　C. 法律规范的期间效力　　　　　D. 法律规范的地域效力

E. 法律规范的效力等级

【答案】A、D、E

◆ 考法2：法的形式分类

【例题】（2012年真题）《建设工程质量管理条例》属于（   ）。

　　A. 法律　　　　　　　　　　B. 行政法规
　　C. 部门规章　　　　　　　　D. 司法解释

【答案】B

◆ 考法3：只能制定法律的事项

【例题】（2024年真题）根据《立法法》，下列事项中，只能制定法律的有（   ）。

　　A. 民族区域自治制度　　　　B. 税收基本制度
　　C. 犯罪和刑罚　　　　　　　D. 属于国务院行政管理职权的事项
　　E. 限制人身自由的强制措施和处罚

【答案】A、B、C、E

2. 法的效力层级

（1）法的效力等级体系：

表 1-3　法的效力等级体系

效力等级	内容
宪法至上	宪法是国家的根本大法，具有最高的法律效力
上位法优于下位法	宪法＞法律＞行政法规＞地方性法规和部门规章 地方性法规＞本级和下级地方政府规章 部门规章之间、部门规章与地方政府规章之间具有同等效力
特别法优于一般法	同一机关制定的法律、行政法规、地方性法规、自治条例和单行条例、规章，特别规定与一般规定不一致的，适用特别规定
新法优于旧法	同一机关制定的法律、行政法规、地方性法规、自治条例和单行条例、规章，新的规定与旧的规定不一致的，适用新的规定

（2）需要由有关机关裁决适用的特殊情况：

表 1-4　需要由有关机关裁决适用的特殊情况

特殊情况		裁决机关
法律之间新的一般规定与旧的特别规定不一致		由全国人民代表大会常务委员会裁决
行政法规之间新的一般规定与旧的特别规定不一致		由国务院裁决
同一机关制定的新的一般规定与旧的特别规定不一致		由制定机关裁决
不同机关制定	地方性法规与部门规章之间对同一事项的规定不一致	国务院认为应适用地方性法规，国务院裁决
		国务院认为应当适用部门规章，提请全国人民代表大会常务委员会裁决
	A部门规章与B部门规章不一致	由国务院裁决
	部门规章与地方政府规章不一致	
授权制定的法规与法律规定不一致		由全国人民代表大会常务委员会裁决

11

（3）行政法规、地方性法规、自治条例和单行条例、规章的备案：

表1-5　行政法规、地方性法规、自治条例和单行条例、规章的备案

法	全国人民代表大会常务委员会	国务院	同时备案
行政法规	√		
地方性法规	√	√	
自治条例和单行条例	√	√	
部门规章		√	
地方政府规章		√	同时报本级人民代表大会常务委员会备案
设区的市、自治州的章		√	同时报本级人民代表大会常务委员会备案；应当同时报省、自治区的人民代表大会常务委员会和人民政府备案
授权制定的法规	应当报授权决定规定的机关备案		

◆ 考法1：法的效力层级

【例题】（2020年真题）关于法的效力层级的说法，正确的有（　　）。

A. 宪法至上

B. 新法优于旧法

C. 一般法高于特别法

D. 任何机关和个人不得裁决法律适用情况

E. 上位法优于下位法

【答案】A、B、E

【例题】（2023年真题）关于法的效力层级的说法，正确的是（　　）。

A. 行政法规的效力高于规章

B. 部门规章之间具有同等效力

C. 地方性法规的效力高于同级地方政府规章

D. 行政法规与地方性法规具有同等效力

E. 部门规章效力高于地方政府规章

【答案】A、B、C

◆ 考法2：需要由有关机关裁决适用的特殊情况

【例题】（2019年真题）下列情形中，需要由全国人民代表大会常务委员会裁决的有（　　）。

A. 行政法规之间对同一事项的新的一般规定与旧的特别规定不一致，不能确定如何适用

B. 法律之间对同一事项的新的一般规定与旧的特别规定不一致，不能确定如何适用

C. 地方性法规与部门规章之间对同一事项的规定不一致，不能确定如何适用

D. 部门规章之间对同一事项的规定不一致，不能确定如何适用

E. 根据授权制定的法规与法律规定不一致，不能确定如何适用

【答案】B、E

◆ 考法3：立法备案

【例题】（2022年真题）关于立法备案的说法，正确的有（   ）。

A. 设区的市的地方性法规由省、自治区的人民代表大会常务委员会报送备案

B. 自治条例、单行条例报送备案时，应当说明对上位法作出变通的情况

C. 行政法规由国务院报全国人民代表大会备案

D. 部门规章报国务院备案

E. 根据授权制定的法规应当报授权决定规定的机关备案

【答案】A、B、D、E

1.2 建设工程物权制度

核心考点提纲

1	1.2.1 物权的设立、变更、转让、消灭和保护
2	1.2.2 所有权、用益物权、担保物权和占有

1.2.1 物权的设立、变更、转让、消灭和保护

核心考点及重点提示

	考点	重点提示
1	物权的设立、变更、转让、消灭	★★
2	物权的保护	★

★普通　★★重要　★★★非常重要

核心考点及考法

1. 物权的设立、变更、转让、消灭

（1）不动产物权的设立、变更、转让和消灭，经依法登记，发生效力；未经登记，不发生效力，但是法律另有规定的除外。

（2）不动产物权的设立、变更、转让和消灭，依照法律规定应当登记的，自记载于不动产登记簿时发生效力。

（3）依法属于国家所有的自然资源，所有权可以不登记。不动产登记，由不动产所在

地的登记机构办理。

（4）下列不动产权利，依照规定办理登记：① 集体土地所有权；② 房屋等建筑物、构筑物所有权；③ 森林、林木所有权；④ 耕地、林地、草地等土地承包经营权；⑤ 建设用地使用权；⑥ 宅基地使用权；⑦ 海域使用权；⑧ 地役权；⑨ 抵押权；⑩ 法律规定需要登记的其他不动产权利。

（5）当事人之间订立有关设立、变更、转让和消灭不动产物权的合同，除法律另有规定或者当事人另有约定外，自合同成立时生效；未办理物权登记的，不影响合同效力。

（6）动产物权的设立和转让，自交付时发生效力，但是法律另有规定的除外。

（7）船舶、航空器和机动车等的物权的设立、变更、转让和消灭，未经登记，不得对抗善意第三人。

（8）动产物权转让时，当事人又约定由出让人继续占有该动产的，物权自该约定生效时发生效力。

（9）因人民法院、仲裁机构的法律文书或者人民政府的征收决定等，导致物权设立、变更、转让或者消灭的，自法律文书或者征收决定等生效时发生效力。

（10）因合法建造、拆除房屋等事实行为设立或者消灭物权的，自事实行为成就时发生效力。

◆ 考法1：不动产登记

【例题】（2023年真题）关于不动产物权的说法，正确的是（　　）。
　　A. 设立不动产物权，除法律另有规定外依法登记发生效力
　　B. 依法应当登记的不动产物权，自申请不动产登记时发生效力
　　C. 不动产物权的变更，无需登记
　　D. 不动产物权的登记，由建设行政主管部门办理

【答案】A

【例题】（2024年真题）不动产物权的转让，自（　　）发生效力。
　　A. 物权合同成立时　　　　　　B. 物权合同生效时
　　C. 受让人实际占有不动产时　　D. 依法登记时

【答案】D

◆ 考法2：动产交付

【例题】（2022年真题）某施工企业因工作需要购买一辆二手机动车，施工企业取得该机动车的时间是（　　）。
　　A. 订立机动车买卖合同时　　B. 交付行驶证时
　　C. 交付车辆时　　　　　　　D. 进行过户登记时

【答案】C

2. 物权的保护

（1）物权受到侵害的，权利人可以通过和解、调解、仲裁、诉讼等途径解决。

（2）因物权的归属、内容发生争议的，利害关系人可以请求确认权利。无权占有不动产或者动产的，权利人可以请求返还原物。妨害物权或者可能妨害物权的，权利人可以请

求排除妨害或者消除危险。

（3）造成不动产或者动产毁损的，权利人可以请求修理、重作、更换或者恢复原状。

◆ 考法：物权保护方式

【例题】（2022年真题）造成不动产或者动产毁损的，权利人可以依法请求的物权保护方式有（　　）。

A. 修理　　　　　　　　　　B. 重作
C. 更换　　　　　　　　　　D. 恢复原状
E. 赔礼道歉

【答案】A、B、C、D

1.2.2　所有权、用益物权、担保物权和占有

核心考点及重点提示

	考点	重点提示
1	所有权	★
2	用益物权	★★
3	担保物权	★★
4	占有	★

★普通　　★★重要　　★★★非常重要

核心考点及考法

1. 所有权

表1-6　所有权

种类	权能	说明
占有权	对财产实际掌握、控制的权能	是行使物的使用权的前提条件
使用权	对财产的实际利用和运用的权能	是所有权人所享有的一项独立权能
收益权	收取由原物产生出来的新增经济价值的权能	是一项独立的权能，而使用权并不能包括收益权
处分权	决定财产在事实上或法律上命运的权能	是所有权内容的核心

◆ 考法：所有权的内容

【例题】（2023年真题）建设单位对建设工程项目的权利来自物权中最基本的权利——所有权，所有权的内容包括（　　）。

A. 占用权　　　　　　　　　B. 使用权
C. 担保权　　　　　　　　　D. 收益权

15

E. 处分权

【答案】A、B、D、E

2. 用益物权

1）用益物权的一般规定

用益物权包括土地承包经营权、建设用地使用权、宅基地使用权、居住权和地役权。

2）建设用地使用权

（1）建设用地使用权可以在土地的地表、地上或者地下分别设立。

（2）设立建设用地使用权，可以采取出让或者划拨等方式。

（3）工业、商业、旅游、娱乐和商品住宅等经营性用地以及同一土地有两个以上意向用地者的，应当采取招标、拍卖等公开竞价的方式出让。严格限制以划拨方式设立建设用地使用权。

（4）通过招标、拍卖、协议等出让方式设立建设用地使用权的，当事人应当采用书面形式订立建设用地使用权出让合同。

（5）设立建设用地使用权的，应当向登记机构申请建设用地使用权登记。建设用地使用权自登记时设立。

（6）建设用地使用权人有权将建设用地使用权转让、互换、出资、赠与或者抵押，但是法律另有规定的除外。

（7）建设用地使用权转让、互换、出资、赠与或者抵押的，当事人应当采用书面形式订立相应的合同。

（8）建设用地使用权消灭的，出让人应当及时办理注销登记。登记机构应当收回权属证书。

3）地役权

（1）地役权自地役权合同生效时设立。

（2）当事人要求登记的，可以向登记机构申请地役权登记；未经登记，不得对抗善意第三人。

（3）地役权期限由当事人约定；但是，不得超过土地承包经营权、建设用地使用权等用益物权的剩余期限。

（4）土地上已经设立土地承包经营权、建设用地使用权、宅基地使用权等用益物权的，未经用益物权人同意，土地所有权人不得设立地役权。

（5）地役权不得单独转让。土地承包经营权、建设用地使用权等转让的，地役权一并转让，但是合同另有约定的除外。

（6）地役权不得单独抵押。

◆ **考法1：用益物权的种类**

【例题】（2024年真题）下列权利中，属于用益物权的有（　　）。

A. 留置权　　　　　　　　B. 宅基地使用权
C. 地役权　　　　　　　　D. 占有权
E. 土地承包经营权

【答案】B、C、E

◆ 考法 2：建设用地使用权的设立

【例题】（2023 年真题）建设单位通过拍卖方式取得一宗建设用地使用权，其建设用地使用权的设立时间是（　　）。

A. 土地使用权出让合同订立时　　B. 建设用地使用权登记时
C. 土地使用权出让合同生效时　　D. 拍卖结束时

【答案】B

◆ 考法 3：地役权

【例题】（2015 年真题）甲房地产公司在 A 地块开发住宅小区，为满足该小区的住户观景的需要，便与相邻的乙工厂协商约定，甲公司支付乙工厂 800 万元，乙工厂在 20 年内不在本厂区建设 15m 以上的建筑物，以免遮挡住户观景。合同签订生效后甲公司即支付了全部款项。后来，甲公司将 A 块地的建设用地使用权转让给丙置业公司。关于 A 地块权利的说法，正确的是（　　）。

A. 甲公司对乙工厂的土地拥有地役权
B. 甲公司对乙工厂的土地拥有担保物权
C. 甲公司约定的权利自合同公证后获得
D. 甲公司转让 A 地块后，丙公司不享有该项权利

【答案】A

3. 担保物权

（1）担保物权的种类：

表 1-7　担保物权的种类

担保方式	谁担保	是否转移占有	对象	说明
抵押权	债务人本人或者第三人	不转移占有	动产、不动产	约定
质权		转移占有	动产、权利	约定
留置权	债务人本人	转移占有	动产	法定

（2）可抵押与不可抵押的财产：

表 1-8　可抵押与不可抵押的财产

项目	财产	设立时间
可以抵押	（1）建筑物和其他土地附着物； （2）建设用地使用权； （3）海域使用权； （4）正在建造的建筑物	登记时设立
	（1）生产设备、原材料、半成品、产品； （2）正在建造的船舶、航空器； （3）交通运输工具	合同生效时设立，未登记，不得对抗善意第三人

续表

项目	财产	设立时间
不得抵押	（1）土地所有权； （2）宅基地、自留地、自留山等集体所有土地的使用权，但是法律规定可以抵押的除外； （3）学校、幼儿园、医疗机构等为公益目的成立的非营利法人的教育设施、医疗卫生设施和其他公益设施； （4）所有权、使用权不明或者有争议的财产； （5）依法被查封、扣押、监管的财产	

（3）质权：

表1-9 质权

种类	可以出质的动产或权利	设立
动产质权	债务人或者第三人移交的动产	质权自出质人交付质押财产时设立
权利质权	汇票、本票、支票	质权自权利凭证交付质权人时设立
	债券、存款单	
	仓单、提单	
	可以转让的基金份额、股权	质权自办理出质登记时设立
	可以转让的注册商标专用权、专利权、著作权等知识产权中的财产权	
	现有的以及将有的应收账款	
	法律、行政法规规定可以出质的其他财产权利	

（4）留置权人负有妥善保管留置财产的义务；留置权人有权收取留置财产的孳息。

（5）留置权人与债务人应当约定留置财产后的债务履行期限；没有约定或者约定不明确的，留置权人应当给债务人60日以上履行债务的期限，但是鲜活易腐等不易保管的动产除外。

（6）债务人逾期未履行的，留置权人可以与债务人协议以留置财产折价，也可以就拍卖、变卖留置财产所得的价款优先受偿。

（7）债务人可以请求留置权人在债务履行期限届满后行使留置权；留置权人不行使的，债务人可以请求人民法院拍卖、变卖留置财产。

（8）留置财产折价或者拍卖、变卖后，其价款超过债权数额的部分归债务人所有，不足部分由债务人清偿。

（9）同一动产上已经设立抵押权或者质权，该动产又被留置的，留置权人优先受偿。

（10）留置权人对留置财产丧失占有或者留置权人接受债务人另行提供担保的，留置权消灭。

◆考法 1：是否可以抵押的财产

【例题】（2024 年真题）下列财产中，可以进行抵押的是（   ）。

  A. 土地所有权   B. 公益设施

  C. 生产设备   D. 使用权有争议的财产

【答案】C

【例题】（2020 年真题）财产抵押时，抵押权自抵押合同生效时设立的有（   ）。

  A. 原材料   B. 交通运输工具

  C. 建设用地使用权   D. 生产设备

  E. 正在建造的建筑物

【答案】A、B、D

◆考法 2：是否可以出质的权利

【例题】（2022 年真题）下列权利中，可以出质的是（   ）。

  A. 支票   B. 仓单

  C. 存款单   D. 海域使用权

  E. 土地所有权

【答案】A、B、C

◆考法 3：物权受偿顺序

【例题】（2012 年真题）同一物上，关于物权受偿顺序的说法，正确的是（   ）。

  A. 抵押权优于留置权受偿

  B. 抵押权优于建设工程优先权受偿

  C. 抵押权、质权与留置权按发生先后确定优先受偿顺序

  D. 留置权优于质权受偿

【答案】D

4. 占有

（1）他主占有是指占有人以非所有的意思对他人财产从事的占有，如保管人对保管物的占有、用益权人对用益物的占有、质权人对质物的占有等。

（2）施工企业对施工场地的占有属于他主占有。

（3）占有人返还原物的请求权，自侵占发生之日起 1 年内未行使的，该请求权消灭。

◆考法：占有的类型

【例题】在施工过程中，施工企业对施工场地的占有属于（   ）。

  A. 他主占有   B. 自主占有

  C. 善意占有   D. 无权占有

【答案】A

1.3 建设工程知识产权制度

核心考点提纲

1	1.3.1 著作权制度
2	1.3.2 专利权制度
3	1.3.3 商标权制度

1.3.1 著作权制度

核心考点及重点提示

	考点	重点提示
1	著作权保护的对象	★★
2	著作权的主体	★
3	著作权的保护期	★

★普通　★★重要　★★★非常重要

核心考点及考法

1. 著作权保护的对象

（1）施工单位编制的投标文件等文字作品；

（2）项目经理完成的工作报告；

（3）建设单位编制的招标文件等文字作品；

（4）以建筑物或者构筑物形式表现的有审美意义的作品；

（5）施工、生产绘制的工程设计图、产品设计图，以及反映地理现象、说明事物原理或者结构的地图、示意图等作品。

◆ 考法：著作权保护的对象

【例题】（2012年真题）下列作品中，属于著作权保护对象的有（　　）。

　　A. 建筑作品　　　　　　　B. 工程设计图
　　C. 注册商标　　　　　　　D. 外观设计专利
　　E. 反映地理现象的示意图

【答案】A、B、E

2. 著作权主体

（1）招标文件的著作权主体是招标人；

（2）投标文件的著作权主体是投标人；

（3）勘察设计文件著作权的归属由委托人和受托人通过合同约定，合同未作明确约定或者没有订立合同的，著作权属于受托人。

◆考法：著作权的主体

【例题】（2022年真题）如无特别约定，投标文件的作者是（　　）。

　　A. 招标人　　　　　　　　　　B. 投标人
　　C. 投标文件编写小组　　　　　D. 投标文件载明的项目经理

【答案】B

3. 著作权的保护期

（1）作者的署名权、修改权、保护作品完整权的保护期不受限制；

（2）自然人的作品，其发表权、使用权和获得报酬权的保护期，为作者终生及其死亡后50年；

（3）法人或者非法人组织的作品、著作权（署名权除外）的保护期为50年。

◆考法：著作权的保护期

【例题】（2022年真题）下列著作权的权利内容中，保护期不受限制的有（　　）。

　　A. 署名权　　　　　　　　　　B. 修改权
　　C. 发表权　　　　　　　　　　D. 使用权
　　E. 保护作品完整权

【答案】A、B、E

1.3.2 专利权制度

核心考点及重点提示

考点		重点提示
1	专利法的保护对象	★
2	授予专对权的条件	★★
3	专利权人的权利和期限	★★

★普通　★★重要　★★★非常重要

核心考点及考法

表1-10　专利权

保护对象	授予条件	保护期	起算
发明	新颖性、创造性和实用性	20年	申请日
实用新型		10年	
外观设计	新颖性、富有美感和适于工业应用	15年	

◆ 考法 1：专利法的保护对象

【例题】（2019 年真题）专利法的保护对象包括（　　）。

　　A. 发明　　　　　　　　　　B. 实用新型

　　C. 科学发现　　　　　　　　D. 图形作品

　　E. 外观设计

【答案】A、B、E

◆ 考法 2：授予专利权的条件

【例题】（2020 年真题）授予专利权的发明和实用新型，应当具备的条件有（　　）。

　　A. 新颖性　　　　　　　　　B. 实用性

　　C. 创造性　　　　　　　　　D. 富有美感

　　E. 适于工业应用

【答案】A、B、C

【例题】（2023 年真题）根据《专利法》授予外观设计专利权的特有条件是（　　）。

　　A. 实用性　　　　　　　　　B. 新颖性

　　C. 创造性　　　　　　　　　D. 富有美感

【答案】D

◆ 考法 3：专利权人的权利和期限

【例题】（2023 年真题）关于知识产权保护期限的说法，正确的有（　　）。

　　A. 发明专利权的期限为 20 年

　　B. 注册商标的有效期为 10 年

　　C. 实用新型专利权的期限为 15 年

　　D. 著作权、专利权和商标权的保护期限都可以申请续展

　　E. 自然人作品发表权的保护期，为作者终生及其死后 50 年

【答案】A、B、E

1.3.3　商标权制度

核 心 考 点 及 重 点 提 示

	考点	重点提示
1	商标专用权的内容以及保护对象	★
2	注册商标的续展、转让和使用许可	★

★ 普通　★★ 重要　★★★ 非常重要

核 心 考 点 及 考 法

1. 商标专用权的内容以及保护对象

（1）商标专用权的内容只包括财产权。

（2）商标专用权包括使用权和禁止权两个方面。

2. 注册商标的续展、转让和使用许可

（1）注册商标的有效期为 10 年，自核准注册之日起计算。

（2）注册商标有效期满，需要继续使用的，商标注册人应当在期满前 12 个月内办理续展手续；在此期间未能办理的，可以给予 6 个月的宽展期。每次续展注册的有效期为 10 年，自该商标上一届有效期满次日起计算。

◆ 考法：商标专用权

【例题】（2021 年真题）关于商标专用权的说法，正确的有（   ）。

    A. 商标专用权包括使用权和禁止权两个方面

    B. 商标专用权是商标所有人对其设计的商标所享有的权利

    C. 商标专用权的内容包括财产权和人身权

    D. 注册商标的有效期为 10 年，自核准注册之日起计算

    E. 转让注册商标的，商标注册人对其在同一种商品上注册的近似的商标应当一并转让

【答案】A、D、E

1.4 建设工程侵权责任制度

核心考点提纲

1	1.4.1	侵权责任主体和损害赔偿
2	1.4.2	产品责任
3	1.4.3	建筑物和物件损害责任

1.4.1 侵权责任主体和损害赔偿

核心考点及重点提示

	考点	重点提示
1	侵权责任主体	★
2	损害赔偿	★

★普通　★★重要　★★★非常重要

核心考点及考法

1. 侵权责任主体

（1）侵权行为的归责原则：

表 1-11　侵权行为的归责原则

原则	内容
过错责任原则	是指行为人因过错侵害他人民事权益造成损害的，应当承担侵权责任
无过错责任原则	是指行为人造成他人民事权益损害，不论行为人有无过错，法律规定应当承担侵权责任的，依照其规定
过错推定责任原则	是指一旦行为人的行为致人损害就推定其主观上有过错，除非其能证明自己没有过错，否则应承担民事责任
公平责任原则	是指损害双方的当事人对损害结果的发生都没有过错，但如果受害人的损失得不到补偿又显失公平的情况下，由人民法院根据具体情况和公平的观念，要求当事人分担损害后果

（2）侵权责任的承担方式：停止侵害、排除妨碍、消除危险。

（3）侵权责任的承担主体：

表 1-12　侵权行为的归责原则

侵权责任	承担主体
共同侵权	应当承担连带责任
教唆侵权、帮助侵权	应当与行为人承担连带责任
共同危险行为	能够确定具体侵权人的，由侵权人承担责任；不能确定具体侵权人的，行为人承担连带责任
分别侵权	承担连带责任
受害人有过错或者故意	被侵权人对同一损害的发生或者扩大有过错的，可以减轻侵权人的责任。损害是因受害人故意造成的，行为人不承担责任
第三人过错	第三人应当承担侵权责任

◆ 考法 1：侵权行为的归责原则

【例题】在我国侵权行为的归责原则中，一旦行为人的行为致人损害就推定其主观上有过错，除非其能证明自己没有过错，否则应承担民事责任，指的是（　　）。

　　A. 过错推定责任　　　　　　　　B. 无过错责任原则
　　C. 公平责任原则　　　　　　　　D. 过错责任原则

【答案】A

◆ 考法 2：侵权责任的承担主体

【例题】（2024 年真题）张某因上班经常迟到被车间主任王某批评，心生不满。某日，张某叫朋友李某帮他出口气，两人在路上尾随王某，李某将王某推倒致其受伤。根据《民法典》，关于张某和李某的侵权责任的说法，正确的是（　　）。

　　A. 张某与李某应承担连带责任
　　B. 李某承担主要责任，张某承担次要责任
　　C. 张某与李某根据过错程度承担按份责任

D. 若李某是完全民事行为能力人，则张某不需要承担责任

【答案】A

2. 损害赔偿

（1）侵害他人造成人身损害的，应当赔偿医疗费、护理费、交通费、营养费、住院伙食补助费等为治疗和康复支出的合理费用，以及因误工减少的收入。造成残疾的，还应当赔偿辅助器具费和残疾赔偿金；造成死亡的，还应当赔偿丧葬费和死亡赔偿金。

（2）侵害自然人人身权益造成严重精神损害的，被侵权人有权请求精神损害赔偿。

（3）故意侵害他人知识产权，情节严重的，被侵权人有权请求相应的惩罚性赔偿。

◆考法：损害赔偿

【例题】关于人身损害赔偿范围的说法，正确的有（   ）。

A. 被侵权人死亡的，其近亲属有权请求侵权人承担侵权责任

B. 被侵权人死亡的，支付被侵权人医疗费、丧葬费等合理费用的人有权请求侵权人赔偿费用，但是侵权人已经支付该费用的除外

C. 侵害他人造成造成残疾的，应当赔偿辅助器具费和残疾赔偿金

D. 因同一侵权行为造成多人死亡的，可以以不同数额确定死亡赔偿金

E. 被侵权人为组织，该组织合并的，承继权利的组织有权请求侵权人承担侵权责任

【答案】A、B、C、E

1.4.2 产品责任

核心考点及重点提示

考点	重点提示
1	被侵权人请求损害赔偿的途径	★★
2	流通后发现有缺陷的补救措施	★
3	产品责任惩罚性赔偿	★

★普通　★★重要　★★★非常重要

核心考点及考法

◆考法：产品责任的承担

【例题】（2024年真题）某批冷冻海鲜由甲公司生产，乙公司运输，丙公司销售。因乙公司运输车辆冷藏设备故障造成该批海鲜变质，张某从丙公司购买食用后中毒。根据《民法典》，下列说法正确的是（   ）。

A. 张某只能向甲公司请求赔偿

B. 张某只能向乙公司请求赔偿

C. 张某只能向丙公司请求赔偿
D. 张某既可以向甲公司，也可以向丙公司请求赔偿

【答案】D

1.4.3 建筑物和物件损害责任

核心考点及重点提示

	考点	重点提示
1	建筑物、构筑物或者其他设施倒塌、塌陷致害责任	★★
2	建筑物、构筑物或者其他设施脱落、坠落致害责任	★★
3	不明抛掷物、坠落物致害责任	★★
4	堆放物倒塌、滚落或者滑落致害责任	★
5	公共场所或者道路上施工致害责任和窨井等地下设施致害责任	★

★普通　★★重要　★★★非常重要

核心考点及考法

建筑物和物件损害责任

表1-13　建筑物和物件损害责任

行为	侵权责任承担
建筑物、构筑物或者其他设施倒塌、塌陷造成他人损害的	建设单位与施工单位承担连带责任
建筑物、构筑物或者其他设施及其搁置物、悬挂物发生脱落、坠落造成他人损害的	所有人、管理人或者使用人承担
从建筑物中抛掷物品或者从建筑物上坠落的物品造成他人损害的	侵权人承担
堆放物倒塌、滚落或者滑落造成他人损害的	堆放人承担
在公共道路上堆放、倾倒、遗撒妨碍通行的物品造成他人损害的	行为人承担
在公共场所或者道路上挖掘、修缮安装地下设施等造成他人损害的	施工人承担
窨井等地下设施造成他人损害的	管理人承担

◆**考法1：建筑物、构筑物或者其他设施倒塌、塌陷致害责任**

【例题】（2022年真题）某广告公司受施工企业委托制作并安装的广告牌致行人损害，关于民事责任承担的说法，正确的是（　　）。

A. 施工企业承担赔偿责任，广告公司承担补充赔偿责任
B. 广告公司承担赔偿责任，施工企业承担补充赔偿责任

C. 施工企业承担赔偿责任，但其有权向广告公司追偿

D. 广告公司承担赔偿责任，施工企业不承担责任

【答案】C

◆ 考法 2：不明抛掷物、坠落物致害责任

【例题】（2024 年真题）关于从建筑物中抛掷物品致人损害责任承担的说法，正确的是（　　）。

A. 由物业服务企业承担侵权责任

B. 由侵权人和物业服务企业共同承担侵权责任

C. 由建筑物的所有使用人共同给予补偿

D. 难以确定具体侵权人的，由可能加害的建筑物使用人给予补偿

【答案】D

1.5 建设工程税收制度

核心考点提纲

1	1.5.1 企业增值税
2	1.5.2 环境保护税

1.5.1 企业增值税

核心考点及重点提示

考点		重点提示
1	增值税的概念和特点	★
2	增值税的纳税人	★
3	增值税的征税范围	★★
4	增值税的税率	★
5	应纳税额的计算	★★
6	增值税的减免	★★
★ 普通　★★ 重要　★★★ 非常重要		

核心考点及考法

1. 增值税的概念和特点

（1）增值税只对商品在生产流通过程中的价值增值额征收，不会重复计税，这是增值税最本质的特征，也是增值税区别于其他间接税的显著特点。

27

（2）实行价外税制度。

（3）从增值税的征税范围看，具有普遍性。

◆ **考法：增值税的特点**

【例题】增值税最本质的特征，也是增值税区别于其他间接税的显著特点是（　　）。

　　A. 实行价外税　　　　　　　　B. 实行价内税

　　C. 对商品价值增值额征收　　　D. 向纳税人普遍征收

【答案】C

2. 增值税的纳税人

在中华人民共和国境内销售货物或者加工、修理修配劳务，销售服务、无形资产、不动产以及进口货物的单位和个人，为增值税的纳税人。

3. 增值税的征税范围

（1）征税范围：① 销售货物；② 提供加工和修理修配服务；③ 销售服务；④ 销售无形资产；⑤ 销售不动产；⑥ 进口货物。

（2）视同销售的行为：① 将货物交付其他单位或者个人代销；② 销售代销货物；③ 设有两个以上机构并实行统一核算的纳税人，将货物从一个机构移送其他机构用于销售，但相关机构设在同一县（市）的除外；④ 将自产或者委托加工的货物用于非增值税应税项目；⑤ 将自产、委托加工的货物用于集体福利或者个人消费；⑥ 将自产、委托加工或者购进的货物作为投资，提供给其他单位或者个体工商户；⑦ 将自产、委托加工或者购进的货物分配给股东或者投资者；⑧ 将自产、委托加工或者购进的货物无偿赠送其他单位或者个人。

4. 增值税的税率

1）一般纳税人的增值税税率

（1）纳税人销售货物、劳务、有形动产租赁服务或者进口货物，除下述第（2）项、第（4）项、第（5）项另有规定外，税率为13%。

（2）纳税人销售交通运输、邮政、基础电信、建筑、不动产租赁服务，销售不动产，转让土地使用权，销售或者进口下列货物，税率为9%：① 粮食等农产品、食用植物油、食用盐；② 自来水、暖气、冷气、热水、煤气、石油液化气、天然气、二甲醚、沼气、居民用煤炭制品；③ 图书、报纸、杂志、音像制品、电子出版物；④ 饲料、化肥、农药、农机、农膜；⑤ 国务院规定的其他货物。

（3）纳税人销售服务、无形资产，除上述第（1）项、第（2）项和下述第（5）项另有规定外，税率为6%。

（4）纳税人出口货物，税率为零；但是，国务院另有规定的除外。

（5）境内单位和个人跨境销售国务院规定范围内的服务、无形资产，税率为零。

2）增值税小规模纳税人适用的征收率

小规模纳税人增值税征收率为3%，国务院另有规定的除外。

5. 应纳税额的计算

（1）应纳税额＝销售额×征收率。

（2）进项税额是否准予从销项税额中抵扣：

表 1-14　进项税额是否准予从销项税额中抵扣

准予从销项税额中抵扣的进项税额	不得从销项税额中抵扣的进项税额
（1）从销售方取得的增值税专用发票上注明的增值税额。 （2）从海关取得的海关进口增值税专用缴款书上注明的增值税额。 （3）购进农产品，除取得增值税专用发票或者海关进口增值税专用缴款书外，按照农产品收购发票或者销售发票上注明的农产品买价和11%的扣除率计算的进项税额，国务院另有规定的除外。 （4）自境外单位或者个人购进劳务、服务、无形资产或者境内的不动产，从税务机关或者扣缴义务人取得的代扣代缴税款的完税凭证上注明的增值税额	（1）用于简易计税方法计税项目、免征增值税项目、集体福利或者个人消费的购进货物、劳务、服务、无形资产和不动产。 （2）非正常损失的购进货物，以及相关的劳务和交通运输服务。 （3）非正常损失的在产品、产成品所耗用的购进货物（不包括固定资产）、劳务和交通运输服务； （4）国务院规定的其他项目

6. 增值税的减免

下列项目免征增值税：① 农业生产者销售的自产农产品；② 避孕药品和用具；③ 古旧图书；④ 直接用于科学研究、科学试验和教学的进口仪器、设备；⑤ 外国政府、国际组织无偿援助的进口物资和设备；⑥ 由残疾人的组织直接进口供残疾人专用的物品；⑦ 销售的自己使用过的物品。

◆ 考法：增值税的减免

【例题】（2024年真题）下列项目中，不能免征增值税的是（　　）。

A. 古旧图书
B. 直接用于科学研究的进口仪器
C. 外国政府无偿援助的进口物资
D. 粮油公司销售的农产品

【答案】D

1.5.2　环境保护税

核心考点及重点提示

	考点	重点提示
1	环境保护税的特点	★
2	环境保护税的纳税人与征税范围	★
3	环境保护税的计税依据和应纳税额	★★
4	环境保护税的税收减免	★★

★普通　★★重要　★★★非常重要

核心考点及考法

1. 环境保护税的特点

（1）不再征收排污费。

（2）在"费改税"后，由税务部门征收，生态环境保护部门配合，确定"企业申报、税务征收、环保监测、信息共享"的税收征管模式。

（3）税款用于治理环境和生态文明建设。

◆ 考法：环境保护税的特点

【例题】《环境保护税法》明确，在"费改税"后，由税务部门征收，生态环境保护部门配合，确定（　　）的税收征管模式。

  A. 定时缴纳　　　　　　　　B. 税务征收

  C. 信息共享　　　　　　　　D. 环保监测

  E. 企业申报

【答案】B、C、D、E

2. 环境保护税的纳税人与征税范围

有下列情形之一的，不属于直接向环境排放污染物，不缴纳相应污染物的环境保护税：① 企业事业单位和其他生产经营者向依法设立的污水集中处理、生活垃圾集中处理场所排放应税污染物的；② 企业事业单位和其他生产经营者在符合国家和地方环境保护标准的设施、场所贮存或者处置固体废物的。

◆ 考法：环境保护税征税范围

【例题】依法设立的城乡污水集中处理、生活垃圾集中处理场所超过国家和地方规定的排放标准向环境排放应税污染物的，（　　）。

  A. 不缴纳环境保护税　　　　B. 应当缴纳环境保护税

  C. 减按75%征收环境保护税　D. 减按50%征收环境保护税

【答案】B

3. 环境保护税的计税依据和应纳税额

表1-15　环境保护税的计税依据和应纳税额

应税污染物	计税依据	应纳税额
大气污染物	排放量折合的污染当量数	污染当量数乘以具体适用税额
水污染物	排放量折合的污染当量数	污染当量数乘以具体适用税额
固体废物	排放量	排放量乘以具体适用税额
噪声	超过国家规定标准的分贝数	超过国家规定标准的分贝数对应的具体适用税额

◆ 考法：环境保护税的计税依据

【例题】根据《环境保护税法》，环境保护税的计税依据有（　　）。

  A. 个数　　　　　　　　　　B. 排放量

C. 立方米数 D. 污染当量数
E. 超标分贝数

【答案】B、D、E

4. 环境保护税的税收减免

（1）下列情形，暂予免征环境保护税：① 农业生产（不包括规模化养殖）排放应税污染物的；② 机动车、铁路机车、非道路移动机械、船舶和航空器等流动污染源排放应税污染物的；③ 依法设立的城乡污水集中处理、生活垃圾集中处理场所排放相应应税污染物，不超过国家和地方规定的排放标准的；④ 纳税人综合利用的固体废物，符合国家和地方环境保护标准的；⑤ 国务院批准免税的其他情形。

（2）纳税人排放应税大气污染物或者水污染物的浓度值低于国家和地方规定的污染物排放标准30%的，减按75%征收环境保护税。

（3）纳税人排放应税大气污染物或者水污染物的浓度值低于国家和地方规定的污染物排放标准50%的，减按50%征收环境保护税。

◆ 考法：免征环境保护税的情形

【例题】根据现行规定，暂予免征环境保护税的情形有（   ）。

A. 机动车排放应税污染物的
B. 铁路机车排放应税污染物的
C. 规模化养殖排放应税污染物的
D. 非道路移动机械排放应税污染物的
E. 船舶和航空器排放应税污染物的

【答案】A、B、D、E

1.6 建设工程行政法律制度

核心考点提纲

1	1.6.1 行政法的特征和基本原则
2	1.6.2 行政许可、行政处罚和行政强制

1.6.1 行政法的特征和基本原则

核心考点及重点提示

	考点	重点提示
1	行政法的基本原则	★★

★ 普通　★★ 重要　★★★ 非常重要

核心考点及考法

行政法的基本原则

表1-16　行政法的基本原则

基本原则	内涵	内容
依法行政原则	职权法定	是指国家行政机关以及其他组织的行政职权必须由法律予以规定或授予
	法律优先	是指行政机关在实施行政行为的过程中，坚持以宪法和法律为最高的行为准则，一切行政决定都要服从宪法和法律
	法律保留	具体是指行政机关的行为必须有明确的法律授权，法律无明文授权即无行政
行政合理性原则	比例原则	是指行政主体实施行政行为应兼顾行政目标的实现和适当性手段的选择
	平等对待	是指非有正当理由不得区别对待，即非歧视原则
程序正当原则	行政公开	行政立法和行政政策公开、行政执法行为公开、行政裁决和行政复议行为公开、行政信息公开以及行政诉讼及裁判结果公开
	程序公正	在于规范行政主体适用法律作出对利害关系人合法权益至关重要的行政决定的行为
	公众参与	有权对行政主体即将作出的行为表达意见，而且该等意见应当获得行政主体的尊重
诚信原则	诚实守信	①不得"钓鱼执法"和"养鱼执法"；②必须充分考虑各种复杂的情形，听取多方意见，在慎重考虑的基础上作出决定；③行政主体必须依法行政，不得任意反悔；④法律规范应具有稳定性与不可溯及性；⑤行政活动应具有真实性与确定性
	信赖保护	是指人民基于对国家公权力行使结果的合理信赖而有所规划或举措，由此而产生的信赖利益应受保护
高效便民原则		是指行政主体应依法高效率、高效益地行使职权，最大限度地方便人民群众，从而更好地服务于人民和实现行政管理的目标
监督行政的原则		是指有权国家机关、公民、法人或者其他组织对行政机关或其他组织的行政活动有权进行监督与问责
救济原则		是指处于行政相对人地位的公民、法人或其他组织享有救济权利，主要包括申请行政复议权、提起行政诉讼权、要求赔偿或补偿权以及救济过程中的相应权利等

◆ 考法：行政法的基本原则

【例题】（2024年真题）关于行政法基本原则的说法，正确的是（　　）。

A. 行政合理性原则的基本内涵包括比例原则和公众参与两个方面

B. 依法行政原则是行政法的首要原则

C. 依据高效便民原则，行政主体在必要情况下可以进行"钓鱼执法"

D. 依据程序正当原则，行政主体对其作出的行政行为不得任意反悔

【答案】B

1.6.2 行政许可、行政处罚和行政强制

核心考点及重点提示

	考点	重点提示
1	行政许可	★★
2	行政处罚	★★★
3	行政强制	★★★

★普通　★★重要　★★★非常重要

核心考点及考法

1. 行政许可

（1）可以设定行政许可的事项：

① 直接涉及国家安全、公共安全、经济宏观调控、生态环境保护以及直接关系人身健康、生命财产安全等特定活动，需要按照法定条件予以批准的事项。

② 有限自然资源开发利用、公共资源配置以及直接关系公共利益的特定行业的市场准入等，需要赋予特定权利的事项。

③ 提供公众服务并且直接关系公共利益的职业、行业，需要确定具备特殊信誉、特殊条件或者特殊技能等资格、资质的事项。

④ 直接关系公共安全、人身健康、生命财产安全的重要设备、设施、产品、物品，需要按照技术标准、技术规范，通过检验、检测、检疫等方式进行审定的事项。

⑤ 企业或者其他组织的设立等，需要确定主体资格的事项。

（2）法律可以设定行政许可。尚未制定法律的，行政法规可以设定行政许可。必要时，国务院可以采用发布决定的方式设定行政许可。

（3）尚未制定法律、行政法规的，地方性法规可以设定行政许可；尚未制定法律、行政法规和地方性法规的，因行政管理的需要，确需立即实施行政许可的，省、自治区、直辖市人民政府规章可以设定临时性的行政许可。

（4）地方性法规和省、自治区、直辖市人民政府规章，不得设定应当由国家统一确定的公民、法人或者其他组织的资格、资质的行政许可；不得设定企业或者其他组织的设立登记及其前置性行政许可。

◆考法：行政许可的设定

【例题】（2024 年真题）关于行政许可的说法，正确的是（　　）。

A. 地方性法规不能设定行政许可

B. 行政许可决定可以口头方式作出

C. 行政许可有效期届满后一般不能延续

D. 行政机关在其法定职权范围内,可以依法委托其他行政机关实施行政许可

【答案】D

2. 行政处罚

(1) 行政处罚与刑罚的比较:

表1-17 行政处罚与刑罚的比较

项目	关于钱	关于没收	关于人身自由
行政处罚	罚款	没收违法所得	拘留
刑罚	罚金	没收财产	拘役

(2) 行政处罚与行政强制种类的比较:

表1-18 行政处罚与行政强制种类的比较

行政处罚种类	行政强制措施种类
警告、通报批评	限制公民人身自由
罚款、没收违法所得、没收非法财物	查封场所、设施或者财物
暂扣许可证件、降低资质等级、吊销许可证件	扣押财物
限制开展生产经营活动、责令停产停业、责令关闭、限制从业	冻结存款、汇款
行政拘留	其他行政强制措施
法律、行政法规规定的其他行政处罚	

(3) 行政处罚的设定:

表1-19 行政处罚的设定

项目	限制人身自由	吊销营业执照
法律	√	√
行政法规	×	√
地方性法规	×	×

◆ 考法1:行政处罚的种类

【例题】(2013年真题)下列责任中,属于行政处罚的有( )。

A. 责令停产停业　　　　B. 暂扣或者吊销执照
C. 罚金　　　　　　　　D. 赔偿损失
E. 治安拘留

【答案】A、B、E

◆ 考法2:行政处罚的决定

【例题】(2024年真题)下列行政处罚案件中,属于应当适用普通程序的是( )。

A. 对赵某处以 100 元罚款 B. 对甲公司处以 2000 元罚款
C. 对钱某通报批评 D. 对孙某警告

【答案】C

3. 行政强制

（1）行政强制措施与行政强制执行的种类：

表 1-20　行政强制措施与行政强制执行的种类

行政强制措施（静态）	行政强制执行（动态）
◆限制公民人身自由	◆加处罚款或者滞纳金
◆查封场所、设施或者财物	◆划拨存款、汇款
◆扣押财物	◆拍卖或者依法处理查封、扣押的场所、设施或者财物
◆冻结存款、汇款	◆排除妨碍、恢复原状
	◆代履行

（2）行政强制措施的设定：

表 1-21　行政强制措施的设定

法的形式	限制人身自由	冻结存款、汇款	查封场所、设施或财物	扣押财物
法律	√	√	√	√
行政法规	×	×	√	√
地方性法规	×	×	√	√

（3）行政强制执行由法律设定。

（4）法律没有规定行政机关强制执行的，作出行政决定的行政机关应当申请人民法院强制执行。

◆考法：行政强制措施的种类

【例题】（2024 年真题）下列行政行为中，属于行政强制措施的是（　　）。
A. 吊销许可证件 B. 没收违法所得
C. 责令停产停业 D. 查封施工场所

【答案】D

1.7　建设工程刑事法律制度

核心考点提纲

1	1.7.1	刑法的特征和基本原则
2	1.7.2	犯罪概念、犯罪构成、刑罚种类和刑罚裁量
3	1.7.3	建设工程常见犯罪行为及罪名

1.7.1 刑法的特征和基本原则

核心考点及重点提示

	考点	重点提示
1	刑法的特征	★
2	刑法的基本原则	★

★普通　★★重要　★★★非常重要

核心考点及考法

1. 刑法的特征

一是刑法的阶级特征；二是刑法的法律特征。

2. 刑法的基本原则

表1-22　刑法的基本原则

原则	内容
罪刑法定原则	法律无明文规定不为罪，法律无明文规定不处罚
适用刑法人人平等原则	一律平等地适用刑法，依法定罪、量刑和行刑
罪责刑相适应原则	刑罚的轻重，应当与犯罪分子所犯罪行和承担的刑事责任相适应

◆ **考法1：刑法的法律特征**

【例题】刑法解决的主要是如何认定犯罪、是否追究刑事责任以及如何追究刑事责任等问题，这体现刑法规定的内容具有（　　）。

　　A. 普遍性　　　　　　　　B. 谦抑性
　　C. 特定性　　　　　　　　D. 严厉性

【答案】C

◆ **考法2：刑法的基本原则**

【例题】(2024年真题)依据罪责刑相适应原则，刑罚的轻重，应当与犯罪分子（　　）和承担的刑事责任相适应。

　　A. 所犯罪行　　　　　　　B. 人身危险性
　　C. 社会危害性　　　　　　D. 犯罪态度

【答案】A

1.7.2 犯罪概念、犯罪构成、刑罚种类和刑罚裁量

核心考点及重点提示

	考点	重点提示
1	犯罪构成要件	★
2	刑罚种类	★★★
3	刑罚裁量	★

★普通　★★重要　★★★非常重要

核心考点及考法

1. 犯罪构成要件

犯罪构成要件包括：犯罪客体、犯罪客观方面、犯罪主体及犯罪主观方面。

◆考法：犯罪的构成要件

【例题】犯罪的构成要件包括（　　）。

　　A. 犯罪主体　　　　　　　B. 犯罪主观方面
　　C. 犯罪客体　　　　　　　D. 犯罪客观方面
　　E. 犯罪工具

【答案】A、B、C、D

2. 刑罚种类

（1）主刑的种类：① 管制；② 拘役；③ 有期徒刑；④ 无期徒刑；⑤ 死刑。

（2）附加刑的种类：① 罚金；② 剥夺政治权利；③ 没收财产。附加刑也可以独立适用。对于犯罪的外国人，可以独立适用或者附加适用驱逐出境。

◆考法：刑罚种类

【例题】（2024年真题）下列刑罚中，属于附加刑的是（　　）。

　　A. 罚金　　　　　　　　　B. 有期徒刑
　　C. 管制　　　　　　　　　D. 拘役

【答案】A

3. 刑罚裁量

（1）对于被判处拘役、3年以下有期徒刑的犯罪分子，同时符合下列条件的，可以宣告缓刑，对其中不满18周岁的人、怀孕的妇女和已满75周岁的人，应当宣告缓刑：① 犯罪情节较轻；② 有悔罪表现；③ 没有再犯罪的危险；④ 宣告缓刑对所居住社区没有重大不良影响。拘役的缓刑考验期限为原判刑期以上1年以下，但是不能少于2个月。有期徒刑的缓刑考验期限为原判刑期以上5年以下，但是不能少于1年。

（2）有下列重大立功表现之一的，应当减刑：① 阻止他人重大犯罪活动的；② 检举

监狱内外重大犯罪活动,经查证属实的;③ 有发明创造或者重大技术革新的;④ 在日常生产、生活中舍己救人的;⑤ 在抗御自然灾害或者排除重大事故中,有突出表现的;⑥ 对国家和社会有其他重大贡献的。

◆ 考法:减刑

【例题】(2024 年真题)下列情形中,应当对犯罪分子予以减刑的是( )。

A. 犯罪情节较轻的　　　　　　B. 遵守监规,确有悔改表现的
C. 阻止他人重大犯罪活动的　　D. 已满 75 周岁的

【答案】C

1.7.3 建设工程常见犯罪行为及罪名

核心考点及重点提示

	考点	重点提示
1	重大责任事故罪	★★★
2	强令、组织他人违章冒险作业罪	★★★
3	工程重大安全事故罪	★★★
4	重大劳动安全事故罪	★★★
5	虚开增值税专用发票、用于骗取出口退税、抵扣税款发票罪	★
6	串通投标罪	★★
7	组织考试作弊罪	★

★普通　★★重要　★★★非常重要

核心考点及考法

表 1-23　建设工程常见犯罪行为及罪名

种类	构成要件	造成后果	法律责任
重大责任事故罪	在生产、作业中违反有关安全管理的规定	发生重大伤亡事故或者造成其他严重后果	处 3 年以下有期徒刑或者拘役;情节特别恶劣的,处 3 年以上 7 年以下有期徒刑
强令、组织他人违章冒险作业罪	强令他人违章冒险作业,或者明知存在重大事故隐患而不排除,仍冒险组织作业	发生重大伤亡事故或者造成其他严重后果	处 5 年以下有期徒刑或者拘役;情节特别恶劣的,处 5 年以上有期徒刑
工程重大安全事故罪	建设单位、设计单位、施工单位、工程监理单位违反国家规定,降低工程质量标准	造成重大安全事故	对直接责任人员处 5 年以下有期徒刑或者拘役,并处罚金;后果特别严重的,处 5 年以上 10 年以下有期徒刑,并处罚金

续表

种类	构成要件	造成后果	法律责任
重大劳动安全事故罪	安全生产设施或者安全生产条件不符合国家规定	发生重大伤亡事故或者造成其他严重后果	对直接负责的主管人员和其他直接责任人员，处3年以下有期徒刑或者拘役；情节特别恶劣的，处3年以上7年以下有期徒刑
串通投标罪	投标人相互串通投标报价	损害招标人或者其他投标人利益，情节严重的	处3年以下有期徒刑或者拘役，并处或者单处罚金

◆ 考法1：重大责任事故罪的构成要件

【例题】（2024年真题）关于重大责任事故罪构成要件的说法，正确的是（　　）。

A. 侵犯的客体是企业、事业单位的安全生产制度
B. 在客观方面表现为明知存在重大事故隐患而不排除，仍冒险组织作业
C. 犯罪主体只能是建设单位、设计单位、施工单位或者工程监理单位
D. 主观方面是故意

【答案】A

◆ 考法2：强令、组织他人违章冒险作业罪的含义

【例题】某施工企业项目经理在生产、作业中明知存在重大事故隐患而不排除，仍冒险组织作业，因而发生重大伤亡事故或者造成其他严重后果。该施工企业项目经理的行为已经构成（　　）。

A. 重大责任事故罪
B. 强令、组织他人违章冒险作业罪
C. 重大劳动安全事故罪
D. 工程重大安全事故罪

【答案】B

◆ 考法3：工程重大安全事故罪的含义

【例题】（2015年真题）某开发商在一大型商场项目的开发建设中，违反国家规定，擅自降低工程质量标准，因而造成重大安全事故。该事故责任主体应该承担的刑事责任是（　　）。

A. 工程重大安全事故罪
B. 重大责任事故罪
C. 重大劳动安全事故罪
D. 串通投标罪

【答案】A

◆ 考法4：重大劳动安全事故罪的处罚

【例题】安全生产设施或者安全生产条件不符合国家规定，因而发生重大伤亡事故或者造成其他严重后果的，情节特别恶劣的，对直接负责的主管人员和其他直接责任人员处（　　）。

A. 3年以上5年以下有期徒刑
B. 3年以上7年以下有期徒刑
C. 5年以上7年以下有期徒刑
D. 5年以上10年以下有期徒刑

【答案】B

本章模拟强化练习

1. 中国特色社会主义法律体系以宪法为统帅，以宪法相关法、民法商法等多个法律部门的法律为主干，由（   ）等多个层次的法律规范构成。
   A. 宪法、法律、部门规章　　　　B. 刑法、民法、经济法
   C. 法律、行政法规、地方性法规　D. 宪法、刑法、民法

   【答案】C

2. 下列已经颁布的规范性法律文件中，不属于宪法相关法范畴的是（   ）。
   A.《全国人民代表大会组织法》
   B.《国籍法》
   C.《反垄断法》
   D.《全国人民代表大会和地方各级人民代表大会选举法》

   【答案】C

3. 行政法是调整行政主体（   ）的法律规范。
   A. 在行使行政职权过程中而与行政相对人之间发生的各种关系
   B. 内部发生的各种关系
   C. 在行使行政职权过程中而与行政法制监督主体之间发生的各种关系
   D. 在接受行政法制监督过程中而与行政相对人之间发生的各种关系
   E. 在接受行政法制监督过程中而与第三人之间发生的各种关系

   【答案】A、B、C、D

4. 作为行政法调整对象的行政关系，主要包括（   ）。
   A. 行政救济关系　　　B. 行政法制监督关系
   C. 行政审计关系　　　D. 内部行政关系
   E. 行政管理关系

   【答案】A、B、D、E

5. 经济法是调整国家在协调、干预经济运行的过程中发生的经济关系的法律规范的总称。下列法律中，属于经济法的是（   ）。
   A.《职业病防治法》　　B.《建筑法》
   C.《行政处罚法》　　　D.《消费者权益保护法》

   【答案】B

6. 下列法律文件中，属于我国法的形式的是（   ）。
   A. 宗教法　　　　　B. 判例
   C. 国际条约　　　　D. 人民法院的判决

   【答案】C

7. 根据《立法法》，下列事项中，必须由法律规定的是（   ）。
   A. 税率的确定　　　B. 环境保护
   C. 历史文化保护　　D. 增加施工许可证的申请条件

【答案】A

8. 下列与工程建设有关的规范性文件中，由国务院制定的是（　　）。
   A.《工程建设项目施工招标投标办法》
   B.《安全生产许可证条例》
   C.《安全生产法》
   D.《建筑业企业资质管理规定》

【答案】B

9. 从法的形式来看，《建设工程安全生产管理条例》属于（　　）。
   A. 法律   B. 行政法规
   C. 地方性法规   D. 地方政府规章

【答案】B

10. 从法的形式来看，《必须招标的工程项目规定》属于（　　）。
    A. 法律   B. 行政法规
    C. 部门规章   D. 地方政府规章

【答案】C

11. 关于上位法与下位法的法律效力的说法，正确的是（　　）。
    A.《招标投标法实施条例》高于《招标公告发布暂行办法》
    B.《建设工程质量管理条例》高于《建筑法》
    C.《建筑业企业资质管理规定》高于《外商投资建筑业企业管理规定》
    D.《建设工程勘察设计管理条例》高于《城市房地产开发经营管理条例》

【答案】A

12. 关于法的效力层级的说法，正确的有（　　）。
    A. 宪法具有最高的法律效力
    B. 法的制定主体、程序、时间、适用范围影响法的效力层级
    C. 地方性法规的效力高于地方政府规章的效力
    D. 行政法规的法律地位和法律效力高于地方性法规和部门规章
    E. 某一机关制定的自治条例和单行条例，新的规定与旧的规定不一致的，适用新的规定

【答案】A、B、D、E

13. 需要报全国人民代表大会常务委员会备案的是（　　）。
    A. 行政法规   B. 地方性法规
    C. 地方政府规章   D. 部门规章
    E. 自治条例和单行条例

【答案】A、B、E

14. 甲将其房屋卖给乙，并就房屋买卖订立书面合同，但未进行房屋产权变更登记，房屋也未实际交付。关于该买卖合同效力和房屋所有权的说法，正确的是（　　）。
    A. 买卖合同无效，房屋所有权不发生变动

B. 买卖合同有效,房屋所有权归乙所有,不能对抗善意第三人

C. 买卖合同效力待定,房屋所有权不发生变动

D. 买卖合同有效,房屋所有权不发生变动

【答案】D

15. 除法律另有规定和当事人另有约定外,动产物权设立和转让发生效力的时间是( )。

A. 登记时　　　　　　　　B. 合同成立时

C. 交付时　　　　　　　　D. 合同生效时

【答案】C

16. 关于所有权权能的说法,正确的有( )。

A. 占有权可以根据所有权人的意志和利益分离出去,由非所有权人享有

B. 所有权是物权中最重要也最完全的一种权利,在法律上不受限制

C. 财产所有权的权能包括占有权、使用权、收益权和处分权

D. 使用权是所有权人所享有的一项独立权能

E. 处分权是所有权人最基本的权利,是所有权内容的核心

【答案】A、C、D、E

17. 下列权利中,属于用益物权的有( )。

A. 土地承包经营权　　　　B. 建设用地使用权

C. 租赁权　　　　　　　　D. 地役权

E. 居住权

【答案】A、B、D、E

18. 关于建设用地使用权的说法,正确的有( )。

A. 建设用地使用权自合同生效时设立

B. 建设用地使用权可以在土地的地表、地上或者地下分别设立

C. 建设用地使用权人将建设用地使用权转让,可以采用口头约定的形式

D. 住宅建设用地使用权期间届满的,自动续期

E. 建设用地使用权可以与附着于土地上的建筑物、构筑物及其附属设施分别处分

【答案】B、D

19. 关于地役权的说法,正确的是( )。

A. 设立地役权的目的是利用他人的不动产,以提高自己的不动产的效益

B. 地役权按照行政主管部门的决定设立

C. 地役权自登记时设立

D. 地役权不得和宅基地使用权设立在同一土地上

【答案】A

20. 甲在乙拥有使用权的土地上设立地役权并办理了登记,乙将自己的土地使用权让给丙,关于各方权利的说法,正确的是( )。

A. 甲的地役权因办理登记而设立

B. 乙转让土地使用权应经甲同意
C. 土地所有权设立地役权不必经乙同意
D. 甲的地役权对丙具有约束力

【答案】D

21. 某施工企业从银行借款1000万元，以房产作抵押。施工企业经营亏损无力还贷，除本金外，施工企业还欠银行利息200万元，违约金200万元。银行经诉讼后抵押房产被拍卖，得款2000万元。银行诉讼及申请拍卖费用50万元，则拍卖得款的分配应为（　　）。

A. 全部归银行所有　　　　　　B. 返还施工企业550万元
C. 返还施工企业600万元　　　D. 返还施工企业750万元

【答案】B

22. 以下可以作为抵押物的财产是（　　）。

A. 土地所有权　　　　　　B. 建筑材料
C. 正在建设的建筑物　　　D. 建设用地使用权
E. 非营利的公益设施

【答案】B、C、D

23. 关于同一财产向两个以上债权人抵押的，拍卖抵押财产所得价款的清偿顺序的说法，正确的有（　　）。

A. 抵押权已经登记的，按照登记的时间先后确定清偿顺序
B. 抵押权已经登记的，按照债权比例清偿
C. 抵押权未登记的，按照交付的时间先后确定清偿顺序
D. 抵押权未登记的，按照设立的时间先后确定清偿顺序
E. 抵押权已经登记的先于未登记的受偿

【答案】A、E

24. 关于质权的说法，正确的有（　　）。

A. 质权包括动产质权和权利质权
B. 动产质权自出质人交付质权财产时设立
C. 权利质权自权利凭证交付质权人时设立
D. 质权人无权收取质押财产的孳息
E. 质权人负有妥善保管质押财产的义务

【答案】A、B、E

25. 施工企业购买材料设备之后由保管人进行储存，存货人未按合同约定向保管人支付仓储费时，保管人有权扣留足以清偿其所欠仓储费的货物。保管人行使的权利是（　　）。

A. 抵押权　　　　　　B. 质权
C. 留置权　　　　　　D. 用益物权

【答案】C

26. 关于占有的说法，正确的是（　　）。

A. 在施工过程中，施工企业对施工场地的占有属于自主占有

B. 在施工过程中，建设单位对施工场地的占有属于他主占有

C. 在施工过程中，施工企业对施工场地的占有属于恶意占有

D. 占有的不动产或者动产被侵占的，占有人有权请求返还原物

【答案】D

27. 下列知识产权的客体中，属于著作权法保护对象的有（　　）。

A. 注册商标权　　　　　　　B. 外观设计专利

C. 建筑作品　　　　　　　　D. 工程设计图

E. 计算机软件

【答案】C、D、E

28. 李某研发了一种混凝土添加剂，向国家专利局提出实用新型专利申请，2010年5月12日国家专利局收到李某的专利申请文件，经过审查，2013年8月16日国家专利局授予李某专利权。该专利权届满的期限是（　　）。

A. 2020年5月12日　　　　　B. 2023年8月16日

C. 2030年5月12日　　　　　D. 2033年8月16日

【答案】A

29. 关于注册商标转让的说法，正确的是（　　）。

A. 转让注册商标的，由转让人向商标局备案

B. 注册商标的转让包括注册商标的使用许可

C. 商标专用权人不得将注册商标与企业分离而单独转让

D. 转让注册商标的，商标注册人对其在同一种商品上注册的近似的商标，应当一并转让

【答案】D

30. 侵权行为的归责原则是确定侵权责任主体的基础，我国侵权行为的归责原则有（　　）。

A. 过错推定责任　　　　　　B. 无过错责任原则

C. 过错排除责任原则　　　　D. 过错责任原则

E. 公平责任原则

【答案】A、B、D、E

31. 在我国侵权行为的归责原则中，行为人造成他人民事权益损害，不论行为人有无过错，法律规定应当承担侵权责任的，依照其规定是指（　　）。

A. 过错推定责任　　　　　　B. 无过错责任原则

C. 公平责任原则　　　　　　D. 过错责任原则

【答案】B

32. 因产品存在缺陷造成他人损害的，被侵权人（　　）。

A. 只能向产品的生产者请求赔偿

B. 只能向产品的销售者请求赔偿

C. 同时向产品的生产者和销售者请求赔偿

D. 可以向产品的生产者请求赔偿，也可以向产品的销售者请求赔偿

【答案】D

33. 建筑物倒塌造成他人损害的，在无法证明不存在质量缺陷的情况下，应由（ ）承担连带责任。

A. 所有人和建设单位　　　　　B. 使用人和建设单位

C. 建设单位和施工企业　　　　D. 管理人和施工企业

【答案】C

34. 从建筑物上坠落的物品造成他人损害，经调查难以确定具体侵权人，除能够证明自己不是侵权人的外，补偿主体为（ ）。

A. 建筑物全体业主　　　　　　B. 物业服务企业

C. 可能加害的建筑物使用人　　D. 居民委员会

【答案】C

35. 增值税税率为9%的项目为（ ）。

A. 转让土地使用权　　　　　　B. 进口居民用煤炭制品

C. 销售音像制品　　　　　　　D. 销售无形资产

E. 销售不动产

【答案】A、B、C、E

36. 关于增值税应纳税额计算的说法，正确的有（ ）。

A. 纳税人兼营不同税率的项目，未分别核算销售额的，从低适用税率

B. 当期销项税额小于当期进项税额不足抵扣时，其不足部分可以结转下期继续抵扣

C. 当期销项税额抵扣当期进项税额后的余额是应纳税额

D. 应税销售行为适用于免税规定的，不得开具增值税专用发票

E. 应税销售行为的购买方为消费者个人的，可以开具增值税专用发票

【答案】B、C、D

37. 内涵包括比例原则和平等对待两个方面的行政法的基本原则是（ ）。

A. 诚信原则　　　　　　　　　B. 行政合理性原则

C. 高效便民原则　　　　　　　D. 程序正当原则

【答案】B

38. 下列事项中，可以设定行政许可的有（ ）。

A. 有限自然资源开发利用，需要赋予特定权利的

B. 企业或者其他组织的设立，需要确定主体资格的

C. 市场竞争机制能够有效调节的

D. 行业组织能够自律管理的

E. 行政机关采用事后监督等其他行政管理方式能够解决的

【答案】A、B

39. 关于行政许可设定权限的说法，正确的有（   ）。
   A. 地方性法规一般情况不得设定行政许可
   B. 省、自治区、直辖市人民政府规章不得设定行政许可
   C. 部门规章可以设定临时性行政许可
   D. 国务院可以采用发布决定的方式设定行政许可
   E. 地方性法规不得设定企业或者其他组织的设立登记及其前置性行政许可

【答案】A、D、E

40. 某地建设行政主管部门检查某施工企业的施工工地，发现该施工企业没有按照施工现场管理规定设置围挡，依法责令其停止施工。该建设行政主管部门对该施工企业采取的行政行为属于（   ）。
   A. 行政处罚   B. 行政裁决
   C. 行政处分   D. 行政强制

【答案】A

41. 关于行政强制措施和行政强制执行的说法，正确的是（   ）。
   A. 行政强制措施由行政法规设定
   B. 法律中未设定行政强制措施的，行政法规、地方性法规可以设定行政强制措施
   C. 法律对行政强制措施的对象作了规定的，行政法规、地方性法规不得作出扩大规定
   D. 行政强制执行由行政法规设定

【答案】C

42. 下列行为中，属于行政强制措施的有（   ）。
   A. 限制公民人身自由   B. 代履行
   C. 查封场所、设施或者财物   D. 拆封场所设施
   E. 扣押财物

【答案】A、C、E

43. 可以宣告缓刑的条件有（   ）。
   A. 怀孕的妇女犯罪
   B. 被判处拘役的犯罪分子且有悔罪表现
   C. 70周岁的人犯罪
   D. 17周岁的人犯罪
   E. 被判处3年以下有期徒刑的犯罪分子且犯罪情节较轻

【答案】A、B、D、E

44. 某施工企业项目经理在生产、作业中违反单位有关安全管理的规定，因而发生重大伤亡事故，造成4人死亡，直接经济损失800万元。以下的说法，正确的有（   ）。
   A. 该项目经理应当承担的刑事责任是重大责任事故罪
   B. 该项目经理可以处5年有期徒刑
   C. 该项目经理犯罪情节特别恶劣

D. 该项目经理可以处 10 年有期徒刑

E. 该项目经理犯罪的主观方面是过失

【答案】A、B、D、E

45. 关于强令、组织他人违章冒险作业罪的说法，正确的有（ ）。

A. 该犯罪的客体是安全生产秩序

B. 该犯罪的客观方面表现为强令他人违章冒险作业，或者明知存在重大事故隐患而不排除，仍冒险组织作业的行为

C. 该犯罪的主体是单位

D. 该犯罪的主观方面是过失

E. 该犯罪的主体不包括管理人员

【答案】A、B、D

46. 某施工企业为了获取更大的利润，降低了工程质量标准，造成了重大安全事故，（ ）。

A. 对直接责任人员可以处 3 年以下有期徒刑

B. 对直接责任人员处拘役

C. 对直接责任人员可以并处罚金

D. 后果特别严重的，对直接责任人员处 5 年以上 10 年以下有期徒刑

E. 后果特别严重的，对直接责任人员处 3 年以上 7 年以下有期徒刑

【答案】B、C、D

47. 在施工过程中，某施工企业的安全生产条件不符合国家规定，致使多人重伤和死亡。该施工企业的行为构成（ ）。

A. 重大责任事故罪　　　　　B. 强令违章冒险作业罪

C. 重大劳动安全事故罪　　　D. 工程重大安全事故罪

【答案】C

48. 某施工企业虚开增值税专用发票 80 万元，以下的说法中，正确的是（ ）。

A. 处 3 年以下有期徒刑或者拘役

B. 处 3 年以上 10 年以下有期徒刑

C. 处 5 万元以上 50 万元以下罚金或者没收财产

D. 虚开的税款数额 80 万元，认定为刑法规定的"数额巨大"

【答案】B

49. 投标人相互串通投标报价，损害招标人利益，情节严重的，可能承担的刑事责任有（ ）。

A. 没收财产　　　　　　　　B. 拘役

C. 有期徒刑　　　　　　　　D. 罚金

E. 管制

【答案】B、C、D

第 2 章　建筑市场主体制度

近五年真题考点分值表

节	题型	2020年（分）	2021年（分）	2022年（分）	2023年（分）	2024年（分）
2.1 建筑市场主体的一般规定	单项选择题	2	2	2	2	1
	多项选择题				2	
2.2 建筑业企业资质制度	单项选择题	1	1	1	1	1
	多项选择题	2				
2.3 建造师注册执业制度	单项选择题	2	2	2	2	2
	多项选择题	2				2
2.4 建筑市场主体信用体系建设	单项选择题	2	3	2	3	1
	多项选择题					2
2.5 营商环境制度	单项选择题					1
	多项选择题					

2.1　建筑市场主体的一般规定

核心考点提纲

1	2.1.1 自然人、法人和非法人组织
2	2.1.2 建设工程委托代理

2.1.1　自然人、法人和非法人组织

核心考点及重点提示

	考点	重点提示
1	法人	★★
2	非法人组织	★

★普通　★★重要　★★★非常重要

核心考点及考法

1. 法人

(1) 法人应当具备的条件：① 依法成立。法人应当有自己的名称、组织机构、住所、财产或者经费。② 能够独立承担民事责任。法人以其全部财产独立承担民事责任。③ 有法定代表人。

(2) 法人的分类：

表 2-1 法人的分类

分类	内容
营利法人	包括有限责任公司、股份有限公司和其他企业法人等
非营利法人	包括事业单位、社会团体、基金会、社会服务机构等
特别法人	包括机关法人、基层群众性自治组织、农村集体经济组织、城镇农村的合作经济组织等

(3) 企业法人与项目经理部的法律关系：

表 2-2 企业法人与项目经理部的法律关系

项目	内容
项目经理部的概念	项目经理部是由一个项目经理与技术、生产、材料、成本等管理人员组成的项目管理班子，是一次性的具有弹性的现场生产组织机构
项目经理部的设立	(1) 施工企业应当明确项目经理部的职责、任务和组织形式。(2) 项目经理部不具备法人资格，而是施工企业根据建设工程施工项目而组建的非常设的下属机构。(3) 项目经理根据企业法人的授权，组织和领导本项目经理部的全面工作
项目经理是企业法人授权在建设工程施工项目上的管理者	施工企业的项目经理，是受企业法人的委派，对建设工程施工项目全面负责的项目管理者，是一种施工企业内部的岗位职务
项目经理部行为的法律后果由企业法人承担	由于项目经理部不具备独立的法人资格，无法独立承担民事责任。所以，项目经理部行为的法律后果将由企业法人承担

◆ 考法 1：法人的成立

【例题】（2020 年真题）关于法人成立的说法，正确的是（　　）。
　A. 特别法人的产生可以不经过法定的程序
　B. 法人的名称不得与其他法人的名称相同或者相近
　C. 法人能够独立承担民事责任
　D. 法人可以不设法定代表人

【答案】C

◆ 考法 2：法人的分类

【例题】（2023 年真题）关于法人类型的说法，正确的是（　　）。

A. 法人分为营利法人、非营利法人和特别法人
B. 营利法人的设立无须登记
C. 特别法人是指农村集体经济组织法人
D. 非营利法人包括机关法人、事业单位、社会团体

【答案】A

◆ 考法 3：施工企业项目经理部

【例题】（2017 年真题）关于施工企业项目经理部的说法，正确的有（　　）。

A. 项目经理部具有法人资格
B. 项目经理经施工企业授权管理施工项目
C. 项目经理部是施工企业组建的非常设下属机构
D. 项目经理是施工企业的内部岗位
E. 项目经理部自行承担施工行为的法律后果

【答案】B、C、D

2. 非法人组织

（1）非法人组织的类别：① 个人独资企业；② 合伙企业；③ 不具有法人资格的专业服务机构，主要指未取得法人资格的律师事务所、会计师事务所等专业服务机构。

（2）有下列情形之一的，非法人组织解散：① 章程规定的存续期间届满或者章程规定的其他解散事由出现；② 出资人或者设立人决定解散；③ 法律规定的其他情形。非法人组织解散的，应当依法进行清算。

◆ 考法 1：非法人组织的类别

【例题】（2024 年真题）下列组织中，属于非法人组织的是（　　）。

A. 公司　　　　　　　　B. 事业单位
C. 社会团体　　　　　　D. 合伙企业

【答案】D

◆ 考法 2：非法人组织的规定

【例题】关于非法人组织的说法，正确的是（　　）。

A. 非法人组织不可以作为监理单位参与项目
B. 非法人组织可以独立承担民事责任
C. 非法人组织只可以确定一人代表该组织从事民事活动
D. 出资人或者设立人可以决定解散非法人组织

【答案】D

2.1.2 建设工程委托代理

核心考点及重点提示

	考点	重点提示
1	代理的法律特征和主要种类	★★
2	建设工程代理行为及其法律关系	★★★

★普通　★★重要　★★★非常重要

核心考点及考法

1. 代理的法律特征和主要种类

（1）代理的法律特征：

① 代理人必须在代理权限范围内实施代理行为。

② 代理人一般应该以被代理人的名义实施代理行为。

③ 代理行为必须是具有法律意义的行为。

④ 代理行为的法律后果归属于被代理人。

（2）代理的种类：

表 2-3　代理的种类

种类	内容
委托代理	代理人知道或者应当知道代理事项违法仍然实施代理行为，或者被代理人知道或者应当知道代理人的代理行为违法未作反对表示的，被代理人和代理人应当承担连带责任
法定代理	无民事行为能力人、限制民事行为能力人的监护人是其法定代理人

◆ 考法 1：代理的法律特征

【例题】关于代理的说法，正确的是（　　）。

A. 代理人实施代理行为时有独立进行意思表示的权利

B. 代理人知道代理事项违法仍然实施代理行为，其代理行为后果由被代理人承担

C. 代理人完全履行职责造成被代理人损害的，代理人对该代理行为承担民事责任

D. 代理人可以对被代理人的任何民事法律行为进行代理

【答案】A

◆ 考法 2：委托代理

【例题】（2016 年真题）建设单位欠付工程款，施工企业指定本单位职工申请仲裁，该职工的行为属于（　　）。

A. 法定代理　　　　　　　B. 表见代理
C. 委托代理　　　　　　　D. 指定代理

【答案】C

2. 建设工程代理行为及其法律关系

（1）施工总承包的，建筑工程主体结构的施工必须由总承包单位自行完成。

（2）下列人员可以被委托为诉讼代理人：① 律师、基层法律服务工作者；② 当事人的近亲属或者工作人员；③ 当事人所在社区、单位以及有关社会团体推荐的公民。

（3）书面委托代理的授权委托书应当载明代理人的姓名或者名称、代理事项、权限和期限，并由委托人签名或者盖章。委托书授权不明的，被代理人应当向第三人承担民事责任，代理人负连带责任。

（4）《民法典》规定，有下列情形之一的，委托代理终止：

① 代理期间届满或代理事项完成；

② 被代理人取消委托或者代理人辞去委托；

③ 代理人丧失民事行为能力；

④ 代理人或者被代理人死亡；

⑤ 作为被代理人或者代理人的法人、非法人组织终止。

（5）代理人在代理权限内以被代理人的名义实施代理行为。

（6）转托他人代理应当事先取得被代理人的同意。

（7）无权代理和表见代理：

表2-4　无权代理和表见代理

代理种类	特征	效力	后果
无权代理	●自始未经授权 ●超越代理权 ●代理权已终止	效力待定 （被代理人追认）	●同意，有权代理 ●不同意，无权代理，责任由无权代理人承担
表见代理	●存在足以使相对人相信行为人有代理权的事实或理由 ●本人存在过失 ●相对人为善意且无过失	有效 （无权有效）	●被代理人承担，可以向无权代理人追偿

（8）代理人不履行不完全履行职责，造成被代理人损害的，应当承担民事责任。

（9）代理人和相对人恶意串通，损害被代理人合法权益的，代理人和相对人应当承担连带责任。

（10）相对人知道或者应当知道行为人无权代理的，相对人和行为人按照各自的过错承担责任。

（11）代理人知道或者应当知道代理事项违法仍然实施代理行为，或者被代理人知道或者应当知道代理人的代理行为违法未作反对表示的，被代理人和代理人应当承担连带责任。

◆ **考法 1：授权委托书应当载明的内容**

【例题】委托代理采用书面形式授权的，授权委托书应当载明的内容有（　　）。

A. 代理事项　　　　　　　　B. 代理权限

C. 代理人姓名或名称　　　　D. 代理费用

E. 代理期限

【答案】A、B、C、E

◆ **考法 2：建设工程代理行为终止的情形**

【例题】（2024 年真题）下列情形中，不能导致建设工程代理行为终止的是（　　）。

A. 代理人的法定代表人死亡的　　　B. 代理期限届满的

C. 被代理人取消委托的　　　　　　D. 作为代理人的组织终止的

【答案】A

◆ **考法 3：无权代理**

【例题】（2023 年真题）关于无权代理的说法，正确的是（　　）。

A. 无权代理人实施的行为，对被代理人一律不发生效力

B. 无权代理发生后，相对人可以催告被代理人，被代理人未作表示的，视为追认

C. 表见代理属于有权代理

D. 无权代理一般有自始未经授权、超越代理权和代理权已终止三种表现形式

【答案】D

◆ **考法 4：表见代理**

【例题】（2014 年真题）单位甲委托自然人乙采购特种水泥，乙持授权委托书向供应商丙采购。由于缺货，丙向乙说明无法供货，乙表示愿意购买普通水泥代替，向丙出示加盖甲公章的空白合同。经查，丙不知乙授权不足的情况。关于甲、乙行为的说法，正确的是（　　）。

A. 乙的行为属于法定代理

B. 甲有权拒绝接受这批普通水泥

C. 如甲拒绝，应由乙承担付款义务

D. 甲应承担付款义务

【答案】D

◆ **考法 5：代理责任的承担**

【例题】（2020 年真题）关于承担代理责任的做法，正确的是（　　）。

A. 代理行为的法律后果由被代理人和代理人共同承担

B. 被代理人应当知道代理人的代理行为违法未作反对表示的，由被代理人承担责任

C. 代理人不完全履行职责，造成被代理人损害的，应当承担民事责任

D. 代理人和相对人恶意串通，损害被代理人合法权益的，代理人和相对人应当承担按份责任

【答案】C

2.2 建筑业企业资质制度

核心考点提纲

1	2.2.1 建筑业企业资质条件和等级
2	2.2.2 建筑业企业资质的申请、许可、延续和变更

2.2.1 建筑业企业资质条件和等级

核心考点及重点提示

	考点	重点提示
1	建筑业企业资质条件	★
2	施工企业的资质序列、类别和等级	★

★普通　★★重要　★★★非常重要

核心考点及考法

1. 建筑业企业资质条件

（1）有符合规定的净资产。企业净资产是指企业的资产总额减去负债以后的净额，是属于企业所有并可以自由支配的资产，即所有者权益。

（2）有符合规定的主要人员。

（3）有符合规定的已完成工程业绩。对申请建筑工程、市政公用工程施工总承包特级、一级资质的企业，未进入全国建筑市场监管与诚信信息发布平台的企业业绩，不作为有效业绩认定。

（4）有符合规定的技术装备。

◆ **考法**：企业申请资质条件中的"净资产"

【例题】关于企业申请资质条件中"净资产"的说法，正确的是（　　）。

　　A. 是指企业拥有的资产
　　B. 是指企业的注册资本金
　　C. 应当以企业申请资质前3年度财务报表中净资产的平均额为准
　　D. 即所有者权益

【答案】D

2. 施工企业的资质序列、类别和等级

（1）施工资质分为综合资质、施工总承包资质、专业承包资质和专业作业资质。

（2）将施工劳务企业资质改为专业作业资质，由审批制改为备案制。

（3）综合资质和专业作业资质不分等级

（4）施工总承包甲级资质在本行业内承揽业务规模不受限制。

◆ 考法：建筑业企业的资质序列、类别和等级

【例题】（2024年真题）根据《建设工程企业资质管理制度改革方案》，关于建筑业企业资质的说法，正确的是（　　）。

  A. 施工综合资质只能承担本行业各等级施工总承包业务

  B. 施工劳务企业资质改为专业作业资质，由审批制改为备案制

  C. 施工综合资质和专业承包资质不分等级

  D. 施工总承包资质和专业作业资质分为甲、乙两级

【答案】B

2.2.2 建筑业企业资质的申请、许可、延续和变更

核心考点及重点提示

	考点	重点提示
1	建筑业企业资质的申请	★
2	建筑业企业资质的延续和变更	★★
3	禁止无资质、越级、以他企业名义承揽工程的规定	★★

★ 普通　★★ 重要　★★★ 非常重要

核心考点及考法

1. 建筑业企业资质的申请

（1）国家推进"证照分离"改革，持续精简涉企经营许可事项，依法采取直接取消审批、审批改为备案、实行告知承诺、优化审批服务等方式。除法律、行政法规规定的特定领域外，涉企经营许可事项不得作为企业登记的前置条件。

（2）深入推进告知承诺等改革，积极探索"一业一证"改革，推动行政许可减环节、减材料、减时限、减费用。

（3）企业可以申请一项或多项建筑业企业资质。

（4）企业首次申请或增项申请资质，应当申请最低等级资质。

（5）企业提交企业名称、统一社会信用代码、办公地址、法定代表人姓名及联系方式、企业净资产、技术负责人、技术工人等信息材料后，备案部门应当场办理备案手续，并核发建筑业企业施工劳务资质证书。

（6）施工企业资质的告知承诺制：申请→受理→公示（10个工作日）→审批→公告→核查。

◆ **考法：建筑业企业资质申请流程**

【例题】（2024年真题）关于建筑业企业资质申请流程的说法，正确的是（　　）。

A. 企业首次申请或者增项申请资质，可以申请最高等级资质
B. 持有施工总承包、专业承包三级资质的企业，可直接申请二级资质
C. 施工劳务企业完成备案手续后，即可承接施工劳务作业
D. 具有法人资格的企业可直接申请施工总承包、专业承包一级资质

【答案】B

2. 建筑业企业资质的延续和变更

（1）建筑业企业资质的使用、延续、变更、撤回、撤销和注销：

表2-5　建筑业企业资质的使用、延续、变更、撤回、撤销和注销

项目		内容
使用		各有关部门和单位在对企业跨地区承揽业务监督管理、招标活动中，不得要求企业提供建筑业企业资质证书原件，企业资质情况可通过扫描建筑业企业资质证书复印件的二维码查询
延续		资质证书有效期：5年。 延续申请：有效期届满前3个月。 资质许可机关应当在建筑业企业资质证书有效期届满前做出是否准予延续的决定；逾期未做出决定的，视为准予延续
变更		企业在建筑业企业资质证书有效期内名称、地址、注册资本、法定代表人等发生变更的，应当在工商部门办理变更手续后1个月内办理资质证书变更手续。 建筑业企业资质证书遗失补办，由申请人告知资质许可机关，由资质许可机关在官网发布信息。 企业发生合并、分立、重组以及改制等事项，需承继原建筑业企业资质的，应当申请重新核定建筑业企业资质等级
企业资质证书的撤回、撤销和注销	撤回	被撤回建筑业企业资质证书的企业，可以在资质被撤回后3个月内，向资质许可机关提出核定低于原等级同类别资质的申请
	撤销	（1）资质许可机关工作人员滥用职权、玩忽职守准予资质许可的。 （2）超越法定职权准予资质许可的。 （3）违反法定程序准予资质许可的。 （4）对不符合资质标准条件的申请企业准予资质许可的。 （5）依法可以撤销资质许可的其他情形
	注销	（1）资质证书有效期届满，未依法申请延续的。 （2）企业依法终止的。 （3）资质证书依法被撤回、撤销或吊销的。 （4）企业提出注销申请的。 （5）法律、法规规定的应当注销建筑业企业资质的其他情形

（2）企业申请建筑业企业资质升级、资质增项，在申请之日起前1年至资质许可决定作出前，有下列情形之一的，资质许可机关不予批准其建筑业企业资质升级申请和增项申请：

① 超越本企业资质等级或以其他企业的名义承揽工程，或允许其他企业或个人以本企业的名义承揽工程的；

② 与建设单位或企业之间相互串通投标，或以行贿等不正当手段谋取中标的；

③ 未取得施工许可证擅自施工的；

④ 将承包的工程转包或违法分包的；

⑤ 违反国家工程建设强制性标准施工的；

⑥ 恶意拖欠分包企业工程款或者劳务人员工资的；

⑦ 隐瞒或谎报、拖延报告工程质量安全事故，破坏事故现场、阻碍对事故调查的；

⑧ 按照国家法律、法规和标准规定需要持证上岗的现场管理人员和技术工种作业人员未取得证书上岗的；

⑨ 未依法履行工程质量保修义务或拖延履行保修义务的；

⑩ 伪造、变造、倒卖、出租、出借或者以其他形式非法转让建筑业企业资质证书的；

⑪ 发生过较大以上质量安全事故或者发生过两起以上一般质量安全事故的；

⑫ 其他违反法律、法规的行为。

◆ **考法1：建筑业企业资质证书使用与延续**

【例题】（2021年真题）关于建筑业企业资质证书使用与延续的说法，正确的是（　　）。

　　A. 企业资质情况可以通过扫描建筑业企业资质证书复印件的二维码查询

　　B. 企业跨地区参加招标投标活动，应当提供建筑业企业资质证书原件

　　C. 建筑业企业资质证书有效期为3年

　　D. 延续申请应当于建筑企业资质证书有效期届满1个月前提出

【答案】A

◆ **考法2：不予批准建筑业企业资质升级的情形**

【例题】（2022年真题）施工企业在申请之日起前1年至资质许可决定作出前，资质许可机关不予批准其建筑业企业资质升级的情形是（　　）。

　　A. 注册资本发生变更的

　　B. 将承包的工程转包或者违法分包的

　　C. 被投诉、举报的

　　D. 不与分包单位结算的

【答案】B

◆ **考法3：注销建筑业企业资质的情形**

【例题】（2020年真题）资质许可机关应当注销建筑业企业资质的情形是（　　）。

　　A. 施工企业资质证书有效期届满，未依法申请延续的

　　B. 施工企业发生合并、分立、重组以及改制的

　　C. 施工企业被责令停产整顿的

　　D. 施工企业名称、地址、法定代表人发生变更的

【答案】A

3. 禁止无资质、越级、以他企业名义承揽工程的规定

表 2-6 禁止无资质、越级、以他企业名义承揽工程的规定

项目	内容
禁止无资质承揽工程	施工单位应当依法取得相应等级的资质证书，并在其资质等级许可的范围内承揽工程。 禁止总承包单位将工程分包给不具备相应资质条件单位
禁止越级承揽工程	禁止施工单位超越本单位资质等级许可的业务范围承揽工程。 两个以上不同资质等级的单位实行联合共同承包的，应当按照资质等级低的单位的业务许可范围承揽工程。 分包工程承包人必须具有相应的资质，并在其资质等级许可的范围内承揽业务
违法分包行为	① 总承包单位将建设工程分包给不具备相应资质条件的单位的；② 建设工程总承包合同中未有约定，又未经建设单位认可，承包单位将其承包的部分建设工程交由其他单位完成的；③ 施工总承包单位将建设工程主体结构的施工分包给其他单位的；④ 分包单位将其承包的建设工程再分包的
禁止借用或出借资质承揽工程	禁止建筑施工企业超越本企业资质等级许可的业务范围或者以任何形式用其他建筑施工企业的名义承揽工程。禁止建筑施工企业以任何形式允许其他单位或者个人使用本企业的资质证书、营业执照，以本企业的名义承揽工程。 分包工程发包人没有将其承包的工程进行分包，在施工现场所设项目管理机构的项目负责人、技术负责人、项目核算负责人、质量管理人员、安全管理人员不是工程承包人本单位人员的，视同允许他人以本企业名义承揽工程

◆ **考法：违法分包的情形**

【例题】（2023 年真题）根据《建设工程质量管理条例》，下列情形中，属于违法分包的有（　　）。

A. 分包单位将其承包的工程再分包给具有相应资质条件单位的
B. 总承包单位将工程主体结构的施工分包给其他单位的
C. 总承包单位将非主体工程分包给具有相应资质条件单位的
D. 总承包单位将其承包的全部工程转给具有相应资质条件单位的
E. 总承包单位将其承包的全部工程肢解以后分别分包给其他单位的

【答案】A、B

2.3 建造师注册执业制度

核心考点提纲

1	2.3.1 建造师考试
2	2.3.2 建造师注册、受聘和执业范围
3	2.3.3 建造师基本权利和义务

2.3.1 建造师考试

核 心 考 点 及 重 点 提 示

	考点	重点提示
1	建造师考试	★

★普通　★★重要　★★★非常重要

核 心 考 点 及 考 法

该内容在考试中很小概率会涉及，仅在 2024 年考过一个题目，我们也不再整理核心考点。

◆**考法：考试违纪违规行为处理规定**

【例题】（2024 年真题）根据《专业技术人员资格考试违纪违规行为处理规定》，应试人员的下列行为中，应当给予其当次全部科目考试成绩无效的处理，将其违纪违规行为记入专业技术人员资格考试诚信档案库并长期记录的是（　　）。

  A. 持伪造证件参加考试的

  B. 使用禁止带入考场的通讯工具的

  C. 代替他人参加考试的

  D. 抄袭他人试题答案的

【答案】C

2.3.2 建造师注册、受聘和执业范围

核 心 考 点 及 重 点 提 示

	考点	重点提示
1	注册	★★
2	受聘	★
3	执业	★

★普通　★★重要　★★★非常重要

核 心 考 点 及 考 法

1. 注册

（1）初始注册与延续注册：

表 2-7 初始注册与延续注册

项目	内容
初始注册	初始注册者，可自资格证书签发之日起 3 年内提出申请
延续注册	注册证书与执业印章有效期为 3 年。注册有效期满需继续执业的，应当在注册有效期届满 30 日前，按照规定申请延续注册。延续注册的，有效期为 3 年。 申请延续注册的，应当提交下列材料： （1）注册建造师延续注册申请表； （2）原注册证书； （3）申请人与聘用单位签订的聘用劳动合同复印件或其他有效证明文件

（2）《注册建造师管理规定》中规定，在注册有效期内，注册建造师变更执业单位，应当与原聘用单位解除劳动关系，并按照规定办理变更注册手续，变更注册后仍延续原注册有效期。

（3）《注册建造师执业管理办法（试行）》规定，注册建造师变更聘用企业的，应当在与新聘用企业签订聘用合同后的 1 个月内，通过新聘用企业申请办理变更手续。因变更注册申报不及时影响注册建造师执业、导致工程项目出现损失的，由注册建造师所在聘用企业承担责任，并作为不良行为记入企业信用档案。

（4）不予注册和注册证书、执业印章失效及注销：

表 2-8 不予注册和注册证书、执业印章失效及注销

项目	内容
不予注册	（1）不具有完全民事行为能力的。 （2）申请在两个或者两个以上单位注册的。 （3）未达到注册建造师继续教育要求的。 （4）受到刑事处罚，刑事处罚尚未执行完毕的。 （5）因执业活动受到刑事处罚，自刑事处罚执行完毕之日起至申请注册之日止不满 5 年的。 （6）因前项规定以外的原因受到刑事处罚，自处罚决定之日起至申请注册之日止不满 3 年的。 （7）被吊销注册证书，自处罚决定之日起至申请注册之日止不满 2 年的。 （8）在申请注册之日前 3 年内担任项目经理期间，所负责项目发生过重大质量和安全事故的。 （9）申请人的聘用单位不符合注册单位要求的。 （10）年龄超过 65 周岁的。 （11）法律、法规规定不予注册的其他情形
失效	注册建造师有下列情形之一的，其注册证书和执业印章失效： （1）聘用单位破产的； （2）聘用单位被吊销营业执照的； （3）聘用单位被吊销或者撤回资质证书的； （4）已与聘用单位解除聘用合同关系的； （5）注册有效期满且未延续注册的； （6）年龄超过 65 周岁的； （7）死亡或不具有完全民事行为能力的； （8）其他导致注册失效的情形
注销	注册建造师有下列情形之一的，由注册机关办理注销手续，收回注册证书和执业印章或者公告其注册证书和执业印章作废： （1）有以上规定的注册证书和执业印章失效情形发生的；

项目	内容
注销	（2）依法被撤销注册的； （3）依法被吊销注册证书的； （4）受到刑事处罚的； （5）法律、法规规定应当注销注册的其他情形

◆ 考法 1：延续注册

【例题】（2019 年真题）关于注册建造师延续注册的说法，正确的是（　　）。

　　A. 延续注册有效期为 3 年
　　B. 延续注册申请应当在注册有效期届满前 3 个月内提出
　　C. 申请延续注册只需要提供原注册证书
　　D. 延续注册执业期间不能申请变更注册

【答案】A

◆ 考法 2：不予注册的情形

【例题】（2024 年真题）根据《注册建造师管理规定》，下列申请注册建造师的人员中，属于应当不予注册的是（　　）。

　　A. 张某，曾因执业活动受到刑事处罚，自处罚决定之日起至申请注册之日刚满 5 年
　　B. 李某，曾被吊销注册证书，自处罚决定之日起至申请注册之日刚满 3 年
　　C. 王某，曾在担任项目经理期间，所负责项目发生过重大质量事故，自事故发生之日至申请注册之日刚满 4 年
　　D. 赵某，曾因过失伤人受到刑事处罚，自处罚执行完毕之日起至申请注册之日刚满 3 年

【答案】A

◆ 考法 3：注册证书失效的情形

【例题】（2024 年真题）关于注册建造师注册证书失效的说法，正确的是（　　）。

　　A. 注册建造师聘用单位破产的，其注册证书应依法被吊销
　　B. 注册建造师年龄超过 60 周岁的，其注册证书应依法被撤销
　　C. 注册建造师受到刑事处罚的，其注册证书和执业印章由注册机关收回并办理注销手续
　　D. 注册建造师注册有效期满未延续注册的，其注册证书应依法被吊销

【答案】C

2. 受聘

（1）担任施工单位项目负责人的，应当受聘并注册于一个具有施工资质的企业。

（2）注册建造师变更聘用企业的，应当在与新聘用企业签订聘用合同后的 1 个月内，通过新聘用企业申请办理变更手续。因变更注册申报不及时影响注册建造师执业、导致工程项目出现损失的，由注册建造师所在聘用企业承担责任，并作为不良行为记入企业信用

档案。

（3）聘用企业与注册建造师解除劳动关系的，应当及时申请办理注销注册或变更注册。

◆**考法：变更聘用**

【例题】（2013年真题）施工企业新聘用的项目经理因变更注册申报不及时影响注册建造师执业、导致项目出现损失，对建设单位的民事赔偿责任由（　　）承担。

  A. 建造师原注册单位 B. 建设主管部门
  C. 项目经理本人   D. 施工企业

【答案】D

3. 执业

（1）二级注册建造师可以承担中、小型工程施工项目负责人。

（2）担任建设工程施工项目负责人的注册建造师在执业过程中，应当及时、独立完成建设工程施工管理文件签章，无正当理由不得拒绝在文件上签字并加盖执业印章。

（3）注册建造师不得同时担任两个及以上建设工程施工项目负责人，发生下列情形之一的除外：① 同一工程相邻分段发包或分期施工的；② 合同约定的工程验收合格的；③ 因非承包原因致使工程项目停工超120天（含），经建设单位同意的。

（4）注册建造师担任施工项目负责人期间原则上不得更换，如发生下列情形之一的，应当办理书面交接手续后更换施工项目负责人：① 发包方与注册建造师受聘企业已解除承包合同的；② 发包方同意更换项目负责人的；③ 因不可抗力等特殊情况必须更换项目负责人的。建设工程合同履行期间变更项目负责人的，企业应当于项目负责人变更5个工作日内报建设行政主管部门和有关部门及时进行网上变更。

◆**考法1：注册建造师可以同时担任两个及以上建设工程施工项目负责人的情形**

【例题】（2024年真题）下列情形中，属于注册建造师可以同时担任两个及以上建设工程施工项目负责人的有（　　）。

  A. 同一工程相邻分段发包的
  B. 同一工程分期施工的
  C. 合同约定的工程验收合格的
  D. 经受聘企业同意的
  E. 因非承包方原因致使工程项目停工超过120天，经建设单位同意的

【答案】A、B、C、E

◆**考法2：更换项目负责人的情形**

【例题】（2022年真题）根据《注册建造师执业管理办法（试行）》，注册建造师担任施工项目负责人期间发生的下列情形中，应当在办理书面交接手续后更换施工项目负责人的是（　　）。

  A. 承包人同意更换项目负责人的
  B. 发包人与注册建造师受聘企业已经解除承包合同的
  C. 注册建造师本人不愿继续担任项目负责人的

D. 担任项目负责人的施工项目暂时停工的

【答案】B

2.3.3 建造师基本权利和义务

核 心 考 点 及 重 点 提 示

	考点	重点提示
1	建造师的基本权利	★★
2	建造师的基本义务	★★
3	建造师违法行为应承担的责任	★

★普通　★★重要　★★★非常重要

核 心 考 点 及 考 法

1. 建造师的基本权利

（1）注册建造师享有下列权利：① 使用注册建造师名称；② 在规定范围内从事执业活动；③ 在本人执业活动中形成的文件上签字并加盖执业印章；④ 保管和使用本人注册证书、执业印章；⑤ 对本人执业活动进行解释和辩护；⑥ 接受继续教育；⑦ 获得相应的劳动报酬；⑧ 对侵犯本人权利的行为进行申述。

（2）建设工程施工活动中形成的有关工程施工管理文件，应当由注册建造师签字并加盖执业印章。施工单位签署质量合格的文件上，必须有注册建造师的签字盖章。

（3）建设工程合同包含多个专业工程的，担任施工项目负责人的注册建造师，负责该工程施工管理文件签章。

（4）分包工程施工管理文件应当由分包企业注册建造师签章。分包企业签署质量合格的文件上，必须由担任总包项目负责人的注册建造师签章。

（5）修改注册建造师签字并加盖执业印章的工程施工管理文件，应当征得所在企业同意，由注册建造师本人进行修改；注册建造师本人不能进行修改的，应当由企业指定同等资格条件的注册建造师修改，并由其签字并加盖执业印章。

◆ **考法：必须有施工企业的注册建造师签字盖章的文件**

【例题】（2023年真题）下列文件中，必须有施工企业的注册建造师签字盖章的是（　　）。

A. 施工总承包合同　　　　　　　B. 监理日志
C. 单位工程质量验收记录　　　　D. 与建设单位的联系函

【答案】C

2. 建造师的基本义务

（1）注册建造师应当履行下列义务：① 遵守法律法规和有关管理规定，恪守职业道德；② 执行技术标准、规范和规程；③ 保证执业的质量，并承担相应责任；④ 接受继续教育，努力提高执业水准；⑤ 保守在执业中知悉的国家秘密和他人的商业、技术等秘密；⑥ 与当事人有利害关系的，应当主动回避；⑦ 协助注册管理机关完成相关工作。

（2）担任建设工程施工项目负责人的注册建造师在执业过程中，应当及时、独立完成建设工程施工管理文件签章，无正当理由不得拒绝在文件上签字并加盖执业印章。

（3）担任建设工程施工项目负责人的注册建造师对其签署的工程管理文件承担相应责任。

◆考法：注册建造师的权利和义务

【例题】（2023年真题）下列行为中，既属于注册建造师的权利也是其义务的是（   ）。

  A. 使用注册建造师名称　　　　B. 保管和使用本人注册证书、执业印章
  C. 获得相应的劳动报酬　　　　D. 接受继续教育

【答案】D

3. 建造师违法行为应承担的责任

（1）有下列情形之一的，注册机关依据职权或者根据利害关系人的请求，可以撤销注册建造师的注册：① 注册机关工作人员滥用职权、玩忽职守作出准予注册许可的；② 超越法定职权作出准予注册许可的；③ 违反法定程序作出准予注册许可的；④ 对不符合法定条件的申请人颁发注册证书和执业印章的；⑤ 依法可以撤销注册的其他情形。申请人以欺骗、贿赂等不正当手段获准注册的，应当予以撤销。

（2）隐瞒有关情况或者提供虚假材料申请注册的，住房城乡建设主管部门不予受理或者不予注册，并给予警告，申请人1年内不得再次申请注册。

（3）以欺骗、贿赂等不正当手段取得注册证书的，由注册机关撤销其注册，3年内不得再次申请注册，并由县级以上地方人民政府住房城乡建设主管部门处以罚款。其中没有违法所得的，处以1万元以下的罚款；有违法所得的，处以违法所得3倍以下且不超过3万元的罚款。

（4）聘用单位为申请人提供虚假注册材料的，由县级以上地方人民政府住房城乡建设主管部门或者其他有关部门给予警告，责令限期改正；逾期未改正的，可处以1万元以上3万元以下的罚款。

（5）注册建造师或者其聘用单位未按照要求提供注册建造师信用档案信息的，由县级以上地方人民政府住房城乡建设主管部门或者其他有关部门责令限期改正；逾期未改正的，可处以1000元以上1万元以下的罚款。

（6）注册建筑师、注册结构工程师、监理工程师等注册执业人员因过错造成质量事故的，责令停止执业1年；造成重大质量事故的，吊销执业资格证书，5年以内不予注册；情节特别恶劣的，终身不予注册。

◆考法1：撤销建造师注册的情形

【例题】（2024年真题）下列情形中，注册机关可以撤销建造师注册的有（　　）。

  A. 注册机关工作人员滥用职权作出准予注册许可的

B. 注册机关工作人员超越法定职权作出准予注册许可的

C. 申请人以欺骗、贿赂等不正当手段获准注册的

D. 注册建造师未按照要求提供信用档案信息的

E. 注册建造师因过错造成质量事故的

【答案】A、B、C

◆ 考法 2：注册执业人员因过错造成质量事故应承担的法律责任

【例题】（2021 年真题）下列情形中，注册建造师将被处以吊销执业资格证书，5 年内不予注册的是（　　）。

A. 因过错造成重大质量事故的

B. 在执业过程中实施商业贿赂的

C. 允许他人以自己的名义从事执业活动的

D. 未办理变更注册而继续执业的

【答案】A

2.4 建筑市场主体信用体系建设

核心考点提纲

1	2.4.1	建筑市场各方主体信用信息分类
2	2.4.2	建筑市场各方主体信用信息公开和应用
3	2.4.3	建筑市场各方主体不良行为记录认定标准

2.4.1 建筑市场各方主体信用信息分类

核心考点及重点提示

	考点	重点提示
1	建筑市场各方主体信用信息分类	★★

★普通　★★重要　★★★非常重要

核心考点及考法

（1）建筑市场的信用信息在省级建筑市场平台或者全国市场建筑平台进行公开。

（2）建筑市场信用信息由基本信息、优良信用信息、不良信用信息构成。

（3）基本信息是指注册登记信息、资质信息、工程项目信息、注册执业人员信息等。

（4）优良信用信息是指建筑市场各方主体在工程建设活动中获得的县级以上行政机关或群团组织表彰奖励等信息。

（5）不良信用信息是指建筑市场各方主体在工程建设活动中违反有关法律、法规、规章或工程建设强制性标准等，受到县级以上住房城乡建设主管部门行政处罚的信息，以及经有关部门认定的其他不良信用信息。

◆ **考法：建筑市场各方主体信用信息分类**

【例题】（2024年真题）关于建筑市场信用信息的说法，正确的是（　　）。

　　A. 建筑市场信用信息仅在全国建筑市场信息平台公开，各省市无权搜集和公开
　　B. 建筑市场信用信息由基本信息和优良信息构成，不包括不良信息
　　C. 建筑市场优良信息是指建筑市场主体获得的县级以上行政机关或群团组织表彰奖励等信息
　　D. 建筑市场基本信息是指注册登记信息、资质信息、工程项目信息、注册执业人员信息、奖惩信息等

【答案】C

2.4.2 建筑市场各方主体信用信息公开和应用

核心考点及重点提示

	考点	重点提示
1	信用信息公开	★★
2	信息应用	★

★普通　★★重要　★★★非常重要

核心考点及考法

1. 信用信息公开

（1）公开期限：① 基本信息长期公开；② 优良信用信息公开期限一般为3年；③ 不良信用信息公开期限一般为6个月至3年，并不得低于相关行政处罚期限。

（2）国务院有关行政主管部门和省级人民政府有关行政主管部门应自招标投标违法行为行政处理决定作出之日起20个工作日内对外进行记录公告。

（3）公开建筑市场各方主体信用信息不得危及国家安全、公共安全、经济安全和社会稳定，不得泄露国家秘密、商业秘密和个人隐私。

（4）属于《全国建筑市场各方主体不良行为记录认定标准》范围的不良行为记录除在当地发布外，还将由建设部统一在全国公布，公布期限与地方确定的公布期限相同，法律、法规另有规定的从其规定。

（5）各省、自治区、直辖市建设行政主管部门将确认的不良行为记录在当地发布之日起7日内报建设部。

（6）对招标投标违法行为所作出的以下行政处理决定应给予公告：① 警告；② 罚款；

③ 没收违法所得；④ 暂停或者取消招标代理资格；⑤ 取消在一定时期内参加依法必须进行招标的项目的投标资格；⑥ 取消担任评标委员会成员的资格；⑦ 暂停项目执行或追回已拨付资金；⑧ 暂停安排国家建设资金；⑨ 暂停建设项目的审查批准；⑩ 行政主管部门依法作出的其他行政处理决定。

（7）应当通过省级建筑市场监管一体化工作平台办理信用信息变更，并及时推送至全国建筑市场监管公共服务平台。

◆ 考法 1：建筑市场信用信息公开的期限

【例题】（2024 年真题）关于建筑市场各方主体信用信息公开期限的说法，正确的是（　　）。

  A. 基本信息公开期限一般为 10 年

  B. 优良信用信息公开期限一般为 5 年

  C. 不良信用信息公开期限一般为 6 个月至 3 年

  D. 经企业申请、相关部门批准，可缩短不良信用信息公开期限或者不予公开

【答案】C

◆ 考法 2：建筑市场信用信息公布的内容和范围

【例题】（2024 年真题）关于建筑市场信用信息公布内容和范围的说法，正确的有（　　）。

  A. 属于国家认定标准范围的不良行为记录，只能由住房和城乡建设部在全国统一公布

  B. 公开各方主体信用信息不得泄露国家秘密、商业秘密和个人隐私

  C. 通过与工商、税务等部门信息共享获取的各方主体不良信用信息，省、自治区、直辖市建设行政主管部门应在本地区统一公布

  D. 行政处罚决定被变更或撤销的，应及时变更或删除该不良记录

  E. 对招标投标违法行为作出的罚款处理决定应给予公告，但警告处理决定可不予公告

【答案】B、C、D

◆ 考法 3：公告信息的变更

【例题】（2017 年真题）根据《招标投标违法行为记录公告暂行办法》，关于招标投标违法行为记录公告的说法，正确的是（　　）。

  A. 公告部门接到招标投标违法行为记录更正书面申请后，应在 7 个工作日内进行核对

  B. 公告的记录与行政处理决定的相关内容一致的，应当告知申请人

  C. 被公告的招标投标当事人认为公告记录与行政处理决定的相关内容不符的，可以向公告部门提出书面更正申请，公告部门在作出答复前停止对违法行为记录的公告

  D. 行政处理决定在被行政复议或行政诉讼期间，公告部门应当停止对违法行为记录的公告

【答案】B

2. 信息应用

存在下列情形的建筑市场各方主体，列入建筑市场主体"黑名单"：① 利用虚假材料、以欺骗手段取得企业资质的；② 发生转包、出借资质，受到行政处罚的；③ 发生重大及以上工程质量安全事故，或1年内累计发生2次及以上较大工程质量安全事故，或发生性质恶劣、危害性严重、社会影响大的较大工程质量安全事故，受到行政处罚的；④ 经法院判决或仲裁机构裁决，认定为拖欠工程款，且拒不履行生效法律文书确定的义务的。

◆ 考法：被列入建筑市场主体"黑名单"的情形

【例题】根据《建筑市场信用管理暂行办法》，建筑市场各方主体存在的下列情形中，应当被列入建筑市场主体"黑名单"的有（　　）。

A. 利用虚假材料取得企业资质的
B. 出借资质，受到行政处罚的
C. 发生工程质量安全事故的
D. 因转包受到行政处罚的
E. 经人民法院判决认定为拖欠工程款，且拒不履行生效法律文书确定的义务的

【答案】A、B、D、E

2.4.3 建筑市场各方主体不良行为记录认定标准

核心考点及重点提示

	考点	重点提示
1	施工单位不良行为记录认定标准	★★★
2	注册建造师不良行为记录认定标准	★

★普通　★★重要　★★★非常重要

核心考点及考法

1. 施工单位不良行为记录认定标准

（1）资质不良行为认定标准：

① 未取得资质证书承揽工程的，或超越本单位资质等级承揽工程的；② 以欺骗手段取得资质证书承揽工程的；③ 允许其他单位或个人以本单位名义承揽工程的；④ 未在规定期限内办理资质变更手续的；⑤ 涂改、伪造、出借、转让建筑业企业资质证书的；⑥ 按照国家规定需要持证上岗的技术工种的作业人员未经培训、考核，未取得证书上岗，情节严重的。

（2）承揽业务不良行为认定标准：

① 利用向发包单位及其工作人员行贿、提供回扣或者给予其他好处等不正当手段承

揽业务的；② 相互串通投标或与招标人串通投标的，以向招标人或评标委员会成员行贿的手段谋取中标的；③ 以他人名义投标或以其他方式弄虚作假，骗取中标的；④ 不按照与招标人订立的合同履行义务，情节严重的；⑤ 将承包的工程转包或违法分包的。

（3）工程质量不良行为认定标准：

① 在施工中偷工减料的，使用不合格建筑材料、建筑构配件和设备的，或者有不按照工程设计图纸或施工技术标准施工的其他行为的；② 未按照节能设计进行施工的；③ 未对建筑材料、建筑构配件、设备和商品混凝土进行检测，或未对涉及结构安全的试块、试件以及有关材料取样检测的；④ 工程竣工验收后，不向建设单位出具质量保修书的，或质量保修的内容、期限违反规定的；⑤ 不履行保修义务或者拖延履行保修义务的。

（4）工程安全不良行为认定标准：

① 在本单位发生重大生产安全事故时，主要负责人不立即组织抢救或在事故调查处理期间擅离职守或逃匿的，主要负责人对生产安全事故隐瞒不报、谎报或拖延不报的；② 对建筑安全事故隐患不采取措施予以消除的；③ 不设立安全生产管理机构、配备专职安全生产管理人员或分部分项工程施工时无专职安全生产管理人员现场监督的；④ 主要负责人、项目负责人、专职安全生产管理人员、作业人员或特种作业人员，未经安全教育培训或经考核不合格即从事相关工作的；⑤ 未在施工现场的危险部位设置明显的安全警示标志，或未按照国家有关规定在施工现场设置消防通道、消防水源、配备消防设施和灭火器材的；⑥ 未向作业人员提供安全防护用具和安全防护服装的；⑦ 未按照规定在施工起重机械和整体提升脚手架、模板等自升式架设设施验收合格后登记的；⑧ 使用国家明令淘汰、禁止使用的危及施工安全的工艺、设备、材料的；⑨ 违法挪用列入建设工程概算的安全生产作业环境及安全施工措施所需费用的；⑩ 施工前未对有关安全施工的技术要求作出详细说明的；⑪ 未根据不同施工阶段和周围环境及季节、气候的变化，在施工现场采取相应的安全施工措施，或在城市市区内的建设工程的施工现场未实行封闭围挡的；⑫ 在尚未竣工的建筑物内设置员工集体宿舍的；⑬ 施工现场临时搭建的建筑物不符合安全使用要求的；⑭ 未对因建设工程施工可能造成损害的毗邻建筑物、构筑物和地下管线等采取专项防护措施的；⑮ 安全防护用具、机械设备、施工机具及配件在进入施工现场前未经查验或查验不合格即投入使用的；⑯ 使用未经验收或验收不合格的施工起重机械和整体提升脚手架、模板等自升式架设设施的；⑰ 委托不具有相应资质的单位承担施工现场安装、拆卸施工起重机械和整体提升脚手架、模板等自升式架设设施的；⑱ 在施工组织设计中未编制安全技术措施、施工现场临时用电方案或专项施工方案的；⑲ 主要负责人、项目负责人未履行安全生产管理职责的，或不服管理、违反规章制度和操作规程冒险作业的；⑳ 施工单位取得资质证书后，降低安全生产条件的，或经整改仍未达到与其资质等级相适应的安全生产条件的；㉑ 取得安全生产许可证发生重大安全事故的；㉒ 未取得安全生产许可证擅自进行生产的；㉓ 安全生产许可证有效期满未办理延期手续，继续进行生产的，或逾期不办理延期手续，继续进行生产的；㉔ 转让安全生产许可证的，接受转让的，冒用或使用伪造的安全生产许可证的。

（5）拖欠工程款或工人工资不良行为认定标准：恶意拖欠或克扣劳动者工资。

◆ **考法 1：施工企业资质不良行为的认定标准**

【例题】（2023 年真题）根据《全国建筑市场各方主体不良行为记录认定标准》，属于施工企业资质不良行为的是（　　）。

A. 不按照与招标人订立的合同履行义务，情节严重的
B. 以他人名义投标，骗取中标的
C. 允许其他单位或个人以本单位名义承揽工程的
D. 涂改、伪造、出借、转让安全生产许可证的

【答案】C

◆ **考法 2：承揽业务不良行为的认定标准**

【例题】（2024 年真题）根据《全国建筑市场各方主体不良行为记录认定标准》，下列行为中，属于承揽业务不良行为的有（　　）。

A. 以欺骗手段取得资质证书承揽工程的
B. 涂改、伪造建筑业企业资质证书的
C. 相互串通投标或与招标人串通投标的
D. 将承包的工程转包或违法分包的
E. 不按照与招标人订立的合同履行义务，情节严重的

【答案】C、D、E

◆ **考法 3：工程质量不良行为的认定标准**

【例题】根据《全国建筑市场各方主体不良行为记录认定标准》，属于工程质量不良行为的有（　　）。

A. 允许其他单位或个人以本单位名义承揽工程
B. 将承揽的工程转包或违法分包
C. 施工前未对有关安全施工的技术要求做出详细说明
D. 未按照节能设计进行施工
E. 未履行保修义务或拖延履行保修义务

【答案】D、E

◆ **考法 4：工程安全不良行为的认定标准**

【例题】（2023 年真题）施工企业的下列不良行为记录中，属于工程安全不良行为的是（　　）。

A. 将承包的工程转包或者违法分包的
B. 未取得安全生产许可证擅自进行生产的
C. 未取得资质证书承揽工程的
D. 在施工中偷工减料，使用不合格建筑材料的

【答案】B

2. 注册建造师不良行为记录认定标准

注册建造师有下列行为之一，经有关监督部门确认后由工程所在地建设主管部门或有

关部门记入注册建造师执业信用档案：①《注册建造师执业管理办法（试行）》第22条所列行为；② 未履行注册建造师职责造成质量、安全、环境事故的；③ 泄露商业秘密的；④ 无正当理由拒绝或未及时签字盖章的；⑤ 未按要求提供注册建造师信用档案信息的；⑥ 未履行注册建造师职责造成不良社会影响的；⑦ 未履行注册建造师职责导致项目未能及时交付使用的；⑧ 不配合办理交接手续的；⑨ 不积极配合有关部门监督检查的。

◆考法：注册建造师不良行为记录认定标准

【例题】（2023年真题）注册建造师的下列行为中，经有关监督部门确认后应当记入注册建造师执业信用档案的是（　　）。

　　A. 对本人执业活动进行解释和辩护的
　　B. 接受继续教育的
　　C. 变更注册单位后到另一家施工企业从事执业活动的
　　D. 超出执业范围和聘用企业业务范围从事执业活动的

【答案】D

2.5　营商环境制度

核心考点提纲

1	2.5.1　营商环境优化
2	2.5.2　中小企业款项支付保障

2.5.1　营商环境优化

核心考点及重点提示

	考点	重点提示
1	《优化营商环境条例》的相关规定	★
2	优化营商环境专项整治工作	★

★普通　★★重要　★★★非常重要

核心考点及考法

1.《优化营商环境条例》的相关规定

表2-9　《优化营商环境条例》的相关规定

项目	措施	规定
加强市场主体保护	保证各类市场主体自主经营权，平等参与竞争	坚持权利平等、机会平等、规则平等

71

续表

项目	措施	规定
加强市场主体保护	保护市场主体及其经营者的财产权和其他合法权益	市场主体有权拒绝任何形式的摊派
净化市场环境	深化商事制度改革，简化企业开办及经营流程	推进"证照分离"改革，依法采取直接取消审批、审批改为备案、实行告知承诺、优化审批服务等方式
	放宽市场准入，营造公平竞争环境	实行全国统一的市场准入负面清单制度
	严格规范各类收费行为	推广以金融机构保函替代现金缴纳涉企保证金
	加强市场主体及政府信用体系建设	政务诚信、商务诚信、社会诚信和司法公信
优化政务服务	推进政务服务标准化	减环节、减材料、减时限
	提高政务服务效率	当场办结、一次办结、限时办结，集中办理、就近办理、网上办理、异地可办
	严格控制并逐步精简行政许可	通过事中事后监管或者市场机制能够解决以及行政许可法和国务院规定不得设立行政许可的事项，一律不得设立行政许可
	优化投资及工程建设项目审批程序	推行并联审批、多图联审、联合竣工验收
	优化产权登记及权利担保流程	不动产登记、交易和缴税一窗受理、并行办理
规范监管执法	政府监管事权、监管规则和监管标准应公开透明	明确监管对象和范围、厘清监管事权，依法对市场主体进行监管，实现监管全覆盖
	构建以信用为基础的新型监管机制	创新和完善信用监管，强化信用监管的支撑保障，加强信用监管的组织实施，不断提升信用监管效能
	推行"双随机、一公开"监管	随机抽取检查对象、随机选派执法检查人员、抽查事项及查处结果及时向社会公开的方式进行
	政府及其有关部门应当按照鼓励创新的原则	对新技术、新产业、新业态、新模式等实行包容审慎监管
加强法治保障		向社会公开征求意见的期限一般不少于30日

◆ **考法：规范监管执法**

【例题】（2024年真题）根据《优化营商环境条例》，市场监管领域"双随机，一公开"监管方式的内容是（   ）。

  A. 随机进行检查、随机选派执法检查人员、查处结果及时向被检查单位公开

  B. 随机抽取检查对象、随机进行检查、抽查事项及查处结果及时向社会公开

  C. 随机抽取检查对象、随机选派执法检查人员、抽查事项及查处结果及时向被检查单位公开

  D. 随机抽取检查对象、随机选派执法检查人员、抽查事项及查处结果及时向社

会公开

【答案】D

2. 优化营商环境专项整治工作

考核的概率极小。

2.5.2 中小企业款项支付保障

核 心 考 点 及 重 点 提 示

	考点	重点提示
1	规范合同订立及财政资金约束保障	★
2	规范支付行为要求	★★
3	防范账款拖欠	★

★普通　★★重要　★★★非常重要

核 心 考 点 及 考 法

1. 规范合同订立及财政资金约束保障

（1）不得违约拖欠中小企业的货物、工程、服务款项。

（2）政府投资项目需资金应当按照国家有关规定确保落实到位，不得由施工单位垫资建设。

2. 规范支付行为要求

（1）机关、事业单位从中小企业采购货物、工程、服务，应当自货物、工程、服务交付之日起30日内支付款项；合同另有约定的，付款期限最长不得超过60日。

（2）机关、事业单位和大型企业与中小企业约定以货物、工程、服务交付后经检验或者验收合格作为支付中小企业款项条件的，付款期限应当自检验或者验收合格之日起算。

（3）机关、事业单位和大型企业拖延检验或者验收的，付款期限自约定的检验或者验收期限届满之日起算。

◆ 考法：规范支付行为要求

【例题】（2024年真题）根据《保障中小企业款项支付条例》，机关、事业单位从中小企业采购货物、工程、服务，除合同另有约定外，应当自货物、工程、服务交付之日起（　　）日内支付款项。

A. 15　　　　　　　　　　B. 30
C. 60　　　　　　　　　　D. 90

【答案】B

3. 防范账款拖欠

（1）机关、事业单位和大型企业不得强制中小企业接受商业汇票等非现金支付方式，不得利用商业汇票等非现金支付方式变相延长付款期限；不得以法定代表人或者主要负责人变更，履行内部付款流程，或者在合同未作约定的情况下以等待竣工验收批复、决算审计等为由，拒绝或者迟延支付中小企业款项。

（2）依法设立的保证金包括投标保证金、履约保证金、工程质量保证金、农民工工资保证金。

（3）机关、事业单位和大型企业迟延支付中小企业款项的，应当按照合同约定和法律规定的利率标准支付逾期利息。

◆ **考法：工程建设领域保证金**

【例题】根据《关于清理规范工程建设领域保证金的通知》（国办发〔2016〕49号），下列保证金中，可以要求建筑业企业在工程建设中缴纳的有（　　）。

A. 投标保证金　　　　　　B. 开工保证金
C. 履约保证金　　　　　　D. 工程质量保证金
E. 农民工工资保证金

【答案】A、C、D、E

本章模拟强化练习

1. 某施工企业是法人，关于该施工企业应当具备条件的说法，正确的是（　　）。
   A. 该施工企业能够自然产生
   B. 该施工企业能够独立承担民事责任
   C. 该施工企业的法定代表人是法人
   D. 该施工企业不必有自己的住所、财产

【答案】B

2. 关于法人分类的说法，正确的有（　　）。
   A. 某基层群众性自治组织属于非营利法人
   B. 法人分为营利法人、非营利法人和特别法人
   C. 某基金会属于非营利法人
   D. 某县人民政府属于机关法人
   E. 某设计院有限责任公司属于事业单位法人

【答案】B、C、D

3. 关于施工企业项目经理部的说法，正确的有（　　）。
   A. 项目经理部具有法人资格
   B. 项目经理经施工企业授权管理施工项目
   C. 项目经理部是施工企业组建的非常设下属机构
   D. 项目经理是施工企业的内部岗位
   E. 项目经理部自行承担施工行为的法律后果

【答案】B、C、D

4. 某施工企业的项目经理李某在工程施工过程中订立材料采购合同,承担该合同付款责任的是( )。

　　A. 李某　　　　　　　　　　　B. 施工企业
　　C. 李某所属施工企业项目经理部　D. 施工企业法定代表人

【答案】B

5. 关于代理法律特征的说法,正确的是( )。

　　A. 代理行为不能导致法律权利义务关系的变化
　　B. 代理人实施代理行为时没有独立进行意思表示的权利
　　C. 代理行为的法律后果由代理人与被代理人共同承担
　　D. 代理人必须在代理权限范围内实施代理

【答案】D

6. 在代理关系中,委托代理关系终止的条件包括( )。

　　A. 被代理人的法人终止　　　B. 被代理人取得民事行为能力
　　C. 被代理人取消委托　　　　D. 代理事项完成
　　E. 代理期限届满

【答案】A、C、D、E

7. 甲施工企业委托乙为其购买标号为32.5MPa的水泥,乙没有买到该标号的水泥,但是根据自己的判断购买了标号为42.5MPa的水泥。关于这一行为后果的说法,正确的是( )。

　　A. 甲应当买下水泥
　　B. 甲有权拒绝收下水泥,并索回预付给乙的水泥款项
　　C. 甲与乙共同拥有水泥的所有权
　　D. 甲与乙共同分摊购买水泥的费用

【答案】B

8. 某施工企业规定项目经理有权订立300万元以下的采购合同,该施工企业项目经理与不了解该规定的混凝土供应商订立了500万元的混凝土采购合同,该合同的货款由( )。

　　A. 施工企业承担　　　　B. 项目经理承担
　　C. 项目经理部承担　　　D. 混凝土供应商承担

【答案】A

9. 关于建筑业企业资质条件的说法,正确的有( )。

　　A. 必须自行拥有一定数量的大中型机械设备
　　B. 企业净资产以企业申请资质前3年净资产的平均值为准考核
　　C. 有符合规定的净资产
　　D. 除各类别最低等级资质外,取消关于注册建造师等人员的指标考核
　　E. 有符合规定的已完成工程业绩

【答案】C、D、E

10. 根据《关于开展工程建设项目审批制度改革试点的通知》(国办发〔2018〕33号),对通过事中事后监管能够纠正不符合审批条件的行为且不会产生严重后果的审批事项,实行( )。
   A. 告知承诺制　　　　　　　　B. 审批制
   C. 备案制　　　　　　　　　　D. 登记制

【答案】A

11. 关于建筑业企业资质证书变更的说法,正确的是( )。
   A. 建筑业企业应当在资质证书变更后将变更结果报国务院住房城乡建设主管部门备案
   B. 建筑业企业资质证书遗失补办,申请人应当按照资质许可机关要求在企业官网发布信息
   C. 在建筑业企业资质有效期内,法定代表人变更的,应当办理资质证书变更手续
   D. 企业发生合并,需承继原建筑业企业资质的,可以直接承继原企业资质

【答案】C

12. 根据《建筑业企业资质管理规定》,在申请之日起前1年至资质许可决定作出前,出现下列情况的,资质许可机关不予批准其建筑业企业资质升级申请的有( )。
   A. 与建设单位之间相互串通投标　　B. 将承包的工程转包或违法分包
   C. 发生过一起一般质量安全事故　　D. 非法转让建筑业企业资质证书
   E. 恶意拖欠分包企业工程款

【答案】A、B、D、E

13. 可以撤销建筑业企业资质的情形是( )。
   A. 企业取得资质后不再符合相应资质条件的
   B. 企业取得资质后发生重大安全事故的
   C. 资质许可机关违反法定程序准予资质许可的
   D. 资质证书有效期到期后未及时办理续期手续的

【答案】C

14. 关于禁止无资质或超资质承揽工程的说法,正确的是( )。
   A. 施工总承包单位可以将房屋建筑工程的钢结构工程分包给其他单位
   B. 总承包单位可以将建设工程分包给包工头
   C. 联合体承包中,可以以高资质等级的承包方为联合体承包方的业务许可范围
   D. 劳务分包单位可以将其承包的劳务再分包

【答案】A

15. 某工程由甲施工企业承包,施工现场检查发现项目部的项目经理、技术负责人、质量管理人员和安全管理人员都是乙施工企业职工。则甲的行为视同( )。
   A. 允许他人使用本企业名义承揽工程
   B. 违法分包

C. 与他人联合承揽

D. 使用其他企业名义承揽工程

【答案】A

16. 根据《建筑法》，建筑业企业以欺骗、贿赂等不正当手段取得建筑业企业资质应承担的法律责任是（   ）。

   A. 资质许可由原资质许可机关予以撤回

   B. 给予警告，或处罚款

   C. 申请企业5年内不得再次申请建筑业企业资质

   D. 吊销资质证书，并处罚款

【答案】D

17. 某人挂靠某建筑施工企业并以该企业的名义承揽工程，因工程质量不合格给建设单位造成较大损失，关于责任承担的说法，正确的是（   ）。

   A. 建筑施工企业与挂靠个人承担连带赔偿责任

   B. 挂靠的个人承担全部责任

   C. 建筑施工企业承担全部责任

   D. 建筑施工企业与挂靠个人按比例承担责任

【答案】A

18. 关于申请建造师初始注册的说法，正确的是（   ）。

   A. 应当通过聘用单位提出申请

   B. 初始注册的条件与建造师资格考试的条件相同

   C. 取得证书的人员可以受聘于两个相关单位

   D. 建造师初始注册通过备案完成

【答案】A

19. 根据《注册建造师管理规定》，下列情形中，不予注册的有（   ）。

   A. 钱某取得资格证书3年后申请注册

   B. 赵某因工伤丧失了民事行为能力

   C. 孙某与原单位解除劳动关系后申请变更注册

   D. 周某申请在两个单位分别注册

   E. 李某已满60岁但仍担任单位的咨询顾问

【答案】B、D

20. 甲为某事业单位的技术人员，取得一级建造师资格证书后，正确的做法是（   ）。

   A. 甲不辞职，即可受聘并注册于一个施工企业

   B. 甲辞职后，可以受聘并注册于一个勘察企业

   C. 甲不辞职，即可受聘并注册于一个设计企业

   D. 甲辞职后，只能受聘并注册于一个施工企业

【答案】B

21. 根据《注册建造师执业管理办法》，属于注册建造师不得担任两个及以上建设工

程施工项目负责人的情形是（　　）。

  A. 同一工程相邻分段发包的

  B. 合同约定的工程验收合格的

  C. 合同约定的工程提交竣工验收报告的

  D. 因非承包方原因致使工程项目停工超过 120 天（含），经建设单位同意的

【答案】C

22. 注册建造师依法享有的权利包括（　　）。

  A. 获得相应劳动报酬

  B. 保守在执业中知悉的国家秘密和他人的商业、技术等秘密

  C. 保管和使用本人注册证书、执业印章

  D. 接受继续教育

  E. 在本人执业活动中形成的文件上签字并加盖执业印章

【答案】A、C、D、E

23. 关于施工管理文件签章的说法，正确的是（　　）。

  A. 分包工程的施工管理文件，应当由总承包单位的注册建造师签章

  B. 分包单位签署质量合格的文件上，必须由担任总承包项目负责人的注册建造师签章

  C. 修改注册建造师已经签章的施工管理文件，可以由其本人自行修改

  D. 修改注册建造师已经签章的施工管理文件，注册建造师本人不能进行修改的，所在单位可以直接修改

【答案】B

24. 根据《注册建造师管理规定》，注册建造师在执业活动中有违法行为，县级以上地方人民政府住房城乡建设主管部门有权作出的行政处罚决定有（　　）。

  A. 警告　　　　　　　　　　B. 责令赔偿损失

  C. 行政拘留　　　　　　　　D. 责令改正

  E. 没收违法所得

【答案】A、D、E

25. 关于建筑市场各方主体信用信息公开期限的说法，正确的是（　　）。

  A. 建筑市场各方主体的基本信息永久公开

  B. 建筑市场各方主体的优良信用信息公开期限一般为 6 个月

  C. 不良信用信息公开期限应低于相关行政处罚期限

  D. 不良信用信息公开期限一般为 6 个月至 3 年，并不得低于相关行政处罚期限

【答案】D

26. 根据《招标投标违法行为记录公告暂行办法》，关于建筑市场诚信行为公告的说法，正确的是（　　）。

  A. 招标投标违法行为记录公告在任何情况下都不得公开涉及国家秘密、商业秘密和个人隐私的记录

B. 对于取消担任评标委员会成员资格的行政处理决定应当给予公告

C. 被公告的招标投标当事人认为公告记录与行政处理决定的相关内容不符的，可向公告部门提出书面更正申请，公告部门应在接到申请后停止公告

D. 行政处理决定在被行政复议或行政诉讼期间，公告部门应暂停对违法行为记录的公告

【答案】B

27. 根据《建筑市场信用管理暂行办法》，下列情形中，建筑市场各方主体应当被列入建筑市场"黑名单"的是（　　）。

A. 利用虚假材料、以欺骗手段取得企业资质的

B. 发生转包、出借资质，超过行政处罚追溯期限的

C. 2年内累计发生2次较大工程质量安全事故，受到行政处罚的

D. 经法院判决或者仲裁机构裁决，认定为拖欠工程款的

【答案】A

28. 下列不良行为记录中，属于施工企业资质不良行为的有（　　）。

A. 未取得资质证书承揽工程的

B. 以欺骗手段取得资质证书承揽工程的

C. 以他人名义投标或者以其他方式弄虚作假，骗取中标的

D. 不按照与中标人订立的合同履行义务，情节严重的

E. 将承包的工程转包或者违法分包的

【答案】A、B

29. 根据《全国建筑市场各方主体不良行为记录认定标准》，下列情形中，属于施工企业承揽业务不良行为的是（　　）。

A. 利用向建设单位及其工作人员行贿、提供回扣等不正当手段承揽业务的

B. 以欺骗手段取得资质证书承揽工程的

C. 涂改、伪造、出借、转让《建筑业企业资质证书》的

D. 在施工中偷工减料，使用不合格建筑材料的

【答案】A

30. 下列行为中，属于工程质量不良行为的是（　　）。

A. 使用国家明令淘汰、禁止使用的危及施工安全的工艺、设备、材料的

B. 在尚未竣工的建筑物内设置员工集体宿舍的

C. 对建筑安全事故隐患不采取措施予以消除的

D. 未对涉及结构安全的试块取样检测的

【答案】D

31. 根据《全国建筑市场各方主体不良行为记录认定标准》，下列施工企业的行为中，属于工程安全不良行为认定标准的是（　　）。

A. 未对涉及结构安全的试块、试件以及有关材料取样检测的

B. 在施工中偷工减料的

C. 拖延履行保修义务的

D. 使用未经验收的施工起重机械和整体提升脚手架、模板等自升式架设设施的

【答案】D

32. 根据《拖欠农民工工资失信联合惩戒对象名单管理暂行办法》,下列情形中,人力资源社会保障行政部门按照管辖权限应当将用人单位列入失信联合惩戒名单的有( )。

A. 克扣、无故拖欠农民工工资达到认定拒不支付劳动报酬罪数额标准的

B. 因拖欠农民工工资违法行为引发群体性事件、极端事件造成严重不良社会影响的

C. 将劳务违法分包给不具备用工主体资格的组织的

D. 将劳务转包给不具备用工主体资格的个人的

E. 没有在工程项目所在地银行开设农民工工资专用账户的

【答案】A、B

33. 注册建造师的下列行为中,可以记入注册建造师执业信用档案的是( )。

A. 对设计变更有异议的
B. 泄露商业秘密的
C. 经常外出参会的
D. 拒绝执行监理工程师指令的

【答案】B

34. 我国优化营商环境的总体原则有( )。

A. 建立营商环境评价制度
B. 深化商事制度改革
C. 转变政府职能
D. 加强市场主体及政府信用体系建设
E. 坚持市场化、法治化、国际化原则

【答案】A、C、E

35. 坚持以市场主体需求为导向,以( )为核心,为各类市场主体投资兴业营造稳定、公平、透明、可预期的良好环境。

A. 深刻转变政府职能
B. 深化简政放权
C. 激发市场活力和社会创造力
D. 提升政务服务能力和水平

【答案】A

36. 根据《优化营商环境条例》,政府及其有关部门应当推进政务服务标准化,按照( )的要求,编制并向社会公开政务服务事项标准化工作流程和办事指南。

A. 减手续
B. 减费用
C. 减环节
D. 减材料
E. 减时限

【答案】C、D、E

37. 一律不得设立行政许可的情形有( )。

A. 行政许可法规定不得设立行政许可的事项

B. 国务院规定不得设立行政许可的事项

C. 市场机制能够解决

D. 事中事后监管能够解决

E. 省、自治区、直辖市人民政府规定不得设立行政许可的事项

【答案】A、B、C、D

38. 根据《优化营商环境条例》，关于规范监管执法的说法，正确的有（　　）。

A. 对新技术、新产业、新业态、新模式等实行包容审慎监管

B. 构建以信用为基础的新型监管机制

C. 政府监管事权、监管规则和监管标准应公开透明

D. 为了确保质量和安全，简单化予以禁止或者不予监管

E. 推行"双随机、一公开"监管

【答案】A、B、C、E

39. 大型企业从中小企业采购货物、工程、服务，合同约定采取履行进度结算、定期结算等结算方式的，付款期限应当自（　　）之日起算。

A. 检验或者验收合格　　　　　B. 交付货物、工程、服务

C. 约定的检验或者验收期限届满　D. 双方确认结算金额

【答案】D

40. 根据《保障中小企业款项支付条例》，关于防范账款拖欠的说法，正确的有（　　）。

A. 不得强制中小企业接受商业汇票等非现金支付方式

B. 不得利用商业汇票等非现金支付方式变相延长付款期限

C. 应该以审计机关的审计结果作为结算依据

D. 不得以法定代表人变更、履行内部付款流程为由，拒绝或者迟延支付中小企业款项

E. 不得以在合同未作约定的情况下以等待竣工验收批复、决算审计等为由，拒绝或者迟延支付中小企业款项

【答案】A、B、D、E

41. 根据《保障中小企业款项支付条例》，机关、事业单位和大型企业不履行及时支付中小企业款项义务，情节严重的，（　　）。

A. 支付4倍的逾期利息　　　　B. 处以3万元以上5万元以下的罚款

C. 处以罚金　　　　　　　　　D. 依法实施失信惩戒

【答案】D

第 3 章　建设工程许可法律制度

近五年真题考点分值表

节	题型	2020 年（分）	2021 年（分）	2022 年（分）	2023 年（分）	2024 年（分）
3.1　建设工程规划许可	单项选择题					1
	多项选择题					2
3.2　建设工程施工许可	单项选择题	1	1	1	2	2
	多项选择题					

3.1　建设工程规划许可

核心考点提纲

1	3.1.1　规划许可证的申请
2	3.1.2　规划条件的变更

3.1.1　规划许可证的申请

核心考点及重点提示

	考点	重点提示
1	应当提交的材料	★
2	核发建设工程规划许可证	★★

★普通　★★重要　★★★非常重要

核心考点及考法

1. 应当提交的材料

建设单位申请办理建设工程规划许可证，应当提交使用土地的有关证明文件、建设工程设计方案等材料。需要建设单位编制修建性详细规划的建设项目，还应当提交修建性详细规划。

2. 核发建设工程规划许可证

表 3-1　批准和核发建设工程规划许可证的主管部门

规划区	土地用途	城市、县人民政府城乡规划主管部门	省、自治区、直辖市人民政府确定的镇人民政府
城市	对符合控制性详细规划和规划条件的	√	√
乡、村庄	进行乡镇企业、乡村公共设施和公益事业建设的	√	
乡、村庄	进行乡镇企业、乡村公共设施和公益事业建设以及农村村民住宅建设确需占用农用地的	√	
	临时建设批准	√	

◆ **考法：建设工程规划许可证的核发**

【例题】（2024 年真题）关于核发建设工程规划许可证的说法，正确的有（　　）。

A. 对符合城市总体规划的，应予核发建设工程规划许可证
B. 在乡、村庄规划区内进行乡镇企业建设的，应当申请核发乡村建设规划许可证
C. 在乡、村庄规划区内进行乡村公共设施和公益事业建设的，不得占用农用地
D. 在乡、村庄规划区内，建设单位在取得乡村建设规划许可证后，方可办理用地审批手续
E. 临时建设影响城市控制性详细规划的实施以及交通、市容的，不得批准

【答案】B、C、D、E

3.1.2　规划条件的变更

核心考点及重点提示

考点		重点提示
1	规划变更	★★
2	规划验收	★★
3	补偿	★
4	监督检查	★

★普通　★★重要　★★★非常重要

核心考点及考法

1. 规划变更

（1）建设单位应当按照规划条件进行建设；确需变更的，必须向城市、县人民政府城

乡规划主管部门提出申请。

（2）城市、县人民政府城乡规划主管部门应当及时将依法变更后的规划条件通报同级土地主管部门并公示。

（3）建设单位应当及时将依法变更后的规划条件报有关人民政府土地主管部门备案。

◆ 考法：规划变更

【例题】（2024年真题）某大学在建新校区因情况变化涉及规划变更。关于该新校区规划变更的说法，正确的有（   ）。

    A. 该大学应当向城乡规划主管部门提出变更申请

    B. 变更内容不符合控制性详细规划的，城乡规划主管部门不得批准

    C. 该大学应当及时将依法变更后的规划条件报有关人民政府土地主管部门备案

    D. 该大学应当组织听证会，听取利害关系人对规划变更的意见

    E. 城乡规划主管部门应当及时将依法变更后的规划条件报告上一级土地主管部门并公示

【答案】A、B、C

2. 规划验收

（1）县级以上地方人民政府城乡规划主管部门按照国务院规定对建设工程是否符合规划条件予以核实。未经核实或者经核实不符合规划条件的，建设单位不得组织竣工验收。

（2）建设单位应当在竣工验收后6个月内向城乡规划主管部门报送有关竣工验收资料。

◆ 考法：规划验收

【例题】（2024年真题）根据《城乡规划法》，关于规划验收的说法，正确的是（   ）。

    A. 建设工程是否符合规划条件，应当由县级人民政府城乡规划主管部门按规定予以核实

    B. 经核实不符合规划条件的建设工程，建设单位获得有关人民政府土地主管部门批准可以组织竣工验收

    C. 规划条件未经核实的建设工程，建设单位不得组织竣工验收

    D. 施工单位应当在竣工验收后向城乡规划主管部门报送有关竣工验收资料

【答案】C

3. 补偿

在选址意见书、建设用地规划许可证、建设工程规划许可证或者乡村建设规划许可证发放后，因依法修改城乡规划给被许可人合法权益造成损失的，应当依法给予补偿。

4. 监督检查

（1）县级以上人民政府及其城乡规划主管部门应当加强对城乡规划编制、审批、实施、修改的监督检查。

（2）地方各级人民政府应当向本级人民代表大会常务委员会或者乡、镇人民代表大会报告城乡规划的实施情况，并接受监督。

3.2 建设工程施工许可

核心考点提纲

1	3.2.1 施工许可证和开工报告的适用范围
2	3.2.2 施工许可证的申请
3	3.2.3 延期开工、核验和重新办理批准

3.2.1 施工许可证和开工报告的适用范围

核心考点及重点提示

	考点	重点提示
1	施工许可证的适用范围	★★
2	不需要办理施工许可证和开工报告的情形	★★★

★普通　★★重要　★★★非常重要

核心考点及考法

1. 施工许可证的适用范围

（1）在中华人民共和国境内从事各类房屋建筑及其附属设施的建造、装修装饰和与其配套的线路、管道、设备的安装，以及城镇市政基础设施工程的施工，建设单位在开工前应当依照规定，向工程所在地的县级以上地方人民政府住房城乡建设主管部门申请领取施工许可证。

（2）依法通过竞争性谈判或者单一来源方式确定供应商的政府采购建设工程项目，符合建筑法规定的申请领取施工许可证条件的，应当颁发施工许可证，不应当以未进入有形市场进行招标为由拒绝颁发施工许可证。

◆ 考法1：需要领取施工许可证的建筑工程

【例题】（2009年真题）建筑施工企业确定后，在建筑工程开工前，建设单位应当按照国家有关规定向工程所在地县级以上人民政府建设行政主管部门申请领取（　　）。

　　A. 建设用地规划许可证　　　　B. 建设工程规划许可证
　　C. 施工许可证　　　　　　　　D. 安全生产许可证

【答案】C

◆ 考法2：施工许可证的适用范围

【例题】（2024年真题）关于施工许可证适用范围的说法，正确的是（　　）。

　　A.《建筑法》关于施工许可管理的规定，不适用于其他专业建筑工程

B. 采用工程总承包模式的建设工程项目，无须办理施工许可证

C. 依法通过竞争性谈判确定供应商的政府采购建设工程项目，符合法定申请领取施工许可证条件的，应当颁发施工许可证

D. 依法通过单一来源方式确定供应商的政府采购建设工程项目，无须颁发施工许可证

【答案】C

2. 不需要办理施工许可证和开工报告的情形

（1）作为文物保护的纪念建筑物和古建筑等的修缮。

（2）军用房屋建筑工程建筑活动。

（3）限额以下的小型工程。工程投资额在 30 万元以下或者建筑面积在 300m² 以下的建筑工程，可以不申请办理施工许可证。

（4）抢险救灾及其他临时性房屋建筑和农民自建低层住宅的建筑活动。

◆ 考法 1：需要办理施工许可证的工程

【例题】（2023 年真题）下列工程项目中，开工前需要申请办理施工许可证的是（　　）。

A. 抢险救灾工程

B. 农民自建的低层住宅工程

C. 投资额 30 万元以上的建筑工程

D. 临时性房屋建筑工程

【答案】C

◆ 考法 2：不需要办理施工许可证的工程

【例题】不需要办理施工许可证的建筑工程有（　　）。

A. 建筑面积 200m² 的房屋

B. 抢险救灾工程

C. 城市大型立交桥

D. 城市居住小区

E. 实行开工报告审批制度的建筑工程

【答案】A、B、E

3.2.2 施工许可证的申请

核心考点及重点提示

	考点	重点提示
1	施工许可证的申请主体	★
2	施工许可证的申请条件	★★
3	申请办理施工许可证的程序	★

★普通　★★重要　★★★非常重要

核心考点及考法

1. 施工许可证的申请主体

向工程所在地县级以上人民政府建设行政主管部门申请领取施工许可证的主体是建设单位。

2. 施工许可证的申请条件

（1）依法应当办理用地批准手续的，已经办理该建筑工程用地批准手续。

（2）依法应当办理建设工程规划许可证的，已经取得建设工程规划许可证。

（3）施工场地已经基本具备施工条件，需要征收房屋的，其进度符合施工要求。

（4）已经确定施工企业。

（5）有满足施工需要的资金安排、施工图纸及技术资料，建设单位应当提供建设资金已经落实承诺书，施工图设计文件已按规定审查合格。

（6）有保证工程质量和安全的具体措施。

◆ 考法1：施工许可证的申请条件

【例题】（2024年真题）关于施工许可证申请条件的说法，正确的是（　　）。

　　A. 建设资金已经落实

　　B. 施工场地已具备施工条件，需要征收房屋的，征收工作应全部完成

　　C. 施工图设计文件已按规定审查合格

　　D. 已经办理建设用地使用权登记

【答案】C

◆ 考法2：申请领取施工许可证时关于施工图纸及技术资料的规定

【例题】（2021年真题）在申请领取施工许可证应当具备的条件中，关于施工图纸及技术资料的说法，正确的是（　　）。

　　A. 有施工方案设计即可　　　　B. 有初步设计图纸并通过初步设计审查

　　C. 有经审查合格的施工图设计文件　　D. 有注册执业人员签章的施工图

【答案】C

3. 申请办理施工许可证的程序

（1）建设单位向发证机关领取《建筑工程施工许可证申请表》。

（2）建设单位持加盖单位及法定代表人印鉴的《建筑工程施工许可证申请表》，并附规定的证明文件，向发证机关提出申请。

（3）发证机关对于符合条件的，应当自收到申请之日起7日内颁发施工许可证；对于证明文件不齐全或者失效的，应当当场或者5日内一次告知建设单位需要补正的全部内容，审批时间可以自证明文件补正齐全后作相应顺延；对于不符合条件的，应当自收到申请之日起7日内书面通知建设单位，并说明理由。

◆ 考法：颁发施工许可证的时限

【例题】发证机关在收到建设单位报送的《建筑工程施工许可证申请表》和所附证明文件后，对于符合条件的，应当自收到申请之日起（　　）日内颁发施工许可证。

A. 3　　　　　　　　　　　　　　B. 5
C. 7　　　　　　　　　　　　　　D. 10

【答案】C

3.2.3　延期开工、核验和重新办理批准

核心考点及重点提示

	考点	重点提示
1	延期开工	★★
2	核验施工许可证	★★★
3	重新办理批准	★

★普通　★★重要　★★★非常重要

核心考点及考法

1. 延期开工

（1）建设单位应当自领取施工许可证之日起 3 个月内开工。

（2）因故不能按期开工的，应当向发证机关申请延期；延期以 2 次为限，每次不超过 3 个月。

（3）既不开工又不申请延期或者超过延期时限的，施工许可证自行废止。

◆考法：工程延期开工的规定

【例题】（2024 年真题）关于已领取施工许可证的建设工程延期开工的说法，正确的是（　　）。

A. 建设单位应当自领取施工许可证之日起 2 个月内开工
B. 因故不能按期开工的，应当自施工许可证期满后申请延期
C. 延期以 2 次为限，每次不超过 2 个月
D. 既不开工又不申请延期或者超过延期时限的，施工许可证自行废止

【答案】D

2. 核验施工许可证

表 3-2　核验施工许可证

项目	报告时限	报告主体	受理单位	备注
中止施工	中止施工之日起 1 个月内	建设单位	发证机关	维护管理
恢复施工	中止施工满 1 年			核验施工许可证

◆考法：报告中止施工的最迟期限

【例题】（2024 年真题）某建设项目于 2023 年 5 月 8 日领取施工许可证，同年 6 月

16 日开工。开工后因极端天气原因于 2023 年 7 月 24 日中止施工。该项目建设单位应当向发证机关报告中止施工的最迟期限是（　　）。

  A. 2023 年 6 月 8 日　　　　　　B. 2023 年 7 月 16 日

  C. 2023 年 8 月 24 日　　　　　　D. 2023 年 10 月 24 日

【答案】C

3. 重新办理批准

表 3-3　重新办理批准

项目	内容
不能按期开工或者中止施工	及时向批准机关报告情况
因故不能按期开工超过 6 个月	重新办理开工报告的批准手续

◆ 考法：不能按期开工超过 6 个月的办理手续

【例题】（2012 年真题）按照国务院有关规定批准开工报告的建筑工程，因故不能按期开工超过 6 个月的，建设单位应当（　　）手续。

  A. 申请办理开工延期　　　　　　B. 申请办理施工许可证注销

  C. 重新办理开工报告的批准　　　D. 核验开工报告批准

【答案】C

本章模拟强化练习

1. 在规划区内进行建设活动，建设单位应当向建设项目所在城市、县人民政府（　　）领取建设用地规划许可证。

  A. 土地主管部门　　　　　　　　B. 建设行政主管部门

  C. 城乡规划主管部门　　　　　　D. 授权的镇人民政府

【答案】C

2. 申请办理建设工程规划许可证，应当提交（　　）等材料。

  A. 开工许可证　　　　　　　　　B. 资金落实承诺书

  C. 施工图设计文件　　　　　　　D. 使用土地的有关证明文件

  E. 建设工程设计方案

【答案】D、E

3. 对符合控制性详细规划和规划条件的，核发建设工程规划许可证的部门可能有（　　）。

  A. 城市人民政府城乡规划主管部门　　B. 镇人民政府

  C. 县人民政府城乡规划主管部门　　　D. 县人民政府

  E. 省、自治区、直辖市人民政府

【答案】A、B、C

4. 在乡、村庄规划区内进行公益事业建设，确需占用农用地的，应当（　　）。

A. 由省、自治区、直辖市人民政府城乡规划主管部门核发乡村建设规划许可证

B. 由省、自治区、直辖市人民政府确定是否可以占用

C. 在缴纳占地费用后，由城市、县人民政府城乡规划主管部门核发乡村建设规划许可证

D. 办理农用地转用审批手续后，由城市、县人民政府城乡规划主管部门核发乡村建设规划许可证

【答案】D

5. 根据《城乡规划法》，关于建设单位确需变更规划条件的说法，错误的是（　　）。

A. 变更后的规划条件通报同级土地主管部门并公示

B. 城乡规划主管部门必须向城市、县人民政府城乡规划主管部门提出申请

C. 城乡规划主管部门应当及时将依法变更后的规划条件报有关人民政府土地主管部门备案

D. 变更内容不符合控制性详细规划的，城乡规划主管部门不得批准

【答案】C

6. 关于规划验收、补偿和监督检查的说法，正确的有（　　）。

A. 未经核实或者经核实不符合规划条件的，建设单位不得组织竣工验收

B. 经依法审定的修建性详细规划、建设工程设计方案的总平面图不得随意修改

C. 因撤销行政许可给当事人合法权益造成损失的，应当依法给予赔偿

D. 因依法修改城乡规划给被许可人合法权益造成损失的，应当依法给予补偿

E. 地方各级人民政府城乡规划主管部门应当向乡、镇人民代表大会报告城乡规划的实施情况，并接受监督

【答案】A、B、C、D

7. 关于施工许可证的适用范围的说法，错误的是（　　）。

A. 建筑工程开工前，建设单位应当申请领取施工许可证

B. 各级住房城乡建设主管部门必须根据工程总承包合同及分包合同确定设计、施工企业，依法办理施工许可证

C. 依法通过竞争性谈判方式确定供应商的政府采购建设工程项目，符合建筑法规定的申请领取施工许可证条件的，应当颁发施工许可证

D. 依法通过单一来源方式确定供应商的政府采购建设工程项目，不应当以未进入有形市场进行招标为由拒绝颁发施工许可证

【答案】B

8. 下列需要办理施工许可证的建设工程有（　　）。

A. 工程投资额为20万元的建筑工程

B. 按照国务院规定的权限和程序批准开工报告的建筑工程

C. 建筑面积为500m² 的建筑工程

D. 抢险救灾及其他临时性房屋建筑

E. 依法通过竞争性谈判确定供应商的建筑面积为1000m² 的政府采购工程建设

项目

【答案】C、E

9. 关于施工许可证申领条件中"已经确定施工企业"的说法，正确的是（   ）。

    A. 已经与施工企业签署合作意向
    B. 评标结果已经公示
    C. 施工合同已经订立
    D. 已经将施工合同向建设行政主管部门备案

【答案】C

10. 根据《建筑工程施工许可管理办法》，保证工程质量和安全的具体措施有（   ）。

    A. 施工企业编制的施工组织设计中有根据建筑工程特点制定的相应质量、安全技术措施
    B. 专业性较强的工程项目编制了专项质量、安全施工组织设计
    C. 有审查合格的施工图设计文件
    D. 施工场地拆迁进度符合施工要求
    E. 按照规定办理了工程质量、安全监督手续

【答案】A、B、E

11. 根据《建筑法》，获取施工许可证后因故不能按期开工的，建设单位应当申请延期，延期的规定是（   ）。

    A. 以2次为限，每次不超过2个月　B. 以3次为限，每次不超过2个月
    C. 以2次为限，每次不超过3个月　D. 以3次为限，每次不超过3个月

【答案】C

12. 建设单位领取施工许可证后，因故不能按期开工又不申请延期或者超过延期时限的，关于其后果的说法，正确的是（   ）。

    A. 施工许可证需要重新核验　B. 须报告发证机关并交回施工许可证
    C. 施工许可证仍有效　D. 施工许可证自行废止

【答案】D

13. 2024年1月15日，某建设单位为其工程领取了施工许可证，因未能按期开工，建设单位于2024年3月10日、5月10日两次向发证机关报告了工程准备的进展情况，直到2024年7月1日开工建设。关于该工程施工许可证的说法，正确的有（   ）。

    A. 该工程施工许可证自行废止
    B. 应当在2024年4月15日前申请延期
    C. 延期开工未超过6个月，施工许可证继续有效
    D. 2024年7月1日开工之前，需要重新申领施工许可证
    E. 不能按期开工，应当在1个月内报告

【答案】A、B、D

14. 关于建筑工程中止施工的说法，正确的是（   ）。

    A. 中止施工满1年的工程恢复施工前，建设单位应当报发证机关核验施工许

可证

B. 在建的建筑工程因故中止施工的,建设单位应当自中止施工之日起 3 个月内,向发证机关报告

C. 施工企业应当按照规定做好建筑工程的维护管理工作

D. 建筑工程恢复施工时,应当经发证机关批准

【答案】A

15. 关于施工许可制度和开工报告制度的说法,正确的有(　　)。

    A. 实行开工报告批准制度的工程,必须符合国务院的有关规定

    B. 建设单位领取施工许可证后因故不能按期开工的,最多可延期 6 个月

    C. 建设工程因故中止施工满 1 年的,恢复施工前应报发证机关核验施工许可证

    D. 实行开工报告批准制度的工程,因故不能按期开工超过 6 个月的工程,应当重新办理开工报告审批手续

    E. 实行开工报告批准制度的工程,其开工报告主要反映的是施工企业应具备的开工条件

【答案】A、B、C、D

第4章　建设工程发承包法律制度

近五年真题考点分值表

节	题型	2020年（分）	2021年（分）	2022年（分）	2023年（分）	2024年（分）
4.1 建设工程发承包的一般规定	单项选择题			1		1
	多项选择题		2	2	2	
4.2 建设工程招标投标制度	单项选择题	8	8	8	7	3
	多项选择题	6	6	6	6	2
4.3 非招标采购制度	单项选择题					1
	多项选择题					2

4.1 建设工程发承包的一般规定

核心考点提纲

1	4.1.1 建设工程总承包
2	4.1.2 建设工程共同承包
3	4.1.3 建设工程分包

4.1.1 建设工程总承包

核心考点及重点提示

考点		重点提示
1	建设工程总承包的模式	★
2	建设工程总承包项目的发包	★★
3	建设工程总承包项目的风险分担	★
4	建设工程总承包的法律责任	★★

★普通　★★重要　★★★非常重要

核心考点及考法

1. 建设工程总承包的模式

建设内容明确、技术方案成熟的项目,适宜采用工程总承包方式。

2. 建设工程总承包项目的发包

(1)工程总承包单位不得是工程总承包项目的代建单位、项目管理单位、监理单位、造价咨询单位、招标代理单位。

(2)政府投资项目的项目建议书、可行性研究报告、初步设计文件编制单位及其评估单位,一般不得成为该项目的工程总承包单位。

(3)工程总承包单位应当同时具有与工程规模相适应的工程设计资质和施工资质,或者由具有相应资质的设计单位和施工单位组成联合体。

(4)设计单位和施工单位组成联合体的,联合体各方应当共同与建设单位签订工程总承包合同,就工程总承包项目承担连带责任。

(5)违法发包的具体情形包括:① 建设单位将工程发包给个人的;② 建设单位将工程发包给不具有相应资质的单位的;③ 依法应当招标未招标或未按照法定招标程序发包的;④ 建设单位设置不合理的招标投标条件,限制、排斥潜在投标人或者投标人的;⑤ 建设单位将一个单位工程的施工分解成若干部分发包给不同的施工总承包或专业承包单位的。

◆ **考法 1:对工程总承包单位的要求**

【例题】(2021 年真题)根据《房屋建筑和市政基础设施项目工程总承包管理办法》,关于工程总承包单位的说法,正确的有(   )。

A. 工程总承包单位应当同时具有与工程规模相适应的工程设计资质和施工资质
B. 工程总承包单位可以由具有相应资质的设计单位和施工企业组成联合体
C. 工程总承包单位可以是工程总承包项目的代建单位或者造价咨询单位
D. 工程总承包单位应当具有相应的项目管理体系和项目管理能力、财务和风险承担能力
E. 工程总承包单位应当具有与发包工程相类似的设计、施工或者工程总承包业绩

【答案】A、B、D、E

◆ **考法 2:违法发包的情形**

【例题】下列情形中,属于违法发包的有(   )。

A. 建设单位将工程发包给个人的
B. 建设单位将工程发包给不具有相应资质的单位的
C. 依法应当招标未招标的
D. 建设单位将一个单位工程的施工分解成若干部分发包给不同的专业承包单位的
E. 建设单位将建筑工程的设计、采购、施工一并发包给一个工程总承包单位

【答案】A、B、C、D

3. 建设工程总承包项目的风险分担

工程总承包项目中，由建设单位承担的风险主要包括：① 主要工程材料、设备、人工价格与招标时基期价相比，波动幅度超过合同约定幅度的部分；② 因国家法律法规政策变化引起的合同价格的变化；③ 不可预见的地质条件造成的工程费用和工期的变化；④ 因建设单位原因产生的工程费用和工期的变化；⑤ 不可抗力造成的工程费用和工期的变化。

4. 建设工程总承包的法律责任

（1）建设单位不得迫使工程总承包单位以低于成本的价格竞标，不得明示或者暗示工程总承包单位违反工程建设强制性标准、降低建设工程质量，不得明示或者暗示工程总承包单位使用不合格的建筑材料、建筑构配件和设备。

（2）工程总承包单位应当对其承包的全部建设工程质量负责，分包单位对其分包工程的质量负责，分包不免除工程总承包单位对其承包的全部建设工程所负的质量责任。

（3）工程总承包项目经理不得同时在两个或者两个以上工程项目担任工程总承包项目经理、施工项目负责人。

（4）建设单位不得对工程总承包单位提出不符合建设工程安全生产法律、法规和强制性标准规定的要求，不得明示或者暗示工程总承包单位购买、租赁、使用不符合安全施工要求的安全防护用具、机械设备、施工机具及配件、消防设施和器材。

（5）工程总承包单位对承包范围内工程的安全生产负总责。分包单位应当服从工程总承包单位的安全生产管理，分包单位不服从管理导致生产安全事故的，由分包单位承担主要责任，分包不免除工程总承包单位的安全责任。

◆ 考法 1：工程总承包单位的质量责任

【例题】（2024 年真题）关于建设工程总承包的说法，正确的是（　　）。

A. 建设内容明确、技术方案成熟的工程项目，应当采用工程总承包方式
B. 工程总承包单位应当是具有相应资质的设计单位和施工单位组成的联合体
C. 工程总承包单位应当对其承包的全部建设工程质量负责
D. 资深总承包项目经理可以同时在两个工程项目担任工程总承包项目经理

【答案】C

◆ 考法 2：工程总承包单位责任

【例题】（2022 年真题）关于工程总承包单位责任的说法，正确的有（　　）。

A. 工程总承包单位对其承包的全部建设工程质量负责
B. 工程总承包项目经理要求同时在两个或者两个以上工程项目担任工程总承包项目经理或施工项目负责人
C. 工程总承包单位对承包范围内工程的安全生产负总责
D. 工程总承包单位、工程总承包项目经理依法承担质量终身责任
E. 分包单位不服从总包单位安全生产管理导致生产安全事故的，免除总承包单位的安全责任

【答案】A、C、D

4.1.2 建设工程共同承包

核心考点及重点提示

	考点	重点提示
1	共同承包	★★

★普通　★★重要　★★★非常重要

核心考点及考法

（1）大型建筑工程或者结构复杂的建筑工程，可以由两个以上的承包单位联合共同承包。共同承包的各方对承包合同的履行承担连带责任。

（2）两个以上不同资质等级的单位实行联合共同承包的，应当按照资质等级低的单位的业务许可范围承揽工程。

（3）两个以上法人或者其他组织共同投标的，应当在投标阶段即组成联合体，签订共同投标协议，明确约定各方拟承担的工作和责任，并将共同投标协议连同投标文件一并提交招标人，以一个投标人的身份共同投标。联合体中标的，联合体各方应当共同与招标人签订合同，就中标项目向招标人承担连带责任。

（4）招标人不得强制投标人组成联合体共同投标，不得限制投标人之间的竞争。

◆考法：共同承包

【例题】（2020年真题）关于建设工程联合共同承包的说法，正确的有（　　）。
　　A. 对于中小型或者结构不复杂的工程，无须采用联合共同承包方式
　　B. 两个以上不同资质等级的单位实行联合共同承包的，可以按照资质等级高的单位的业务许可范围承揽工程
　　C. 共同承包是由两个或两个以上承包单位临时组成联合体，以同一承包人身份共同承揽项目的行为
　　D. 联合共同承包的各方应当与建设单位分别订立合同
　　E. 联合共同承包的各方对承包合同的履行承担连带责任

【答案】A、C、E

4.1.3 建设工程分包

核心考点及重点提示

	考点	重点提示
1	分包时应符合的条件	★
2	违法分包的情形	★★★

续表

	考点	重点提示
3	应当认定为转包的情形	★★
4	应当认定为挂靠的情形	★★

★普通　★★重要　★★★非常重要

核心考点及考法

1. 分包时应符合的条件

① 承包人不得将其承包的全部建设工程转包给第三人或者将其承包的全部建设工程肢解以后以分包的名义分别转包给第三人；② 禁止承包人将工程分包给不具备相应资质条件的单位。分包单位应当符合建筑市场资质管理制度要求；③ 建设工程主体结构的施工必须由承包人自行完成；④ 禁止分包单位将其承包的工程再分包；⑤ 经发包人同意。除总承包合同中已有约定的分包外，必须经建设单位认可。

2. 违法分包的情形

① 承包单位将其承包的工程分包给个人的；② 施工总承包单位或专业承包单位将工程分包给不具备相应资质单位的；③ 施工总承包单位将施工总承包合同范围内工程主体结构的施工分包给其他单位的，钢结构工程除外；④ 专业分包单位将承包的专业工程中非劳务作业部分再分包的；⑤ 专业作业承包人将其承包的劳务再分包的；⑥ 专业作业承包人除计取劳务作业费用外，还计取主要建筑材料款和大中型施工机械设备、主要周转材料费用的。

3. 应当认定为转包的情形

① 承包单位将其承包的全部工程转给其他单位（包括母公司承接建筑工程后将所承接工程交由具有独立法人资格的子公司施工的情形）或个人施工的；② 承包单位将其承包的全部工程肢解以后，以分包的名义分别转给其他单位或个人施工的；③ 施工总承包单位或专业承包单位未派驻项目负责人、技术负责人、质量管理负责人、安全管理负责人等主要管理人员，或派驻的项目负责人、技术负责人、质量管理负责人、安全管理负责人中一人及以上与施工单位没有订立劳动合同且没有建立劳动工资和社会养老保险关系，或派驻的项目负责人未对该工程的施工活动进行组织管理，又不能进行合理解释并提供相应证明的；④ 合同约定由承包单位负责采购的主要建筑材料、构配件及工程设备或租赁的施工机械设备，由其他单位或个人采购、租赁，或施工单位不能提供有关采购、租赁合同及发票等证明，又不能进行合理解释并提供相应证明的；⑤ 专业作业承包人承包的范围是承包单位承包的全部工程，专业作业承包人计取的是除上缴给承包单位"管理费"之外的全部工程价款的；⑥ 承包单位通过采取合作、联营、个人承包等形式或名义，直接或变相将其承包的全部工程转给其他单位或个人施工的；⑦ 专业工程的发包单位不是该工程的施工总承包或专业承包单位的，但建设单位依约作为发包单位的除外；⑧ 专业作业

的发包单位不是该工程承包单位的；⑨ 施工合同主体之间没有工程款收付关系，或者承包单位收到款项后又将款项转拨给其他单位和个人，又不能进行合理解释并提供材料证明的。

4. 应当认定为挂靠的情形

① 没有资质的单位或个人借用其他施工单位的资质承揽工程的；② 有资质的施工单位相互借用资质承揽工程的，包括资质等级低的借用资质等级高的，资质等级高的借用资质等级低的，相同资质等级相互借用的；③ 应当认定为转包的情形第③至⑨项规定的情形，有证据证明属于挂靠的。

◆ 考法1：建设工程分包的规定

【例题】（2024年真题）关于建设工程分包的说法，正确的是（　　）。

A. 专业作业承包人可以将其承包的劳务再分包
B. 承包人可以将其承包的全部建设工程分包给第三人
C. 承包人可以将其承包的工程分包给个人
D. 经发包人同意，总承包人可以将其承包工程的非主体结构部分交由第三人完成

【答案】D

◆ 考法2：属于违法分包的情形

【例题】（2018年真题）根据《建筑工程施工发包与承包违法行为认定查处管理办法》，下列情形中，属于违法分包的有（　　）。

A. 将工程分包给不具有相应资质条件单位的
B. 将钢结构工程分包的
C. 承包单位将其承包的工程分包给个人的
D. 分包单位将分包工程再分包的
E. 专业作业承包人将其承包的劳务再分包的

【答案】A、C、D、E

◆ 考法3：属于转包的情形

【例题】根据《建筑工程施工发包与承包违法行为认定查处管理办法》，下列情形中，属于转包的是（　　）。

A. 有资质的施工企业相互借用资质承揽工程的
B. 施工总承包单位将合同范围内的建设工程主体结构施工分包给其他单位的
C. 母公司承接建筑工程后将所承接工程交由其子公司施工的
D. 没有资质的单位借用其他施工企业的资质承揽工程的

【答案】C

4.2 建设工程招标投标制度

核心考点提纲

1	4.2.1	建设工程法定招标的范围、招标方式和交易场所
2	4.2.2	建设工程招标和投标
3	4.2.3	建设工程开标、评标和中标
4	4.2.4	招标投标异议、投诉处理

4.2.1 建设工程法定招标的范围、招标方式和交易场所

核心考点及重点提示

	考点	重点提示
1	建设工程法定招标的范围和规模标准	★★★
2	建设工程招标方式	★★
3	建设工程交易场所	★

★普通　★★重要　★★★非常重要

核心考点及考法

1. 建设工程法定招标的范围和规模标准

（1）工程建设项目法定招标的范围：

表4-1　工程建设项目法定招标的范围

必须招标的项目	必须招标的具体范围
大型基础设施、公用事业等关系社会公共利益、公众安全的项目	煤炭、石油、天然气、电力、新能源等能源基础设施项目
	铁路、公路、管道、水运，以及公共航空和A1级通用机场等交通运输基础设施项目
	电信枢纽、通信信息网络等通信基础设施项目
	防洪、灌溉、排涝、引（供）水等水利基础设施项目
	城市轨道交通等城建项目
全部或者部分使用国有资金投资或者国家融资的项目	使用一般公共预算资金、政府性基金预算资金、国有资本经营预算资金、社会保险基金预算资金200万元人民币以上，并且该资金占投资额10%以上的项目
	使用国有企业事业单位资金，并且该资金占控股或者主导地位的项目
使用国际组织或者外国政府贷款、援助资金的项目	使用世界银行、亚洲开发银行等国际组织贷款、援助资金的项目
	使用外国政府及其机构贷款、援助资金的项目

（2）必须招标的工程建设项目的规模标准：① 施工单项合同估算价在 400 万元人民币以上；② 重要设备、材料等货物的采购，单项合同估算价在 200 万元人民币以上；③ 勘察、设计、监理等服务的采购，单项合同估算价在 100 万元人民币以上。

（3）可以不招标的特殊情况：涉及国家安全、国家秘密、抢险救灾或者属于利用扶贫资金实行以工代赈、需要使用农民工等特殊情况，不适宜进行招标的项目，按照国家有关规定可不进行招标。

（4）可以不招标的项目：① 需要采用不可替代的专利或者专有技术；② 采购人依法能够自行建设、生产或者提供；③ 已通过招标方式选定的特许经营项目投资人依法能够自行建设、生产或者提供；④ 需要向原中标人采购工程、货物或者服务，否则将影响施工或者功能配套要求；⑤ 承包商、供应商或者服务提供者少于三家，不能形成有效竞争；⑥ 国家规定的其他特殊情形。

◆ 考法 1：属于必须进行招标的项目

【例题】（2019 年真题）根据《必须招标的工程项目规定》，下列项目属于必须进行招标的有（　　）。

　　A. 使用国有企业资金，并且该资金占控股或者主导地位的项目
　　B. 使用世界银行、亚洲开发银行等国际组织贷款、援助资金的项目
　　C. 使用外国政府及其机构贷款、援助资金的项目
　　D. 使用财政预算资金 200 万元以上，并且该资金占投资额 10% 以上的项目
　　E. 使用有限公司资金的项目

【答案】A、B、C、D

◆ 考法 2：必须招标范围

【例题】（2023 年真题）根据《必须招标的工程项目规定》，属于必须招标范围内的项目，从采购金额标准判断，可以不招标的项目有（　　）。

　　A. 施工单项合同估算价为 300 万元
　　B. 材料采购单项合同估算价为 150 万元
　　C. 重要设备采购单项合同估算价为 350 万元
　　D. 设计采购单项合同估算价为 150 万元
　　E. 监理采购单项合同估算价为 80 万元

【答案】A、B、E

◆ 考法 3：可以不进行招标的工程项目

【例题】（2020 年真题）根据《招标投标法》，可以不进行招标的工程项目有（　　）。

　　A. 国有企业开发建设的商住两用的工程项目
　　B. 涉及国家秘密的工程项目
　　C. 涉及抢险救灾的工程项目
　　D. 利用扶贫资金实行以工代赈、需要使用农民工的工程项目
　　E. 涉及国家安全的工程项目

【答案】B、C、D、E

2. 建设工程招标方式

表 4-2　建设工程招标方式

分类	方式	对象	要求	批准机关	适用
公开招标	招标公告	不特定	公开出版物上或者以其他公开方式发布		国有资金占控股或者主导地位
邀请招标	投标邀请书	特定	邀请3个以上	① 国务院发展计划部门。② 省、自治区、直辖市人民政府	① 特殊条件限制（技术、自然环境），少量潜在投标人。② 公开招标的费用比例过大

◆ 考法：邀请招标方式

【例题】（2024年真题）根据《招标投标法实施条例》，下列施工项目中，可以采用邀请招标方式发包的有（　　）。

A. 国家重点项目，经国务院发展计划部门批准不公开招标的
B. 需要向原中标人采购工程，否则将影响施工的
C. 受自然环境限制只有少量潜在投标人可供选择的
D. 施工主要技术需要使用某项不可替代的专利的
E. 采用公开招标方式的费用占项目合同金额的比例过大的

【答案】C、E

3. 建设工程交易场所

招标投标交易场所不得与行政监督部门存在隶属关系，不得以营利为目的。国家鼓励利用信息网络进行电子招标投标。

4.2.2　建设工程招标和投标

▍核心考点及重点提示

	考点	重点提示
1	建设工程招标	★★★
2	建设工程投标	★★★

★普通　★★重要　★★★非常重要

▍核心考点及考法

1. 建设工程招标

（1）建设工程招标的条件：① 审批手续取得批准；② 有进行招标项目的相应资金或者资金来源已经落实，并应当在招标文件中如实载明。

（2）依法必须进行招标的项目，其招标范围、招标方式、招标组织形式应当报项目审

批、核准部门审批、核准。

（3）对资格预审文件、招标文件的要求、澄清或者修改：

表4-3　对资格预审文件、招标文件的要求、澄清或者修改

项目	资格预审文件	招标文件
编制	采用资格预审办法对潜在投标人进行资格审查的	
发售期	不得少于5日	
收取费用	应当限于补偿印刷、邮寄的成本支出，不得以营利为目的	
澄清或者修改	在提交资格预审申请文件截止时间至少3日前	在投标截止时间至少15日前

（4）依法必须进行招标的项目，自招标文件开始发出之日起至投标人提交投标文件截止之日止，最短不得少于20日。

（5）投标有效期从提交投标文件的截止之日起算。

（6）投标保证金与履约保证金的对比：

表4-4　投标保证金与履约保证金的对比

项目	提交人	防范	额度
投标保证金	所有投标人	不审慎投标	≤估算价的2%，且施工、货物招标≤80万元，勘察、设计等服务招标≤10万元
履约保证金	中标人	不履行合同	≤合同价的10%

（7）两阶段招标的第一阶段，投标人提交不带报价的技术建议，招标人根据投标人提交的技术建议确定技术标准和要求，编制招标文件。

（8）两阶段招标的第二阶段，招标人提供招标文件，投标人提交包括最终技术方案和投标报价的投标文件。招标人要求投标人提交投标保证金的，应当在第二阶段提出。

（9）以不合理条件限制、排斥潜在投标人或者投标人的行为：① 就同一招标项目向潜在投标人或者投标人提供有差别的信息；② 设定的资格、技术、商务条件与招标项目的具体特点和实际需要不相适应或者与合同履行无关；③ 依法必须进行招标的项目以特定行政区域或者特定行业的业绩、奖项作为加分条件或者中标条件；④ 对潜在投标人或者投标人采取不同的资格审查或者评标标准；⑤ 限定或者指定特定的专利、商标、品牌、原产地或者供应商；⑥ 依法必须进行招标的项目非法限定潜在投标人或者投标人的所有制形式或者组织形式；⑦ 以其他不合理条件限制、排斥潜在投标人或者投标人。

◆ 考法1：对资格预审的规定

【例题】（2023年真题）关于投标人资格预审的说法，正确的是（　　）。

　　A. 资格预审文件或者招标文件的发售期不得少于3日

　　B. 资格预审结束后，招标人应当及时公示资格预审结果

　　C. 通过资格预审的申请人少于3个的，应当重新招标

D. 资格预审应当在开标后按照招标文件规定的标准和方法进行

【答案】C

◆ **考法 2：对投标保证金的规定**

【例题】（2024 年真题）根据《招标投标法实施条例》，关于投标保证金的说法，正确的有（   ）。

    A. 所有的建设工程项目投标时，均须提交投标保证金

    B. 投标保证金不得超过招标项目估算价的 2%

    C. 投标保证金有效期应当超出投标有效期 30 日

    D. 以现金或支票形式提交的投标保证金应当从投标人基本账户转出

    E. 投标截止后投标人撤销投标文件的，招标人可以不退还投标保证金

【答案】B、D、E

◆ **考法 3：两阶段招标的基本程序**

【例题】（2023 年真题）根据《招标投标法实施条例》及相关规定，关于两阶段招标基本程序的说法，正确的有（   ）。

    A. 招标人要求提交投标保证金的，应当在第二阶段提出

    B. 招标人应根据投标人第一阶段提交的技术建议确定技术标准和要求

    C. 对无法精确拟定技术规格的项目，招标人必须分两阶段进行招标

    D. 招标人应向在第一阶段提交技术建议的投标人提供招标文件

    E. 投标人第一阶段应当提交技术建议和投标报价

【答案】A、B、D

◆ **考法 4：属于以不合理条件限制、排斥潜在投标人或者投标人的情形**

【例题】（2023 年真题）根据《招标投标法实施条例》，下列招标人的行为中，属于以不合理条件限制、排斥潜在投标人或者投标人的有（   ）。

    A. 就同一招标项目向投标人提供有差别的项目信息

    B. 以投标人的业绩和奖项作为加分条件

    C. 对投标人采取不同的评标标准

    D. 对依法必须招标的项目，非法限定潜在投标人的所有制形式

    E. 设定的技术和商务条件与招标项目的实际需要不相适应

【答案】A、C、D

2. 建设工程投标

（1）投标人参加依法必须进行招标的项目的投标，不受地区或者部门的限制，任何单位和个人不得非法干涉。

（2）与招标人存在利害关系可能影响招标公正性的法人、其他组织或者个人，不得参加投标。

（3）单位负责人为同一人或者存在控股、管理关系的不同单位，不得参加同一标段投标或者未划分标段的同一招标项目投标。

（4）招标项目属于建设施工的，投标文件的内容应当包括拟派出的项目负责人与主要

技术人员的简历、业绩和拟用于完成招标项目的机械设备等。

（5）投标人应当在招标文件要求提交投标文件的截止时间前,将投标文件送达投标地点。

（6）投标人少于三个的,招标人应当重新招标。

（7）未通过资格预审的申请人提交的投标文件,以及逾期送达或者不按照招标文件要求密封的投标文件,招标人应当拒收。

（8）投标人在招标文件要求提交投标文件的截止时间前,可以补充、修改或者撤回已提交的投标文件,并书面通知招标人。补充、修改的内容为投标文件的组成部分。

（9）投标人撤回已提交的投标文件,应当在投标截止时间前书面通知招标人。招标人已收取投标保证金的,应当自收到投标人书面撤回通知之日起5日内退还。

（10）投标截止后投标人撤销投标文件的,招标人可以不退还投标保证金。

（11）联合体各方均应当具备规定的相应资格条件。

（12）由同一专业的单位组成的联合体,按照资质等级较低的单位确定资质等级。

（13）联合体各方应当签订共同投标协议。

（14）联合体中标的,联合体各方应当共同与招标人签订合同,就中标项目向招标人承担连带责任。

（15）招标投标的禁止行为：

表4-5　招标投标的禁止行为

分类		情形
禁止投标人相互串通投标	投标人相互串通	（1）投标人之间协商投标报价等投标文件的实质性内容； （2）投标人之间约定中标人； （3）投标人之间约定部分投标人放弃投标或者中标； （4）属于同一集团、协会、商会等组织成员的投标人按照该组织要求协同投标； （5）投标人之间为谋取中标或者排斥特定投标人而采取的其他联合行动
	视为投标人相互串通	（1）不同投标人的投标文件由同一单位或者个人编制； （2）不同投标人委托同一单位或者个人办理投标事宜； （3）不同投标人的投标文件载明的项目管理成员为同一人； （4）不同投标人的投标文件异常一致或者投标报价呈规律性差异； （5）不同投标人的投标文件相互混装； （6）不同投标人的投标保证金从同一单位或者个人的账户转出
禁止招标人与投标人串通投标		有下列情形之一的,属于招标人与投标人串通投标： （1）招标人在开标前开启投标文件并将有关信息泄露给其他投标人； （2）招标人直接或者间接向投标人泄露标底、评标委员会成员等信息； （3）招标人明示或者暗示投标人压低或者抬高投标报价； （4）招标人授意投标人撤换、修改投标文件； （5）招标人明示或者暗示投标人为特定投标人中标提供方便； （6）招标人与投标人为谋求特定投标人中标而采取的其他串通行为
投标人不得以他人名义投标或以其他方式弄虚作假骗取中标		投标人不得以低于成本的报价竞标,也不得以他人名义投标或者以其他方式弄虚作假,骗取中标。使用通过受让或者租借等方式获取的资格、资质证书投标的,属于以他人名义投标。投标人有下列情形之一的,属于以其他方式弄虚作假的行为： （1）使用伪造、变造的许可证件；

续表

分类	情形
投标人不得以他人名义投标或以其他方式弄虚作假骗取中标	（2）提供虚假的财务状况或者业绩； （3）提供虚假的项目负责人或者主要技术人员简历、劳动关系证明； （4）提供虚假的信用状况； （5）其他弄虚作假的行为

◆ **考法 1：投标文件的补充、修改与撤回**

【例题】（2016 年真题）关于投标文件的补充、修改与撤回的说法，正确的是（　　）。

A. 撤回已提交的投标文件，应当经过招标人的同意

B. 补充、修改已提交的投标文件，应当在提交投标保证金之前进行

C. 撤回已提交的投标文件，应当以书面形式通知其他投标人

D. 撤回已提交的投标文件，应当在投标截止时间前进行

【答案】D

◆ **考法 2：联合体投标**

【例题】（2022 年真题）关于联合体投标的说法，正确的是（　　）。

A. 由同一专业的单位组成的联合体，按照资质等级较高的单位确定资质等级

B. 联合体各方只有一方具备承担招标项目的相应能力即可

C. 联合体中标的，联合体各方应当共同与招标人订立合同

D. 联合体各方在同一招标项目中以自己名义单独投标的，应当向评标委员会澄清、说明以哪份投标文件为准

【答案】C

◆ **考法 3：视为投标人相互串通投标的情形**

【例题】（2023 年真题）下列情形中，视为投标人相互串通投标的有（　　）。

A. 不同投标人的投标文件载明的项目管理成员为同一人

B. 不同投标人委托同一单位或者个人办理投标事宜

C. 不同投标人的投标保证金从同一银行转出

D. 不同投标人的投标文件由同一单位编制

E. 不同投标人属于同一集团的成员

【答案】A、B、D

4.2.3　建设工程开标、评标和中标

核心考点及重点提示

	考点	重点提示
1	建设工程开标	★★★
2	建设工程评标	★★★

续表

考点		重点提示
3	建设工程中标	★★
4	招标投标中涉及时间的要求	

★普通　★★重要　★★★非常重要

核心考点及考法

1. 建设工程开标

（1）开标应当在招标文件确定的提交投标文件截止时间的同一时间公开进行。

（2）开标地点应当为招标文件中预先确定的地点。

（3）开标由招标人主持，邀请所有投标人参加。

（4）开标时，由投标人或者其推选的代表检查投标文件的密封情况，也可以由招标人委托的公证机构检查并公证；经确认无误后，由工作人员当众拆封，宣读投标人名称、投标价格和投标文件的其他主要内容。

（5）招标人在招标文件要求提交投标文件的截止时间前收到的所有投标文件，开标时都应当当众予以拆封、宣读。

（6）开标过程应当记录，并存档备查。

◆考法：对开标的规定

【例题】（2024年真题）关于开标的说法，正确的是（　　）。
　　A. 开标应当在提交投标文件截止时间的2日内公开进行
　　B. 开标地点应当为招标文件中预先确定的地点
　　C. 开标时由评标委员会检查投标文件的密封情况
　　D. 投标文件经确认无误后，由招标监管部门人员当众拆封

【答案】B

2. 建设工程评标

（1）评标委员会由招标人的代表和有关技术、经济等方面的专家组成，成员人数为5人以上单数，其中技术、经济等方面的专家不得少于成员总数的三分之二。

（2）有下列情形之一的，不得担任评标委员会成员：① 投标人或者投标人主要负责人的近亲属；② 项目主管部门或者行政监督部门的人员；③ 与投标人有经济利益关系，可能影响对投标公正评审的；④ 曾因在招标、评标以及其他与招标投标有关活动中从事违法行为而受过行政处罚或刑事处罚的。

（3）投标文件中的大写金额和小写金额不一致的，以大写金额为准。

（4）投标文件中的总价金额与单价金额不一致的，以单价金额为准，但单价金额小数点有明显错误的除外。

（5）对不同文字文本投标文件的解释发生异议的，以中文文本为准。

（6）下列情况属于重大偏差：① 没有按照招标文件要求提供投标担保或者所提供的

投标担保有瑕疵；② 投标文件没有投标人授权代表签字和加盖公章；③ 投标文件载明的招标项目完成期限超过招标文件规定的期限；④ 明显不符合技术规格、技术标准的要求；⑤ 投标文件载明的货物包装方式、检验标准和方法等不符合招标文件的要求；⑥ 投标文件附有招标人不能接受的条件；⑦ 不符合招标文件中规定的其他实质性要求。招标文件对重大偏差另有规定的，从其规定。

（7）有下列情形之一的，评标委员会应当否决其投标：① 投标文件未经投标单位盖章和单位负责人签字；② 投标联合体没有提交共同投标协议；③ 投标人不符合国家或者招标文件规定的资格条件；④ 同一投标人提交两个以上不同的投标文件或者投标报价，但招标文件要求提交备选投标的除外；⑤ 投标报价低于成本或者高于招标文件设定的最高投标限价；⑥ 投标文件没有对招标文件的实质性要求和条件作出响应；⑦ 投标人有串通投标、弄虚作假、行贿等违法行为。

（8）评标方法包括经评审的最低投标价法、综合评估法或者法律、行政法规允许的其他评标方法。

（9）经评审的最低投标价法一般适用于具有通用技术、性能标准或者招标人对其技术、性能没有特殊要求的招标项目。

（10）根据综合评估法，最大限度地满足招标文件中规定的各项综合评价标准的投标人，应当推荐为中标候选人。

◆ 考法 1：评标委员会组建过程

【例题】（2011年真题）在评标委员会组建过程中，下列做法符合法律规定的是（   ）。

  A. 评标委员会成员的名单仅在评标结束前保密

  B. 评标委员会 7 个成员中，招标人的代表为 3 名

  C. 项目评标专家从招标代理机构的专家库内的相关专家名单中随机抽取

  D. 评标委员会成员由 3 人组成

【答案】C

◆ 考法 2：评标委员会应当否决的投标

【例题】（2017年真题）下列投标人投标的情形中，评标委员会应当否决的有（   ）。

  A. 投标人主动提出了对投标文件的澄清、修改

  B. 联合体未提交共同投标协议

  C. 投标报价高于招标文件设定的最高投标限价

  D. 投标文件未经投标人盖章和单位负责人签字

  E. 投标文件未对招标文件的实质性要求和条件作出响应

【答案】B、C、D、E

3. 建设工程中标

（1）评标委员会完成评标后，应当向招标人提出书面评标报告，并推荐合格的中标候选人。

（2）评标报告由评标委员会全体成员签字。

（3）招标人也可以授权评标委员会直接确定中标人。

（4）在确定中标人前，招标人不得与投标人就投标价格、投标方案等实质性内容进行谈判。

（5）国有资金占控股或者主导地位的项目，招标人应当确定排名第一的中标候选人为中标人。

（6）中标人确定后，招标人应当向中标人发出中标通知书，同时通知未中标人，并与中标人在投标有效期内以及中标通知书发出之日起 30 日之内，按照招标文件和中标人的投标文件签订合同。

（7）招标人与中标人不得再行订立背离合同实质性内容的其他协议。

（8）招标人与中标人签订合同后 5 日内，应当向中标人和未中标的投标人退还投标保证金及银行同期存款利息。

（9）招标文件要求中标人提交履约保证金的，中标人应当按照招标文件的要求提交。履约保证金不得超过中标合同金额的 10%。

4. 招标投标中涉及时间的要求

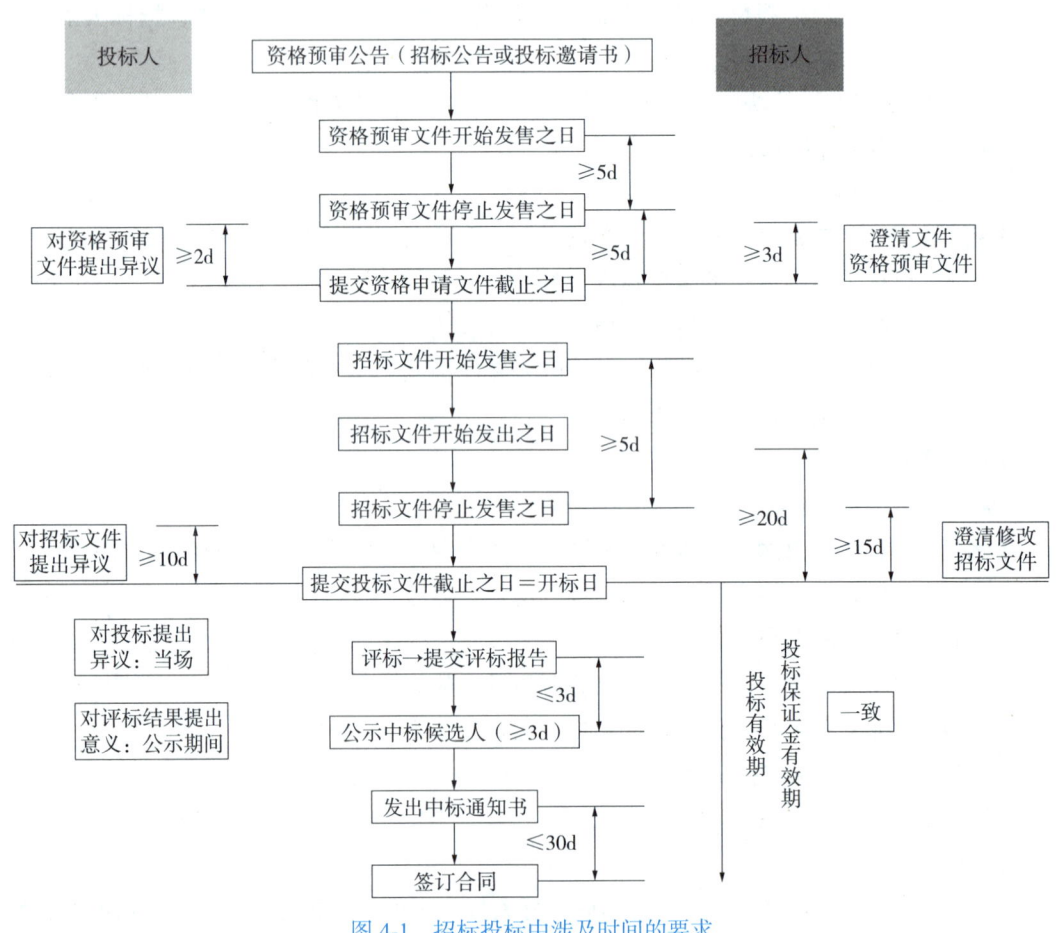

图 4-1　招标投标中涉及时间的要求

◆ 考法：中标和订立合同

【例题】（2022 年真题）关于中标和订立合同的说法，正确的是（　　）。

A. 招标人不得授权评标委员会直接确定中标人
B. 招标人和中标人应当自中标通知书发出之日起 20 日内，按照招标文件和中标人的投标文件订立书面合同
C. 招标人和中标人可以再行订立背离合同实质性内容的其他协议
D. 招标人根据评标委员会提出的书面评标报告和推荐的中标候选人确定中标人

【答案】D

4.2.4 招标投标异议、投诉处理

核心考点及重点提示

	考点	重点提示
1	招标投标异议处理	★★
2	招标投标投诉处理	★★

★普通　★★重要　★★★非常重要

核心考点及考法

1. 招标投标异议处理

表 4-6　招标投标异议处理

项目	提出	答复
对资格预审文件提出异议	资格预审文件截止时间 2 日前	招标人收到异议后 3 日内答复，答复前暂停招标投标活动
对招标文件提出异议	投标文件截止时间 10 日前	招标人收到异议后 3 日内答复，答复前暂停招标投标活动
对开标提出异议	开标现场当场	招标人当场回复并书面记录
对评标结果提出异议	中标候选人公示期间	招标人收到异议后 3 日内答复，答复前暂停招标投标活动

◆ 考法：对招标文件有异议提出时间的规定

【例题】（2024 年真题）根据《招标投标法实施条例》，潜在投标人或者其他利害关系人对招标文件有异议的，应当在（　　）提出。
　　A. 投标有效期内　　　　　　　B. 投标截止时间 10 日前
　　C. 评标委员会评审结束前　　　D. 招标人发出中标通知书前

【答案】B

2. 招标投标投诉处理

（1）投标人或者其他利害关系人认为招标投标活动不符合法律、行政法规规定的，可以自知道或者应当知道之日起 10 日内向有关行政监督部门投诉。

（2）行政监督部门应当自收到投诉之日起 3 个工作日内决定是否受理投诉，并自受理投诉之日起 30 个工作日内作出书面处理决定。

（3）需要检验、检测、鉴定、专家评审的，所需时间不计算在内。

（4）行政监督部门的工作人员对监督检查过程中知悉的国家秘密、商业秘密，应当依法予以保密。

◆ 考法：招标投标投诉处理的时限

【例题】（2022 年真题）下列工作所需时间不计入招标投标投诉处理时限的有（　　）。

A. 层报　　　　　　　　　　B. 检验
C. 检测　　　　　　　　　　D. 调解
E. 专家评审

【答案】B、C、E

4.3 非招标采购制度

核心考点提纲

1	4.3.1	竞争性谈判
2	4.3.2	询价
3	4.3.3	单一来源采购
4	4.3.4	框架协议采购

4.3.1 竞争性谈判

核心考点及重点提示

	考点	重点提示
1	竞争性谈判的适用范围	★★
2	竞争性谈判的采购程序	★
3	竞争性谈判与竞争性磋商	★

★普通　★★重要　★★★非常重要

核心考点及考法

1. 竞争性谈判的适用范围

（1）招标后没有供应商投标或者没有合格标的或者重新招标未能成立的；

（2）技术复杂或者性质特殊，不能确定详细规格或者具体要求的；

（3）采用招标所需时间不能满足用户紧急需要的；

（4）不能事先计算出价格总额的。

2. 竞争性谈判的采购程序

（1）成立由采购人的代表和有关专家共3人以上的单数组成的谈判小组，其中专家的人数不得少于成员总数的三分之二。

（2）制定的谈判文件应当明确谈判程序、谈判内容、合同草案的条款以及评定成交的标准等事项。

（3）谈判小组从符合相应资格条件的供应商名单中确定不少于3家的供应商参加谈判，并向其提供谈判文件。

（4）谈判小组所有成员集中与单一供应商分别进行谈判。

（5）采购人从谈判小组提出的成交候选人中根据符合采购需求、质量和服务相等且报价最低的原则确定成交供应商，并将结果通知所有参加谈判的未成交的供应商。

3. 竞争性谈判与竞争性磋商

符合下列情形的项目，可以采用竞争性磋商方式开展采购：① 政府购买服务项目；② 技术复杂或者性质特殊，不能确定详细规格或者具体要求的；③ 因艺术品采购、专利、专有技术或者服务的时间、数量事先不能确定等原因不能事先计算出价格总额的；④ 市场竞争不充分的科研项目，以及需要扶持的科技成果转化项目；⑤ 按照招标投标法及其实施条例必须进行招标的工程建设项目以外的工程建设项目。

◆ **考法1：竞争性谈判的适用范围**

【例题】（2024年真题）根据《政府采购法》，对于不能事先计算出价格总额的货物采购项目，适宜采用的发包方式是（　　）。

  A. 公开招标　　　　　　　　B. 竞争性谈判

  C. 单一来源采购　　　　　　D. 询价

【答案】B

◆ **考法2：竞争性磋商的适用范围**

【例题】根据《政府采购竞争性磋商采购方式管理暂行办法》，市场竞争不充分的科研项目，以及需要扶持的科技成果转化项目可以采用（　　）方式开展采购。

  A. 竞争性谈判　　　　　　　B. 单一来源采购

  C. 框架协议采购　　　　　　D. 竞争性磋商

【答案】D

4.3.2 询价

核心考点及重点提示

	考点	重点提示
1	询价方式采购条件	★★

★普通　★★重要　★★★非常重要

核心考点及考法

采购的货物规格、标准统一，现货货源充足且价格变化幅度小的政府采购项目，可以采用询价方式采购。

◆ 考法：询价方式采购条件

【例题】（2024年真题）根据《政府采购法》，下列情形中，符合询价方式采购条件的有（　　）。

A. 货物技术复杂或性质特殊　　　B. 货物规格、标准统一
C. 现货货源充足　　　　　　　　D. 货物涉及技术秘密或独家专利
E. 价格变化幅度小

【答案】B、C、E

4.3.3　单一来源采购

核心考点及重点提示

	考点	重点提示
1	单一来源方式采购货物或者服务的情形	★★

★普通　★★重要　★★★非常重要

核心考点及考法

可以采用单一来源方式采购货物或者服务的情形：① 只能从唯一供应商处采购的；② 发生了不可预见的紧急情况不能从其他供应商处采购的；③ 必须保证原有采购项目一致性或者服务配套的要求，需要继续从原供应商处添购，且添购资金总额不超过原合同采购金额10%的。

◆ 考法：单一来源方式采购货物或者服务的情形

【例题】（2024年真题）根据《政府采购法》，下列情形中，可以采用单一来源方式采购的货物或者服务的有（　　）。

A. 只能从唯一供应商处采购的
B. 发生了不可预见的紧急情况不能从其他供应商处采购的
C. 货物技术复杂或性质特殊的
D. 供应商资信良好的
E. 采购人决定继续从原供应商处添购的

【答案】A、B

4.3.4 框架协议采购

核心考点及重点提示

	考点	重点提示
1	框架协议采购的适用范围和分类	★★
2	框架协议订立的一般程序	★
3	封闭式框架协议的评审方法	★
4	封闭式框架协议采购的合同授予	★
5	框架协议的解除情形	★

★普通　★★重要　★★★非常重要

核心考点及考法

1. 框架协议采购的适用范围和分类

（1）符合下列情形之一的，可以采用框架协议采购方式采购：① 集中采购目录以内品目，以及与之配套的必要耗材、配件等，属于小额零星采购的；② 集中采购目录以外，采购限额标准以上，本部门、本系统行政管理所需的法律、评估、会计、审计等鉴证咨询服务，属于小额零星采购的；但主管预算单位能够归集需求形成单一项目进行采购，通过签订时间、地点、数量不确定的采购合同满足需求的，不得采用框架协议采购方式。③ 集中采购目录以外，采购限额标准以上，为本部门、本系统以外的服务对象提供服务的政府购买服务项目，需要确定2家以上供应商由服务对象自主选择的。

（2）框架协议采购分为封闭式框架协议采购和开放式框架协议采购两类。封闭式框架协议采购是指通过公开竞争订立框架协议后，除经过框架协议约定的补充征集程序外，不得增加协议供应商的框架协议采购。开放式框架协议采购是指明确采购需求和付费标准等框架协议条件，愿意接受协议条件的供应商可以随时申请加入的框架协议采购。

◆**考法**：封闭式框架协议采购与开放式框架协议采购的主要区别

【例题】封闭式框架协议采购与开放式框架协议采购的主要区别在于（　　）。

A. 集中采购目录以内和以外　　B. 采购是否超出限额标准
C. 是否属于小额零星采购　　　D. 供应商能否自由加入和退出
E. 入围阶段有无竞争

【答案】D、E

2. 框架协议订立的一般程序

表4-7　框架协议订立的一般程序

程序	内容
采购需求的制定	应当选择具有代表性的调查对象不少于3个

续表

程序	内容
最高限制单价的确定	最高限制单价是供应商第一阶段响应报价的最高限价
框架协议期限	货物项目框架协议有效期一般不超过 1 年，服务项目框架协议有效期一般不超过 2 年

◆ **考法**：服务项目框架协议有效期

【例题】服务项目框架协议有效期一般不超过（　　）年。

　　A. 1　　　　　　　　　　　　B. 2
　　C. 3　　　　　　　　　　　　D. 4

【答案】B

3. 封闭式框架协议的评审方法

（1）封闭式框架协议采购程序，确定第一阶段入围供应商，其评审方法包括价格优先法和质量优先法。

（2）价格优先法是指对满足采购需求且响应报价不超过最高限制单价的货物、服务，按照响应报价从低到高排序，根据征集文件规定的淘汰率或者入围供应商数量上限，确定入围供应商的评审方法。

（3）质量优先法是指对满足采购需求且响应报价不超过最高限制单价的货物、服务进行质量综合评分，按照质量评分从高到低排序，根据征集文件规定的淘汰率或者入围供应商数量上限，确定入围供应商的评审方法。

◆ **考法**：封闭式框架协议的评审方法

【例题】（2024 年真题）在封闭式框架协议采购程序中，确定第一阶段入围供应商的评审方法包括价格优先法和（　　）。

　　A. 质量优先法　　　　　　　　B. 顺序轮候法
　　C. 直接选定法　　　　　　　　D. 综合评估法

【答案】A

4. 封闭式框架协议采购的合同授予

（1）封闭式框架协议确定第二阶段成交供应商的方式包括直接选定、二次竞价和顺序轮候。

（2）直接选定方式是确定第二阶段成交供应商的主要方式。

（3）二次竞价方式一般适用于采用价格优先法的采购项目。

（4）顺序轮候方式一般适用于服务项目。

◆ **考法**：顺序轮候方式确定第二阶段成交供应商

【例题】封闭式框架协议采购采用顺序轮候方式确定第二阶段成交供应商，一般适用于（　　）。

　　A. 政府采购服务项目　　　　　B. 采用价格优先法的政府采购项目
　　C. 政府采购货物项目　　　　　D. 采用质量优先法的政府采购项目

【答案】A

5. 框架协议的解除情形

（1）恶意串通谋取入围或者合同成交的；（2）提供虚假材料谋取入围或者合同成交的；（3）无正当理由拒不接受合同授予的；（4）不履行合同义务或者履行合同义务不符合约定，经采购人请求履行后仍不履行或者仍未按约定履行的；（5）框架协议有效期内，因违法行为被禁止或限制参加政府采购活动的；（6）框架协议约定的其他情形。

◆ 考法：框架协议的解除情形

【例题】框架协议采购入围供应商有（　　）情形之一，尚未签订框架协议的，取消其入围资格；已经签订框架协议的，解除与其签订的框架协议。

A. 提供虚假材料谋取入围或者合同成交的
B. 在框架协议签订前，因违法行为被禁止参加政府采购活动解禁的
C. 无正当理由拒不接受合同授予的
D. 恶意串通谋取入围或者合同成交的
E. 不履行合同义务或者履行合同义务不符合约定，经采购人请求履行后仍不履行或者仍未按约定履行的

【答案】A、C、D、E

本章模拟强化练习

1. 关于工程总承包单位的说法，正确的是（　　）。
   A. 工程总承包单位不得是工程总承包项目的代建单位
   B. 建设单位应当采用招标方式选择工程总承包单位
   C. 工程总承包单位可以是具有相应工程设计资质的设计单位
   D. 工程总承包单位不得是联合体

【答案】A

2. 在施工承包合同中约定由施工企业采购建筑材料。施工期间，建设单位要求施工企业购买某采石场的石料，理由是该石料物美价廉。对此，下面说法正确的是（　　）。
   A. 施工企业可以不接受
   B. 建设单位的要求，施工企业必须接受
   C. 建设单位通过监理单位提出此要求，施工企业才必须接受
   D. 建设单位以书面形式提出要求，施工企业就必须接受

【答案】A

3. 某施工总承包单位与分包单位在分包合同中约定，分包施工中出现任何安全事故，均由分包单位承担，该约定（　　）。
   A. 因显失公平而无效
   B. 由于分包单位自愿签署而有效
   C. 仅对总承包单位和分包单位有效
   D. 因违反法律、法规强制性规定而无效

【答案】D

4. 关于建设工程共同承包的说法，正确的是（　　）。
   A. 中小型工程但技术复杂的，可以采取联合共同承包
   B. 两个不同资质等级的单位实行联合共同承包的，应当按照资质等级高的单位的业务许可范围承揽工程
   C. 联合体各方应当与建设单位分别签订合同，就承包工程中各自负责的部分承担责任
   D. 共同承包的各方就承包合同的履行对建设单位承担连带责任

【答案】D

5. 下列行为中，属于违法分包的是（　　）。
   A. 专业承包单位未派项目负责人、技术负责人、质量管理负责人、安全管理负责人等主要管理人员的
   B. 专业作业承包人承包的范围是承包单位承包的全部工程，专业作业承包人计取的是除上缴给承包单位的"管理费"之外的全部工程价款的
   C. 专业作业的发包单位不是该工程承包单位的
   D. 专业作业承包人除计劳务作业费用外，还计取主要建筑材料款和大中型施工机械设备、主要周转材料费用的

【答案】D

6. 下列工程建设项目中，无须进行招标的是（　　）。
   A. 民营企业开发的商品住宅项目　　B. 公立医院建设项目
   C. 使用世界银行援助资金的项目　　D. 主要使用国有资金投资的项目

【答案】A

7. 关于招标方式的说法，正确的是（　　）。
   A. 邀请招标必须向5个以上潜在投标人发出邀请
   B. 公开招标是招标人以招标公告的方式邀请不特定的法人或者其他组织投标
   C. 邀请招标是招标人以投标邀请书的方式邀请不特定的法人或者其他组织投标
   D. 省、自治区、直辖市人民政府确定的地方重点项目，均可以进行邀请招标

【答案】B

8. 招标人根据招标项目的特点和需要编制的招标文件应当包括（　　）。
   A. 拟签订合同的全部条款　　　　B. 招标项目的技术要求
   C. 投标报价要求　　　　　　　　D. 评标标准
   E. 对投标人资格审查的标准

【答案】B、C、D、E

9. 某招标项目结算价1000万元，投标截止日为8月30日，投标有效期为9月25日，则该项目投标保证金金额和其有效期应是（　　）。
   A. 最高不超过30万元，有效期为9月25日
   B. 最高不超过30万元，有效期为8月30日

C. 最高不超过 20 万元，有效期为 8 月 30 日
   D. 最高不超过 20 万元，有效期为 9 月 25 日

【答案】D

10. 下列情形中，属于招标人以不合理条件限制、排斥潜在投标人或者投标人的有（　　）。
   A. 就同一招标项目向潜在投标人或者投标人提供无差别的项目信息
   B. 依法必须进行招标的项目以特定行业的业绩作为加分条件
   C. 指定特定的专利、商标、品牌、原产地或者供应商
   D. 设定的资格、技术、商务条件与招标项目的具体特点和实际需要相适应
   E. 依法必须进行招标的项目限定潜在投标人或者投标人的组织形式

【答案】B、C

11. 某建筑公司与某安装公司组成联合体承包工程，并约定质量缺陷引起的赔偿责任由双方各自承担 50%。施工中由于安装公司技术问题导致质量缺陷，造成工程 20 万元损失，则以下说法正确的是（　　）。
   A. 建设单位可以向建筑公司索赔 20 万元
   B. 建设单位只能向安装公司索赔 20 万元
   C. 建设单位只能向建筑公司和安装公司分别索赔 10 万元
   D. 建设单位不可以向安装公司索赔 20 万元

【答案】A

12. 招标人与投标人串通投标的情形有（　　）。
   A. 招标人在开标前开启投标文件并将有关信息泄露给其他投标人
   B. 招标人直接或者间接向投标人泄露标底、评标委员会成员等信息
   C. 招标人明示或者暗示投标人为特定投标人中标提供方便
   D. 投标人在开标后撤销投标文件，与招标人协商退还投标保证金
   E. 招标人分别组织投标人踏勘现场

【答案】A、B、C

13. 关于评标委员会的说法，正确的是（　　）。
   A. 评标委员会成员的名单应当保密
   B. 评标委员会成员的名单应当在开标后确定
   C. 评标委员会中的技术专家不得多于成员总数的 2/3
   D. 评标委员会中的专家一律采取随机抽取的方式确定

【答案】A

14. 关于评标的说法，正确的是（　　）。
   A. 评标委员会可以向招标人征询确定中标人的意向
   B. 招标项目设有标底的，可以投标报价是否接近标底作为中标条件
   C. 评标委员会成员拒绝在评标报告上签字的，视为不同意评标结果
   D. 投标文件中有含义不明确的内容、明显文字或计算错误的，评标委员会可以

要求投标人作出必要澄清、说明

【答案】D

15. 下列情形中,评标委员会应当否决的投标有（　　）。

    A. 投标报价低于成本
    B. 投标联合体没有提交共同投标协议
    C. 投标文件未按招标文件要求进行密封
    D. 投标报价高于招标文件设定的最高投标限价
    E. 投标文件未经投标人负责人签字,也未经投标人盖章

【答案】A、B、D、E

16. 根据《招标投标法》和《招标投标法实施条例》,关于招标项目的说法,正确的有（　　）。

    A. 招标人不可以授权评标委员会直接确定中标人
    B. 对评标结论持有异议的评标委员会成员可以书面方式阐述其不同意见和理由
    C. 履约保证金不得超过中标合同金额的10%
    D. 国有资金控股的依法必须进行招标的项目,排名第一的中标候选人为中标人
    E. 招标人可以与投标人就投标价格、投标方案等实质性内容进行谈判

【答案】B、C、D

17. 关于招标投标异议及其处理的说法,正确的有（　　）。

    A. 投标人认为招标投标活动不符合规定的,有权向招标人提出异议
    B. 投标人对招标文件有异议的,应当在投标截止时间10日前提出
    C. 潜在投标人对资格预审文件有异议的,应当在提交资格预审申请文件截止时间3日前提出
    D. 对评标结果的异议作出答复前,招标人应当暂停招标投标活动
    E. 投标人对开标有异议的,招标人应当在评标完成后作出答复

【答案】A、B、D

18. 关于招标投标投诉及其处理的说法,正确的有（　　）。

    A. 投诉人就同一事项向两个以上有权受理的行政监督部门投诉的,由收到的部门组成调查组负责处理
    B. 行政监督部门应当自收到投诉之日起3个工作日内决定是否受理投诉,并自受理投诉之日起30个工作日内作出书面处理决定
    C. 行政监督部门在调查过程中需要检验、检测、鉴定、专家评审的,所需时间不计算在投诉处理期限内
    D. 为了保证招标投标活动的秩序,调查期间行政监督部门不得要求暂停招标投标活动
    E. 行政监督部门的工作人员对监督检查过程中知悉的国家秘密、商业秘密,应当依法予以保密

【答案】B、C、E

19. 在竞争性谈判中需要制定谈判文件,谈判文件应当明确( )等事项。
   A. 合同草案的条款　　　　　　B. 谈判制度
   C. 评定成交的标准　　　　　　D. 谈判程序
   E. 谈判内容

【答案】A、C、D、E

20. 政府采购人通过询价方式选择供应商时,应根据( )的原则确定成交供应商,并将结果通知所有被询价的未成交的供应商。
   A. 符合采购需求、质量和服务相等且报价最低
   B. 符合采购需求、质量和服务最优且报价最低
   C. 符合采购需求、质量和服务相等且报价适中
   D. 符合采购需求、质量和服务适中且报价最低

【答案】A

21. 关于单一来源采购的说法,正确的有( )。
   A. 采用单一来源采购方式公示期不得少于 3 个工作日
   B. 单一来源采购方式适用于工程采购
   C. 拟采用单一来源采购方式的,在批准之前,应当在省级以上财政部门指定媒体上公示,并将公示情况一并报财政部门
   D. 对采用单一来源采购方式公示有异议的,可以在公示期间内将书面意见反馈给采购人、采购代理机构,并同时抄送相关财政部门
   E. 采购人收到公示异议后应当组织补充论证,论证后认为异议成立的,应当采用其他采购方式

【答案】B、C、D、E

22. 关于框架协议采购最高限制单价确定的说法,正确的有( )。
   A. 确定最高限制单价时,没有政府定价的,应当通过专家确定
   B. 最高限制单价是供应商第二阶段成交供应商的最高限价
   C. 在开放式框架协议中,付费标准即为最高限制单价
   D. 服务项目所涉及的货物的费用,应当折算入服务项目单价
   E. 集中采购机构或者主管预算单位应当在征集公告和征集文件中确定框架协议采购的最高限制单价

【答案】C、E

23. 关于封闭式框架协议与开放式框架协议的说法,正确的是( )。
   A. 开放式框架协议确定成交供应商不需要进行第二阶段
   B. 订立封闭式框架协议的,征集人应当发布征集公告
   C. 订立封闭式框架协议的,供应商可以随时提交加入框架协议的申请
   D. 订立开放式框架协议的,第二阶段成交供应商由采购人或者服务对象直接选定

【答案】D

第 5 章　建设工程合同法律制度

近五年真题考点分值表

节	题型	2020年（分）	2021年（分）	2022年（分）	2023年（分）	2024年（分）
5.1 合同的基本规定	单项选择题	4	3	3	3	2
	多项选择题	2			2	
5.2 建设工程施工合同的规定	单项选择题	5	3	3	4	1
	多项选择题		2	2	2	2
5.3 相关合同制度	单项选择题	3	3	3	4	3
	多项选择题	2	2	2		

5.1　合同的基本规定

核心考点提纲

1	5.1.1 合同的订立和效力
2	5.1.2 合同的履行
3	5.1.3 违约责任

5.1.1　合同的订立和效力

核心考点及重点提示

	考点	重点提示
1	合同的订立	★★
2	合同的效力	★★★

★普通　★★重要　★★★非常重要

核心考点及考法

1. 合同的订立

（1）书面形式是合同书、信件、电报、电传、传真等可以有形地表现所载内容的形式。以电子数据交换、电子邮件等方式能够有形地表现所载内容,并可以随时调取查用的数据电文,视为书面形式。

(2)合同的内容一般包括下列条款:① 当事人的姓名或者名称和住所;② 标的;③ 数量;④ 质量;⑤ 价款或者报酬;⑥ 履行期限、地点和方式;⑦ 违约责任;⑧ 解决争议的方法。

(3)要约:

表 5-1　要约

项目	内容
构成要件	(1)内容具体确定。 (2)表明经受要约人承诺,要约人即受该意思表示约束
生效	对话方式:相对人知道其内容时生效
	非对话方式:到达相对人时生效
撤回	要约可以撤回,撤回意思表示的通知应当在意思表示到达相对人前或者与意思表示同时到达相对人
不得撤销的情形	(1)要约人以确定承诺期限或者其他形式明示要约不可撤销。 (2)受要约人有理由认为要约是不可撤销的,并已经为履行合同做了合理准备工作
要约失效的情形	(1)要约被拒绝;(2)要约被依法撤销;(3)承诺期限届满,受要约人未作出承诺;(4)受要约人对要约的内容作出实质性变更

(4)承诺:

表 5-2　承诺

项目	内容
概念	受要约人同意要约的意思表示
方式	通知方式作出
生效	到达要约人时
内容	应与要约内容一致,如作出实质性变更的,为新要约

(5)承诺生效时合同成立,但是法律另有规定或者当事人另有约定的除外。

(6)当事人采用合同书形式订立合同的,自当事人均签名、盖章或者按指印时合同成立。

(7)在签名、盖章或者按指印之前,当事人一方已经履行主要义务,对方接受时,该合同成立。

(8)法律、行政法规规定或者当事人约定合同应当采用书面形式订立,当事人未采用书面形式但是一方已经履行主要义务,对方接受时,该合同成立。

(9)当事人采用信件、数据电文等形式订立合同要求签订确认书的,签订确认书时合同成立。

◆ 考法 1：合同形式

【例题】（2023 年真题）关于合同形式的说法，正确的是（   ）。

A. 书面形式合同是指纸质合同
B. 可以随时调取查用的电子邮件视为书面形式
C. 当事人订立合同
D. 未依法采用书面形式订立合同的，合同无效

【答案】B

◆ 考法 2：要约和承诺

【例题】（2024 年真题）4 月 20 日，甲向乙发出函件称："本单位欲以 3800 元/t 的价格出售螺纹钢 100t，如欲购买，请于 5 月 10 日前回复。"乙于 4 月 27 日收到甲的函件，并于次日回函表示愿意购买。但由于投递错误，乙的回函于 5 月 11 日才到达甲处，因已超过 5 月 10 日的最后期限，甲未再理会乙，而将钢材出售给他人。根据《民法典》，关于甲、乙之间合同的说法，正确的是（   ）。

A. 合同成立且已生效，乙有权要求甲履行合同
B. 合同未成立，甲对乙不承担任何责任
C. 合同未成立，但乙有权要求甲赔偿信赖利益损失
D. 合同成立但未生效，甲有权以承诺迟到为由撤销要约

【答案】A

2. 合同的效力

（1）有效合同具备的条件：① 行为人具有相应的民事行为能力；② 意思表示真实；③ 不违反法律、行政法规的强制性规定，不违背公序良俗。

（2）无效合同的情形：① 无民事行为能力人订立的合同；② 行为人与相对人以虚假的意思表示订立的合同；③ 违反法律、行政法规的强制性规定的合同无效，但是该强制性规定不导致该合同无效的除外；④ 违背公序良俗的合同；⑤ 行为人与相对人恶意串通，损害他人合法权益订立的合同。

（3）可撤销合同的种类：

① 基于重大误解订立的合同，行为人有权请求人民法院或者仲裁机构予以撤销。

② 一方以欺诈手段，使对方在违背真实意思的情况下订立的合同，受欺诈方有权请求人民法院或者仲裁机构予以撤销。

③ 一方或者第三人以胁迫手段，使对方在违背真实意思的情况下订立的合同，受胁迫方有权请求人民法院或者仲裁机构予以撤销。

④ 一方利用对方处于危困状态、缺乏判断能力等情形，致使合同成立时显失公平的，受损害方有权请求人民法院或者仲裁机构予以撤销。

（4）有下列情形之一的，撤销权消灭：① 当事人自知道或者应当知道撤销事由之日起 1 年内、重大误解的当事人自知道或者应当知道撤销事由之日起 90 日内没有行使撤销权；② 当事人受胁迫，自胁迫行为终止之日起 1 年内没有行使撤销权；③ 当事人知道撤销事由后明确表示或者以自己的行为表明放弃撤销权。当事人自民事法律行为发生之日起

5年内没有行使撤销权的，撤销权消灭。

（5）效力待定合同：

表5-3 效力待定合同

种类		内容
限制行为能力人订立的合同	有效	限制民事行为能力人实施的纯获利益的民事法律行为或者与其年龄、智力、精神健康状况相适应的民事法律行为有效；实施的其他民事法律行为经法定代理人同意或者追认后有效
	追认	相对人可以催告法定代理人自收到通知之日起30日内予以追认。法定代理人未作表示的，视为拒绝追认
	撤销	民事法律行为被追认前，善意相对人有撤销的权利。撤销应当以通知的方式作出
无权代理人订立的合同	不发生效力	行为人没有代理权、超越代理权或者代理权终止后，仍然实施代理行为，未经被代理人追认的，对被代理人不发生效力
	追认	相对人可以催告被代理人自收到通知之日起30日内予以追认。被代理人未作表示的，视为拒绝追认
	撤销	行为人实施的行为被追认前，善意相对人有撤销的权利。撤销应当以通知的方式作出

◆ 考法1：民事法律行为的有效要件

【例题】（2022年真题）根据《民法典》，民事法律行为的有效要件有（　　）。

　　A. 行为人具有相应的民事行为能力

　　B. 不超越经营范围

　　C. 意思表示真实

　　D. 不违反法律、行政法规的强制性规定

　　E. 不违背公序良俗

【答案】A、C、D、E

◆ 考法2：属于可撤销合同的情形

【例题】（2023年真题）根据《民法典》，下列合同中，属于可撤销的有（　　）。

　　A. 施工合同支付条款显失公平的合同

　　B. 承包人对工程价款有重大误解的合同

　　C. 发包人胁迫承包人订立的合同

　　D. 承包人超越资质等级订立的合同

　　E. 承包人将部分工程违法分包的合同

【答案】A、B、C

5.1.2 合同的履行

核心考点及重点提示

	考点	重点提示
1	合同履行的基本要求	★★
2	合同履行中的抗辩权	★★★

★普通　★★重要　★★★非常重要

核心考点及考法

1. 合同履行的基本要求

（1）合同履行的基本原则：全面履行原则、诚信履行原则、绿色履行原则。

（2）合同履行的具体要求：

表 5-4　合同履行的具体要求

不明确的内容	具体要求
质量要求不明确的	依次按照强制性国家标准、推荐性国家标准、行业标准、通常标准或者符合合同目的的特定标准履行
价款或者报酬不明确的	按照订立合同时履行地的市场价格履行
履行地点不明确	给付货币的，在接受货币一方所在地履行
履行地点不明确	交付不动产的，在不动产所在地履行
履行地点不明确	其他标的，在履行义务一方所在地履行
履行期限不明确的	债务人可以随时履行，债权人也可以随时请求履行，但是应当给对方必要的准备时间
履行方式不明确的	按照有利于实现合同目的的方式履行
履行费用的负担不明确的	由履行义务一方负担；因债权人原因增加的履行费用，由债权人负担

◆ **考法：合同履行的具体要求**

【例题】（2013 年真题）材料供应合同中对钢材的价款约定不明确。双方不能协商一致，且依合同有关条款等仍不能推定。则该价款按（　　）履行。

　　A. 订立时履行地市场价格　　B. 履行时订立地市场价格
　　C. 履行时履行地市场价格　　D. 政府指导价格

【答案】A

2. 合同履行中的抗辩权

表 5-5　合同履行中的抗辩权

项目	内容
同时履行抗辩权	当事人互负债务，没有先后履行顺序的，应当同时履行。一方在对方履行之前有权拒绝其履行请求。一方在对方履行债务不符合约定时，有权拒绝其相应的履行请求
先履行抗辩权	当事人互负债务，有先后履行顺序，应当先履行债务一方未履行的，后履行一方有权拒绝其履行请求。先履行一方履行债务不符合约定的，后履行一方有权拒绝其相应的履行请求
不安抗辩权	应当先履行债务的当事人，有确切证据证明对方有下列情形之一的，可以中止履行：（1）经营状况严重恶化；（2）转移财产、抽逃资金，以逃避债务；（3）丧失商业信誉；（4）有丧失或者可能丧失履行债务能力的其他情形

◆ 考法 1：同时履行抗辩权

【例题】（2024 年真题）甲企业与乙企业签订建筑材料买卖合同，合同中对供货和付款没有约定先后履行顺序。在乙企业供货不符合约定时，甲企业拒绝付款。根据《民法典》，甲企业行使的权利是（　　）。

A. 同时履行抗辩权　　　　　　B. 不安抗辩权
C. 先履行抗辩权　　　　　　　D. 时效抗辩权

【答案】A

◆ 考法 2：先履行抗辩权

【例题】（2024 年真题）甲公司与乙公司订立水泥买卖合同，合同约定，甲公司向乙公司购买水泥 100t，甲公司于 8 月 1 日前向乙公司支付 30% 的预付款，余款于 10 月 15 日水泥交付后 3 日内付清。8 月 1 日，甲公司未按合同约定支付预付款。10 月 15 日，甲公司要求乙公司交付水泥。根据《民法典》，乙公司可以行使的权利是（　　）。

A. 先履行抗辩权　　　　　　　B. 同时履行抗辩权
C. 不安抗辩权　　　　　　　　D. 先诉抗辩权

【答案】A

◆ 考法 3：不安抗辩权

【例题】甲公司与乙公司签订的采购合同约定，6 月 5 日甲公司向乙公司支付 50 万元预付款，7 月 5 日乙公司将采购物品送至甲公司处。但在 6 月 3 日，甲公司获取确切证据证明乙公司届时将不能履行合同，6 月 5 日乙公司要求甲公司支付预付款，此时甲公司可以行使（　　）。

A. 后履行抗辩权　　　　　　　B. 撤销权
C. 不安抗辩权　　　　　　　　D. 同时履行抗辩权

【答案】C

5.1.3　违约责任

核心考点及重点提示

	考点	重点提示
1	违约责任的种类	★
2	违约金	★★
3	定金	★★★
4	违约责任的免责条件	★★

★普通　★★重要　★★★非常重要

核心考点及考法

1. 违约责任的种类

承担违约责任的种类主要有继续履行、采取补救措施或者赔偿损失等方式。

◆考法：承担违约责任的种类

【例题】（2020年真题）当事人一方不履行合同义务或者履行合同义务不符合约定的，应当承担的违约责任是（　　）。

　　A. 继续履行、消除危险或赔偿损失
　　B. 返还财产、赔礼道歉或者采取补救措施
　　C. 继续履行、采取补救措施或者赔偿损失
　　D. 恢复原状、赔偿损失或者支付违约金

【答案】C

2. 违约金

（1）约定的违约金低于造成的损失的，人民法院或者仲裁机构可以根据当事人的请求予以增加。

（2）约定的违约金过分高于造成的损失的，人民法院或者仲裁机构可以根据当事人的请求予以适当减少。

（3）当事人就迟延履行约定违约金的，违约方支付违约金后，还应当履行债务。

（4）约定的违约金超过造成损失的30%的，人民法院一般可以认定为过分高于造成的损失。恶意违约的当事人一方请求减少违约金的，人民法院一般不予支持。

◆考法：违约金

【例题】（2022年真题）关于违约金的说法，错误的是（　　）。

　　A. 约定的违约金过分高于造成的损失的，人民法院或者仲裁机构不得予以减少
　　B. 约定的违约金低于造成的损失的，人民法院或者仲裁机构可以根据当事人的请求予以增加

C. 当事人就迟延履行约定违约金的，违约方支付违约金后，还应当履行债务
D. 当事人可以约定因违约产生的损失赔偿额的计算方法

【答案】A

3. 定金

（1）定金的数额不得超过主合同标的额的20%，超过部分不产生定金的效力。

（2）实际交付的定金数额多于或者少于约定数额的，视为变更约定的定金数额。

（3）给付定金的一方不履行债务或者履行债务不符合约定，致使不能实现合同目的的，无权请求返还定金。

（4）收受定金的一方不履行债务或者履行债务不符合约定，致使不能实现合同目的的，应当双倍返还定金。

（5）当事人既约定违约金，又约定定金的，一方违约时，对方可以选择适用违约金或者定金条款。

◆ **考法1：收受定金的一方不履行债务或者履行债务不符合约定的责任**

【例题】（2021年真题）甲施工企业与乙钢材供应商订立钢材采购合同，合同价款为1000万元，约定定金为300万元。甲实际支付定金100万元，乙按照合同约定开始供货。后在合同履行过程中，双方发生争议。关于本案中定金的说法，正确的是（　　）。

A. 双方约定300万元的定金因为超过合同价款的20%而无效
B. 视为变更约定的定金数额为200万元
C. 若甲违约，致使合同目的不能实现，则应当向乙支付100万元
D. 若乙违约，致使合同目的不能实现，则应当向甲返还200万元

【答案】D

◆ **考法2：请求定金罚则的最高额度**

【例题】（2018年真题）设备采购合同约定，任何一方不履行合同应当支付违约金5万元。采购人按照约定向供应商交付定金8万元。合同履行期限届满，供应商未能交付设备，则采购人能获得法院支持的最高请求额是（　　）万元。

A. 5　　　　　　　　　　B. 8
C. 13　　　　　　　　　　D. 16

【答案】D

4. 违约责任的免责条件

（1）《民法典》中规定的法定免责事由主要是不可抗力。

（2）当事人一方违约后，对方应当采取适当措施防止损失的扩大；没有采取适当措施致使损失扩大的，不得就扩大的损失请求赔偿。

（3）当事人一方违约造成对方损失，对方对损失的发生有过错的，可以减少相应的损失赔偿额。

（4）当事人一方因第三人的原因造成违约的，应当依法向对方承担违约责任。

◆ **考法：免除违约责任的情形**

【例题】（2015年真题）根据《民法典》，免除施工企业违约责任的情形有（　　）。

A. 施工企业因安全事故隐患，被监理工程师责令暂停施工，致使工期延误
B. 因拖欠农民工工资，部分农民工停工抗议，致使工期延误
C. 地震导致已完工程被爆破拆除重建，造成建设单位费用增加
D. 由于战争，施工企业暂停施工，致使工期延误
E. 因迟延履行而遭遇洪水，致使工期延误

【答案】C、D

5.2 建设工程施工合同的规定

核心考点提纲

1	5.2.1 施工合同的效力
2	5.2.2 建设工程工期、质量和价款
3	5.2.3 施工合同的变更和权利义务终止

5.2.1 施工合同的效力

核心考点及重点提示

	考点	重点提示
1	施工合同的订立要求	★
2	施工合同无效的情形	★★
3	施工合同无效的法律后果	★★

★普通　★★重要　★★★非常重要

核心考点及考法

1. 施工合同的订立要求

《民法典》规定建设工程合同应当采用书面形式。

◆考法：订立建设工程合同的形式

【例题】（2023年真题）《民法典》中明确规定应当使用书面形式订立的合同是（　　）。

A. 建设工程合同　　　　　　B. 买卖合同
C. 加工承揽合同　　　　　　D. 租赁合同

【答案】A

2. 施工合同无效的情形

（1）承包人未取得建筑业企业资质或者超越资质等级的。

（2）没有资质的实际施工人借用有资质的建筑施工企业名义的。

（3）建设工程必须进行招标而未招标或者中标无效的。

（4）承包人因转包、违法分包建设工程与他人签订的建设工程施工合同，应当认定无效。

◆ **考法：施工合同无效的情形**

【例题】（2020年真题）下列建设工程施工合同中，应当被认定无效的有（ ）。

　　A. 某劳务分包企业借用某建筑施工企业的施工总承包一级资质承揽工程订立的合同

　　B. 某使用世界银行援助资金的项目，发包人未经招标与承包人订立的合同

　　C. 某建设工程项目，施工总承包单位将主体结构的劳务分包给具有劳务资质的企业订立的合同

　　D. 某建筑施工企业，未取得施工总承包资质证书，承揽施工总承包工程订立的合同

　　E. 某建设工程项目，发包人未取得建设工程规划许可证与承包人订立的合同，但发包人在一审法院辩论终结前取得了建设工程规划许可证

【答案】A、B、D、E

3. 施工合同无效的法律后果

（1）无效的或者被撤销的民事法律行为自始没有法律约束力。

（2）合同不生效、无效、被撤销或者终止的，不影响合同中有关解决争议方法的条款的效力。

（3）建设工程施工合同无效，且建设工程经验收不合格的，按照以下情形处理：① 修复后的建设工程经验收合格的，发包人可以请求承包人承担修复费用；② 修复后的建设工程经验收不合格的，承包人无权请求参照合同关于工程价款的约定折价补偿。发包人对因建设工程不合格造成的损失有过错的，应当承担相应的责任。

◆ **考法：建设工程施工合同被撤销的法律后果**

【例题】（2023年真题）建设工程施工合同被撤销的，关于其法律约束力的说法，正确的是（ ）。

　　A. 自当事人申请撤销之日无法律约束力

　　B. 自当事人请求撤销的通知到达相对方之日无法律约束力

　　C. 自人民法院撤销之日无法律约束力

　　D. 自始无法律约束力

【答案】D

5.2.2 建设工程工期、质量和价款

核 心 考 点 及 重 点 提 示

	考点	重点提示
1	建设工程工期	★★★
2	建设工程质量	★
3	建设工程价款	★★★

★普通 ★★重要 ★★★非常重要

核 心 考 点 及 考 法

1. 建设工程工期

（1）当事人对建设工程开工日期有争议的，人民法院应当分别按照以下情形予以认定：

① 开工日期为发包人或者监理人发出的开工通知载明的开工日期；开工通知发出后，尚不具备开工条件的，以开工条件具备的时间为开工日期；因承包人原因导致开工时间推迟的，以开工通知载明的时间为开工日期。

② 承包人经发包人同意已经实际进场施工的，以实际进场施工时间为开工日期。

（2）建设工程竣工前，当事人对工程质量发生争议，工程质量经鉴定合格的，鉴定期间为顺延工期期间。

（3）隐蔽工程在隐蔽以前，承包人应当通知发包人检查。发包人没有及时检查的，承包人可以顺延工程日期，并有权请求赔偿停工、窝工等损失。

（4）当事人对建设工程实际竣工日期有争议的，人民法院应当分别按照以下情形予以认定：

① 建设工程经竣工验收合格的，以竣工验收合格之日为竣工日期；

② 承包人已经提交竣工验收报告，发包人拖延验收的，以承包人提交验收报告之日为竣工日期；

③ 建设工程未经竣工验收，发包人擅自使用的，以转移占有建设工程之日为竣工日期。

◆ **考法1：建设工程开工日期有争议的认定**

【例题】（2020年真题）某建设工程施工合同约定的开工日期为3月1日，发包人于3月10日向承包人发出开工通知，开工通知载明的开工日期为3月20日。接到开工通知后，承包人由于人员、设备未能及时到位，3月30日才正式进场施工。根据最高人民法院《关于审理建设工程施工合同纠纷案件适用法律问题的解释（一）》，该项目开工日期应当为（　　）。

A. 3月1日　　　　　　　　　B. 3月20日
C. 3月10日　　　　　　　　 D. 3月30日

【答案】B

◆考法2：发包人没有及时检查隐蔽工程的工期是否顺延的判定

【例题】（2024年真题）根据《最高人民法院关于审理建设工程施工合同纠纷案件适用法律问题的解释（一）》，隐蔽工程在隐蔽以前，承包人应当通知发包人检查。发包人没有及时检查的，承包人享有的权利是（　　）。

A. 可以顺延工期，并有权请求赔偿停工、窝工等损失
B. 可以顺延工期，但无权请求赔偿停工、窝工等损失
C. 有权请求赔偿停工、窝工等损失，但不可以顺延工期
D. 有权请求支付违约金，但不可以顺延工期

【答案】A

◆考法3：建设工程竣工日期有争议的认定

【例题】（2023年真题）根据《最高人民法院关于审理建设工程施工合同纠纷案件适用法律问题的解释（一）》，承包人已经提交竣工验收报告，发包人拖延验收的，竣工日期（　　）。

A. 以合同约定的竣工日期为准
B. 以转移占有建设工程之日为准
C. 以承包人提交竣工验收报告之日为准
D. 以实际通过竣工验收之日为准

【答案】C

2. 建设工程质量

（1）发包人不得明示或者暗示施工人违反工程建设强制性标准，降低建设工程质量。

（2）建设工程竣工经验收合格后，方可交付使用；未经验收或者验收不合格的，不得交付使用。

（3）因承包人的原因致使建设工程质量不符合约定的，发包人有权请求承包人在合理期限内无偿修理或者返工、改建。经过修理或者返工、改建后，造成逾期交付的，承包人应当承担违约责任。

（4）发包人具有下列情形之一，造成建设工程质量缺陷，应当承担过错责任：① 提供的设计有缺陷；② 提供或者指定购买的建筑材料、建筑构配件、设备不符合强制性标准；③ 直接指定分包人分包专业工程。承包人有过错的，也应当承担相应的过错责任。

◆考法：造成建设工程质量缺陷应当承担的过错责任

【例题】（2015年真题）根据《最高人民法院关于审理建设工程施工合同纠纷案件适用法律问题的解释（一）》，下列情形中，造成建设工程质量缺陷，发包人应当承担过错责任的是（　　）。

A. 未申领施工许可证　　　　　B. 直接指定分包人分包专业工程

C. 迟延提供设计文件 　　　　　　D. 拖欠工程款

【答案】B

3. 建设工程价款

（1）因设计变更导致建设工程的工程量或者质量标准发生变化，当事人对该部分工程价款不能协商一致的，可以参照签订建设工程施工合同时当地建设行政主管部门发布的计价方法或者计价标准结算工程价款。

（2）当事人对工程量有争议的，按照施工过程中形成的签证等书面文件确认。

（3）当事人约定，发包人收到竣工结算文件后，在约定期限内不予答复，视为认可竣工结算文件的，按照约定处理。承包人请求按照竣工结算文件结算工程价款的，人民法院应予支持。

（4）当事人签订的建设工程施工合同与招标文件、投标文件、中标通知书载明的工程范围、建设工期、工程质量、工程价款不一致，一方当事人请求将招标文件、投标文件、中标通知书作为结算工程价款的依据的，人民法院应予支持。

（5）当事人就同一建设工程订立的数份建设工程施工合同均无效，但建设工程质量合格，一方当事人请求参照实际履行的合同关于工程价款的约定折价补偿承包人的，人民法院应予支持。

（6）当事人对垫资和垫资利息有约定，承包人请求按照约定返还垫资及其利息的，人民法院应予支持。当事人对垫资没有约定的，按照工程欠款处理。

（7）当事人对垫资利息没有约定，承包人请求支付利息的，人民法院不予支持。当事人对欠付工程价款利息计付标准有约定的，按照约定处理。没有约定的，按照同期同类贷款利率或者同期贷款市场报价利率计息。

（8）利息从应付工程价款之日开始计付。当事人对付款时间没有约定或者约定不明的，下列时间视为应付款时间：① 建设工程已实际交付的，为交付之日；② 建设工程没有交付的，为提交竣工结算文件之日；③ 建设工程未交付，工程价款也未结算的，为当事人起诉之日。

（9）建设工程的价款就该工程折价或者拍卖的价款优先受偿。

（10）承包人就逾期支付建设工程价款的利息、违约金、损害赔偿金等主张优先受偿的，人民法院不予支持。

（11）承包人应当在合理期限内行使建设工程价款优先受偿权，但最长不得超过18个月，自发包人应当给付建设工程价款之日起算。

◆ **考法1：建设工程价款结算纠纷争议解决**

【例题】（2014年真题）因设计变更导致建设工程的工程量或者质量标准发生变化，当事人对该部分工程价款不能协商一致的，可以参照（　　）建设行政主管部门发布的计价方法或者计价标准结算工程价款。

A. 签约时的签约地 　　　　　　B. 履约时的签约地
C. 履约时的项目所在地 　　　　D. 签约时的项目所在地

【答案】A

◆ **考法 2：工程垫资**

【例题】（2023 年真题）根据《最高人民法院关于审理建设工程施工合同纠纷案件适用法律问题的解释（一）》，关于垫资的说法，正确的是（　　）。

　　A. 当事人对垫资利息未作约定的，法院不予支持利息

　　B. 法律、行政法规明确禁止垫资

　　C. 当事人对垫资没有约定的，按照借款处理

　　D. 当事人约定垫资利息的，其利率最高为同期银行贷款利率的 4 倍

【答案】A

◆ **考法 3：建设工程价款优先受偿权范围**

【例题】（2023 年真题）根据《最高人民法院关于审理建设工程施工合同纠纷案件适用法律问题的解释（一）》，属于承包人建设工程价款优先受偿权范围的是（　　）。

　　A. 工程款利息　　　　　　　B. 违约金

　　C. 工程价款　　　　　　　　D. 损害赔偿金

【答案】C

5.2.3　施工合同的变更和权利义务终止

核心考点及重点提示

	考点	重点提示
1	施工合同的变更	★★
2	合同的权利义务终止	★★

★普通　★★重要　★★★非常重要

核心考点及考法

1. 施工合同的变更

（1）如果当事人对于合同变更的内容约定不明确的，则推定为未变更。

（2）当事人约定非金钱债权不得转让的，不得对抗善意第三人。当事人约定金钱债权不得转让的，不得对抗第三人。

（3）债权人转让债权无需得到债务人同意，但要通知债务人方能对债务人生效。未通知债务人的，该转让对债务人不发生效力。

（4）债权转让的通知不得撤销，但是经受让人同意的除外。

（5）因债权转让增加的履行费用，由债权人负担。

（6）因债权转让增加的履行费用，由让与人负担。

（7）债务人将债务的全部或者部分转移给第三人的，应当经债权人同意。

（8）债务人转移债务的，新债务人可以主张原债务人对债权人的抗辩。

◆ **考法 1：合同推定未变更**

【例题】（2024 年真题）甲公司购买商务楼一栋，与乙装修公司签订了装修合同。在施工过程中，甲公司的代表张某与乙装修公司装修工长提出想修改地板砖铺设方案，工长也表示认可，但后来双方并未就具体方案再次确认。后乙装修公司按照原方案完成了全部装修，甲公司以地板砖仍按原方案铺设为由拒不支付工程余款。根据《民法典》，下列说法正确的有（　　）。

　　A. 乙装修公司按合同约定的施工方案施工，甲公司应支付装修款
　　B. 甲公司的代表张某和乙装修公司的工长提出过修改地板砖铺设方案，属于合同变更
　　C. 装修合同未变更，甲公司应支付装修款
　　D. 合同签订后，甲公司无权变更地板砖铺设方案
　　E. 乙装修公司违约，应向甲公司承担违约责任，减免装修款

【答案】A、C

◆ **考法 2：债权转让**

【例题】（2017 年真题）2016 年 9 月 15 日，甲材料供应商与丙材料供应商订立书面合同，转让甲对乙施工企业的 30 万元债权。同年 9 月 25 日，乙接到甲关于转让债权的通知。关于该债权转让的说法，正确的是（　　）。

　　A. 甲与丙之间的债权转让合同 9 月 25 日生效
　　B. 丙于 9 月 15 日可以向乙主张 30 万元债权
　　C. 甲与丙之间的债权转让行为于 9 月 25 日对乙生效
　　D. 乙拒绝清偿 30 万元债务的，丙可以要求甲和乙承担连带责任

【答案】C

2. 合同的权利义务终止

表 5-6　合同的权利义务终止

项目	内容	
债权债务终止的情形	（1）债务已经履行。 （2）债务相互抵销。 （3）债务人依法将标的物提存。 （4）债权人免除债务。 （5）债权债务同归于一人。 （6）法律规定或者当事人约定终止的其他情形。	
合同解除的特征	（1）合同的解除的基本前提条件是合同合法有效，而无效合同、可撤销合同不发生合同解除。 （2）合同解除须具备法律规定的条件。 （3）合同解除须有解除的行为。 （4）合同解除的后果是使合同关系归于消灭。	
合同解除的种类	约定解除	当事人协商一致，可以解除合同
	法定解除	（1）因不可抗力致使不能实现合同目的。 （2）在履行期限届满前，当事人一方明确表示或者以自己的行为表明不履行主要债务。

续表

项目		内容
合同解除的种类	法定解除	（3）当事人一方迟延履行主要债务，经催告后在合理期限内仍未履行。 （4）当事人一方迟延履行债务或者有其他违约行为致使不能实现合同目的。 （5）法律规定的其他情形
解除合同的程序	通知方式	当事人一方依法主张解除合同的，应当通知对方。合同自通知到达对方时解除；通知载明债务人在一定期限内不履行债务则合同自动解除，债务人在该期限内未履行债务的，合同自通知载明的期限届满时解除。 对方对解除合同有异议的，任何一方当事人均可以请求人民法院或者仲裁机构确认解除行为的效力
	诉讼或仲裁解除	当事人一方未通知对方，直接以提起诉讼或者申请仲裁的方式依法主张解除合同，人民法院或者仲裁机构确认该主张的，合同自起诉状副本或者仲裁申请书副本送达对方时解除
施工合同的解除	发包人解除	承包人将建设工程转包、违法分包的，发包人可以解除合同
	承包人解除	发包人提供的主要建筑材料、建筑构配件和设备不符合强制性标准或者不履行协助义务，致使承包人无法施工，经催告后在合理期限内仍未履行相应义务的，承包人可以解除合同
	解除的法律后果	合同解除后，已经完成的建设工程质量合格的，发包人应当按照约定支付相应的工程价款

◆ 考法 1：合同权利义务终止的情形

【例题】（2015 年真题）根据《民法典》，合同权利义务终止的情形为（　　）。

A. 债务人依法将标的物抵押　　B. 债权债务同归于一人
C. 债务相互抵消　　D. 债权人依法将标的物提存
E. 债权人免除债务

【答案】B、C、E

◆ 考法 2：发包人可以解除建设工程施工合同的情形

【例题】（2020 年真题）发包人可以解除建设工程施工合同的情形是（　　）。

A. 发包人未按约定支付工程价款，承包人停工的
B. 已经完成的建设工程质量不合格的
C. 承包人未按合同约定的期限完工的
D. 承包人将承包的工程分包给不具备相应资质的单位的

【答案】D

5.3 相关合同制度

核心考点提纲

1	5.3.1 买卖合同
2	5.3.2 借款合同

续表

3	5.3.3 保证合同
4	5.3.4 租赁合同
5	5.3.5 承揽合同
6	5.3.6 运输合同

5.3.1 买卖合同

核心考点及重点提示

	考点	重点提示
1	买卖合同的概念与特征	★
2	买卖合同双方当事人的主要义务	★★
3	买卖合同标的物毁损、灭失风险的承担	★★
4	买卖合同解除的规则	★

★普通　★★重要　★★★非常重要

核心考点及考法

1. 买卖合同的概念与特征

表 5-7　买卖合同、借款合同、保证合同、租赁合同、运输合同的特征对比

项目	买卖合同	借款合同	保证合同	租赁合同	运输合同
标的物	所有权	货币		有体物、非消耗物	运送行为
双务合同	√			√	√
单务合同			√		
有偿合同	√	√		√	√
无偿合同			√		
诺成合同	√	√	√	√	√
不要式合同	√				
要式合同		√	√		
从合同			√		

◆考法：运输合同的特征

【例题】（2022年真题）关于运输合同特征的说法，正确的是（　　）。

A. 运输合同是双务合同　　B. 运输合同是实践合同
C. 运输合同是无偿合同　　D. 运输合同的标的是货物

【答案】A

2. 买卖合同双方当事人的主要义务

（1）出卖人的义务：① 按照约定向买受人交付标的物或者提取标的物单证的义务；② 转移标的物所有权的义务；③ 按照约定或者交易习惯向买受人交付提取标的物单证以外的有关单证和资料的义务。"提取标的物单证以外的有关单证和资料"主要包括发票（增值税专用发票、普通发票）、产品合格证、质量保证书、质量鉴定书、品质检验证书、产品进出口检疫书、保险单、保修单、原产地证明书、使用说明书、装箱单等；④ 标的物的品质瑕疵担保义务；⑤ 标的物的权利瑕疵担保义务。

（2）买受人的义务：

① 支付价款的义务。买受人应当按照约定的数额、支付方式、时间、地点支付价款。没有约定或者约定不明确，依法仍不能确定的，价款的数额按照订立合同时履行地的市场价格履行，依法应当执行政府定价或者政府指导价的，依照规定履行；履行地点不明确，在接受货币（出卖人）一方所在地履行；履行期限不明确的，买受人可以随时履行，出卖人也可以随时请求履行，但是应当给对方必要的准备时间；履行方式不明确的，按照有利于实现合同目的的方式履行；履行费用的负担不明确的，由履行义务一方（买受人）负担；因债权人（出卖人）原因增加的履行费用，由债权人（出卖人）负担。

② 受领标的物的义务。

③ 检验标的物的义务。

◆考法：买卖合同出卖人的主要义务

【例题】甲施工企业向乙机械设备公司购买了机械设备，并签订了买卖合同，合同约定乙将上述设备交由一家运输公司运输，但没有约定毁损风险的承担。则乙的主要义务有（　　）。

A. 承担机械设备运输过程中毁损的风险
B. 按合同约定交付机械设备
C. 为机械设备购买运输保险
D. 转移机械设备的所有权
E. 机械设备的瑕疵担保

【答案】B、D、E

3. 买卖合同标的物毁损、灭失风险的承担

表 5-8　买卖合同标的物毁损、灭失风险的承担

项目	风险承担的划分
正常交付	出卖人 ←	→ 买受人　　交付

续表

项目	风险承担的划分
买受人未按期限交付	出卖人 ←┬→ 买受人 违反约定时
承运人运输的在途标的物	出卖人 ←┬→ 买受人 在途标的物：合同成立时
出卖人按照约定地点交付	出卖人 ←┬→ 买受人 标的物交付给第一承运人
标的物交付给第一承运人	出卖人 ←┬→ 买受人 违反约定时

◆考法：买卖合同中标的物毁损灭失的风险转移时间

【例题】（2022年真题）除法律另有规定或者当事人另有约定外，买卖合同中标的物毁损灭失的风险转移时间是（　　）。

A．标的物交付时　　　　　　　　B．合同成立时
C．合同生效时　　　　　　　　　D．价款付清时

【答案】A

4. 买卖合同解除的规则

（1）因标的物的主物不符合约定而解除合同的，解除合同的效力及于从物。因标的物的从物不符合约定被解除的，解除的效力不及于主物。

（2）标的物为数物，其中一物不符合约定的，买受人可以就该物解除，但该物与他物分离使标的物的价值显受损害的，当事人可以就数物解除合同。

（3）出卖人分批交付标的物的，出卖人对其中一批标的物不交付或者交付不符合约定，致使该批标的物不能实现合同目的的，买受人可以就该批标的物解除。

（4）出卖人不交付其中一批标的物或者交付不符合约定，致使今后其他各批标的物的交付不能实现合同目的的，买受人可以就该批以及今后其他各批标的物解除。

（5）分期付款的买受人未支付到期价款的金额达到全部价款的五分之一，经催告后在合理期限内仍未支付到期价款的，出卖人有权要求买受人支付全部价款或者解除合同。出卖人解除合同的，可以向买受人要求支付该标的物的使用费。

◆考法：买卖合同的解除

【例题】（2024年真题）甲公司向乙公司订购2台同型号施工设备，同时订购了配套维修工具。合同约定，设备与维修工具分两批交货。根据《民法典》，关于该合同解除的

说法，正确的是（　　）。

　　A. 如果因设备不符合约定而解除合同，解除的效力及于维修工具
　　B. 如果因维修工具不符合约定而解除合同，解除的效力及于设备
　　C. 如果其中1台设备质量不符合约定，甲公司可以就全部2台设备解除合同
　　D. 如果第二批交付的设备不符合约定，甲公司可以就第一批交付的设备解除合同

【答案】A

5.3.2 借款合同

核心考点及重点提示

	考点	重点提示
1	借款合同的定义和特征	★
2	借款合同当事人的主要义务	★★
3	民间借款合同的无效	★
4	民间借贷合同的利息和利率规则	★

★普通　★★重要　★★★非常重要

核心考点及考法

1. 借款合同的定义和特征

（1）商业借贷以及除自然人之间借贷之外的民间借贷合同是诺成合同，自双方当事人协商一致时合同成立。

（2）自然人之间的借款合同是实践性合同，合同自贷款人提供借款之日成立。

◆ 考法：借款合同的特征

【例题】（2023年真题）自然人之间的借款合同，自（　　）时成立。

　　A. 贷款人提供借款　　　　　　B. 双方意思一致
　　C. 合同订立　　　　　　　　　D. 向主管部门登记备案

【答案】A

2. 借款合同当事人的主要义务

（1）贷款人的义务：① 按照约定的日期、数额提供借款的义务；② 不得预先在本金中扣除借款利息的义务。《民法典》规定，借款的利息不得预先在本金中扣除。利息预先在本金中扣除的，应当按照实际借款数额返还借款并计算利息。

（2）借款人的义务：① 提供真实情况的义务；② 按照约定的日期、数额收取借款的义务；③ 协助贷款人监督的义务；④ 按照约定用途使用借款的义务；⑤ 按期归还本金和利息的义务。

◆ 考法：不得预先在本金中扣除借款利息的义务

【例题】（2024年真题）甲企业与乙金融机构订立了借款合同。合同约定，甲企业向乙金融机构借款100万元，借期1年，年利率5%。乙金融机构预先将5万元的利息扣除，向甲企业实际提供借款95万元。根据《民法典》，1年期满后，甲企业应当向乙金融机构偿还（　　）万元。

　　A. 95
　　B. 99.75
　　C. 100
　　D. 105

【答案】B

3. 民间借款合同的无效

具有下列情形之一的，人民法院应当认定民间借贷合同无效：① 套取金融机构贷款转贷的；② 以向其他营利法人借贷、向本单位职工集资，或者以向公众非法吸收存款等方式取得的资金转贷的；③ 未依法取得放贷资格的出借人，以营利为目的向社会不特定对象提供借款的；④ 出借人事先知道或者应当知道借款人借款用于违法犯罪活动仍然提供借款的；⑤ 违反法律、行政法规强制性规定的；⑥ 违背公序良俗的。

◆ 考法：应当认定民间借贷合同无效的情形

【例题】根据《最高人民法院关于审理民间借贷案件适用法律若干问题的规定》，人民法院应当认定民间借贷合同无效的情形有（　　）。

　　A. 向金融机构以外的营利性法人、本单位职工或向公众非法吸收存款进行转贷
　　B. 出借人事先知道借款用于贩毒仍然提供借款
　　C. 甲企业将自己从金融机构取得的贷款高息转借给乙企业
　　D. 名为借贷实为包养的借贷合同形成的债务关系
　　E. 一次性出借资金量大的借款行为

【答案】A、B、C、D

4. 民间借贷合同的利息和利率规则

（1）借贷双方没有约定利息的，视为没有利息。

（2）自然人之间借贷对利息约定不明的，视为没有利息。

（3）禁止高利放贷。借贷双方约定的利率不得超过合同成立时一年期贷款市场报价利率的4倍，超过部分，人民法院不予支持。

◆ 考法：民间借贷合同的利息和利率规则

【例题】根据《民法典》，借款合同对支付利息没有约定，出借人主张支付利息的，借款人（　　）。

　　A. 应当按照一年期贷款市场报价利率的4倍支付利息
　　B. 应当按照一年期贷款市场报价利率支付利息
　　C. 有权不支付利息
　　D. 应当按照当事人的交易方式、交易习惯、市场报价利率等因素支付利息

【答案】C

5.3.3 保证合同

核心考点及重点提示

	考点	重点提示
1	保证合同的概念与特征	★
2	保证合同的当事人	★
3	保证合同的形式	★
4	保证合同的内容	★★
5	主合同变更对保证合同的影响	★

★普通　★★重要　★★★非常重要

核心考点及考法

1. 保证合同的概念与特征

主债权债务合同无效的，保证合同无效，但是法律另有规定的除外。

2. 保证合同的当事人

（1）机关法人不得为保证人，但是经国务院批准为使用外国政府或者国际经济组织贷款进行转贷的除外。

（2）以公益为目的的非营利法人、非法人组织不得为保证人。登记为营利法人的学校、幼儿园、医疗机构、养老机构等法人可以作为保证人。

（3）居民委员会、村民委员会不得为保证人，但是依法代行村集体经济组织职能的村民委员会，依照村民委员会组织法规定的讨论决定程序对外提供担保的除外。

◆ 考法：保证人资格

【例题】（2020年真题）下列主体中，具有保证人资格的是（　　）。
　　A. 公益事业单位　　　　　　B. 建筑行业协会
　　C. 清算中的法人　　　　　　D. 国有金融机构
【答案】D

3. 保证合同的形式

（1）保证人与主债权人单独订立的书面合同。
（2）主债权债务合同中的保证条款。
（3）第三人单方以书面形式向债权人作出保证，债权人接受且未提出异议的。

4. 保证合同的内容

（1）被保证的主债权的种类、数额是保证合同中的核心条款，也是保证合同的必备条款。
（2）保证的方式包括一般保证和连带责任保证。当事人在保证合同中对保证方式没有约定或者约定不明确的，按照一般保证承担保证责任。

（3）一般保证的保证人享有先诉抗辩权。

（4）连带责任保证的债务人不履行到期债务或者发生当事人约定的情形时，债权人可以请求债务人履行债务，也可以请求保证人在其保证范围内承担保证责任。

（5）保证的范围包括主债权及其利息、违约金、损害赔偿金和实现债权的费用。

（6）保证期间在保证合同中没有约定或者约定不明确的，保证期间为主债务履行期限届满之日起6个月。债权人与债务人对主债务履行期限没有约定或者约定不明确的，保证期间自债权人请求债务人履行债务的宽限期届满之日起计算。

◆考法1：保证的方式

【例题】（2023年真题）某施工企业向银行借款，由其母公司为借款提供保证担保并订立保证合同，保证合同对保证方式未作约定。该保证为（   ）。

　　A. 连带责任保证　　　　　　B. 可撤销保证
　　C. 一般保证　　　　　　　　D. 共同保证

【答案】C

◆考法2：保证合同担保的范围

【例题】（2021年真题）根据《民法典》，保证合同担保的范围包括（   ）。

　　A. 主债权及利息　　　　　　B. 定金
　　C. 违约金　　　　　　　　　D. 损害赔偿金
　　E. 实现债权的费用

【答案】A、C、D、E

◆考法3：保证合同的保证期间

【例题】（2012年真题）一般保证的保证人与债权人未约定保证期间的，保证期间为主债务履行期届满之日起（   ）。

　　A. 3个月　　　　　　　　　　B. 6个月
　　C. 1年　　　　　　　　　　　D. 2年

【答案】B

5. 主合同变更对保证合同的影响

（1）债权人和债务人未经保证人书面同意，协商变更主债权债务合同内容，减轻债务的，保证人仍对变更后的债务承担保证责任；加重债务的，保证人对加重的部分不承担保证责任。

（2）债权人和债务人变更主债权债务合同的履行期限。未经保证人书面同意的，保证期间不受影响。

（3）债权人转让全部或者部分债权，未通知保证人的，该转让对保证人不发生效力。

（4）保证人与债权人约定禁止债权转让，债权人未经保证人书面同意转让债权的，保证人对受让人不再承担保证责任。

（5）债权人未经保证人书面同意，允许债务人转移全部或者部分债务，保证人对未经其同意转移的债务不再承担保证责任，但是债权人和保证人另有约定的除外。

（6）第三人加入债务的，保证人的保证责任不受影响。

◆**考法：主合同变更对保证合同的影响**

【例题】（2024年真题）甲、乙两公司签订一份机床买卖合同，约定价格为300万元。丙公司向乙公司出具一份"本公司愿为甲公司300万元机床货款承担保证责任"的保函。之后，甲、乙双方协商同意将机床价格变更为350万元，但未通知丙公司。乙公司交付机床后，甲公司无力支付货款，乙公司遂要求丙公司清偿。根据《民法典》，下列说法正确的是（　　）。

　　A. 丙公司出具保函属于单方行为，保证不成立
　　B. 丙公司应在300万元范围内承担保证责任
　　C. 丙公司承担的是连带保证责任
　　D. 丙公司应承担保证责任，保证期间为2年

【答案】B

5.3.4 租赁合同

核心考点及重点提示

	考点	重点提示
1	租赁合同的概念及特征	★
2	租赁合同的类型与合同形式	★★
3	租赁合同双方当事人的权利义务	★★★
4	租赁合同的解除权	★

★普通　★★重要　★★★非常重要

核心考点及考法

1. 租赁合同的概念及特征

租赁合同自双方当事人协商一致时成立。

2. 租赁合同的类型与合同形式

表 5-9　租赁合同的类型

类型	内容
定期租赁合同	租赁期限不得超过20年。超过20年的，超过部分无效。租赁期限届满，当事人可以续订租赁合同；但是，约定的租赁期自续订之日起不得超过20年
不定期租赁合同	当事人可以随时解除合同，但应当在合理期限之前通知对方

◆**考法：租赁合同效力**

【例题】（2024年真题）甲公司与乙公司订立书面租赁合同，合同约定甲公司租用乙

公司的施工设备，租期 12 个月，租金月付。租赁期满后，因工程延期，甲公司继续支付租金，乙公司亦未拒绝。根据《民法典》，关于租期届满后甲乙租赁合同效力的说法，正确的是（　　）。

  A. 甲乙租赁合同继续有效，但乙有权随时解除租赁合同
  B. 甲乙租赁合同效力待定，乙公司事后明确同意续租才有效
  C. 因双方并未明确续订租赁合同，甲乙租赁合同终止
  D. 乙仍接受甲支付的租金，可视为双方租赁合同续订了 12 个月

【答案】A

3. 租赁合同双方当事人的权利义务

（1）出租人的义务：① 按约交付租赁物并保持其适租性的义务；② 对租赁物承担权利瑕疵担保责任的义务；③ 及时维修租赁物的义务。

（2）承租人的义务：① 按约支付租金的义务；② 按约使用租赁物的义务；③ 妥善保管租赁物的义务；④ 第三人对租赁物主张权利时的通知义务；⑤ 返还租赁物的义务。

（3）承租人的权利：① 租赁物的使用收益权；② 减少租金请求权；③ 经出租人同意后对租赁物的改造权；④ 经出租人同意后的转租权。

◆ 考法：租赁合同中承租人的义务

【例题】租赁合同中，承租人的义务有（　　）。

  A. 妥善保管租赁物的义务
  B. 返还租赁物的义务
  C. 维修租赁物的义务
  D. 按约使用租赁物的义务
  E. 第三人对租赁物主张权利时的通知义务

【答案】A、B、D、E

4. 租赁合同的解除权

（1）承租人的合同解除权：

① 租赁物非因承租人原因被司法机关或者行政机关依法查封、扣押，致使租赁物无法使用的。

② 租赁物非因承租人原因发生权属争议，致使租赁物无法使用的。

③ 非因承租人原因租赁物具有违反法律、行政法规关于使用条件的强制性规定情形，致使租赁物无法使用的。

④ 因租赁物部分或者全部毁损、灭失，致使不能实现合同目的的。

⑤ 租赁物危及承租人的安全或者健康的。当租赁物的质量瑕疵达到危及承租人人身安全或健康的程度时，即便承租人订立合同时明知该租赁物质量不合格，承租人仍然可以随时解除合同。

（2）出租人的合同解除权：

① 承租人未按照约定的方法或者未根据租赁物的性质使用租赁物，致使租赁物受到损失的，出租人可以解除合同并请求赔偿损失。

② 承租人未经出租人同意转租的，出租人可以解除合同。

③ 承租人无正当理由未支付或者迟延支付租金的，出租人可以请求承租人在合理期限内支付；承租人逾期不支付的，出租人可以解除合同。

（3）不定期租赁或视为不定期租赁的合同，双方当事人均享有随时解除合同的权利，但是应当在合理期限之前通知对方。

◆考法：租赁合同中承租人转租

【例题】（2023年真题）关于租赁合同中承租人转租的说法，正确的是（   ）。

    A. 承租人转租的，承租人与出租人之间的租赁合同继续有效

    B. 承租人可以决定是否转租

    C. 承租人可以随时对租赁物进行改善或者增设他物

    D. 出租人知道或者应当知道承租人转租，但是在3个月内未提出异议的，视为出租人同意转租

【答案】A

5.3.5 承揽合同

核心考点及重点提示

	考点	重点提示
1	承揽合同的概念与特征	★
2	承揽的形式和承揽合同的内容	★
3	承揽合同中当事人的主要义务	★★
4	承揽合同的解除权	★★

★ 普通　★★ 重要　★★★ 非常重要

核心考点及考法

1. 承揽合同的概念与特征

承揽人向定作人交付的必须是以自己的设备、技术和劳力，完成主要工作的工作成果，非经定作人同意，承揽人不得将其承揽的主要工作交由第三人完成。

◆考法：承揽合同的特征

【例题】当事人另有约定的除外，承揽合同的承揽人应当以自己的（   ）完成主要工作。

    A. 设备　　　　　　　　　B. 技术

    C. 材料　　　　　　　　　D. 资金

    E. 劳力

【答案】A、B、E

2. 承揽的形式和承揽合同的内容

承揽合同的内容一般包括承揽的标的、数量、质量、报酬，承揽方式，材料的提供，履行期限，验收标准和方法等条款。

3. 承揽合同中当事人的主要义务

（1）承揽人的主要义务：① 亲自完成合同约定的主要工作的义务；② 按约向定作人交付工作成果的义务；③ 工作成果的瑕疵担保义务；④ 按约提供材料并接受定作人检验的义务；⑤ 对定作人提供的材料及时检验并不得擅自更换的义务；⑥ 及时通知的义务；⑦ 接受定作人必要监督检验的义务；⑧ 材料及工作成果的保管义务；⑨ 保密义务；⑩ 共同承揽人的连带责任义务。

（2）定作人的主要义务：① 按约支付报酬及材料费等价款的义务；② 受领并验收工作成果的义务；③ 按约提供材料的义务；④ 协助承揽人完成工作的义务；⑤ 及时答复承揽人的义务；⑥ 对中途变更承揽工作要求的损失赔偿义务；⑦ 不得滥用监督检验权利的义务。

◆ 考法：承揽人的义务

【例题】承揽合同中，关于承揽人义务的说法，正确的是（　　）。

A. 承揽人发现定作人提供的材料不符合约定的，可以自行更换
B. 共同承揽人对定作人承担按份责任
C. 未经定作人许可，承揽人不得留存复制品或技术资料
D. 承揽人在工作期间，不必接受定作人必要的监督检验

【答案】C

4. 承揽合同的解除权

（1）定作人不履行协助义务的，承揽人可催告其在合理的期限内履行，定作人逾期仍不履行的，承揽人可以解除合同。

（2）承揽人未经定作人同意将主要承揽工作交由第三人完成的，定作人可以解除合同。

（3）定作人在承揽人完成工作前可以随时解除合同，造成承揽人损失的，应当赔偿损失。

◆ 考法：承揽合同的解除权

【例题】（2024年真题）甲、乙订立承揽合同，甲提供木料，乙为其加工家具。在乙已完成加工工作的50%时，甲通知乙解除合同。根据《民法典》，下列说法正确的是（　　）。

A. 甲有权解除合同，但应赔偿乙的损失
B. 甲有权解除合同，但应按约定向乙支付报酬
C. 甲有权解除合同，且无须赔偿乙的损失
D. 甲无权解除合同，并应按约定向乙支付报酬

【答案】A

5.3.6 运输合同

核 心 考 点 及 重 点 提 示

	考点	重点提示
1	运输合同的概念和特征	★
2	运输合同当事人的主要权利和义务	★★
3	承运人的赔偿责任与托运人的运费风险	★★

★普通　★★重要　★★★非常重要

核 心 考 点 及 考 法

1. 运输合同的概念和特征

货运合同的客体是承运人的运送行为，不是运送的货物本身。

2. 运输合同当事人的主要权利和义务

表 5-10　运输合同当事人的主要权利和义务

当事人		托运人	收货人	承运人
权利		任意变更、解除权	有条件的运输费用给付拒绝权	特定条件下的拒绝运输权
		有条件的拒付运费权	损害赔偿请求权	运送物的留置权
		有条件的拒绝支付增加部分运费的权利		货物的提存权
义务		支付运费的义务	及时提货义务	从事公共运输的承运人的强制缔约义务
		如实告知义务	及时检验义务	及时、安全的送达义务
		提交审批文件义务	合同有约定时的支付运费义务	按照约定或通常运输路线运输的义务
		妥善包装货物义务		通知义务
		托运危险物品时的特殊义务		

◆ **考法：运输合同承运人的主要权利**

【例题】（2024年真题）根据《民法典》，托运人或者收货人不支付运费、保管费或者其他费用的，除当事人另有约定外，承运人对相应的运输货物享有（　　）。

　　A. 提存权　　　　　　　　　B. 拍卖权
　　C. 拒绝运输权　　　　　　　D. 留置权

【答案】D

147

3. 承运人的赔偿责任与托运人的运费风险

（1）承运人对运输过程中货物的毁损、灭失承担赔偿责任，但承运人证明货物的毁损、灭失是因不可抗力、货物本身的自然性质或者合理损耗数及托运人、收货人的过错造成的，不承担赔偿责任。

（2）货物的毁损、灭失的赔偿额没有约定或者约定不明确，依法仍不能确定的，按照交付或者应当交付时货物到达地的市场价格计算。

（3）货物在运输过程中因不可抗力灭失，未收取运费的，承运人不得请求支付运费；已经收取运费的，托运人可以请求返还。法律另有规定的，依照其规定。

◆ 考法：承运人的赔偿责任

【例题】因下列原因导致运输过程中货物毁损的情形中，由承运人承担赔偿责任的是（　　）。

  A. 不可抗力　　　　　　　　B. 承运人未按约定路线行驶
  C. 货物本身的自然性质　　　　D. 托运人申报不实

【答案】B

本章模拟强化练习

1. 下列情形中，要约失效的有（　　）。

  A. 要约被拒绝
  B. 要约被依法撤销
  C. 要约内容含糊不清导致无法承诺
  D. 承诺期限届满，受要约人未作出承诺
  E. 受要约人对要约的内容作出实质性变更

【答案】A、B、D、E

2. 3月1日甲施工企业向乙钢材供应商发出钢材采购单，承诺期限为3月5日前。3月1日，乙收到甲的采购单。3月2日，乙收到甲取消本次采购的函。3月4日，乙发函至甲表示同意履行3月1日的采购单。关于甲、乙双方合同订立的说法，正确的是（　　）。

  A. 甲3月2日的行为属于要约邀请
  B. 甲乙之间买卖合同成立
  C. 乙3月4日的行为属于新要约
  D. 甲的要约已经撤销

【答案】B

3. 关于要约与承诺的说法，错误的有（　　）。

  A. 要约是希望与他人订立合同的意思表示
  B. 承诺期限届满，受要约人未作出承诺，该要约有效
  C. 要约到达受要约人可以撤回
  D. 承诺是受要约人同意要约的意思表示

E. 承诺的内容应当与要约的内容一致

【答案】B、C

4. 甲公司向乙公司购买了一批钢材，甲公司和乙公司约定采用合同书的方式订立合同，由于施工进度紧张，在甲公司的催促之下，甲公司和乙公司在未签字盖章之前，乙公司将钢材送到了甲公司的项目现场，甲公司接收并投入工程使用，甲公司对和乙公司之间买卖合同的状态是（　　）。

A. 无效
B. 条件成就时生效
C. 成立
D. 可撤销

【答案】C

5. 根据《民法典》，认定为无效合同的有（　　）。

A. 无民事行为能力人订立的合同
B. 违反法律、行政法规的强制性规定的合同
C. 行为人与相对人恶意串通，损害他人合法权益订立的合同
D. 行为人与相对人以虚假的意思表示订立的合同
E. 违背公序良俗的合同

【答案】A、C、D、E

6. 2023 年 4 月 1 日，甲公司将其厂房无偿转让给乙公司，导致甲公司的债权人丙公司无法实现债权，丙公司于 2024 年 1 月 1 日才得知该情况，则丙公司撤销权的截止日期为（　　）。

A. 2025 年 4 月 1 日
B. 2026 年 1 月 1 日
C. 2024 年 4 月 1 日
D. 2025 年 1 月 1 日

【答案】D

7. 甲公司总承包了某建设工程施工任务，其将装饰工程分包给了乙公司。乙以甲的名义与丙公司签订了材料供货合同。随后丙催告甲在一个月内予追认，而甲未作表示。对此，下列说法正确的是（　　）。

A. 合同已经生效，甲应当履行合同
B. 甲对乙丙签约行为未明确反对，视为同意
C. 在甲未追认合同之前，丙有撤销合同的权利
D. 乙的行为构成表见代理

【答案】C

8. 根据《民法典》，建设工程施工合同对工程质量要求约定不明确的，首选的解决方式是（　　）。

A. 按照符合合同目的的特定标准履行
B. 按照合同相关条款确定
C. 通过当事人协议补充确定
D. 按照交易习惯确定

【答案】C

9. 某工程施工合同的发包人拖欠工程进度款,承包人按照合同的约定及时调整了施工进度,放慢施工速度,承包人行使的是( )。

　　A. 不安抗辩权　　　　　　　　B. 先履行抗辩权

　　C. 同时履行抗辩权　　　　　　D. 后履行抗辩权

【答案】B

10. 甲施工企业与乙起重机厂签订了一份购置起重机的买卖合同,约定4月1日甲付给乙100万元预付款,5月12日由乙向甲交付两辆起重机,但到了4月1日,甲经调查发现乙确已全面停产,经营状况严重恶化。此时甲可以( ),以维护自己的合法权益。

　　A. 行使同时履行抗辩权　　　　B. 终止合同

　　C. 中止履行合同并通知对方　　D. 请求对方提供适当担保

　　E. 转让合同

【答案】C、D

11. 甲乙双方在合同中约定,一方违约时支付对方1万元人民币违约金。在合同履行中,甲方违约,并因该违约造成了乙方5万元人民币的损失。乙方诉诸法院,可获支持的最高赔偿额为( )万元人民币。

　　A. 1　　　　　　　　　　　　B. 2

　　C. 5　　　　　　　　　　　　D. 6

【答案】C

12. 甲施工企业与乙材料供应商订立了合同总价为200万元的买卖合同,甲向乙支付了定金50万元。后来乙不能按照合同约定履行交付义务,致使不能实现合同目的,甲可以向乙主张返还( )万元。

　　A. 40　　　　　　　　　　　　B. 50

　　C. 90　　　　　　　　　　　　D. 100

【答案】C

13. 某工程施工中某水泥厂为施工企业供应水泥,迟延交货一周,延迟交货导致施工企业每天损失0.4万元。第一天晚上施工企业为减少损失,采取紧急措施共花费1万元,使剩余六天共损失0.7万元。则水泥厂因违约应向施工企业赔偿的损失为( )万元。

　　A. 1.1　　　　　　　　　　　B. 1.7

　　C. 2.1　　　　　　　　　　　D. 2.8

【答案】C

14. 当事人对建设工程开工日期有争议的,关于人民法院对开工日期认定的说法,正确的有( )。

　　A. 开工日期为发包人或者监理人发出的开工通知载明的开工日期

　　B. 因承包人原因导致开工时间推迟的,以开工条件具备的时间为开工日期

　　C. 开工通知发出后,尚不具备开工条件的,以开工条件具备的时间为开工日期

　　D. 开工通知发出前,承包人经发包人同意已经实际进场施工的,以实际进场施工时间为开工日期

E. 发包人或者监理人未发出开工通知，亦无相关证据证明实际开工日期的，以施工许可证载明的时间为开工日期

【答案】A、C、D

15. 根据《最高人民法院关于审理建设工程施工合同纠纷案件适用法律问题的解释（一）》，关于当事人对建设工程实际竣工日期有争议时竣工日期确定的说法，正确的有（   ）。

   A. 建设工程经竣工验收合格的，以竣工验收合格之日为竣工日期
   B. 承包人已经提交竣工验收报告，发包人拖延验收的，以承包人提交验收报告之日为竣工日期
   C. 建设工程未经竣工验收，发包人擅自使用的，以转移占有建设工程之日为竣工日期
   D. 建设工程整改后竣工验收合格的，以提交竣工验收申请报告的日期为竣工日期
   E. 建设工程未经竣工验收，发包人擅自使用的，以工程完工日期为竣工日期

【答案】A、B、C

16. 施工企业的原因致使建设工程质量不符合约定的，发包人请求并经施工企业修理后造成逾期交付的，施工企业（   ）。

   A. 不承担违约责任，修理费用由施工企业承担
   B. 应当承担缔约过失责任
   C. 应当承担违约责任
   D. 应当承担侵权责任

【答案】C

17. 根据《最高人民法院关于审理建设工程施工合同纠纷案件适用法律问题的解释（一）》，关于工程垫资处理的说法，正确的是（   ）。

   A. 当事人对垫资有约定的，按照工程欠款处理
   B. 当事人对垫资没有约定的，按照借款纠纷处理
   C. 当事人对垫资利息没有约定，承包人请求支付利息的，人民法院不予支持
   D. 当事人对垫资利息有约定的，人民法院最高支持的垫资利息为同类贷款利率或者同期贷款市场报价利率的4倍

【答案】C

18. 施工企业与建设单位签订施工合同，双方没有约定付款时间，后因利息计算产生争议，则下列有关工程价款应支付日期的表述正确的有（   ）。

   A. 建设工程没有交付的，为提交验收报告之日
   B. 建设工程已实际交付的，为交付之日
   C. 建设工程没有交付的，为提交竣工结算文件之日
   D. 建设工程未交付，工程价款也未结算的，为人民法院判决之日
   E. 建设工程未交付，工程价款也未结算的，为当事人起诉之日

【答案】B、C、E

19. 乙开发商与甲施工企业订立了建设工程施工合同，将某房屋建筑工程的施工发包给甲，工程竣工验收合格后，乙未按约定支付工程结算价款，经甲催告后，乙仍逾期未支付。关于甲拟主张建设工程价款优先受偿权的说法，正确的是（　　）。

   A. 甲有权直接向乙主张建设工程价款优先受偿权
   B. 甲主张建设工程价款优先受偿权的期限不得超过 6 个月
   C. 甲行使建设工程价款优先受偿权的期限自竣工验收合格之日起算
   D. 甲主张优先受偿的范围不包括乙逾期支付工程结算价款的利息

【答案】D

20. 甲公司向乙公司购买 50t 水泥。后甲通知乙需要更改购买数量，但一直未明确具体数量。交货期届至，乙将 50t 水泥交付给甲，甲拒绝接受，理由是已告知要变更合同。关于双方合同关系的说法，正确的是（　　）。

   A. 乙承担损失　　　　　　　　B. 甲可根据实际情况部分接收
   C. 甲拒绝接受，应承担违约责任　　D. 双方合同已变更，乙送货构成违约

【答案】C

21. 乙施工企业向甲建设单位主张支付工程款，甲以工程质量不合格为由拒绝支付。乙将其工程款的债权转让给丙并通知了甲。丙向甲主张该债权时，甲仍以质量原因拒绝支付。关于该案中债权转让的说法，正确的是（　　）。

   A. 乙的债权属于法定不得转让的债权
   B. 甲可以向丙行使因质量原因拒绝支付的抗辩
   C. 乙转让债权应当经过甲同意
   D. 乙转让债权的通知可以不用通知甲

【答案】B

22. 下列情形中，导致施工合同权利终止义务的有（　　）。

   A. 发包人被处以罚款
   B. 施工合同已经履行
   C. 施工合同因故解除
   D. 承包人通知发包人将部分工程款支付给第三人
   E. 施工过程中发包人与承包人合并

【答案】B、C、E

23. 关于合同解除的说法，正确的有（　　）。

   A. 以持续履行的债务为内容的不定期合同，当事人可以随时解除合同，但是应当在合理期限之前通知对方
   B. 当事人一方迟延履行主要债务，对方可以解除合同
   C. 对方对解除合同有异议的，主张解除的当事人无权请求人民法院或者仲裁机构确认解除行为的效力
   D. 当事人一方依法主张解除合同，并通知对方的，合同自通知到达对方时解除
   E. 当事人一方未通知对方，直接以提起诉讼方式主张解除合同并被人民法院确

认的，合同自起诉状副本送达对方时解除

【答案】A、D、E

24. 甲施工企业与乙设备公司订立了塔式起重机租赁合同，后又与乙就该塔式起重机订立了买卖合同。双方对塔式起重机所有权的转移时间未作约定，甲取得塔式起重机所有权的时间是（   ）。

    A. 租赁合同生效时   B. 塔式起重机交付时
    C. 买卖合同生效时   D. 买卖合同订立时

【答案】C

25. 甲施工企业从乙公司购进一批水泥，乙公司为甲施工企业代办托运。在运输过程中，甲施工企业与丙公司订立合同将这批水泥转让丙公司，水泥在运输途中因山洪暴发火车出轨受到损失。该案中水泥的损失应由（   ）。

    A. 丙公司承担   B. 甲施工企业承担
    C. 乙公司承担   D. 甲施工企业和丙公司分担

【答案】A

26. 某建筑设备公司向某施工企业出售了一批交由承运人运输的在途二手外墙喷涂机器人，关于该买卖合同履行的说法，正确的是（   ）。

    A. 建筑设备公司对机器人承担质量瑕疵担保义务
    B. 建筑设备公司对机器人不承担权利瑕疵担保义务
    C. 在途机器人毁损、灭失的风险自机器人交付时起由建筑设备公司承担
    D. 因机器人不符合质量要求，施工企业拒绝接收机器人，机器人毁损、灭失的风险由建筑设备公司与施工企业共同承担

【答案】A

27. 关于买卖合同解除的说法，正确的有（   ）。

    A. 因标的物的主物不符合约定而解除合同的，解除合同的效力及于从物
    B. 标的物为数物，其中一物不符合约定的，买受人可以就该物解除
    C. 出卖人分批交付标的物的，其中一批标的物交付不符合约定，致使之后其他各批标的物的交付不能实现合同目的的，买受人可以就所有批次标的物解除
    D. 出卖人分批交付标的物的，其中一批标的物交付不符合约定，买受人可以就该批标的物解除，如果该批标的物与其他各批标的物相互依存的，可以就已经交付和未交付的各批标的物解除
    E. 分期付款的买受人未支付到期价款的数额达到全部价款的十分之一，经催告后在合理期限内仍未支付到期价款的，出卖人可以请求买受人支付全部价款或者解除合同

【答案】A、B

28. 关于借款合同权利和义务的说法，正确的有（   ）。

    A. 贷款人不得预先在本金中扣除利息
    B. 借款人应当按照约定的用途使用借款

C. 对于未定期限且无法确定期限的借款合同,借款人可以随时偿还

D. 订立借款合同,贷款人可以要求借款人提供担保

E. 贷款人有权处置拒不还款的借款人的其他财产

【答案】A、B、C、D

29. 在工程担保中,下列单位可以作为保证人的有(　　)。

A. 以公益为目的的某非法人组织　　B. 某建筑大学

C. 某商业银行　　D. 某市人民政府

E. 某担保公司

【答案】C、E

30. 甲施工企业与乙水泥厂签订了水泥采购合同,并由丙公司作为该合同的保证人,担保该施工企业按照合同约定支付货款,但是担保合同中并未约定担保方式。水泥厂供货后,甲施工企业迟迟不付款。那么,丙公司承担保证责任的方式应为(　　)。

A. 一般保证　　B. 效力待定保证

C. 连带责任保证　　D. 无效保证

【答案】A

31. 甲、乙双方签订买卖合同,丙为乙的债务提供保证,但担保合同未约定担保方式及保证期间。关于该保证合同的说法,正确的有(　　)。

A. 保证期间与买卖合同的诉讼时效相同

B. 丙的保证方式为一般责任保证

C. 保证期间为主债务履行期届满之日起12个月内

D. 甲在保证期间内未经丙书面同意将主债权转让给丁,丙不再承担保证责任

E. 甲在保证期间未要求丙承担保证责任,则丙免除保证责任

【答案】B、E

32. 关于租赁合同的说法,正确的有(　　)。

A. 租赁必须转让所有权

B. 租赁期限超过20年的部分无效

C. 租赁期限6个月以上的,应当采用书面形式

D. 交付租赁物是租赁合同的成立要件

E. 当事人未采用书面形式的,视为不定期租赁

【答案】B、C

33. 租赁合同中,出租人的合同解除权情形有(　　)。

A. 承租人未经出租人同意转租的

B. 承租人逾期不支付租金的

C. 承租人未按照约定的方法使用租赁物,致使租赁物受到损失的

D. 承租人未根据租赁物的性质使用租赁物,致使租赁物受到损失的

E. 承租人未经出租人同意维修租赁物

【答案】A、B、C、D

34. 关于承揽合同特征的说法,正确的是（   ）。
    A. 当事人可以约定承揽人使用定作人的技术完成主要工作
    B. 定作人同意承揽人将承揽的主要工作交由第三人完成的,承揽人无需就第三人的工作成果向定作人负责
    C. 承揽人在完成工作过程中,不受定作人的监督检验
    D. 承揽人不得将其承揽的辅助工作交由第三人完成

【答案】A

35. 甲公司向乙公司订作一批预制板,乙开工不久,甲需要将预制板加厚,遂要求乙停止制作。关于甲权利义务的说法,正确的是（   ）。
    A. 甲应支付相应部分报酬　　　　B. 甲不得中途要求乙停止制作
    C. 甲应支付全部约定报酬　　　　D. 甲不用赔偿乙的损失

【答案】A

36. 关于货运合同法律特征的说法,正确的是（   ）。
    A. 货运合同是单务、有偿合同
    B. 货运合同的标的是货物
    C. 货运合同以托运人交付货物为合同成立的要件
    D. 货运合同的收货人可以不是订立合同的当事人

【答案】D

37. 承运人按运输合同约定将货物运输到指定地点后,托运人拒绝支付运输费用,承运人可以对相应的运输货物行使（   ）。
    A. 留置权　　　　　　　　　　　B. 抵押权
    C. 抵消权　　　　　　　　　　　D. 质押权

【答案】A

38. 甲建材供应商与乙承运人签订了货运合同,约定由乙承运人运输一批建材到异地,收货人为丙施工企业,运费由丙施工企业支付。关于乙承运人相关权利的说法,正确的有（   ）。
    A. 乙承运人有权拒绝甲建材供应商通常、合理的运输要求
    B. 如果甲建材供应商不按照约定或者法定方式包装建材,乙承运人有权拒绝运输
    C. 建材运输到达目的地后,乙承运人有权要求丙施工企业及时受领
    D. 如果丙施工企业不支付运费,乙承运人有权留置该批建材
    E. 如果丙施工企业无故拒接收,乙承运人有权提存该批建材

【答案】B、C、D、E

第6章 建设工程安全生产法律制度

近五年真题考点分值表

节	题型	2020年（分）	2021年（分）	2022年（分）	2023年（分）	2024年（分）
6.1 建设单位和相关单位的安全责任制度	单项选择题	1	1	1	1	2
	多项选择题	2	2	2	2	
6.2 施工安全生产许可证制度	单项选择题	1	2	1	1	1
	多项选择题					
6.3 施工单位安全生产责任制度	单项选择题	2	1	2	2	3
	多项选择题					2
6.4 施工现场安全防护制度	单项选择题	2	2	2	2	1
	多项选择题					4
6.5 施工生产安全事故的应急救援和调查处理	单项选择题	2	2	2	2	1
	多项选择题					2
6.6 政府主管部门安全生产监督管理	单项选择题					1
	多项选择题					

6.1 建设单位和相关单位的安全责任制度

核心考点提纲

1	6.1.1	建设单位的安全责任
2	6.1.2	勘察、设计单位的安全责任
3	6.1.3	工程监理单位的安全责任
4	6.1.4	机械设备、检验检测等单位的安全责任

6.1.1 建设单位的安全责任

核 心 考 点 及 重 点 提 示

	考点	重点提示
1	建设单位的安全责任	★★★

★普通　★★重要　★★★非常重要

核 心 考 点 及 考 法

建设单位的安全责任：

（1）依法办理有关批准手续。

（2）申领施工许可证应当提供有关安全施工措施的资料。依法批准开工报告的建设工程，建设单位应当自开工报告批准之日起 15 日内，将保证安全施工的措施报送建设工程所在地的县级以上地方人民政府建设行政主管部门或者其他有关部门备案。

（3）向施工企业提供真实、准确和完整的有关资料。

（4）确定建设工程安全作业环境及安全施工措施费用。建设单位在编制工程概算时，应当确定建设工程安全作业环境及安全施工措施所需费用。

（5）不得提出违反安全法规的要求以及压缩合同工期。

（6）不得要求购买、租赁和使用不符合安全施工要求的用具设备等。

（7）严格落实安全设施"三同时"制度。建设项目的安全设施，必须与主体工程同时设计、同时施工、同时投入生产和使用。

（8）严格落实装修工程和拆除工程的安全要求。涉及建筑主体和承重结构变动的装修工程，建设单位应当在施工前委托原设计单位或者具有相应资质条件的设计单位提出设计方案；没有设计方案的，不得施工。同时还规定，房屋拆除应当由具备保证安全条件的建筑施工单位承担。

◆ 考法 1：建设单位的安全责任

【例题】（2023 年真题）根据《建设工程安全生产管理条例》，属于建设单位安全责任的有（　　）。

　　A. 对安全技术措施或专项施工方案进行审查
　　B. 向施工企业提供真实、准确和完整的有关资料
　　C. 不得提出违法要求和随意压缩合同工期
　　D. 确定建设工程安全作业环境及安全施工措施所需费用
　　E. 不得要求购买、租赁和使用不符合安全施工要求的用具设备

【答案】B、C、D、E

◆ 考法 2：建设单位安全生产责任的具体内容

【例题】（2024 年真题）关于建设单位安全生产责任的说法，正确的是（　　）。

A. 工程开工前，审查施工企业的安全技术措施
B. 编制工程概算时，确定工程安全生产费用
C. 工程开工前，负责项目的安全技术交底
D. 对特殊结构的建设工程，提出保障施工安全的措施建议

【答案】B

◆ **考法 3：涉及建筑承重结构变动的装修工程的设计方案**

【例题】（2020 年真题）根据《建筑法》，建设单位应当在施工前委托原设计单位或者具有相应资质等级的设计单位提出设计方案的是涉及（　　）的装修工程。

A. 改变建筑局部使用功能　　　B. 增加内部装饰
C. 增加投资额度　　　　　　　D. 建筑承重结构变动

【答案】D

6.1.2　勘察、设计单位的安全责任

核心考点及重点提示

	考点	重点提示
1	勘察单位的安全责任	★
2	设计单位的安全责任	★

★普通　★★重要　★★★非常重要

核心考点及考法

1. 勘察单位的安全责任

（1）勘察文件满足建设工程安全生产的需要。
（2）勘察作业严格执行操作规程。
（3）加强职工技术培训和职业道德教育。

2. 设计单位的安全责任

（1）按照法律、法规和工程建设强制性标准进行设计。
（2）明确施工安全关键点并提出指导意见。
（3）对"三新"等工程的施工安全提出措施建议。
（4）对工程设计成果负责。

◆ **考法：设计单位的安全责任**

【例题】（2023 年真题）下列安全责任中，应当由设计单位承担的有（　　）。

A. 采取措施保证各类管线、设施和周边建筑物、构筑物的安全
B. 在各类工程设计中提出保障施工作业人员安全的措施建议
C. 按照法律、法规和工程建设强制性标准进行设计

D. 投保职业责任险
E. 考虑施工安全操作和防护的需要

【答案】C、E

6.1.3 工程监理单位的安全责任

核心考点及重点提示

考点		重点提示
1	工程监理单位的安全责任	★★

★普通　★★重要　★★★非常重要

核心考点及考法

表 6-1　工程监理单位的安全责任

项目	内容
对建设工程安全生产的总体监督	当施工出现了安全隐患，总监理工程师认为有必要停工以消除隐患的，可签发工程暂停令
审查安全技术措施或专项施工方案	工程监理单位应当审查施工组织设计中的安全技术措施或者专项施工方案是否符合工程建设强制性标准
依法处理施工安全事故隐患	工程监理单位在实施监理过程中，发现存在安全事故隐患的，应当要求施工单位整改；情况严重的，应当要求施工单位暂时停止施工，并及时报告建设单位。 施工单位拒不整改或者不停止施工的，工程监理单位应当及时向有关主管部门报告
承担建设工程安全生产的监理责任	工程监理单位有下列行为之一的，责令限期改正；逾期未改正的，责令停业整顿，并处10万元以上30万元以下的罚款；情节严重的，降低资质等级，直至吊销资质证书；造成重大安全事故，构成犯罪，对直接责任人员，依照刑法有关规定追究刑事责任；造成损失的，依法承担赔偿责任： （1）未对施工组织设计中的安全技术措施或者专项施工方案进行审查的； （2）发现安全事故隐患未及时要求施工单位整改或者暂时停止施工的； （3）施工单位拒不整改或者不停止施工，未及时向有关主管部门报告的； （4）未依照法律、法规和工程建设强制性标准实施监理的

◆ **考法 1：工程监理单位安全责任**

【例题】（2022 年真题）关于工程监理单位安全责任的说法，正确的有（　　）。

　　A. 对安全事故隐患进行整改
　　B. 对安全技术措施或者专项施工方案进行审查
　　C. 依法对施工安全事故隐患进行处理
　　D. 依法办理临时中断道路交通批准手续
　　E. 承担建设工程安全生产的监理责任

【答案】B、C、E

◆ 考法 2：工程监理单位安全责任的具体要求

【例题】（2024 年真题）关于工程监理单位安全责任的说法，正确的是（ ）。
  A. 审查施工组织设计中的专项施工方案是否符合工程建设强制性标准
  B. 对采用新结构、新材料、新工艺的建设工程提出保障施工安全的措施建议
  C. 监理中发现存在安全事故隐患的，应当立即向有关主管部门报告
  D. 施工中出现安全隐患时，监理工程师有权签发工程暂停令

【答案】A

6.1.4 机械设备、检验检测等单位的安全责任

核心考点及重点提示

	考点	重点提示
1	机械设备相关单位的安全责任	★★
2	检验检测单位的安全责任	★

★普通　★★重要　★★★非常重要

核心考点及考法

1. 机械设备相关单位的安全责任

表 6-2　机械设备相关单位的安全责任

项目	内容
提供机械设备和配件单位的安全责任	为建设工程提供机械设备和配件的单位，应当按照安全施工的要求配备齐全有效的保险、限位等安全设施和装置
出租机械设备和施工机具及配件单位的安全责任	出租的机械设备和施工机具及配件，应当具有生产（制造）许可证、产品合格证。出租单位应当对出租的机械设备和施工机具及配件的安全性能进行检测，在签订租赁协议时，应当出具检测合格证明。 出租单位应当在签订的建筑起重机械租赁合同中，明确租赁双方的安全责任，并出具建筑起重机械特种设备制造许可证、产品合格证、制造监督检验证明、备案证明和自检合格证明，提交安装使用说明书。 有下列情形之一的建筑起重机械，不得出租、使用： （1）属国家明令淘汰或者禁止使用的； （2）超过安全技术标准或者制造厂家规定的使用年限的； （3）经检验达不到安全技术标准规定的； （4）没有完整安全技术档案的； （5）没有齐全有效的安全保护装置的。 建筑起重机械有以上第（1）、（2）、（3）项情形之一的，出租单位或者自购建筑起重机械的使用单位应当予以报废，并向原备案机关办理注销手续
施工起重机械和自升式架设施安装、拆卸单位的安全责任	（1）安装、拆卸施工起重机械和自升式架设施必须由具有相应资质的单位承担。 （2）编制安装、拆卸方案和措施，并进行现场监督与定期巡查。 （3）出具自检合格证明、进行安全使用说明、办理验收手续并签字。 （4）依法对施工起重机械和自升式架设施进行检测

◆ **考法 1：不得出租、使用的建筑起重机械**

【例题】（2020 年真题）根据《建筑起重机械安全监督管理规定》，不得出租、使用的建筑起重机械有（　　）。

A. 超过安全技术标准或者制造厂家规定的使用年限的
B. 经检验达不到安全技术标准规定的
C. 属于有可能淘汰或者限制使用的
D. 没有完整安全技术档案的
E. 没有齐全有效的安全保护装置的

【答案】A、B、D、E

◆ **考法 2：施工起重机械和整体提升脚手架、模板等自升式架设设施合格证明**

【例题】（2015 年真题）根据《建设工程安全生产管理条例》，施工起重机械和整体提升脚手架、模板等自升式架设设施安装完毕后，应当由（　　），并出具合格证明。

A. 安装单位自检合格　　　　　B. 建设单位检查验收
C. 建设行政主管部门检查验收　D. 监理单位检查验收

【答案】A

2. 检验检测单位的安全责任

（1）一般设备检验检测机构和检验检测人员对检验检测结果、鉴定结论依法承担法律责任。

（2）特种设备检验、检测机构的检验、检测人员应当经考核，取得检验、检测人员资格，方可从事检验、检测工作。

6.2　施工安全生产许可证制度

核心考点提纲

| 1 | 6.2.1　申请领取安全生产许可证的程序和条件 |
| 2 | 6.2.2　安全生产许可证的有效期和撤销 |

6.2.1　申请领取安全生产许可证的程序和条件

核心考点及重点提示

	考点	重点提示
1	申请领取安全生产许可证的程序	★
2	申请领取安全生产许可证的条件	★★★

★普通　★★重要　★★★非常重要

核心考点及考法

1. 申请领取安全生产许可证的程序

（1）建筑施工企业从事建筑施工活动前，应当依照规定向企业注册所在地省、自治区、直辖市人民政府住房城乡建设主管部门申请领取安全生产许可证。

（2）住房城乡建设主管部门应当自受理建筑施工企业的申请之日起 45 日内审查完毕；经审查符合安全生产条件的，颁发安全生产许可证；不符合安全生产条件的，不予颁发安全生产许可证，书面通知企业并说明理由。

◆ 考法：申请领取安全生产许可证的程序

【例题】建筑施工企业的安全生产许可证由（　　）省级人民政府住房城乡建设行政主管部门颁发。

A. 施工行为地　　　　　　　B. 企业注册地
C. 建设工程合同履行地　　　D. 建设工程合同签订地

【答案】B

2. 申请领取安全生产许可证的条件

（1）建立、健全安全生产责任制，制定完备的安全生产规章制度和操作规程；

（2）保证本单位安全生产条件所需资金的投入；

（3）设置安全生产管理机构，按照国家有关规定配备专职安全生产管理人员；

（4）主要负责人、项目负责人、专职安全生产管理人员经建设主管部门或者其他有关部门考核合格；

（5）特种作业人员经有关业务主管部门考核合格取得特种作业操作资格证书；

（6）管理人员和作业人员每年至少进行 1 次安全教育培训并考核合格；

（7）依法参加工伤保险，依法为施工现场从事危险作业的人员办理意外伤害保险，为从业人员缴纳保险费；

（8）施工现场的办公、生活区及作业场所和安全防护用具、机械设备、施工机具及配件符合有关安全生产法律、法规、标准和规程的要求；

（9）有职业危害防治措施，并为作业人员配备符合国家标准或者行业标准的安全防护用具和安全防护服装；

（10）有对危险性较大的分部分项工程及施工现场易发生重大事故的部位、环节的预防、监控措施和应急预案；

（11）有生产安全事故应急救援预案、应急救援组织或者应急救援人员，配备必要的应急救援器材、设备；

（12）法律、法规规定的其他条件。

◆ 考法：应当具备的安全生产条件

【例题】（2023 年真题）根据《建筑施工企业安全生产许可证管理规定》，建筑施工企业取得安全生产许可证，应当具备的安全生产条件是（　　）。

A. 保证本单位生产经营所需资金的投入

B. 建立健全安全生产责任制，制定完备的安全生产规章制度和操作规程
C. 管理人员经建设主管部门或者其他有关部门考核合格
D. 为施工现场作业人员办理意外伤害保险

【答案】B

6.2.2 安全生产许可证的有效期和撤销

核心考点及重点提示

	考点	重点提示
1	安全生产许可证的有效期制度	★★
2	安全生产许可证的撤销	★

★普通　★★重要　★★★非常重要

核心考点及考法

1. 安全生产许可证的有效期制度

（1）安全生产许可证的有效期为3年。

（2）安全生产许可证有效期满需要延期的，企业应当于期满前3个月向原安全生产许可证颁发管理机关办理延期手续。

（3）建筑施工企业变更名称、地址、法定代表人等，应当在变更后10日内，到原安全生产许可证颁发管理机关办理安全生产许可证变更手续。

（4）建筑施工企业破产、倒闭、撤销的，应当将安全生产许可证交回原安全生产许可证颁发管理机关予以注销。

（5）建筑施工企业安全生产许可证遗失补办，由申请人告知资质许可机关，由资质许可机关在官网发布信息。

（6）企业资质证书、施工许可证、安全生产许可证与建造师注册证书的对比：

表6-3　企业资质证书、施工许可证、安全生产许可证与建造师注册证书的对比

项目	企业资质证书	施工许可证	安全生产许可证	建造师注册证书
申领人	建筑业企业	建设单位	建筑施工企业	建造师
有效期	5年	3个月（最长9个月）	3年	3年
延期	期满前3个月	延期以2次为限，每次不超过3个月	期满前3个月	期满前1个月
变更	工商部门变更后1个月内	—	工商部门变更后10日内	签订新聘用合同后1个月内

◆考法：建筑施工企业安全生产许可证的有效期、延期、遗失补办

【例题】（2021年真题）关于建筑施工企业安全生产许可证的说法，正确的是（　　）。

A. 企业在安全生产许可证有效期内未发生死亡事故的，安全生产许可证自动续期
B. 安全生产许可证的有效期为 5 年
C. 安全生产许可证有效期满前 30 天可以向原颁发管理机关办理延期手续
D. 安全生产许可证遗失补办，由申请人告知资质许可机关，由资质许可机关在官网发布信息

【答案】D

2. 安全生产许可证的撤销

安全生产许可证颁发管理机关或者其上级行政机关发现有下列情形之一的，可以撤销已经颁发的安全生产许可证：① 安全生产许可证颁发管理机关工作人员滥用职权、玩忽职守颁发安全生产许可证的；② 超越法定职权颁发安全生产许可证的；③ 违反法定程序颁发安全生产许可证的；④ 对不具备安全生产条件的建筑施工企业颁发安全生产许可证的；⑤ 依法可以撤销已经颁发的安全生产许可证的其他情形。

◆ **考法：安全生产许可证的撤销情形**

【例题】（2022 年真题）下列情形中，安全生产许可证颁发管理机关或者其上级行政机关可以撤销已经颁发的安全生产许可证的是（　　）。

A. 转让安全生产许可证的
B. 安全生产许可证有效期满未办理延期手续的
C. 建筑施工企业不再具备安全生产条件的
D. 超越法定职权颁发安全生产许可证的

【答案】D

6.3 施工单位安全生产责任制度

核心考点提纲

1	6.3.1 施工单位的安全生产责任
2	6.3.2 施工总承包和分包单位的安全生产责任
3	6.3.3 施工单位负责人和项目负责人施工现场带班制度
4	6.3.4 施工项目负责人和施工作业人员安全生产的权利和义务
5	6.3.5 施工单位安全生产教育培训

6.3.1 施工单位的安全生产责任

核心考点及重点提示

	考点	重点提示
1	建立健全全员安全生产责任制和安全生产规章制度	★★★

续表

	考点	重点提示
2	风险分级管控与安全事故隐患排查治理制度	★
3	加强对从业人员的人文关怀	★
4	建立健全安全生产的群防群治制度	★

★普通　★★重要　★★★非常重要

核心考点及考法

1. 建立健全全员安全生产责任制和安全生产规章制度

（1）施工单位主要负责人对安全生产工作全面负责。

（2）生产经营单位的主要负责人对本单位安全生产工作负有下列职责：① 建立健全并落实本单位全员安全生产责任制，加强安全生产标准化建设；② 组织制定并实施本单位安全生产规章制度和操作规程；③ 组织制定并实施本单位安全生产教育和培训计划；④ 保证本单位安全生产投入的有效实施；⑤ 组织建立并落实安全风险分级管控和隐患排查治理双重预防工作机制，督促、检查本单位的安全生产工作，及时消除生产安全事故隐患；⑥ 组织制定并实施本单位的生产安全事故应急救援预案；⑦ 及时、如实报告生产安全事故。

（3）施工单位安全生产管理机构的职责：① 宣传和贯彻国家有关安全生产法律法规和标准；② 编制并适时更新安全生产管理制度并监督实施；③ 组织或参与企业生产安全事故应急救援预案的编制及演练；④ 组织开展安全教育培训与交流；⑤ 协调配备项目专职安全生产管理人员；⑥ 制订企业安全生产检查计划并组织实施；⑦ 监督在建项目安全生产费用的使用；⑧ 参与危险性较大工程安全专项施工方案专家论证会；⑨ 通报在建项目违规违章查处情况；⑩ 组织开展安全生产评优评先表彰工作；⑪ 建立企业在建项目安全生产管理档案；⑫ 考核评价分包企业安全生产业绩及项目安全生产管理情况；⑬ 参加生产安全事故的调查和处理工作；⑭ 企业明确的其他安全生产管理职责。

（4）施工单位专职安全生产管理人员的职责：① 查阅在建项目安全生产有关资料、核实有关情况；② 检查危险性较大工程安全专项施工方案落实情况；③ 监督项目专职安全生产管理人员履责情况；④ 监督作业人员安全防护用品的配备及使用情况；⑤ 对发现的安全生产违章违规行为或安全隐患，有权当场予以纠正或作出处理决定；⑥ 对不符合安全生产条件的设施、设备、器材，有权当场作出查封的处理决定；⑦ 对施工现场存在的重大安全隐患有权越级报告或直接向建设主管部门报告；⑧ 企业明确的其他安全生产管理职责。

（5）专职安全生产管理人员负责对安全生产进行现场监督检查。发现安全事故隐患，应当及时向项目负责人和安全生产管理机构报告；对违章指挥、违章操作的，应当立即制止。

（6）工程项目专职安全生产管理人员的职责：① 负责施工现场安全生产日常检查并做好检查记录；② 现场监督危险性较大工程安全专项施工方案实施情况；③ 对作业人员违规违章行为有权予以纠正或查处；④ 对施工现场存在的安全隐患有权责令立即整改；⑤ 对于发现的重大安全隐患，有权向企业安全生产管理机构报告；⑥ 依法报告生产安全事故情况。

（7）建设工程项目安全生产领导小组的职责：① 贯彻落实国家有关安全生产法律法规和标准；② 组织制定项目安全生产管理制度并监督实施；③ 编制项目生产安全事故应急救援预案并组织演练；④ 保证项目安全生产费用的有效使用；⑤ 组织编制危险性较大工程安全专项施工方案；⑥ 开展项目安全教育培训；⑦ 组织实施项目安全检查和隐患排查；⑧ 建立项目安全生产管理档案；⑨ 及时、如实报告安全生产事故。

（8）建筑施工企业安全生产管理机构专职安全生产管理人员的配备要求：

表 6-4　建筑施工企业安全生产管理机构专职安全生产管理人员的配备要求

企业类型	配备人数		
	特级	一级	二级和二级以下
建筑施工总承包资质序列企业	≥6人	≥4人	≥3人
建筑施工专业承包资质序列企业	—	≥3人	≥2人
建筑施工劳务分包资质序列企业	≥2人		
建筑施工企业的分公司、区域公司等较大的分支机构	≥2人		

（9）总承包单位与分包单位配备项目专职安全生产管理人员的要求：

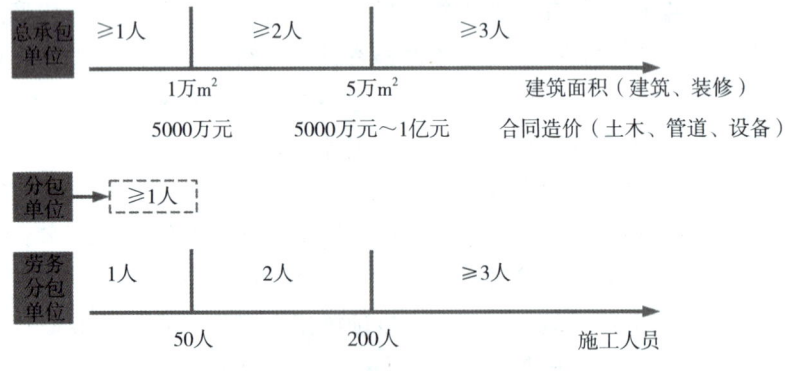

图 6-1　总承包单位与分包单位配备项目专职安全生产管理人员的要求

◆ 考法 1：施工企业主要负责人对安全生产的职责

【例题】（2024 年真题）根据《安全生产法》，施工企业主要负责人对安全生产的职责是（　　）。

A. 组织或者参与本单位应急救援演练
B. 组织制定并实施本单位安全生产规章制度和操作规程
C. 检查危险性较大工程安全专项施工方案落实情况

D. 建立企业在建项目安全生产管理档案

【答案】B

◆ **考法 2：施工企业专职安全生产管理人员的职责**

【例题】（2024 年真题）根据《建筑施工企业安全生产管理机构设置及专职安全生产管理人员配备办法》，下列安全生产责任中，属于施工企业专职安全生产管理人员职责的有（　　）。

A. 查阅在建项目安全生产有关资料、核实有关情况

B. 检查危险性较大工程安全专项施工方案落实情况

C. 监督项目专职安全生产管理人员履责情况

D. 监督作业人员安全防护用品的配备及使用情况

E. 编制安全生产管理制度并监督实施

【答案】A、B、C、D

◆ **考法 3：建筑施工企业安全生产管理机构专职安全生产管理人员的配备**

【例题】（2022 年真题）关于建筑施工企业安全生产管理机构专职安全生产管理人员配备的说法，正确的是（　　）。

A. 建筑施工劳务分包企业不少于 1 人

B. 建筑施工总承包企业特级资质不少于 6 人

C. 建筑施工总承包企业一级资质不少于 3 人

D. 建筑施工专业承包企业一级资质不少于 2 人

【答案】B

2. 风险分级管控与安全事故隐患排查治理制度

（1）施工安全管理有下列情形之一的，应判定为重大事故隐患：① 建筑施工企业未取得安全生产许可证擅自从事建筑施工活动；② 施工单位的主要负责人、项目负责人、专职安全生产管理人员未取得安全生产考核合格证书从事相关工作；③ 建筑施工特种作业人员未取得特种作业人员操作资格证书上岗作业；④ 危险性较大的分部分项工程未编制、未审核专项施工方案，或未按规定组织专家对"超过一定规模的危险性较大的分部分项工程范围"的专项施工方案进行论证。

（2）重大事故隐患排查治理情况应当及时向负有安全生产监督管理职责的部门和职工大会或者职工代表大会报告。

◆ **考法：应判定为重大事故隐患的施工安全管理情形**

【例题】（2023 年真题）根据《房屋市政工程生产安全重大事故隐患判定标准（2022版）》，下列重大事故隐患中，应当判定为施工安全管理重大事故隐患的是（　　）。

A. 对因基坑工程施工可能造成损害的毗邻重要建筑物、构筑物和地下管线等，未采取专项防护措施

B. 模板支架拆除及滑模、爬模爬升时，混凝土强度未达到设计或规范要求

C. 建筑施工特种作业人员未取得特种作业人员操作资格证书上岗作业

D. 有限空间作业时现场未有专人负责监护工作

【答案】C

3. 加强对从业人员的人文关怀

建筑施工企业应当依法为职工参加工伤保险缴纳工伤保险费。

4. 建立健全安全生产的群防群治制度

建筑工程安全生产管理必须坚持安全第一、预防为主的方针，建立健全安全生产的责任制度和群防群治制度。

6.3.2 施工总承包和分包单位的安全生产责任

核心考点及重点提示

	考点	重点提示
1	施工总承包单位的安全生产责任	★★
2	分包单位应当承担的法定安全生产责任	★★

★普通　★★重要　★★★非常重要

核心考点及考法

1. 施工总承包单位的安全生产责任

（1）总承包单位对施工现场的安全生产负总责。
（2）总分包单位的安全生产连带责任。
（3）建筑起重机械安装使用的安全职责。
（4）统一组织编制建设工程生产安全应急救援预案。
（5）负责上报施工生产安全事故。

◆考法：施工总承包单位应当承担的安全生产责任

【例题】（2023年真题）施工总承包单位应当承担的安全生产责任是（　　）。

A. 总承包合同应当明确总分包单位双方的安全生产责任
B. 负责调查施工生产安全事故
C. 与分包单位对分包工程的安全生产责任承担按份责任
D. 统一组织编制建设工程生产安全应急救援预案

【答案】D

2. 分包单位应当承担的法定安全生产责任

（1）分包单位应当服从总承包单位的安全生产管理，分包单位不服从管理导致生产安全事故的，由分包单位承担主要责任。
（2）分包合同应当明确总分包单位双方的管理服从关系与各自的安全生产责任。

◆考法：分包单位应当承担的法定安全生产责任

【例题】（2009年真题）甲公司是某项目的总承包单位，乙公司是该项目的建设单位指定的分包单位。在施工过程中，乙公司拒不服从甲公司的安全生产管理，最终造成安全生产事故,则( )。

  A. 甲公司负主要责任　　　　　B. 乙公司负主要责任
  C. 乙公司负全部责任　　　　　D. 监理公司负主要责任

【答案】B

6.3.3 施工单位负责人和项目负责人施工现场带班制度

核心考点及重点提示

	考点	重点提示
1	施工单位负责人施工现场带班制度	★★
2	项目负责人施工现场带班制度	★★

★普通　★★重要　★★★非常重要

核心考点及考法

施工单位负责人和项目负责人施工现场带班制度

表 6-5　施工单位负责人和项目负责人施工现场带班制度

施工单位负责人	项目负责人
带队实施对工程项目质量安全生产状况及项目负责人带班生产情况的检查	要全面掌握工程项目质量安全生产状况,加强对重点部位、关键环节的控制,及时消除隐患
每月检查时间不少于其工作日的25%	每月带班生产时间不得少于本月施工时间的80%
进行超过一定规模的危险性较大的分部分项工程施工、出现险情或发现重大隐患时,应到施工现场带班检查	需离开施工现场时,应经建设单位批准后方可离开。离开期间应委托项目相关负责人负责其外出时的日常工作

◆**考法 1:施工单位负责人现场带班制度**

【例题】(2024 年真题)关于施工单位负责人现场带班制度的说法,正确的有( )。

  A. 设有分公司的企业集团,集团负责人因故不能到现场的,可书面委托工程所在地的分公司负责人对施工现场带班检查
  B. 超过一定规模的危险性较大的分部分项工程施工时,应到施工现场带班检查
  C. 工程施工出现险情时,应到施工现场带班检查,督促整改并及时消除险情和隐患
  D. 每月检查时间不少于其工作日的 20%
  E. 带班检查时应认真做好检查记录,并分别在企业和工程项目存档备查

【答案】A、B、C、E

◆**考法 2:施工单位项目负责人现场带班制度**

【例题】(2020 年真题)关于施工单位项目负责人安全生产责任的说法,正确的

是（　　）。

A. 应当监控分部分项工程的安全生产情况
B. 每月带班生产时间不得少于其工作日的60%
C. 每月带班检查时间不得少于其工作日的25%
D. 应当对工程项目落实带班制度责任

【答案】D

6.3.4 施工项目负责人和施工作业人员安全生产的权利和义务

核心考点及重点提示

	考点	重点提示
1	施工项目负责人安全生产的权利和义务	★
2	施工作业人员安全生产的权利和义务	★★★

★普通　★★重要　★★★非常重要

核心考点及考法

1. 施工项目负责人安全生产的权利和义务

（1）施工单位的主要负责人、项目负责人、专职安全生产管理人员应当经建设行政主管部门或者其他有关部门考核合格后方可任职。

（2）施工单位的项目负责人应当对建设工程项目的安全施工负责，落实安全生产责任制度、安全生产规章制度和操作规程，确保安全生产费用的有效使用，并根据工程的特点组织制定安全施工措施，消除安全事故隐患，及时、如实报告生产安全事故。

（3）工程项目实行总承包的，总承包企业项目负责人应当定期考核分包企业安全生产管理情况。

◆**考法：项目负责人安全生产职责**

【例题】（2019年真题）根据《建筑施工企业主要负责人、项目负责人和专职安全生产管理人员安全生产管理规定》，属于项目负责人安全生产职责的是（　　）。

A. 建立项目安全生产管理体系　　B. 建立安全生产管理制度
C. 监控分部分项工程　　　　　　D. 及时报告质量问题

【答案】A

2. 施工作业人员安全生产的权利和义务

（1）施工作业人员的安全生产权利：① 施工作业危险的知情权和建议权；② 施工安全防护用品的获得权；③ 对危险行为的批评、检举、控告权和拒绝违章指挥权；④ 紧急避险权。从业人员发现直接危及人身安全的紧急情况时，有权停止作业或者在采取可能的应急措施后撤离作业场所；⑤ 获得救治和请求民事赔偿权；⑥ 获得工伤保险、安全生产责任保险和意外伤害保险赔偿的权利。建筑施工企业应当依法为职工参加工伤保险缴纳工伤保险费。鼓励企业为从事危险作业的职工办理意外伤害保险，支付保险费；⑦ 依靠工会维护合法权益。

（2）施工作业人员的安全生产义务：① 遵章守规和正确使用安全防护用具；② 接受安全生产教育培训。作业人员进入新的岗位或者新的施工现场前，应当接受安全生产教育培训。未经教育培训或者教育培训考核不合格的人员，不得上岗作业；③ 及时报告安全事故隐患及其他危险。

◆ 考法 1：施工作业人员安全生产权利

【例题】（2015 年真题）下列各项权利中，属于施工作业人员安全生产权利的是（   ）。

  A. 检举权   B. 控告权
  C. 批评权   D. 接受安全教育培训的权利
  E. 危险报告权

【答案】A、B、C

◆ 考法 2：施工作业人员的紧急避险权

【例题】（2024 年真题）某工程施工作业人员张某在作业过程中，发现正在吊装的预制构件在高空失衡晃动将要脱落，直接危及施工现场安全，立即停止作业并迅速躲避。张某的行为行使的是（   ）。

  A. 获得救治权   B. 拒绝违章指挥权
  C. 正当防卫权   D. 紧急避险权

【答案】D

◆ 考法 3：施工作业人员的安全生产义务

【例题】（2024 年真题）施工作业人员应当履行的安全生产义务包括（   ）。

  A. 对本单位的安全生产工作提出建议
  B. 接受安全生产教育培训
  C. 发现安全事故隐患时，立即向上级报告
  D. 施工中遇到危及人身安全的紧急情况时，停止工作
  E. 正确使用安全防护用具

【答案】B、C、E

6.3.5　施工单位安全生产教育培训

核心考点及重点提示

	考点	重点提示
1	施工单位的全员安全生产教育培训	★
2	施工单位"安管人员"的安全生产培训考核	★★
3	施工单位特种作业人员的安全生产培训考核	★★
4	进入新岗位或者新施工现场前的安全生产教育培训	★

续表

	考点	重点提示
5	"四新"应用前的安全生产教育培训	★
6	安全生产教育培训方式	★
7	安全生产教育培训经费	★

★普通　★★重要　★★★非常重要

核心考点及考法

1. 施工单位的全员安全生产教育培训

施工单位应当对管理人员和作业人员每年至少进行一次安全生产教育培训，其教育培训情况记入个人工作档案。安全生产教育培训考核不合格的人员，不得上岗。

2. 施工单位"安管人员"的安全生产培训考核

（1）专职安全生产管理人员分为机械、土建、综合三类。

（2）"安管人员"应取得安全生产考核合格证书。安全生产考核合格证书有效期为3年，证书在全国范围内有效。

（3）施工单位的主要负责人、项目负责人、专职安全生产管理人员应当经建设行政主管部门或者其他部门考核合格后方可任职。

◆考法："安管人员"的考核

【例题】（2012年真题）根据《建设工程安全生产管理条例》，施工企业的（　　）应当经建设行政主管部门或者其他有关部门考核合格后方可任职。

A. 项目技术人员　　　　　　B. 消防安全责任人
C. 主要负责人　　　　　　　D. 项目负责人
E. 专职安全生产管理人员

【答案】C、D、E

3. 施工单位特种作业人员的安全生产培训考核

（1）建筑施工特种作业包括：①建筑电工；②建筑架子工；③建筑起重信号司索工；④建筑起重机械司机；⑤建筑起重机械安装拆卸工；⑥高处作业吊篮安装拆卸工；⑦经省级以上人民政府建设主管部门认定的其他特种作业。

（2）垂直运输机械作业人员、安装拆卸工、爆破作业人员、起重信号工、登高架设作业人员等特种作业人员，必须按照国家有关规定经过专门的安全作业培训，并取得特种作业操作资格证书后，方可上岗作业。

◆考法：特种作业人员的范围

【例题】（2024年真题）根据《建筑施工特种作业人员管理规定》，下列施工作业人员中，属于特种作业人员的是（　　）。

A. 焊工　　　　　　　　　　B. 钢筋工
C. 混凝土工　　　　　　　　D. 建筑起重机械司机

【答案】D

4. 进入新岗位或者新施工现场前的安全生产教育培训

（1）作业人员进入新的岗位或者新的施工现场前，应当接受安全生产教育培训。

（2）建筑企业要对新职工进行至少 32 学时的安全培训，每年进行至少 20 学时的再培训。

◆ **考法：施工企业应当对作业人员进行安全生产教育培训的情形**

【例题】（2024 年真题）下列情形中，施工企业应当对作业人员进行安全生产教育培训的有（　　）。

　　A. 作业人员进入新的岗位前　　B. 施工项目采用新技术、新设备时
　　C. 施工现场发生重大安全事故时　　D. 新入职作业人员上岗前
　　E. 作业人员进入新的施工现场前

【答案】A、B、D、E

5. "四新"应用前的安全生产教育培训

施工单位在采用新技术、新工艺、新设备、新材料时，应当对作业人员进行相应的安全生产教育培训。

6. 安全生产教育培训方式

（1）安全教育培训包括安全形势报告会、事故案例分析会、安全法制教育、安全技术交流、安全竞赛、师傅带徒弟等。

（2）高危企业新职工安全培训合格后，要在经验丰富的工人师傅带领下，实习至少 2 个月后方可独立上岗。

◆ **考法：安全生产教育培训方式**

【例题】（2016 年真题）根据国务院安委会《关于进一步加强安全培训工作的决定》，高危企业新职工安全培训合格后，要在经验丰富的工人师傅带领下，实习至少（　　）个月后方可独立上岗。

　　A. 6　　　　　　　　　　　　B. 3
　　C. 2　　　　　　　　　　　　D. 1

【答案】C

7. 安全生产教育培训经费

按照职工工资总额一定比例提取和使用职工教育经费。

6.4 施工现场安全防护制度

核心考点提纲

1	6.4.1 编制和实施安全技术措施、专项施工方案
2	6.4.2 施工现场安全防范措施和安全生产费用
3	6.4.3 施工现场消防安全责任

6.4.1 编制和实施安全技术措施、专项施工方案

核心考点及重点提示

	考点	重点提示
1	需要编制专项施工方案的危大工程范围	★★
2	危大工程安全管理的前期保障	★
3	危大工程专项施工方案的编制及审查	★★
4	危大工程专项施工方案的实施	★★
5	安全施工技术交底	★

★普通　★★重要　★★★非常重要

核心考点及考法

1. 需要编制专项施工方案的危大工程范围

表 6-6　专项施工方案

项目	内容
哪些工程算危险性较大工程	（1）基坑支护与降水工程；（2）土方开挖工程；（3）模板工程；（4）起重吊装工程；（5）脚手架工程；（6）拆除、爆破工程；（7）其他危险性较大的工程
哪些工程算超过一定规模危险性较大工程	深基坑、地下暗挖工程、高大模板工程
谁编制	施工单位组织工程技术人员编制； 总承包的应当由总承包单位编制，实行分包的可以由专业分包单位组织编制
谁签字	施工单位技术负责人（签字+公章） 总监理工程师（签字+执业印章）
谁监督	专职安全管理人员

◆**考法：需要编制专项施工方案的危大工程范围**

【例题】（2024年真题）根据《建设工程安全生产管理条例》，下列分部分项工程中，属于达到一定规模、危险性较大，需要编制专项施工方案，并附具安全验算结果的有（　　）。

　　A. 模板工程　　　　　　　　B. 脚手架工程
　　C. 装饰装修工程　　　　　　D. 拆除、爆破工程
　　E. 土方开挖工程

【答案】A、B、D、E

2. 危大工程安全管理的前期保障

（1）建设单位应当组织勘察、设计等单位在施工招标文件中列出危大工程清单，要求施工单位在投标时补充完善危大工程清单并明确相应的安全管理措施。

（2）勘察单位应当在勘察文件中说明地质条件可能造成的工程风险。

（3）设计单位应当在设计文件中注明涉及危大工程的重点部位和环节，提出保障工程周边环境安全和工程施工安全的意见，必要时进行专项设计。

3. 危大工程专项施工方案的编制及审查

（1）施工单位应当在危大工程施工前组织工程技术人员编制专项施工方案。实行施工总承包的，专项施工方案应当由施工总承包单位组织编制。危大工程实行分包的，专项施工方案可以由相关专业分包单位组织编制。

（2）专项施工方案应当由施工单位技术负责人审核签字、加盖单位公章，并由总监理工程师审查签字、加盖执业印章后方可实施。危大工程实行分包并由分包单位编制专项施工方案的，专项施工方案应当由总承包单位技术负责人及分包单位技术负责人共同审核签字并加盖单位公章。

（3）对于超过一定规模的危大工程，施工单位应当组织召开专家论证会对专项施工方案进行论证。实行施工总承包的，由施工总承包单位组织召开专家论证会。专家论证前专项施工方案应当通过施工单位审核和总监理工程师审查。专项施工方案经论证需修改后通过的，施工单位应当根据论证报告修改完善后，专项施工方案应当由施工单位技术负责人审核签字、加盖单位公章，并由总监理工程师审查签字、加盖执业印章后方可实施。

◆ 考法：危大工程专项施工方案的编制

【例题】（2021年真题）根据《危险性较大的分部分项工程安全管理规定》，关于危大工程专项施工方案的说法，正确的是（　　）。

A. 危大工程实行施工总承包的，专项施工方案应当由施工总承包单位编制
B. 危大工程实行分包的，专项施工方案应当由相关专业分包单位组织编制
C. 分包单位组织编制的专项施工方案应当由分包单位负责人签字并加盖单位公章
D. 超过一定规模的危大工程，建设单位应当组织专家会议论证专项施工方案

【答案】A

4. 危大工程专项施工方案的实施

（1）施工单位应当在施工现场显著位置公告危大工程名称、施工时间和具体责任人员，并在危险区域设置安全警示标志。

（2）专项施工方案实施前，编制人员或者项目技术负责人应当向施工现场管理人员进行方案交底。施工现场管理人员应当向作业人员进行安全技术交底，并由双方和项目专职安全生产管理人员共同签字确认。

（3）工程项目进行超过一定规模的危险性较大的分部分项工程施工时，建筑施工企业负责人应到施工现场进行带班检查。

（4）监理单位应当结合危大工程专项施工方案编制监理实施细则，并对危大工程施工实施专项巡视检查。

（5）危大工程验收合格后，施工单位应当在施工现场明显位置设置验收标识牌，公示验收时间及责任人员。

（6）对于按照规定需要进行第三方监测的危大工程，建设单位应当委托具有相应勘察

资质的单位进行监测。

（7）监测单位应当编制监测方案。

（8）监测方案由监测单位技术负责人审核签字并加盖单位公章，报送监理单位后方可实施。

（9）监测单位应当按照监测方案开展监测，及时向建设单位报送监测成果，并对监测成果负责；发现异常时，及时向建设、设计、施工、监理单位报告，建设单位应当立即组织相关单位采取处置措施。

（10）危大工程发生险情或者事故时，施工单位应当立即采取应急处置措施，并报告工程所在地住房城乡建设主管部门。

◆考法：危大工程的第三方监测

【例题】（2023年真题）根据《危险性较大的分部分项工程安全管理规定》，关于需要进行第三方监测的危大工程的说法，正确的是（　　）。

A. 建设单位应当委托具有相应质量检测资质的单位进行监测
B. 监测方案由监测单位负责人审核签字并加盖单位公章
C. 监测单位发现异常时，及时向建设、设计、施工、监理单位报告
D. 监测单位及时向建设行政主管部门报送监测成果，并对监测成果负责

【答案】C

5. 安全施工技术交底

建设工程施工前，施工单位负责项目管理的技术人员应当对有关安全施工的技术要求向施工作业班组、作业人员作出详细说明，并由双方签字确认。确认的方式是填写安全技术措施交底单，主要内容应当包括工程名称、分部分项工程名称、安全技术措施交底内容、交底时间、施工单位负责项目管理的技术人员签字、接受任务负责人签字等。

◆考法：安全施工技术交底的具体要求

【例题】根据《建设工程安全生产管理条例》，建设工程施工前，应当对有关安全施工的技术要求向施工作业班组、作业人员作出详细说明的是施工企业的（　　）。

A. 负责项目管理的技术人员　　B. 项目负责人
C. 技术负责人　　D. 安全员

【答案】A

6.4.2　施工现场安全防范措施和安全生产费用

核心考点及重点提示

	考点	重点提示
1	施工现场安全防范措施	★
2	安全生产费用	★★

★普通　★★重要　★★★非常重要

核心考点及考法

1. 施工现场安全防范措施

（1）施工单位应当在施工现场入口处、施工起重机械、临时用电设施、脚手架、出入通道口、楼梯口、电梯井口、孔洞口、桥梁口、隧道口、基坑边沿、爆破物及有害危险气体和液体存放处等危险部位，设置明显的安全警示标志。

（2）施工现场暂时停止施工的，施工单位应当做好现场防护，所需费用由责任方承担，或者按照合同约定执行。

（3）生产、经营、储存、使用危险物品的车间、商店、仓库不得与员工宿舍在同一座建筑物内，并应当与员工宿舍保持安全距离。

（4）禁止占用、锁闭、封堵生产经营场所或者员工宿舍的出口、疏散通道。

（5）施工单位对因建设工程施工可能造成损害的毗邻建筑物、构筑物和地下管线等，应当采取专项防护措施。

（6）在城市市区内的建设工程，施工单位应当对施工现场实行封闭围挡。

（7）施工单位采购、租赁的安全防护用具、机械设备、施工机具及配件，应当具有生产（制造）许可证、产品合格证，并在进入施工现场前进行查验。

◆ 考法：不同施工阶段和暂停施工应采取的安全施工措施

【例题】（2019年真题）因设计优化使得施工总承包项目现场暂时停止施工的，增加的现场防护费用由（　　）承担。

  A. 建设单位　　　　　　　　B. 设计单位
  C. 总承包单位　　　　　　　D. 分包单位

【答案】A

2. 安全生产费用

表6-7　安全生产费用

项目	内容
用途	应当用于施工安全防护用具设施的采购和更新、安全施工措施的落实、安全生产条件的改善，不得挪作他用
组成	文明施工费、环境保护费、临时设施费、安全施工费
提取标准	矿山工程 3.5%
	铁路工程、房屋建筑工程、城市轨道交通工程 3%
	水利水电工程、电力工程 2.5%
	冶炼工程、机电安装工程、化工石油工程、通信工程 2%
	市政公用工程、港口与航道工程、公路工程 1.5%
投标报价	应当包含并单列企业安全生产费用，竞标时不得删减
支付	建设单位应当在合同中单独约定并于工程开工日1个月内向承包单位支付至少50%企业安全生产费用

续表

项目	内容
支付	总包单位应当在合同中单独约定并于分包工程开工日1个月内将至少50%企业安全生产费用直接支付分包单位并监督使用，分包单位不再重复提取
	工程竣工决算后结余的企业安全生产费用，应当退回建设单位

◆考法：建设工程施工企业安全生产费用提取

【例题】（2024年真题）关于建设工程施工企业安全生产费用提取的说法，正确的是（　　）。

　　A. 施工企业提取的安全生产费用不列入工程造价
　　B. 施工企业不得提高安全生产费用提取标准
　　C. 施工企业以建筑安装工程造价为计提依据
　　D. 总承包单位与分包单位按比例各自提取安全生产费用

【答案】C

6.4.3　施工现场消防安全责任

核心考点及重点提示

	考点	重点提示
1	单位的消防安全职责	★★
2	落实消防安全职责的具体要求	★
3	建立消防安全责任制度	★

★普通　★★重要　★★★非常重要

核心考点及考法

1. 单位的消防安全职责

机关、团体、企业、事业单位法定代表人是本单位消防安全第一责任人。

◆考法：施工企业的消防安全第一责任人

【例题】（2024年真题）根据《关于加强和改进消防工作的意见》，施工企业的消防安全第一责任人是其（　　）。

　　A. 专职安全员　　　　　　　　B. 法定代表人
　　C. 专职消防安全员　　　　　　D. 施工项目负责人

【答案】B

2. 落实消防安全职责的具体要求

（1）设有消防控制室的，实行24小时值班制度，每班不少于2人，并持证上岗。

（2）根据需要建立专职或志愿消防队、微型消防站，加强队伍建设，定期组织训练演练，加强消防装备配备和灭火药剂储备，建立与公安消防队联勤联动机制，提高扑救初起火灾能力。

3. 建立消防安全责任制度

施工单位应当在施工现场建立消防安全责任制度，确定消防安全责任人，制定用火、用电、使用易燃易爆材料等各项消防安全管理制度和操作规程，设置消防通道、消防水源，配备消防设施和灭火器材，并在施工现场入口处设置明显标志。

◆ 考法：施工企业在施工现场的消防安全责任

【例题】（2024年真题）根据《建设工程安全生产管理条例》，下列职责中，属于施工企业在施工现场的消防安全责任的有（　　）。

　　A. 在施工现场建立消防安全责任制度
　　B. 确定消防安全责任人
　　C. 建立专职消防队
　　D. 制定用火、用电等消防安全管理制度和操作规程
　　E. 设置消防通道、消防水源，配备消防设施和灭火器材

【答案】A、B、D、E

6.5 施工生产安全事故的应急救援和调查处理

核心考点提纲

1	6.5.1 生产安全事故的等级划分标准
2	6.5.2 生产安全事故应急救援预案
3	6.5.3 生产安全事故报告、调查和处理

6.5.1 生产安全事故的等级划分标准

核心考点及重点提示

	考点	重点提示
1	生产安全事故划分标准的规定	★★★
2	相关行业、领域重大危险源的辨识标准和重大事故隐患的判定标准的制定	★

★普通　★★重要　★★★非常重要

核心考点及考法

1. 生产安全事故划分标准的规定

表 6-8　生产安全事故划分标准的规定

等级	死亡／人	重伤／人	直接经济损失	划分要素
特别重大	≥30	≥100	≥1 亿元	人身、经济和社会
重大	10≤人＜30	50≤人＜100	5000 万元≤损失＜1 亿元	
较大	3≤人＜10	10≤人＜50	1000 万元≤损失＜5000 万元	
一般	＜3	＜10	＜1000 万元	

◆**考法 1：重大事故的判定标准**

【例题】（2023 年真题）根据《生产安全事故报告和调查处理条例》，造成 20 人死亡和 9000 万元直接经济损失的事故是（　　）。

　　A. 一般事故　　　　　　　　B. 较大事故
　　C. 特别重大事故　　　　　　D. 重大事故

【答案】D

◆**考法 2：生产安全事故等级**

【例题】（2016 年真题）根据《生产安全事故报告和调查处理条例》，关于生产安全事故等级的说法，正确的是（　　）。

　　A. 造成 5 人死亡的事故是一般事故
　　B. 造成 45 人重伤的事故是重大事故
　　C. 造成 15 人死亡的事故是特别重大事故
　　D. 造成 3000 万元直接经济损失的事故是较大事故

【答案】D

2. 相关行业、领域重大危险源的辨识标准和重大事故隐患的判定标准的制定

（1）事故隐患分为一般事故隐患和重大事故隐患。

（2）一般事故隐患是指危害和整改难度较小，发现后能立即整改排除的隐患。

（3）重大事故隐患是指危害和整改难度较大，应当全部或者局部停产停业，并经过一定时间整改治理方能排除的隐患，或者因外部因素影响致使生产经营单位自身难以排除的隐患。

6.5.2　生产安全事故应急救援预案

核心考点及重点提示

	考点	重点提示
1	施工生产安全事故应急救援预案的编制	★

续表

	考点	重点提示
2	生产安全事故应急救援预案的评审、公布和备案	★
3	生产安全事故应急预案的实施	★
4	施工生产安全事故应急保障措施	★

★普通　★★重要　★★★非常重要

核心考点及考法

1. 施工生产安全事故应急救援预案的编制

（1）施工单位应当制定本单位生产安全事故应急救援预案，建立应急救援组织或者配备应急救援人员，配备必要的应急救援器材、设备，并定期组织演练。

（2）实行施工总承包的，由总承包单位统一组织编制建设工程生产安全事故应急救援预案，工程总承包单位和分包单位按照应急救援预案，各自建立应急救援组织或者配备应急救援人员，配备救援器材、设备，并定期组织演练。

（3）生产经营单位应急预案应当包括向上级应急管理机构报告的内容、应急组织机构和人员的联系方式、应急物资储备清单等附件信息。附件信息发生变化时，应当及时更新，确保准确有效。

◆考法：生产安全事故应急预案的编制

【例题】（2024年真题）关于施工生产安全事故应急预案的说法，正确的有（　　）。
　　A. 施工单位主要负责人负责组织编制本单位的应急预案
　　B. 实行施工总承包的，由总承包单位统一组织编制生产安全事故应急预案
　　C. 实行施工总承包的，由总承包单位按照应急救援预案，统一建立应急救援组织
　　D. 应急预案的编制应符合本地区、本部门、本单位的安全生产实际情况
　　E. 应急预案的编制应符合本地区、本部门、本单位的危险性分析情况
【答案】A、B、D、E

2. 生产安全事故应急救援预案的评审、公布和备案

（1）地方各级人民政府应急管理部门应当组织有关专家对本部门编制的部门应急预案进行审定。必要时，可以召开听证会，听取社会有关方面的意见。

（2）地方各级人民政府应急管理部门的应急预案，应当报同级人民政府备案，同时抄送上一级人民政府应急管理部门，并依法向社会公布。

（3）对于实行安全生产许可的生产经营单位，已经进行应急预案备案的，在申请安全生产许可证时，可以不提供相应的应急预案，仅提供应急预案备案登记表。

◆考法：生产安全事故应急救援预案的备案

【例题】（2014年真题）地方各级应急管理部门的应急预案，应当报（　　）备案。
　　A. 上一级人民政府　　　　　　　　B. 国务院安全生产监督管理部门
　　C. 同级安全生产监督管理部门　　　D. 同级人民政府

【答案】D

3. 生产安全事故应急预案的实施

（1）县级以上地方人民政府以及县级以上人民政府负有安全生产监督管理职责的部门，乡、镇人民政府以及街道办事处等地方人民政府派出机关，应当至少每2年组织1次生产安全事故应急救援预案演练。

（2）应急救援队伍接到有关人民政府及其部门的救援命令或者签有应急救援协议的生产经营单位的救援请求后，应当立即参加生产安全事故应急救援。

（3）应急救援队伍根据救援命令参加生产安全事故应急救援所耗费用，由事故责任单位承担；事故责任单位无力承担的，由有关人民政府协调解决。

◆ 考法：施工生产安全事故应急救援

【例题】（2020年真题）根据《生产安全事故应急条例》，应急救援队伍根据救援命令参加生产安全事故应急救援所耗费用，由（　　）承担。

A. 有关人民政府　　　　　　B. 事故责任单位
C. 应急救援队伍　　　　　　D. 事故责任个人

【答案】B

4. 施工生产安全事故应急保障措施

（1）危险物品的生产、经营、储存单位以及矿山、金属冶炼、城市轨道交通运营、建筑施工单位应当建立应急组织；生产经营规模较小的，可以不建立应急救援组织，但应当指定兼职的应急救援人员。

（2）生产经营单位可以通过生产安全事故应急救援信息系统办理生产安全事故应急救援预案备案手续，报送应急救援预案演练情况和应急救援队伍建设情况；但依法需要保密的除外。

◆ 考法：施工生产安全事故应急保障措施

【例题】根据《安全生产法》，关于安全事故应急救援队伍的说法，正确的是（　　）。

A. 城市轨道交通运营单位可以不建立应急组织
B. 建筑施工企业应当建立应急组织
C. 生产经营规模较小的矿山开采单位必须建立应急救援组织
D. 生产经营规模较小的危险物品的储存单位必须建立应急救援组织

【答案】B

6.5.3 生产安全事故报告、调查和处理

核心考点及重点提示

	考点	重点提示
1	施工生产安全事故报告制度	★★★
2	施工生产安全事故调查制度	★★★

续表

	考点	重点提示
3	施工生产安全事故处理	★★★

★普通　★★重要　★★★非常重要

核心考点及考法

1. 施工生产安全事故报告制度

（1）施工单位发生生产安全事故，应当按照国家有关伤亡事故报告和调查处理的规定，及时、如实地向负责安全生产监督管理的部门、建设行政主管部门或者其他有关部门报告；特种设备发生事故的，还应当同时向特种设备安全监督管理部门报告。接到报告的部门应当按照国家有关规定，如实上报。实行施工总承包的建设工程，由总承包单位负责上报事故。

（2）事故报告主要应当包括以下内容：① 事故发生单位概况；② 事故发生的时间、地点以及事故现场情况；③ 事故的简要经过；④ 事故已经造成或者可能造成的伤亡人数（包括下落不明的人数）和初步估计的直接经济损失；⑤ 已经采取的措施；⑥ 其他应当报告的情况。

（3）事故报告后出现新情况的，应当及时补报。自事故发生之日起 30 日内，事故造成的伤亡人数发生变化的，应当及时补报。

◆考法 1：施工生产安全事故报告的内容

【例题】（2024 年真题）根据《房屋市政工程生产安全事故报告和查处工作规程》，事故报告的内容应当包括（　　）。

　　A. 事故工程项目的造价咨询单位及其法定代表
　　B. 事故发生的时间、地点和工程项目名称
　　C. 事故已经造成或者可能造成的伤亡人数
　　D. 事故的简要经过和初步原因
　　E. 事故工程项目的施工单位及其法定代表人和项目经理

【答案】B、C、D、E

◆考法 2：施工生产安全事故报告的程序

【例题】（2016 年真题）根据《生产安全事故报告和调查处理条例》，事故发生后，下列说法正确的是（　　）。

　　A. 单位负责人接到报告后，应当于 2 小时内向有关部门报告
　　B. 单位负责人应当向单位所在地的有关部门报告
　　C. 事故现场有关人员应当立即向本单位负责人报告
　　D. 情况紧急时，事故现场有关人员应当直接向事故发生地的有关部门报告

【答案】C

2. 施工生产安全事故调查制度

表 6-9 施工生产安全事故调查制度

项目		内容
事故调查的主体	特别重大事故	国务院或其授权部门
	重大事故	事故发生地省级人民政府
	较大事故	事故发生地设区的市级人民政府
	一般事故	事故发生地县级人民政府
事故调查组的组成与职责	组成	事故调查组由有关人民政府、应急管理部门、负有安全生产监督管理职责的有关部门、监察机关、公安机关以及工会派人组成,并应当邀请人民检察院派人参加。事故调查组组长由负责事故调查的人民政府指定
	职责	(1)查明事故发生的经过、原因、人员伤亡情况及直接经济损失。 (2)认定事故的性质和事故责任。 (3)提出对事故责任者的处理建议。 (4)总结事故教训,提出防范和整改措施。 (5)提交事故调查报告
事故调查报告的期限与内容	期限	事故调查组应当自事故发生之日起 60 日内提交事故调查报告。 特殊情况下,经负责事故调查的人民政府批准,适当延长的期限最长不超过 60 日
	内容	(1)事故发生单位概况。 (2)事故发生经过和事故救援情况。 (3)事故造成的人员伤亡和直接经济损失。 (4)事故发生的原因和事故性质。 (5)事故责任的认定以及对事故责任者的处理建议。 (6)事故防范和整改措施

◆考法 1:施工生产安全事故的调查主体

【例题】(2009 年真题)某建设工程施工过程中发生较大事故,根据《生产安全事故调查处理条例》规定,该事故应由( )负责调查。

A. 国务院   B. 省级人民政府
C. 设区的市级人民政府   D. 县级人民政府

【答案】C

◆考法 2:施工生产安全事故调查组的职责

【例题】(2021 年真题)下列职责中,属于施工生产安全事故调查组职责的是(   )。

A. 查明事故发生的间接经济损失   B. 追究责任人的法律责任
C. 提出对受伤人员的赔偿方案   D. 提出对事故责任者的处理建议

【答案】D

3. 施工生产安全事故处理

(1)重大事故、较大事故、一般事故,负责事故调查的人民政府应当自收到事故调查报告之日起 15 日内做出批复。

（2）特别重大事故，30 日内做出批复。
（3）特殊情况下，批复时间可以适当延长，但延长的时间最长不超过 30 日。

◆ 考法：施工生产安全事故处理

【例题】（2022 年真题）根据《生产安全事故报告和调查处理条例》，关于事故处理的说法，正确的是（　　）。

　　A. 重大事故的事故调查报告由国务院批复
　　B. 较大事故的批复时间为 30 日
　　C. 事故发生单位不得依照批复对本单位负有事故责任的人员进行处理
　　D. 特别重大事故的批复时间可以延长，但延长时间最长不超过 30 日

【答案】D

6.6　政府主管部门安全生产监督管理

核心考点提纲

1	6.6.1	建设工程安全生产的监督管理体制
2	6.6.2	政府主管部门对涉及安全生产事项的审查及执法职权
3	6.6.3	安全生产举报处理、相关信息系统和工艺、设备、材料淘汰制度

6.6.1　建设工程安全生产的监督管理体制

核心考点及重点提示

	考点	重点提示
1	监督主体	★
2	监督方式	★
3	监督对象及内容	★
4	监督程序	★
5	中止施工安全监督	★
6	终止施工安全监督	★

★普通　★★重要　★★★非常重要

核心考点及考法

1. 监督主体

（1）县级以上地方人民政府住房城乡建设主管部门负责本行政区域内房屋建筑和市政基础设施工程施工安全监督工作。

（2）施工安全监督机构应当具备的条件：① 具有完整的组织体系，岗位职责明确；② 具有符合规定的施工安全监督人员，人员数量满足监督工作需要且专业结构合理，其中监督人员应当占监督机构总人数的75%以上；③ 具有固定的工作场所，配备满足监督工作需要的仪器、设备、工具及安全防护用品；④ 有健全的施工安全监督工作制度，具备与监督工作相适应的信息化管理条件。

（3）施工安全监督人员应当具备的条件：① 具有工程类相关专业大专及以上学历或初级及以上专业技术职称；② 具有两年及以上施工安全管理经验；③ 熟悉掌握相关法律法规和工程建设标准规范；④ 经业务培训考核合格，取得相关执法证书；⑤ 具有良好的职业道德。

◆ 考法：施工安全监督人员应当具备的条件

【例题】（2024 年真题）关于建设工程安全生产监督管理体制的说法，错误的是（　　）。

　　A. 国务院负责安全生产监督管理的部门对全国建设工程安全生产工作实施综合监督管理
　　B. 国务院住房城乡建设主管部门对全国的建设工程安全生产实施监督管理
　　C. 施工安全监督人员应当具有 5 年及以上施工安全管理经验
　　D. 县级以上地方人民政府住房城乡建设主管部门可以将施工安全监督工作委托所属的施工安全监督机构具体实施

【答案】C

2. 监督方式

（1）建设行政主管部门和其他有关部门应当将申请领取施工许可证、拆除工程规定的有关资料的主要内容抄送同级负责安全生产监督管理的部门。

（2）建设行政主管部门在审核发放施工许可证时，应当对建设工程是否有安全施工措施进行审查，对没有安全施工措施的，不得颁发施工许可证。

（3）建设行政主管部门或者其他有关部门对建设工程是否有安全施工措施进行审查时，不得收取费用。

◆ 考法：施工安全监督方式

【例题】关于建设行政主管部门和其他有关部门实施施工安全监督的说法，正确的是（　　）。

　　A. 对没有安全施工措施的，不得颁发施工许可证
　　B. 审核发放施工许可证时，不需对建设工程是否有安全施工措施进行审查
　　C. 对建设工程是否有安全施工措施进行审查时，适当收取费用
　　D. 应当将申请领取施工许可证的有关资料的主要内容报送上级负责安全生产监督管理的部门

【答案】A

3. 监督对象及内容

施工安全监督主要包括的内容：（1）抽查工程建设责任主体履行安全生产职责情况；（2）抽查工程建设责任主体执行法律、法规、规章、制度及工程建设强制性标准情况；

（3）抽查建筑施工安全生产标准化开展情况；（4）组织或参与工程项目施工安全事故的调查处理；（5）依法对工程建设责任主体违法违规行为实施行政处罚；（6）依法处理与工程项目施工安全相关的投诉、举报。

◆考法：施工安全监督的主要内容

【例题】施工安全监督的主要内容包括（　　）。
　　A. 抽查建筑施工安全生产标准化开展情况
　　B. 依法参与对工程建设责任主体违法违规行为实施行政处罚
　　C. 依法参与处理与工程项目施工安全相关的投诉、举报
　　D. 组织或参与工程项目施工安全事故的调查处理
　　E. 抽查工程建设责任主体履行安全生产职责情况

【答案】A、D、E

4. 监督程序

（1）受理建设单位申请并办理工程项目安全监督手续；
（2）制定工程项目施工安全监督工作计划并组织实施；
（3）实施工程项目施工安全监督抽查并形成监督记录；
（4）评定工程项目安全生产标准化工作并办理终止施工安全监督手续；
（5）整理工程项目施工安全监督资料并立卷归档。

5. 中止施工安全监督

（1）工程项目因故中止施工的，建设单位应当向监督机构申请办理中止施工安全监督手续，并提交中止施工的时间、原因、在施部位及安全保障措施等资料。

（2）监督机构收到建设单位提交的资料后，经查验符合要求的，应当在5个工作日内向建设单位发放中止施工安全监督告知书。

（3）中止施工的工程项目恢复施工，建设单位应当向监督机构申请办理恢复施工安全监督手续，并提交经建设、监理、施工单位项目负责人签字并加盖单位公章的复工条件验收报告。

（4）监督机构收到建设单位提交的复工条件验收报告后，经查验符合复工条件的，应当在5个工作日内向建设单位发放恢复施工安全监督告知书，对工程项目恢复实施施工安全监督。

◆考法：中止施工安全监督

【例题】安全生产监督机构收到建设单位提交的复工条件验收报告后，经查验符合复工条件的，应当在（　　）个工作日内向建设单位发放恢复施工安全监督告知书。
　　A. 2　　　　　　　　　　　　B. 5
　　C. 7　　　　　　　　　　　　D. 10

【答案】B

6. 终止施工安全监督

（1）工程项目完工办理竣工验收前，建设单位应当向监督机构申请办理终止施工安全监督手续，并提交经建设、监理、施工单位确认的工程施工结束证明，施工单位应当提交

经建设、监理单位审核的项目安全生产标准化自评材料。

（2）工程项目终止施工安全监督后，监督机构应当整理工程项目的施工安全监督资料，包括监督文书、抽查记录、项目安全生产标准化自评材料等，形成工程项目的施工安全监督档案。工程项目施工安全监督档案保存期限3年，自归档之日起计算。

◆考法：终止施工安全监督

【例题】工程项目终止施工安全监督后，安全生产监督机构应当整理工程项目的施工安全监督资料，包括（　　）等。

A. 竣工验收报告　　　　　　B. 监督文书
C. 抽查记录　　　　　　　　D. 投诉举报材料
E. 项目安全生产标准化自评材料

【答案】B、C、E

6.6.2 政府主管部门对涉及安全生产事项的审查及执法职权

核心考点及重点提示

	考点	重点提示
1	政府主管部门对涉及安全生产事项的审查	★
2	安全生产行政执法工作	★

★普通　★★重要　★★★非常重要

核心考点及考法

1. 政府主管部门对涉及安全生产事项的审查

安全生产的事项需要审查批准的包括批准、核准、许可、注册、认证、颁发证照等。

2. 安全生产行政执法工作

（1）负有安全生产监督管理职责的部门对涉及安全生产的事项进行审查、验收，不得收取费用。

（2）不得要求接受审查、验收的单位购买其指定品牌或者指定生产、销售单位的安全设备、器材或者其他产品。

（3）负有安全生产监督管理职责的部门依照规定采取停止供电措施，除有危及生产安全的紧急情形外，应当提前24小时通知生产经营单位。

◆考法：安全生产行政执法采取的强制措施

【例题】（2019年真题）负有安全生产监督管理职责的部门依法采取停止供电措施，除有危及生产安全的紧急情形外，应当提前（　　）小时通知生产经营单位。

A. 12　　　　　　　　　　　B. 36
C. 24　　　　　　　　　　　D. 48

【答案】C

6.6.3　安全生产举报处理、相关信息系统和工艺、设备、材料淘汰制度

核心考点及重点提示

	考点	重点提示
1	安全生产举报处理	★
2	安全生产相关信息系统	★
3	安全生产工艺、设备、材料淘汰制度	★

★普通　★★重要　★★★非常重要

核心考点及考法

1. 安全生产举报处理

（1）需要落实整改措施的，报经有关负责人签字并督促落实。

（2）对不属于本部门职责，需要由其他有关部门进行调查处理的，转交其他有关部门处理。

（3）涉及人员死亡的举报事项，应当由县级以上人民政府组织核查处理。

（4）任何单位或者个人对事故隐患或者安全生产违法行为，均有权向负有安全生产监督管理职责的部门报告或者举报。

◆ 考法：安全生产举报处理

【例题】（2024年真题）根据《安全生产法》，关于安全生产举报的说法，错误的是（　　）。

A. 受理的举报事项经调查核实后，应当形成书面材料

B. 需要落实整改措施的，报经有关负责人签字并督促落实

C. 涉及人员死亡的举报事项，应当由省级人民政府组织核查处理

D. 任何单位或者个人对事故隐患或者安全生产违法行为，均有权举报

【答案】C

2. 安全生产相关信息系统

负有安全生产监督管理职责的部门应当加强对生产经营单位行政处罚信息的及时归集、共享、应用和公开，对生产经营单位作出处罚决定后7个工作日内在监督管理部门公示系统予以公开曝光。

3. 安全生产工艺、设备、材料淘汰制度

（1）国家对严重危及施工安全的工艺、设备、材料实行淘汰制度。具体目录由国务院建设行政主管部门会同国务院其他有关部门制定并公布。

（2）县级以上人民政府建设行政主管部门和其他有关部门应当及时受理对建设工程生产安全事故及安全事故隐患的检举、控告和投诉。

◆ 考法：严重危及施工安全的工艺、设备、材料的淘汰制度

【例题】根据《建设工程安全生产管理条例》，国家对严重危及施工安全的工艺、设备、材料实行淘汰制度，具体目录由（　　）制定并公布。

　　A. 国务院建设行政主管部门

　　B. 国务院建设行政主管部门会同国务院其他有关部门

　　C. 省级以上人民政府建设行政主管部门

　　D. 国务院发展和改革委员会会同国务院其他有关部门

【答案】B

本章模拟强化练习

1. 根据《建设工程安全生产管理条例》，建设单位的安全生产责任有（　　）。
　　A. 需要进行爆破作业的，办理申请批准手续
　　B. 提出防范生产安全事故的指导意见和措施建议
　　C. 不得要求施工企业购买不符合安全施工的用具设备
　　D. 对安全技术措施或者专项施工方案进行审查
　　E. 申领施工许可证应当提供有关安全施工措施的资料

【答案】A、C、E

2. 根据《建设工程安全生产管理条例》，建设单位应当在拆除工程施工 15 日前，报送建设行政主管部门或者其他部门备案的资料是（　　）。
　　A. 拟拆除建筑物、构筑物及可能危及毗邻建筑的说明
　　B. 设计单位资质等级证明
　　C. 拆除设计方案
　　D. 拆除工程施工合同

【答案】A

3. 下列安全责任中，属于设计单位安全责任的是（　　）。
　　A. 处理施工安全事故隐患
　　B. 向施工企业提供真实、准确和完整的有关资料
　　C. 审查安全技术措施
　　D. 对采用新结构的建设工程在设计中提出预防生产安全事故的措施建议

【答案】D

4. 工程监理单位在实施监理过程中，发现存在安全事故隐患，情况严重的，应当要求施工企业（　　）。
　　A. 整改，并及时报告有关主管部门
　　B. 整改，并及时报告建设单位
　　C. 暂时停止施工，并及时报告建设单位
　　D. 暂时停止施工，并及时报告有关主管部门

【答案】C

5. 根据《建筑起重机械安全监督管理规定》，自购建筑起重机械的使用单位使用的建筑起重机械应当予以报废，并向原备案机关办理注销手续的情形有（　　）。

    A. 没有完整安全技术档案的
    B. 没有齐全有效的安全保护装置的
    C. 属国家明令淘汰或者禁止使用的
    D. 超过安全技术标准或者制造厂家规定的使用年限的
    E. 经检验达不到安全技术标准规定的

【答案】C、D、E

6. 某施工企业申领建筑施工企业安全生产许可证时，根据我国《建筑施工企业安全生产许可证管理规定》，应具备经建设行政主管或其他有关部门考核合格的人员包括（　　）。

    A. 应急救援人员　　　　　　　B. 单位主要负责人
    C. 从业人员　　　　　　　　　D. 安全生产管理人员
    E. 特种作业人员

【答案】B、D

7. 根据《建筑施工企业安全生产许可证管理规定》，关于安全生产许可证的说法，正确的有（　　）。

    A. 施工企业未取得安全生产许可证的，不得从事建筑施工活动
    B. 施工企业变更法定代表人的，不必办理安全生产许可证变更手续
    C. 未发生死亡事故的，安全生产许可证有效期届满时自动延期
    D. 对没有取得安全生产许可证的施工企业所承包的项目，不得颁发施工许可证
    E. 施工企业取得安全生产许可证后，不得降低安全生产条件

【答案】A、D、E

8. 下列情形中，安全生产许可证颁发管理机关或者其上级行政机关可以撤销已经颁发的安全生产许可证的有（　　）。

    A. 安全生产许可证颁发管理机关工作人员玩忽职守颁发安全生产许可证的
    B. 超越法定职权颁发安全生产许可证的
    C. 安全生产许可证颁发管理机关发现企业不再具备安全生产条件的
    D. 企业转让安全生产许可证的
    E. 违反法定程序颁发安全生产许可证的

【答案】A、B、E

9. 根据《安全生产法》，下列单位中，应当设置安全生产管理机构或者配备专职安全生产管理人员的有（　　）。

    A. 矿山单位　　　　　　　　　B. 金属冶炼单位
    C. 建筑施工企业　　　　　　　D. 道路运输单位
    E. 仓储单位

【答案】A、B、C、D

10. 根据《建筑施工企业安全生产管理机构设置及专职安全生产管理人员配备办法》，关于建筑施工企业安全生产管理机构专职安全生产管理人员配备的说法，正确的有（　　）。

    A. 建筑施工总承包资质特级资质专职安全生产管理人员不少于6人
    B. 建筑施工专业承包资质二级和二级以下资质企业的专职安全生产管理人员不少于2人
    C. 建筑施工劳务分包资质序列企业的专职安全生产管理人员不少于2人
    D. 建筑施工企业安全生产管理机构专职安全生产管理人员的配备与企业经营规模和生产需要有关，与企业设备管理无关
    E. 建筑施工企业的分公司、区域公司等较大的分支机构不需要配备专职安全生产管理人员

【答案】A、B、C

11. 房屋市政工程生产安全重大隐患排查治理的责任主体是（　　）。

    A. 建设单位　　　　　　　　B. 监理单位
    C. 检测机构　　　　　　　　D. 施工企业

【答案】D

12. 某施工现场除施工总承包单位外，还有四家分包单位同时施工，关于该施工现场安全生产责任承担的说法，正确的是（　　）。

    A. 仅由施工总承包单位向建设单位承担全部责任
    B. 仅由各分包单位向建设单位承担全部责任
    C. 各分包单位就所有分包工程和施工总承包单位向建设单位承担连带责任
    D. 各分包单位就各自分包工程和施工总承包单位向建设单位承担连带责任

【答案】D

13. 下列情形中，施工企业负责人应当到施工现场进行带班检查的是（　　）。

    A. 工程项目出现险情时　　　　B. 工程项目进行分部分项工程施工时
    C. 项目负责人因故暂时离岗时　　D. 工程项目发现事故隐患时

【答案】A

14. 根据《安全生产法》，生产经营单位的从业人员有权了解其作业场所和工作岗位存在的（　　）。

    A. 危险因素　　　　　　　　B. 事故隐患
    C. 防范措施　　　　　　　　D. 安全通病
    E. 事故应急措施

【答案】A、C、E

15. 根据《建筑施工企业主要负责人、项目负责人和专职安全生产管理人员安全生产管理规定》，关于"安管人员"安全生产考核的说法，正确的有（　　）。

    A. "安管人员"应当自行申请安全生产考核

B. "安管人员"的安全生产考核由国务院住房城乡建设行政主管部门统一颁发合格证书

C. 安全生产考核证书的有效期无限制

D. 安全生产考核应当向省级人民政府住房城乡建设主管部门申请

E. 安全生产考核证书在全国范围内有效

【答案】D、E

16. 根据《建设工程安全生产管理条例》，关于对达到一定规模、危险性较大的分部分项工程编制的专项施工方案的说法，正确的有（   ）。

    A. 应当附具安全验算结果   B. 应当经施工企业技术负责人签字
    C. 应当经总监理工程师签字   D. 应当经建设单位负责人签字
    E. 由专职安全生产管理人员进行现场监督

【答案】A、B、C、E

17. 对于超过一定规模的危险性较大的分部分项工程专项方案，应由（   ）组织召开专家论证会。

    A. 安全监督管理机构   B. 施工企业
    C. 建设单位   D. 监理单位

【答案】B

18. 根据《建设工程安全生产管理条例》，施工企业应在施工现场（   ）设置明显的安全警示标志。

    A. 楼梯口   B. 配电箱
    C. 塔式起重机   D. 基坑底部
    E. 施工现场出口处

【答案】A、B、C

19. 下列费用中，应列入建筑工程安全防护、文明施工措施费用的有（   ）。

    A. 环境保护费   B. 临时设施费
    C. 建设管理费   D. 安全施工费
    E. 文明施工费

【答案】A、B、D、E

20. 某工程项目工期为12个月，其中合同价款中安全防护、文明施工措施费用为100万元。在合同没有约定或约定不明情况下，建设单位预付该部分费用最低应为（   ）万元。

    A. 10   B. 20
    C. 30   D. 50

【答案】D

21. 企业应当落实的消防安全主体责任有（   ）。

    A. 保证安全费用高比例用于消防工作
    B. 明确各级、各岗位消防安全责任人及其职责

193

C. 对建筑消防设施每年至少进行 1 次全面检测

D. 所有单位均实行 24 小时消防值班制度

E. 定期开展防火检查、巡查

【答案】B、C、E

22. 某施工企业在施工过程中，因未对建设工程施工可能造成损害的毗邻建筑物和地下管线采取专项防护措施，造成了 3 人死亡，直接经济损失 600 余万元。根据《生产安全事故报告和调查处理条例》，该事故等级为（　　）。

A. 特别重大事故　　　　　　　B. 重大事故
C. 一般事故　　　　　　　　　D. 较大事故

【答案】D

23. 根据《生产安全事故应急预案管理办法》，生产经营单位（　　）负责组织编制和实施本单位的应急预案，并对应急预案的真实性和实用性负责。

A. 项目经理　　　　　　　　　B. 主要负责人
C. 专职安全管理员　　　　　　D. 分管负责人

【答案】B

24. 根据《生产安全事故应急预案管理办法》，生产经营单位应急预案应当包括（　　）等附件信息。

A. 应急处置程序和措施　　　　B. 应急组织机构和人员的联系方式
C. 应急预案的评审或者论证结果　　D. 应急物资储备清单
E. 向上级应急管理机构报告的内容

【答案】B、D、E

25. 应急预案的评审或者论证应当注重（　　）等内容。

A. 应急预案的衔接性　　　　　B. 组织体系的合理性
C. 应急费用支出的经济性　　　D. 应急处置程序和措施的针对性
E. 基本要素的完整性

【答案】A、B、D、E

26. 应急预案演练结束后，应急预案演练组织单位应当对应急预案演练效果进行评估，撰写（　　）。

A. 应急预案演练评估意见书　　B. 应急预案演练评估分析报告
C. 应急预案演练评估报告　　　D. 应急预案演练评估结果报告

【答案】C

27. 关于施工生产安全事故发生后应当采取措施的说法，正确的有（　　）。

A. 施工企业作业人员不得在事故调查处理期间擅离职守
B. 不得移动事故现场物件
C. 施工企业主要负责人应当立即组织抢救
D. 施工企业应当采取措施
E. 实行施工总承包的建设工程，由总承包单位负责上报事故

【答案】C、E

28. 根据《生产安全事故报告和调查处理条例》，除道路交通事故、火灾事故外，自事故发生之日起（　　）日内，事故造成的伤亡人数发生变化的，应当及时补报。

　　A. 15　　　　　　　　　　　　B. 20
　　C. 30　　　　　　　　　　　　D. 40

【答案】C

29. 某施工现场发生较大安全事故，负责该事故调查的人民政府应当自收到事故调查报告之日起（　　）日内做出批复。

　　A. 10　　　　　　　　　　　　B. 15
　　C. 30　　　　　　　　　　　　D. 60

【答案】B

30. 县级以上地方人民政府住房城乡建设主管部门对施工安全监督的内容主要包括（　　）等。

　　A. 抽查工程建设责任主体执行工程建设强制性标准情况
　　B. 监督工程项目施工安全事故的调查处理
　　C. 依法对工程建设责任主体违法违规行为实施刑事处罚
　　D. 抽查工程建设责任主体履行安全生产职责情况
　　E. 抽查建筑施工安全生产标准化开展情况

【答案】A、D、E

31. 根据《房屋建筑和市政基础设施工程施工安全监督工作规程》，工程项目因故中止施工的，（　　）应当向安全生产监督机构申请办理中止施工安全监督手续。

　　A. 施工企业　　　　　　　　　B. 建设单位
　　C. 监理单位　　　　　　　　　D. 施工总承包单位

【答案】B

32. 工程项目完工办理竣工验收前，施工企业应当向安全生产监督机构（　　）。

　　A. 提交经建设、监理、施工企业确认的工程施工结束证明
　　B. 申请办理终止施工安全监督手续
　　C. 提交经建设、监理单位审核的项目安全生产标准化自评材料
　　D. 申请办理中止施工安全监督手续

【答案】C

33. 关于应急管理部门和其他负有安全生产监督管理职责的部门依法开展安全生产行政执法工作的说法，正确的有（　　）。

　　A. 要求接受审查的单位购买其指定生产、销售单位的安全设备、器材
　　B. 对检查中发现的安全生产违法行为，2个工作日做出予以纠正或者要求限期改正的决定
　　C. 监督检查时暂停被检查单位的正常生产经营活动
　　D. 要求进入生产经营单位进行检查，调阅有关资料

E. 对检查中发现的事故隐患,应当责令立即排除

【答案】D、E

34. 施工企业拒不执行负有安全生产监督管理职责的部门作出的停止施工的决定,有发生生产安全事故的现实危险的,在保证安全的前提下,负有安全生产监督管理职责的部门可以通知有关单位采取的措施有( )。

  A. 停止供电   B. 禁止通行

  C. 停止拨付资金   D. 限制供应食品、药品

  E. 停止供应民用爆炸物品

【答案】A、E

35. 根据《安全生产法》,关于负有安全生产监督管理职责的部门受理和处理有关安全生产举报的说法,错误的是( )。

  A. 需要落实整改措施的,报经有关负责人签字并督促落实

  B. 涉及人员死亡的举报事项,应当由省、自治区、直辖市人民政府组织核查处理

  C. 受理的举报事项经调查核实后,应当形成书面材料

  D. 不属于本部门职责,需要由其他有关部门进行调查处理的,转交其他有关部门处理

【答案】B

36. 根据《安全生产法》,负有安全生产监督管理职责的部门对违法行为情节严重的生产经营单位及其有关从业人员,应当及时向社会公告,并通报( )等。

  A. 生态环境主管部门   B. 行业主管部门

  C. 自然资源主管部门   D. 教育主管部门

  E. 建设主管部门

【答案】A、B、C

37. 负有安全生产监督管理职责的部门对生产经营单位作出处罚决定后( )个工作日内在监督管理部门公示系统予以公开曝光。

  A. 3   B. 5

  C. 7   D. 7

【答案】D

第7章 建设工程质量法律制度

近五年真题考点分值表

节	题型	2020年（分）	2021年（分）	2022年（分）	2023年（分）	2024年（分）
7.1 工程建设标准	单项选择题	1	1	1	2	1
	多项选择题					
7.2 无障碍环境建设制度	单项选择题					1
	多项选择题					2
7.3 建设单位及相关单位的质量责任和义务	单项选择题			1	1	1
	多项选择题					2
7.4 施工单位的质量责任和义务	单项选择题	2	3	3	2	1
	多项选择题					2
7.5 建设工程竣工验收制度	单项选择题	3	3	3	2	3
	多项选择题	2	2	2	2	
7.6 建设工程质量保修制度	单项选择题	1	1			1
	多项选择题	2	2	2	2	

7.1 工程建设标准

核心考点提纲

1	7.1.1 工程建设标准的制定
2	7.1.2 工程建设强制性标准实施
3	7.1.3 建设工程抗震管理制度

7.1.1 工程建设标准的制定

核心考点及重点提示

	考点	重点提示
1	工程建设国家标准的制定	★

续表

	考点	重点提示
2	工程建设行业标准的制定	★
3	工程建设地方标准的制定	★
4	工程建设团体标准的制定	★
5	工程建设企业标准的制定	★

★普通　★★重要　★★★非常重要

核心考点及考法

1. 工程建设国家标准的制定

表 7-1　工程建设国家标准的制定

项目	内容
对需要在全国范围内统一的技术要求应当制定国家标准	（1）工程建设勘察、规划、设计、施工（包括安装）及验收等通用的质量要求。 （2）工程建设通用的有关安全、卫生和环境保护的技术要求。 （3）工程建设通用的术语、符号、代号、量与单位、建筑模数和制图方法。 （4）工程建设通用的试验、检验和评定等方法。 （5）工程建设通用的信息技术要求。 （6）国家需要控制的其他工程建设通用的技术要求
属于强制性标准的范围	（1）工程建设勘察、规划、设计、施工（包括安装）及验收等通用的综合标准和重要的通用的质量标准。 （2）工程建设通用的有关安全、卫生和环境保护的标准。 （3）工程建设重要的通用的术语、符号、代号、量与单位、建筑模数和制图方法标准。 （4）工程建设重要的通用的试验、检验和评定方法等标准。 （5）工程建设重要的通用的信息技术标准。 （6）国家需要控制的其他工程建设通用的标准
国家标准的制定	国务院有关行政主管部门依据职责负责强制性国家标准的项目提出、组织起草、征求意见和技术审查。国务院标准化行政主管部门负责强制性国家标准的立项、编号和对外通报。推荐性国家标准由国务院标准化行政主管部门制定
工程建设国家标准的批准发布	强制性国家标准由国务院批准发布或者授权批准发布。强制性标准文本应当免费向社会公开。国家推动免费向社会公开推荐性标准文本
国家标准的复审	周期一般不得超过 5 年

◆ 考法：属于强制性标准的范围

【例题】根据《工程建设国家标准管理办法》，下列标准中，属于强制性标准的有（　　）。

　　A．工程建设通用的试验、检验和评定方法等标准
　　B．工程建设通用的有关安全、卫生和环境保护的标准
　　C．工程建设通用的信息技术标准

D. 工程建设行业专用的术语、符号、代号、量与单位和制图方法标准

E. 工程建设勘察、规划、设计、施工（包括安装）及验收等通用的综合标准和重要的通用的质量标准

【答案】B、E

2. 工程建设行业标准的制定

（1）行业标准由国务院有关行政主管部门制定，报国务院标准化行政主管部门备案。

（2）下列技术要求，可以制定行业标准：① 工程建设勘察、规划、设计、施工（包括安装）及验收等行业专用的质量要求；② 工程建设行业专用的有关安全、卫生和环境保护的技术要求；③ 工程建设行业专用的术语、符号、代号、量与单位和制图方法；④ 工程建设行业专用的试验、检验和评定等方法；⑤ 工程建设行业专用的信息技术要求；⑥ 其他工程建设行业专用的技术要求。

（3）工程建设行业标准一般也是 5 年复审 1 次，复审结果报国务院工程建设行政主管部门备案。

◆考法：工程建设行业标准

【例题】（2023 年真题）关于工程建设行业标准的说法，正确的是（   ）。

A. 对没有推荐性国家标准，需要在全国工程建设行业范围内统一的技术要求，可以制定行业标准

B. 行业标准可以由行业协会制定

C. 工程建设行业标准中包括强制性标准

D. 行业标准的制定，应当报国务院标准化行政主管部门批准

【答案】A

3. 工程建设地方标准的制定

地方标准由省、自治区、直辖市人民政府标准化行政主管部门制定；设区的市级人民政府标准化行政主管部门根据本行政区域的特殊需要，经所在地省、自治区、直辖市人民政府标准化行政主管部门批准，可以制定本行政区域的地方标准。

4. 工程建设团体标准的制定

（1）团体标准由本团体成员约定采用或者按照本团体的规定供社会自愿采用。

（2）国家支持在重要行业、战略性新兴产业、关键共性技术等领域利用自主创新技术制定团体标准、企业标准。

（3）国家鼓励社会团体、企业制定高于推荐性标准相关技术要求的团体标准、企业标准。

（4）禁止利用团体标准实施妨碍商品、服务自由流通等排除、限制市场竞争的行为。

（5）团体标准的技术要求不得低于强制性标准的相关技术要求。

◆考法：工程建设团体标准的制定

【例题】（2023 年真题）关于团体标准的说法，正确的是（   ）。

A. 团体标准的技术要求不得高于强制性标准的相关技术要求

B. 在重要行业、战略性新兴产业、关键共性技术等领域制定团体标准必须利用

自主创新技术
C. 国家鼓励社会团体制定高于推荐性标准相关技术要求的团体标准
D. 团体标准对本团体成员单位强制适用

【答案】C

5. 工程建设企业标准的制定

（1）国家实行团体标准、企业标准自我声明公开和监督制度。

（2）国家鼓励团体标准、企业标准通过标准信息公共服务平台向社会公开。

（3）企业应当按照标准组织生产经营活动，其生产的产品、提供的服务应当符合企业公开标准的技术要求。

◆考法：企业标准应当公开的内容

【例题】提供产品和服务的企业执行自行制定的企业标准，应当公开的内容有（　　）。
A. 产品的功能指标　　　　　　B. 服务的功能指标
C. 服务的性能指标　　　　　　D. 产品的性能指标
E. 产品的经济指标

【答案】A、B、D

7.1.2 工程建设强制性标准实施

核心考点及重点提示

	考点	重点提示
1	工程建设各方主体实施强制性标准的法律规定	★
2	工程建设强制性标准的实施管理	★★

★普通　★★重要　★★★非常重要

核心考点及考法

1. 工程建设各方主体实施强制性标准的法律规定

（1）建设单位不得以任何理由要求降低工程质量。

（2）建筑工程设计文件选用的建筑材料、建筑构配件和设备，应当注明其规格、型号、性能等技术指标，其质量要求必须符合国家规定的标准。

（3）工程监理人员认为工程施工不符合工程设计要求、施工技术标准和合同约定的，有权要求建筑施工企业改正。

（4）工程监理人员发现工程设计不符合建筑工程质量标准或者合同约定的质量要求的，应当报告建设单位要求设计单位改正。

（5）施工单位必须按照工程设计图纸和施工技术标准施工，不得擅自修改工程设计，不得偷工减料。

（6）施工单位必须按照工程设计要求、施工技术标准和合同约定，对建筑材料、建筑构配件、设备和商品混凝土进行检验，检验应当有书面记录和专人签字；未经检验或者检验不合格的，不得使用。

◆考法：工程建设强制性标准实施

【例题】（2024 年真题）关于工程建设强制性标准实施的说法，正确的是（　　）。

　　A. 建设单位为确保工期可要求施工企业降低工程质量
　　B. 建筑工程设计文件中应当注明选用的建筑材料的技术指标
　　C. 监理人员有权要求设计单位修改违反强制性标准的设计文件
　　D. 施工单位经监理单位同意后方可使用未经检验的建筑材料

【答案】B

2. 工程建设强制性标准的实施管理

（1）在中华人民共和国境内从事新建、扩建、改建等工程建设活动，必须执行工程建设强制性标准。

（2）建设项目规划审查机构应当对工程建设规划阶段执行强制性标准的情况实施监督。

（3）施工图设计文件审查单位应当对工程建设勘察、设计阶段执行强制性标准的情况实施监督。

（4）建筑安全监督管理机构应当对工程建设施工阶段执行施工安全强制性标准的情况实施监督。

（5）工程质量监督机构应当对工程建设施工、监理、验收等阶段执行强制性标准的情况实施监督。

（6）工程建设强制性标准的监督检查可以采取重点检查、抽查和专项检查的方式。

（7）工程建设标准批准部门应当将强制性标准监督检查结果在一定范围内公告。

◆考法 1：工程建设各阶段执行强制性标准情况实施监督的机构

【例题】（2022 年真题）关于对工程建设各阶段执行强制性标准的情况实施监督的机构的说法，正确的是（　　）。

　　A. 工程建设全过程的执行情况由建设项目规划审查机构实施监督
　　B. 工程建设前期咨询阶段的执行情况由工程质量监督机构实施监督
　　C. 工程建设验收阶段的执行情况由建筑安全监督管理机构实施监督
　　D. 工程建设勘察阶段的执行情况由施工图设计文件审查机构实施监督

【答案】D

◆考法 2：强制性标准监督检查内容

【例题】（2018 年真题）根据《实施工程建设强制性标准监督规定》，下列情形中不属于强制性标准监督检查内容的是（　　）。

　　A. 工程管理人员是否熟悉强制性标准
　　B. 工程项目规划、勘察、设计、施工阶段是否符合强制性标准
　　C. 工程项目使用的材料、设备是否符合强制性标准

D. 工程项目的安全、质量是否符合强制性标准

【答案】A

7.1.3 建设工程抗震管理制度

核心考点及重点提示

	考点	重点提示
1	建设工程抗震相关主体的责任和义务	★★
2	建设工程抗震性能鉴定制度	★
3	政府主管部门建设工程抗震监督管理	★

★普通　★★重要　★★★非常重要

核心考点及考法

1. 建设工程抗震相关主体的责任和义务

（1）建设单位应当明确拟采用的抗震设防强制性标准，按照合同要求对勘察设计成果文件进行核验，组织工程验收，确保建设工程符合抗震设防强制性标准。

（2）建设单位不得明示或者暗示勘察、设计、施工等单位和从业人员违反抗震设防强制性标准，降低工程抗震性能。

（3）建设单位应当将建筑的设计使用年限、结构体系、抗震设防烈度、抗震设防类别等具体情况和使用维护要求记入使用说明书，并将使用说明书交付使用人或者买受人。

（4）建设单位应当组织勘察、设计、施工、工程监理单位建立隔震减震工程质量可追溯制度。

（5）工程总承包单位、施工单位及工程监理单位应当建立建设工程质量责任制度，加强对建设工程抗震设防措施施工质量的管理。

（6）隔震减震装置用于建设工程前，施工单位应当在建设单位或者工程监理单位监督下进行取样，送建设单位委托的具有相应建设工程质量检测资质的机构进行检测。禁止使用不合格的隔震减震装置。

（7）实行施工总承包的，隔震减震装置属于建设工程主体结构的施工，应当由总承包单位自行完成。

（8）建设工程所有权人应当按照规定对建设工程抗震构件、隔震沟、隔震缝、隔震减震装置及隔震标识进行检查、修缮和维护，及时排除安全隐患。

（9）任何单位和个人不得擅自变动、损坏或者拆除建设工程抗震构件、隔震沟、隔震缝、隔震减震装置及隔震标识。

（10）任何单位和个人发现擅自变动、损坏或者拆除建设工程抗震构件、隔震沟、隔震缝、隔震减震装置及隔震标识的行为，有权予以制止，并向住房和城乡建设主管部门或

者其他有关监督管理部门报告。

◆**考法1：建设工程抗震相关主体责任和义务**

【例题】（2024年真题）根据《建设工程抗震管理条例》，关于建设工程抗震相关主体责任和义务的说法，正确的是（　　）。

　　A. 设计单位应当将建筑抗震设防烈度等情况记入建筑使用说明书
　　B. 建设单位应当组织工程各参建单位建立隔震减震工程质量可追溯制度
　　C. 实行施工总承包的项目，隔震减震装置可以由专业承包单位完成施工
　　D. 施工单位应当对已经建成的建设工程的工程抗震构件进行检查和修缮

【答案】B

◆**考法2：建设工程抗震鉴定、加固和维护阶段的责任**

【例题】《建设工程抗震管理条例》规定，（　　）应当对存在严重抗震安全隐患的建设工程进行安全监测，并在加固前采取停止或者限制使用等措施。

　　A. 建设单位　　　　　　　　　B. 建设工程所有权人
　　C. 工程质量检测机构　　　　　D. 施工企业

【答案】B

2. 建设工程抗震性能鉴定制度

已经建成的下列建设工程，未采取抗震设防措施或者抗震设防措施未达到抗震设防要求的，应当按照国家有关规定进行抗震性能鉴定，并采取必要的抗震加固措施：① 重大建设工程；② 可能发生严重次生灾害的建设工程；③ 具有重大历史、科学、艺术价值或者重要纪念意义的建设工程；④ 学校、医院等人员密集场所的建设工程；⑤ 地震重点监视防御区内的建设工程。

应当进行抗震性能鉴定的建设工程，由所有权人委托具有相应技术条件和技术能力的机构进行鉴定。

◆**考法：建设工程抗震性能鉴定制度**

【例题】《建设抗震管理条例》规定，应当进行抗震性能鉴定的建设工程，由（　　）委托具有相应技术条件和技术能力的机构进行鉴定。

　　A. 建设单位　　　　　　　　　B. 所有权人
　　C. 工程质量检测机构　　　　　D. 工程所在地人民政府

【答案】B

3. 政府主管部门建设工程抗震监督管理

（1）对超限高层建筑工程，设计单位应当在设计文件中予以说明，建设单位应当在初步设计阶段将设计文件等材料报送省、自治区、直辖市人民政府住房和城乡建设主管部门进行抗震设防审批。

（2）政府主管部门实施建设工程抗震监督管理的法定职权：① 对建设工程或者施工现场进行监督检查；② 向有关单位和人员调查了解相关情况；③ 查阅、复制被检查单位有关建设工程抗震的文件和资料；④ 对抗震结构材料、构件和隔震减震装置实施抽样检测；⑤ 查封涉嫌违反抗震设防强制性标准的施工现场；⑥ 发现可能影响抗震质量的问题

时，责令相关单位进行必要的检测、鉴定。

◆**考法：政府主管部门实施建设工程抗震监督管理措施**

【例题】关于政府主管部门实施建设工程抗震监督管理措施的说法，正确的是(　　)。

　　A. 对建设单位或者施工现场随时进行监督检查
　　B. 不得复制被检查单位有关建设工程的文件和资料
　　C. 对隔震减震装置实施抽样检测
　　D. 查封涉嫌违反抗震设防强制性标准的施工企业

【答案】C

7.2 无障碍环境建设制度

核心考点提纲

1	7.2.1	无障碍设施建设
2	7.2.2	无障碍环境建设保障措施
3	7.2.3	无障碍环境建设监督管理

7.2.1 无障碍设施建设

核心考点及重点提示

	考点	重点提示
1	无障碍设施、建设范围及其基本建设要求	★
2	各有关单位参与建设的要求	★
3	无障碍设施改造	★
4	特定场所无障碍设施的建设和改造	★

★普通　★★重要　★★★非常重要

核心考点及考法

1. 无障碍设施、建设范围及其基本建设要求

（1）无障碍设施应当与主体工程同步规划、同步设计、同步施工、同步验收、同步交付使用。

（2）无障碍设施应当设置符合标准的无障碍标识，并纳入周边环境或者建筑物内部的引导标识系统。

◆**考法：无障碍设施基本建设要求**

【例题】无障碍设施应当与主体工程(　　)。

A. 同步设计　　　　　　　　B. 同步规划
C. 同步验收　　　　　　　　D. 同步施工
E. 与周边的无障碍设施同步交付使用

【答案】A、B、C、D

2. 各有关单位参与建设的要求

表 7-2　各有关单位参与建设的要求

有关单位	要求
建设单位	应当将无障碍设施建设经费纳入工程建设项目概预算
	不得擅自将未经验收或者验收不合格的无障碍设施交付使用
设计单位	应当按照无障碍设施工程建设标准进行设计
施工图审查机构	应当对无障碍设施设计内容进行审查
施工单位	应当按照施工图设计文件以及相关标准进行无障碍设施施工
监理单位	应当按照施工图设计文件以及相关标准进行无障碍设施监理

◆考法：各参建单位的无障碍环境建设义务

【例题】《无障碍环境建设法》规定，工程（　　）不得明示或者暗示设计、施工企业违反无障碍设施工程建设标准；不得擅自将未经验收或者验收不合格的无障碍设施交付使用。

A. 建设单位　　　　　　　　B. 质量检测机构
C. 监理单位　　　　　　　　D. 施工图审查机构

【答案】A

3. 无障碍设施改造

（1）居民委员会、村民委员会、居住区管理服务单位以及业主委员会应当支持并配合家庭无障碍设施改造。

（2）对既有的不符合无障碍设施工程建设标准的居住建筑、居住区、公共建筑、公共场所、交通运输设施、城乡道路等，县级以上人民政府应当根据实际情况，制定有针对性的无障碍设施改造计划并组织实施。

◆考法：家庭无障碍设施改造

【例题】根据《无障碍环境建设法》，（　　）应当支持并配合家庭无障碍设施改造。

A. 居住区管理服务单位　　　B. 居民委员会
C. 业主委员会　　　　　　　D. 村民委员会
E. 老龄协会

【答案】A、B、C、D

4. 特定场所无障碍设施的建设和改造

（1）城市主干路、主要商业区等无障碍需求比较集中的区域的人行道，应当按照标准设置盲道。

（2）城市中心区、残疾人集中就业单位和集中就读学校周边的人行横道的交通信号设施，应当按照标准安装过街音响提示装置。

（3）停车场应当按照无障碍设施工程建设标准，设置无障碍停车位，并设置显著标志标识。

（4）任何单位和个人不得擅自改变无障碍设施的用途或者非法占用、损坏无障碍设施。

◆考法：城市主干路、主要商业区等无障碍需求比较集中的区域的人行道建设

【例题】《无障碍环境建设法》规定，城市主干路、主要商业区等无障碍需求比较集中的区域的人行道，应当按照标准（　　）。

A. 安装过街音响提示装置　　B. 设置盲道
C. 设置无障碍停车位　　　　D. 设置显著标志标识

【答案】B

7.2.2 无障碍环境建设保障措施

核心考点及重点提示

	考点	重点提示
1	经费落实	★
2	宣传教育	★★
3	标准与法律建设	★
4	认证和评测制度	★
5	创优与表彰	★

★普通　★★重要　★★★非常重要

核心考点及考法

表7-3　无障碍环境建设保障措施

保障措施	内容
经费落实	具体通过在城市更新、乡村振兴、国家综合立体交通网、数字中国、健康老龄化、基本公共服务等相关规划中统筹纳入无障碍环境建设，落实经费保障
宣传教育	国家建立无障碍环境建设相关领域人才培养机制
标准与法律建设	残疾人联合会、老龄协会等组织可以依法提出制定或者修改无障碍环境建设标准的建议
认证和评测制度	国家市场监督管理总局、中国残联组织开展互联网应用适老化及无障碍改造专项行动，通过对网站和移动互联网应用进行评测，推动无障碍信息化建设
创优与表彰	文明城市、文明村镇、文明单位、文明社区、文明校园等创建活动，应当将无障碍环境建设情况作为重要内容

◆ 考法1：无障碍环境建设宣传教育

【例题】（2024年真题）根据《无障碍环境建设法》，关于无障碍环境建设宣传教育的说法，正确的是（   ）。

    A. 高等学校、中等职业学校等应当开设无障碍环境建设相关专业和课程

    B. 各类职业资格和继续教育的考试内容应当包括无障碍环境建设知识

    C. 建筑、交通运输等相关学科专业应当增加无障碍环境建设的教学和实践

    D. 企业事业单位应当对工作人员进行无障碍服务知识与技能培训

【答案】C

◆ 考法2：无障碍环境建设保障措施

【例题】（2024年真题）关于无障碍环境建设保障措施的说法，正确的有（   ）。

    A. 县级以上人民政府应将无障碍环境建设统筹纳入相关规划中

    B. 新闻媒体应当积极开展无障碍环境建设方面的公益宣传

    C. 无障碍环境建设地方标准不得高于国家标准的相关技术要求

    D. 老龄协会等组织可以依法提出修改无障碍环境建设标准的建议

    E. 文明城市、文明村镇等创建活动应当将无障碍环境建设作为重要内容

【答案】A、B、D、E

7.2.3 无障碍环境建设监督管理

核心考点及重点提示

	考点	重点提示
1	无障碍环境建设监督管理	★

★普通　★★重要　★★★非常重要

核心考点及考法

（1）县级以上人民政府应当统筹协调和督促指导有关部门在各自职责范围内做好无障碍环境建设工作。

（2）残疾人联合会、老龄协会等组织依照法律、法规以及各自章程，协助各级人民政府及其有关部门做好无障碍环境建设工作。

（3）县级以上地方人民政府有关主管部门定期委托第三方机构开展无障碍环境建设评估，并将评估结果向社会公布，接受社会监督。

（4）县级以上人民政府建立无障碍环境建设信息公示制度，定期发布无障碍环境建设情况。

（5）县级以上人民政府有关主管部门接到涉及无障碍环境建设的投诉和举报，应当及时处理并予以答复。

（6）新闻媒体可以对无障碍环境建设情况开展舆论监督。

◆ **考法：县级以上人民政府有关主管部门对无障碍环境建设监督管理**

【例题】（2024 年真题）根据《无障碍环境建设法》，关于县级以上人民政府有关主管部门对无障碍环境建设监督管理的说法，正确的有（　　）。

A. 根据工作需要开展联合监督检查
B. 及时处理并答复涉及无障碍环境建设的投诉
C. 不定期发布无障碍环境建设情况
D. 对无障碍环境建设情况开展舆论监督
E. 定期委托第三方机构开展无障碍环境建设评估

【答案】A、B、D、E

7.3　建设单位及相关单位的质量责任和义务

核心考点提纲

1	7.3.1	建设单位的质量责任和义务
2	7.3.2	勘察、设计单位的质量责任和义务
3	7.3.3	工程监理单位的质量责任和义务

7.3.1　建设单位的质量责任和义务

核心考点及重点提示

	考点	重点提示
1	依法发包工程	★★
2	依法向有关单位提供原始资料	★
3	建设单位的禁止性行为	★★
4	依法报审施工图设计文件	★★
5	依法实行工程监理	★★★
6	依法办理工程质量监督手续	★★
7	依法保证建筑材料等符合要求	★
8	依法进行装修工程	★★
9	组织竣工验收并移交建设项目档案	★★

★普通　★★重要　★★★非常重要

核心考点及考法

1. 依法发包工程

不得肢解发包工程、违规指定分包单位，不得直接发包预拌混凝土等专业分包工程，不得指定按照合同约定应由施工单位购入用于工程的装配式建筑构配件、建筑材料和设备或者指定生产厂、供应商。

◆考法：建设单位的质量责任和义务

【例题】（2024年真题）根据《建设工程质量管理条例》，建设单位的质量责任和义务包括（   ）。

  A. 依法发包工程   B. 提供建设工程相关原始资料
  C. 建立健全进场材料检验制度   D. 报审施工图设计文件
  E. 对设计文件进行设计交底

【答案】A、B、D

2. 依法向有关单位提供原始资料

建设单位必须向有关的勘察、设计、施工、工程监理等单位提供与建设工程有关的原始资料。原始资料必须真实、准确、齐全。

◆考法：提供与建设工程有关的原始资料的责任承担主体

【例题】经监理单位审查，由勘察单位向施工企业提供与建设工程有关的原始资料，其真实性、准确性、齐全性的责任承担主体为（   ）。

  A. 建设单位   B. 监理单位
  C. 施工企业   D. 勘察单位

【答案】A

3. 建设单位的禁止性行为

（1）建设工程发包单位，不得迫使承包方以低于成本的价格竞标，不得任意压缩合理工期。建设单位不得明示或者暗示设计单位或者施工单位违反工程建设强制性标准，降低建设工程质量。

（2）建设单位不得明示或者暗示勘察、设计、施工等单位和从业人员违反抗震设防强制性标准，降低工程抗震性能。

◆考法：建设单位的禁止性行为

【例题】《建设工程质量管理条例》规定，建设工程发包单位不得迫使承包方以（   ）。

  A. 低于市场的价格竞标，不得任意压缩合理工期
  B. 低于成本的价格竞标，不得任意压缩合理工期
  C. 低于市场的价格竞标，不得降低工程质量
  D. 低于成本的价格竞标，不得降低工程质量

【答案】B

4. 依法报审施工图设计文件

（1）施工图设计文件未经审查批准的，不得使用。
（2）国家实施施工图设计文件审查制度。

◆考法：施工图设计文件的报审

【例题】根据《建设工程质量管理条例》，下列文件中，未经审查批准，不得使用的是（   ）。

A. 技术档案文件 B. 施工图设计文件
C. 质量过程控制文件 D. 施工管理资料文件

【答案】B

5. 依法实行工程监理

表 7-4　必须实行监理的建设工程

工程	范围和规模标准
国家重点建设工程	对国民经济和社会发展有重大影响的骨干项目
大中型公用事业工程	是指项目总投资额在 3000 万元以上的下列工程项目：（1）供水、供电、供气、供热等市政工程项目；（2）科技、教育、文化等项目；（3）体育、旅游、商业等项目；（4）卫生、社会福利等项目；（5）其他公用事业项目
成片开发建设的住宅小区工程	建筑面积在 5 万 m² 以上的住宅建设工程
利用外国政府或者国际组织贷款、援助资金的工程	（1）使用世界银行、亚洲开发银行等国际组织贷款资金的项目；（2）使用国外政府及其机构贷款资金的项目；（3）使用国际组织或者国外政府援助资金的项目
国家规定必须实行监理的其他工程	（1）项目总投资额在 3000 万元以上关系社会公共利益、公众安全的下列基础设施项目：① 煤炭、石油、化工、天然气、电力、新能源等项目；② 铁路、公路、管道、水运、民航以及其他交通运输业等项目；③ 邮政、电信枢纽、通信、信息网络等项目；④ 防洪、灌溉、排涝、发电、引（供）水、滩涂治理、水资源保护、水土保持等水利建设项目；⑤ 道路、桥梁、地铁和轻轨交通、污水排放及处理、垃圾处理、地下管道、公共停车场等城市基础设施项目；⑥ 生态环境保护项目；⑦ 其他基础设施项目。 （2）学校、影剧院、体育场馆项目

◆**考法：依法必须实行监理的工程项目**

【例题】（2024 年真题）下列建设工程中，属于依法必须实行监理的是（　　）。

A. 项目总投资额在 2000 万元以上的供水等市政工程
B. 建筑面积在 3 万 m² 以上成片开发建设的住宅建设工程
C. 学校、影剧院、体育场馆项目
D. 所有的生态环境保护项目

【答案】C

6. 依法办理工程质量监督手续

（1）建设单位在开工前，应当办理工程质量监督手续，工程质量监督手续可以与施工许可证或者开工报告合并办理。

（2）一般来讲，办理建设工程质量安全监督手续需提交下列材料：① 经规划部门审核的建设规划总平面图；② 施工图审查合格书；③ 保证建设工程质量和施工安全措施的资料；④ 与勘察、设计、施工、监理等单位签订的合同；⑤ 勘察、设计、施工、监理等单位的资质证书；⑥ 施工单位的中标通知书和安全生产许可证等。

◆**考法：工程质量监督手续的办理**

【例题】根据《建设工程质量管理条例》，在建设工程开工前，应当按照国家有关规定办理工程质量监督手续，可以与工程质量监督手续合并办理的是（　　）。

  A. 施工许可证　　　　　　　　B. 招标备案
  C. 施工图审查　　　　　　　　D. 委托监理

【答案】A

7. 依法保证建筑材料等符合要求

建设单位不得明示或者暗示施工单位使用不合格的建筑材料、建筑构配件和设备。

8. 依法进行装修工程

涉及建筑主体和承重结构变动的装修工程，建设单位应当在施工前委托原设计单位或者具有相应资质等级的设计单位提出设计方案；没有设计方案的，不得施工。房屋建筑使用者在装修过程中，不得擅自变动房屋建筑主体和承重结构。

◆ 考法：依法进行装修工程

【例题】（2020年真题）根据《建设工程质量管理条例》，建设单位应当在施工前委托原设计单位或者具有相应资质等级的设计单位提出设计方案的是涉及（　　）的装修工程。

  A. 改变建筑局部使用功能　　　　B. 增加内部装饰
  C. 增加投资额度　　　　　　　　D. 建筑承重结构变动

【答案】D

9. 组织竣工验收并移交建设项目档案

（1）建设单位收到建设工程竣工报告后，应当组织设计、施工、工程监理等有关单位进行竣工验收。

（2）建设单位应当在建设工程竣工验收后，及时向建设行政主管部门或者其他有关部门移交建设项目档案。

◆ 考法：组织竣工验收的主体

【例题】根据《建设工程质量管理条例》，组织竣工验收的主体是（　　）。

  A. 施工企业　　　　　　　　　　B. 监理单位
  C. 建设单位　　　　　　　　　　D. 建设工程质量监督机构

【答案】C

7.3.2 勘察、设计单位的质量责任和义务

核心考点及重点提示

	考点	重点提示
1	依法承揽工程的勘察、设计业务	★
2	勘察、设计必须执行强制性标准	★
3	勘察单位提供的勘察成果必须真实、准确	★
4	设计依据和设计深度	★

续表

	考点	重点提示
5	依法规范设计对建筑材料等的选用	★
6	依法对设计文件进行设计交底	★
7	依法参与建设工程质量事故分析	★
8	设计单位的消防设计、施工质量责任与义务	★

★普通　★★重要　★★★非常重要

核心考点及考法

1. 依法承揽工程的勘察、设计业务

（1）禁止勘察、设计单位超越其资质等级许可的范围或者以其他勘察、设计单位的名义承揽工程。

（2）禁止勘察、设计单位允许其他单位或者个人以本单位的名义承揽工程。

（3）勘察、设计单位不得转包或者违法分包所承揽的工程。

2. 勘察、设计必须执行强制性标准

（1）勘察、设计单位必须按照工程建设强制性标准进行勘察、设计，并对其勘察、设计的质量负责。

（2）注册建筑师、注册结构工程师等注册执业人员应当在设计文件上签字，对设计文件负责。

（3）勘察、设计单位项目负责人应当对因勘察、设计导致的工程质量事故或质量问题承担责任。

3. 勘察单位提供的勘察成果必须真实、准确

勘察单位提供的地质、测量、水文等勘察成果必须真实、准确。

4. 设计依据和设计深度

（1）编制方案设计文件，应当满足编制初步设计文件和控制概算的需要。

（2）编制初步设计文件，应当满足编制施工招标文件、主要设备材料订货和编制施工图设计文件的需要。

（3）编制施工图设计文件，应当满足设备材料采购、非标准设备制作和施工的需要，并注明建设工程合理使用年限。

（4）建筑工程一般应分为方案设计、初步设计和施工图设计三个阶段。

5. 依法规范设计对建筑材料等的选用

（1）设计文件中必须注明所选用的建筑材料、建筑构配件和设备的规格、型号、性能等技术指标。

（2）除有特殊要求的建筑材料、专用设备、工艺生产线等外，设计单位不得指定生产厂、供应商。

6. 依法对设计文件进行设计交底

设计单位应当就审查合格的施工图设计文件向施工单位作出详细说明。

7. 依法参与建设工程质量事故分析

设计单位应当参与建设工程质量事故分析，并对因设计造成的质量事故，提出相应的技术处理方案。

8. 设计单位的消防设计、施工质量责任与义务

（1）设计单位在设计文件中选用的消防产品和具有防火性能要求的建筑材料、建筑构配件和设备，应当注明规格、性能等技术指标，符合国家规定的标准。

（2）设计单位参加建设单位组织的建设工程竣工验收，对建设工程消防设计实施情况签章确认，并对建设工程消防设计质量负责。

◆考法1：设计单位的质量责任和义务

【例题】（2024年真题）关于设计单位质量责任和义务的说法，正确的有（   ）。

    A. 应当取得相应等级的资质证书

    B. 应当执行工程建设强制性标准

    C. 应当参与建设工程质量事故分析

    D. 应当对建设工程质量承担全面责任

    E. 不得对有特殊要求的专用设备指定供应商

【答案】A、B、C

◆考法2：依法规范设计对建筑材料等的选用

【例题】（2016年真题）根据《建设工程质量管理条例》，设计单位在设计文件中选用的建筑材料、建筑构配件和设备，应当（   ）。

    A. 按照建设单位的指令确定

    B. 注明规格、型号、性能等技术指标

    C. 注明生产厂、供应商

    D. 征求施工企业的意见

【答案】B

7.3.3 工程监理单位的质量责任和义务

核心考点及重点提示

	考点	重点提示
1	依法承担工程监理业务	★
2	对有隶属关系或其他利害关系的回避	★
3	监理工作的依据和监理责任	★★
4	工程监理的职责和权限	★★
5	工程监理的形式	★

续表

	考点	重点提示
6	工程监理单位的消防设计、施工质量责任与义务	★

★普通　★★重要　★★★非常重要

核心考点及考法

1. 依法承担工程监理业务

（1）禁止工程监理单位超越本单位资质等级许可的范围或者以其他工程监理单位的名义承担工程监理业务。

（2）禁止工程监理单位允许其他单位或者个人以本单位的名义承担工程监理业务。

（3）工程监理单位不得转让工程监理业务。

◆ **考法：依法承担工程监理业务**

【例题】（2024年真题）根据《建设工程质量管理条例》，关于工程监理单位质量责任和义务的说法，正确的是（　　）。

　　A. 不得与建设单位有隶属关系　　B. 对施工质量承担连带责任
　　C. 不得转让工程监理业务　　　　D. 组织建设工程竣工验收

【答案】C

2. 对有隶属关系或其他利害关系的回避

工程监理单位不得与被监理工程的承包单位以及建筑材料、建筑构配件和设备供应单位有隶属关系或者其他利害关系。

◆ **考法：对有隶属关系或其他利害关系的回避**

【例题】工程监理单位因与被监理工程的下列单位有利害关系，而不得承担该工程施工监理业务的有（　　）。

　　A. 建筑材料供应单位　　B. 施工企业
　　C. 设备供应单位　　　　D. 建设单位
　　E. 设计单位

【答案】A、B、C

3. 监理工作的依据和监理责任

（1）工程监理单位代表建设单位对施工质量实施监理，并对施工质量承担监理责任。

（2）实施建设工程监理应遵循下列主要依据：①法律法规及工程建设标准；②建设工程勘察设计文件；③建设工程监理合同及其他合同文件。

（3）工程监理单位与承包单位串通，为承包单位谋取非法利益，给建设单位造成损失的，应当与承包单位承担连带赔偿责任。

（4）工程监理单位转让监理业务的，责令改正，没收违法所得，可以责令停业整顿，降低资质等级；情节严重的，吊销资质证书。

◆**考法：监理的主要依据**

【例题】（2011年真题）项目监理机构在实施工程监理时，其主要的监理依据有（　　）。

　　A. ISO质量管理体系　　　　　　B. 工程建设国家强制性标准
　　C. 工程设计文件　　　　　　　　D. 施工企业管理制度
　　E. 建设工程施工合同

【答案】B、C、E

4. 工程监理的职责和权限

（1）工程监理单位应当选派具备相应资格的总监理工程师和监理工程师进驻施工现场。

（2）未经监理工程师签字，建筑材料、建筑构配件和设备不得在工程上使用或者安装，施工单位不得进行下一道工序的施工。

（3）未经总监理工程师签字，建设单位不拨付工程款，不进行竣工验收。

◆**考法：必须经总监理工程师签字的事项**

【例题】（2010年真题）在施工过程中，必须经总监理工程师签字的事项是（　　）。

　　A. 建筑材料进场　　　　　　　　B. 建筑设备安装
　　C. 隐蔽工程验收　　　　　　　　D. 工程竣工验收

【答案】D

5. 工程监理的形式

监理工程师应当采取旁站、巡视和平行检验等形式，对建设工程实施监理。

◆**考法：主要监理形式**

【例题】根据《建设工程质量管理条例》，监理工程师对建设工程项目现场实施监理，采取的主要监理形式有（　　）。

　　A. 书面审查　　　　　　　　　　B. 旁站
　　C. 巡视　　　　　　　　　　　　D. 平行检验
　　E. 见证取样、送检

【答案】B、C、D

6. 工程监理单位的消防设计、施工质量责任与义务

工程监理单位应当参加建设单位组织的建设工程竣工验收，对建设工程消防施工质量签章确认，并对建设工程消防施工质量承担监理责任。

7.4 施工单位的质量责任和义务

核心考点提纲

1	7.4.1 对施工质量负责和总分包单位的质量责任
2	7.4.2 按照工程设计图纸和施工技术标准施工

续表

3	7.4.3 建筑材料、设备等的检验检测
4	7.4.4 施工质量检验和返修
5	7.4.5 建立健全职工教育培训制度

7.4.1 对施工质量负责和总分包单位的质量责任

核心考点及重点提示

	考点	重点提示
1	依法承揽工程的施工业务	★★
2	施工单位对施工质量负责	★★
3	总分包单位的质量责任	★★★

★普通　★★重要　★★★非常重要

核心考点及考法

1. 依法承揽工程的施工业务

（1）禁止施工单位超越本单位资质等级许可的业务范围或者以其他施工单位的名义承揽工程。

（2）禁止施工单位允许其他单位或者个人以本单位的名义承揽工程。

（3）施工单位不得转包或者违法分包工程。

2. 施工单位对施工质量负责

（1）施工单位对建设工程的施工质量负责。

（2）施工单位应当建立质量责任制，确定工程项目的项目经理、技术负责人和施工管理负责人。

（3）施工单位项目经理应当按照经审查合格的施工图设计文件和施工技术标准进行施工，对因施工导致的工程质量事故或质量问题承担责任。

◆考法：施工企业的质量责任

【例题】（2023年真题）关于施工企业的质量责任的说法，正确的是（　　）。

A. 国家鼓励施工企业建立工程质量责任制度

B. 施工企业应当通过信息化手段采集、留存隐蔽工程施工质量信息

C. 施工企业对建设工程的施工质量负责

D. 施工企业技术负责人对因施工导致的工程质量问题承担主要责任

【答案】C

3. 总分包单位的质量责任

（1）建设工程实行总承包的，总承包单位应当对全部建设工程质量负责；建设工程勘察、设计、施工、设备采购的一项或者多项实行总承包的，总承包单位应当对其承包的建设工程或者采购的设备的质量负责。

（2）总承包单位依法将建设工程分包给其他单位的，分包单位应当按照分包合同的约定对其分包工程的质量向总承包单位负责，总承包单位与分包单位对分包工程的质量承担连带责任。

（3）实行施工总承包的，隔震减震装置属于建设工程主体结构的施工，应当由总承包单位自行完成。

◆考法：总分包单位的质量责任

【例题】（2018年真题）关于总分包单位的质量责任的说法，正确的是（　　）。

A. 分包工程质量由分包单位自行向建设单位负责
B. 总承包单位与分包单位对分包工程的质量各自向建设单位承担相应的责任
C. 分包单位应当接受总承包单位的质量管理
D. 分包工程发生质量问题，建设单位只能向总承包单位请求赔偿

【答案】C

7.4.2 按照工程设计图纸和施工技术标准施工

核心考点及重点提示

	考点	重点提示
1	按照工程设计图纸施工	★
2	防止设计文件和图纸出现差错	★★

★普通　★★重要　★★★非常重要

核心考点及考法

1. 按照工程设计图纸施工

建筑施工企业必须按照工程设计图纸和施工技术标准施工，不得偷工减料。建筑施工企业不得擅自修改工程设计。

◆考法：施工企业保证工程质量的最基本要求

【例题】施工企业保证工程质量的最基本要求包括（　　）。

A. 不得压缩合同工期
B. 按设计图纸施工
C. 严格履行企业质量管理认证体系
D. 不擅自修改设计文件

E. 与监理单位建立友好的沟通关系

【答案】B、D

2. 防止设计文件和图纸出现差错

（1）建设单位、施工单位、监理单位不得修改建设工程勘察、设计文件；确需修改建设工程勘察、设计文件的，应当由原建设工程勘察、设计单位修改。经原建设工程勘察、设计单位书面同意，建设单位也可以委托其他具有相应资质的建设工程勘察、设计单位修改。

（2）施工单位、监理单位发现建设工程勘察、设计文件不符合工程建设强制性标准、合同约定的质量要求的，应当报告建设单位，建设单位有权要求建设工程勘察、设计单位对建设工程勘察、设计文件进行补充、修改。

（3）建设工程勘察、设计文件内容需要作重大修改的，建设单位应当报经原审批机关批准后，方可修改。

（4）施工单位不得擅自修改工程设计。

（5）施工单位在施工过程中发现设计文件和图纸有差错的，应当及时提出意见和建议。

◆考法：施工过程中发现设计文件和图纸有差错的处理

【例题】（2020年真题）施工企业在施工过程中发现设计文件和图纸有差错的，应当（　　）。

A. 及时提出意见和建议
B. 继续按照设计文件和图纸进行施工
C. 由施工企业技术负责人按照技术标准修改设计文件和图纸
D. 按照通常做法施工

【答案】A

7.4.3 建筑材料、设备等的检验检测

核心考点及重点提示

	考点	重点提示
1	对建筑材料、设备等进行检验检测	★★
2	见证取样和送检	★★★

★普通　★★重要　★★★非常重要

核心考点及考法

1. 对建筑材料、设备等进行检验检测

（1）施工人员对涉及结构安全的试块、试件以及有关材料，应当在建设单位或者工程

监理单位监督下现场取样,并送具有相应资质等级的质量检测单位进行检测。

(2)检测机构与所检测建设工程相关的建设、施工、监理单位,以及建筑材料、建筑构配件和设备供应单位不得有隶属关系或者其他利害关系。

(3)检测机构及其工作人员不得推荐或者监制建筑材料、建筑构配件和设备。

(4)建设单位应当在编制工程概预算时合理核算建设工程质量检测费用,单独列支并按照合同约定及时支付。

(5)建设单位委托检测机构开展建设工程质量检测活动的,建设单位或者监理单位应当对建设工程质量检测活动实施见证。

(6)见证人员应当制作见证记录,记录取样、制样、标识、封志、送检以及现场检测等情况,并签字确认。

(7)建设单位委托检测机构开展建设工程质量检测活动的,施工人员应当在建设单位或者监理单位的见证人员监督下现场取样。

(8)现场检测或者检测试样送检时,应当由检测内容提供单位、送检单位等填写委托单。委托单应当由送检人员、见证人员等签字确认。

◆ 考法1:负责见证监督的单位

【例题】(2021年真题)施工人员对涉及结构安全的试块,应当现场采样并提交检测,负责见证监督的单位是(   )。

　　A. 监理单位或者建设单位
　　B. 设计单位或者监理单位
　　C. 建设工程质量监督机构或者监理单位
　　D. 施工图审查机构或者建设单位

【答案】A

◆ 考法2:工程施工质量检测

【例题】(2023年真题)根据《建设工程质量检测管理办法》,关于工程施工质量检测的说法,正确的是(   )。

　　A. 检测报告经检测人员签字并加盖检测专用章后生效
　　B. 检测结果利害关系人对检测结果发生争议的,由双方共同认可的检测机构复检
　　C. 检测机构应当将检测过程中发现的施工企业违反工程建设强制性标准的情况,及时报告安全生产主管部门
　　D. 工程质量检测机构不得与建设单位有隶属关系

【答案】B

2. 见证取样和送检

(1)见证取样和送检是指在建设单位或工程监理单位人员的见证下,由施工单位的现场试验人员对工程中涉及结构安全的试块、试件和材料在现场取样,并送至经过省级以上建设行政主管部门对其资质认可和质量技术监督部门对其计量认证的质量检测单位进行检测。

(2)涉及结构安全的试块、试件和材料见证取样和送检的比例不得低于有关技术标准

中规定应取样数量的30%。

（3）下列试块、试件和材料必须实施见证取样和送检：① 用于承重结构的混凝土试块；② 用于承重墙体的砌筑砂浆试块；③ 用于承重结构的钢筋及连接接头试件；④ 用于承重墙的砖和混凝土小型砌块；⑤ 用于拌制混凝土和砌筑砂浆的水泥；⑥ 用于承重结构的混凝土中使用的掺加剂；⑦ 地下、屋面、厕浴间使用的防水材料；⑧ 国家规定必须实行见证取样和送检的其他试块、试件和材料。

（4）在施工过程中，见证人员应按照见证取样和送检计划，对施工现场的取样和送检进行见证，取样人员应在试样或其包装上作出标识、封志。标识和封志应标明工程名称、取样部位、取样日期、样品名称和样品数量，并由见证人员和取样人员签字。见证人员应制作见证记录，并将见证记录归入施工技术档案。

（5）见证取样的试块、试件和材料送检时，应由送检单位填写委托单，委托单应有见证人员和送检人员签字。

（6）见证取样和送检的检测报告必须加盖见证取样检测的专用章。

◆ 考法1：建设工程见证取样和送检的最低比例

【例题】（2019年真题）根据《房屋建筑工程和市政基础设施工程实行见证取样和送检的规定》，涉及结构安全的试块、试件和材料见证取样和送检的最低比例是有关技术标准中规定应取样数量的（　　）。

A. 20%　　　　　　　　　B. 30%
C. 25%　　　　　　　　　D. 40%

【答案】B

◆ 考法2：建设工程见证取样的要求

【例题】（2019年真题）关于建设工程见证取样的说法，正确的是（　　）。

A. 施工人员对工程涉及结构安全的试块、试件和材料，应当在建设单位或工程监理单位监督下现场取样
B. 取样人员和见证人员应当在试样或其包装上作出标识、封志
C. 墙体保温材料应当根据建设单位的实际需要决定是否实施见证取样和送检
D. 见证人员应当由施工企业中具备施工试验知识的专业技术人员担任

【答案】A

7.4.4 施工质量检验和返修

核心考点及重点提示

考点		重点提示
1	施工质量检验制度	★★
2	建设工程的返修	★★

★普通　★★重要　★★★非常重要

核心考点及考法

1. 施工质量检验制度

（1）隐蔽工程在隐蔽前，施工单位应当通知建设单位和建设工程质量监督机构。

（2）施工质量检验包括预检、自检、交接检、专职检、分部工程中间检验以及隐蔽工程检验等。

◆ 考法：隐蔽工程的检查和检测

【例题】（2023年真题）根据《建设工程质量管理条例》，隐蔽工程在覆盖前，施工企业应当及时通知的单位和机构是（　　）。

A. 勘察单位和安全生产监督机构
B. 建设单位和安全生产监督机构
C. 设计单位和建设工程质量监督机构
D. 建设单位和建设工程质量监督机构

【答案】D

2. 建设工程的返修

（1）对已发现的质量缺陷，建筑施工企业应当修复。

（2）施工单位对施工中出现质量问题的建设工程或者竣工验收不合格的建设工程，应当负责返修。

（3）因施工人的原因致使建设工程质量不符合约定的，发包人有权请求施工人在合理期限内无偿修理或者返工、改建。经过修理或者返工、改建后，造成逾期交付的，施工人应当承担违约责任。

◆ 考法：建设工程返修的要求

【例题】（2023年真题）关于建设工程返修的说法，正确的是（　　）。

A. 施工企业仅对施工过程中出现质量问题的建设工程负责返修
B. 对已发现的质量缺陷，建筑施工企业应当修复
C. 施工企业仅对竣工验收时不合格的建设工程负责返修
D. 因发包人的原因致使建设工程质量不符合约定的，发包人有权请求施工人在合理期限内无偿修理

【答案】B

7.4.5 建立健全职工教育培训制度

核心考点及重点提示

	考点	重点提示
1	建立健全职工教育培训制度	★★★

★普通　★★重要　★★★非常重要

核心考点及考法

（1）未经教育培训或者考核不合格的人员，不得上岗作业。
（2）大力推行现代学徒制和企业新型学徒制。
（3）鼓励企业采取建立培训基地、校企合作、购买社会培训服务等多种形式。
（4）推行终身职业技能培训制度，加强建筑工人岗前培训和技能提升培训。
（5）鼓励各地加大实训基地建设资金支持力度，在技能劳动者供需缺口较大、产业集中度较高的地区建设公共实训基地，支持企业和院校共建产教融合实训基地。
（6）探索开展智能建造相关培训，加大对装配式建筑、建筑信息模型（BIM）等新兴职业（工种）建筑工人培养，增加高技能人才供给。

◆**考法：建立健全施工企业职工教育培训制度的措施**

【例题】（2024年真题）关于建立健全施工企业职工教育培训制度的说法，正确的有（　　）。

A. 教育培训考核不合格的人员不得上岗作业
B. 充分发挥住房和城乡建设主管部门的技能培训主体作用
C. 大力推行现代学徒制和企业新型学徒制
D. 加大对装配式建筑等新兴职业（工种）建筑工人的培养
E. 鼓励企业和行业协会积极举办各类技能竞赛

【答案】A、C、D、E

7.5 建设工程竣工验收制度

核心考点提纲

1	7.5.1	竣工验收的主体和法定条件
2	7.5.2	规划、消防、节能和环保验收
3	7.5.3	竣工验收备案
4	7.5.4	应提交的档案资料

7.5.1 竣工验收的主体和法定条件

核心考点及重点提示

	考点	重点提示
1	建设工程竣工验收的主体	★★
2	竣工验收应当具备的法定条件	★★

★普通　★★重要　★★★非常重要

核心考点及考法

1. 建设工程竣工验收的主体

建设单位收到建设工程竣工报告后,应当组织设计、施工、工程监理等有关单位进行竣工验收。

◆ **考法:组织建设工程竣工验收的主体**

【例题】(2024年真题)根据《建设工程质量管理条例》,组织建设工程竣工验收的主体是( )。

A. 建设工程质量监督机构　　B. 建设单位
C. 设计单位　　　　　　　　D. 监理单位

【答案】B

2. 竣工验收应当具备的法定条件

表 7-5　竣工验收应当具备的法定条件

建设工程竣工验收应具备的条件	记忆关键词
(1)完成建设工程设计和合同约定的各项内容	"实体硬件"
(2)有完整的技术档案和施工管理资料	"软件"
(3)有工程使用的主要建筑材料、建筑构配件和设备的进场试验报告	试验报告
(4)有勘察、设计、施工、工程监理等单位分别签署的质量合格文件	质量合格文件
(5)有施工单位签署的工程保修书	保修书

建设工程技术档案和施工管理资料主要包括:① 工程项目竣工验收报告;② 分项、分部工程和单位工程技术人员名单;③ 图纸会审和技术交底记录;④ 设计变更通知单,技术变更核实单;⑤ 工程质量事故发生后调查和处理资料;⑥ 隐蔽工程验收记录及施工日志;⑦ 竣工图;⑧ 质量检验评定资料;⑨ 合同约定的其他资料。

◆ **考法 1:建设工程竣工验收应当具备的法定条件**

【例题】(2023年真题)建设工程竣工验收应当具备的法定条件有( )。

A. 有工程使用的全部建筑材料、建筑构配件和设备的进场记录
B. 完成建设工程设计和合同约定的各项内容
C. 有完整的技术档案和施工管理资料
D. 有勘察、设计、施工、工程监理等单位分别签署的质量合格文件
E. 有施工企业签署的工程保修书

【答案】B、C、D、E

◆ **考法 2:建设工程竣工验收应具备的工程技术档案和施工管理资料**

【例题】根据《建设工程质量管理条例》,建设工程竣工验收应具备的工程技术档案和施工管理资料包括( )。

A. 竣工验收报告　　　　　　B. 分部、分项工程全体施工人员名单

C. 设计变更通知单 D. 隐蔽验收记录及施工日志
E. 竣工图

【答案】A、C、D、E

7.5.2 规划、消防、节能和环保验收

核心考点及重点提示

	考点	重点提示
1	建设工程竣工规划验收	★★
2	建设工程竣工消防验收	★★
3	建设工程竣工环保验收	★
4	建筑工程节能验收	★★★

★普通　★★重要　★★★非常重要

核心考点及考法

1. 建设工程竣工规划验收

（1）未经核实或者经核实不符合规划条件的建设工程，建设单位不得组织竣工验收。

（2）建设单位应当在竣工验收后 6 个月内向城乡规划主管部门报送有关竣工验收资料。

（3）城乡规划行政主管部门按照选址意见书、建设用地规划许可证、建设工程规划许可证、乡村建设规划许可证及其有关规划的要求，对建设工程进行规划验收。

◆ 考法：建设工程竣工规划验收的要求

【例题】（2023 年真题）关于建设工程竣工规划验收的说法，正确的是（　　）。

A. 工程竣工后，建设单位应当依法向城乡建设行政主管部门提出竣工规划验收申请
B. 对于验收合格的建设工程，城乡规划行政主管部门出具建设工程规划许可证
C. 建设工程未经核实或者经核实不符合规划条件的，建设单位不得组织竣工验收
D. 建设单位必须在竣工验收后 3 个月内向城乡规划行政主管部门报送有关竣工验收资料

【答案】C

2. 建设工程竣工消防验收

（1）应当申请消防验收的建设工程竣工，建设单位应当向住房和城乡建设主管部门申请消防验收。

（2）依法应当进行消防验收的建设工程，未经消防验收或者消防验收不合格的，禁止

投入使用；其他建设工程经依法抽查不合格的、应当停止使用。

◆ **考法：受理建设单位消防验收申请的主管部门**

【例题】（2024年真题）根据《消防法》，受理建设单位消防验收申请的主管部门是（　　）。

  A. 住房和城乡建设主管部门　　B. 城乡规划主管部门
  C. 应急管理部门　　D. 生态环境主管部门

【答案】A

3. 建设工程竣工环保验收

（1）分期建设、分期投入生产或者使用的建设项目，其相应的环境保护设施应当分期验收。

（2）编制环境影响报告书、环境影响报告表的建设项目，其配套建设的环境保护设施经验收合格，方可投入生产或者使用；未经验收或者验收不合格的，不得投入生产或者使用。

4. 建筑工程节能验收

（1）国家实行固定资产投资项目节能评估和审查制度。

（2）不符合强制性节能标准的项目，建设单位不得开工建设；已经建成的，不得投入生产、使用。

（3）政府投资项目不符合强制性节能标准的，依法负责项目审批的机关不得批准建设。

（4）建设单位组织竣工验收，应当对民用建筑是否符合民用建筑节能强制性标准进行查验；对不符合民用建筑节能强制性标准的，不得出具竣工验收合格报告。

（5）单位工程竣工验收应在建筑节能分部工程验收合格后进行。

（6）建筑节能分部工程的质量验收，应在施工单位自检合格，且检验批、分项工程全部合格的基础上，进行外墙节能构造外窗气密性现场实体检测和设备系统节能性能检测，确认建筑节能工程质量达到验收的条件后方可进行。

◆ **考法：建筑工程节能验收的要求**

【例题】（2024年真题）关于建筑工程节能验收的说法，正确的是（　　）。

  A. 国家实行固定资产投资项目节能评估和备案制度
  B. 对不符合推荐性节能标准的项目，建设单位不得开工建设
  C. 建筑节能分部工程验收合格后方可进行单位工程竣工验收
  D. 建筑节能检验批、分项工程全部合格即可进行节能分部工程验收

【答案】C

7.5.3 竣工验收备案

核 心 考 点 及 重 点 提 示

	考点	重点提示
1	竣工验收备案的时间及须提交的文件	★★
2	竣工验收备案文件的签收和处理	★★

★ 普通　★★ 重要　★★★ 非常重要

核 心 考 点 及 考 法

1. 竣工验收备案的时间及须提交的文件

（1）建设单位应当自工程竣工验收合格之日起 15 日内，向工程所在地的县级以上地方人民政府建设主管部门备案。

（2）建设单位办理工程竣工验收备案应当提交下列文件：① 工程竣工验收备案表；② 工程竣工验收报告；③ 法律、行政法规规定应当由规划等部门出具的认可文件或者准许使用文件；④ 法律规定应当由公安消防部门出具的对大型的人员密集场所和其他特殊建设工程验收合格的证明文件；⑤ 施工单位签署的工程质量保修书；⑥ 法规、规章规定必须提供的其他文件。住宅工程还应当提交《住宅质量保证书》和《住宅使用说明书》。

◆ **考法 1：建设工程竣工验收备案的时间**

【例题】（2009 年真题）建设单位应当自建设竣工验收合格之日起（　　）日内，将竣工验收报告和规划、公安消防、环保等部门出具的认可文件或者准许使用文件报建设行政主管部门或者其他有关部门备案。

　　A. 10　　　　　　　　　　B. 15
　　C. 30　　　　　　　　　　D. 60

【答案】B

◆ **考法 2：办理工程竣工验收备案应提交的材料**

【例题】建设单位办理工程竣工验收备案应提交的材料不包括（　　）。

　　A. 工程竣工验收报告
　　B. 规划、招标投标、公安消防、环保部门的完整备案文件
　　C. 施工企业签署的工程质量保修书
　　D. 住宅工程的《住宅质量保证书》和《住宅使用说明书》

【答案】B

2. 竣工验收备案文件的签收和处理

（1）工程竣工验收备案表一式两份，1 份由建设单位保存，1 份留备案机关存档。

（2）工程质量监督机构应当在工程竣工验收之日起 5 日内，向备案机关提交工程质量监督报告。

（3）备案机关发现建设单位在竣工验收过程中有违反国家有关建设工程质量管理规定行为的，应当在收讫竣工验收备案文件15日内，责令停止使用，重新组织竣工验收。

◆考法：建设工程竣工验收备案文件的处理

【例题】（2022年真题）根据《房屋建筑和市政基础设施工程竣工验收备案管理办法》，关于竣工验收备案的说法，正确的是（　　）。

  A. 建设单位应当自建设工程竣工验收合格之日起30日内办理建设工程竣工验收备案

  B. 备案机关发现建设单位在竣工验收过程中有违反国家有关建设工程质量管理规定行为的，应当责令停止使用，重新组织竣工验收

  C. 工程质量监督机构应当在工程竣工验收之日起3个月内，向备案机关提交工程质量监督报告

  D. 备案机关验证竣工验收备案文件齐全后，应当在工程竣工验收备案表上签署同意意见

【答案】 B

7.5.4 应提交的档案资料

核心考点及重点提示

	考点	重点提示
1	应提交的档案资料	★★

★普通　★★重要　★★★非常重要

核心考点及考法

（1）建设单位应当在工程竣工验收后3个月内，向城建档案馆报送一套符合规定的建设工程档案。

（2）停建、缓建工程的档案，暂由建设单位保管。

（3）凡结构和平面布置等改变的，应当重新编制建设工程档案，并在工程竣工后3个月内向城建档案馆报送。

（4）勘察、设计、施工、监理等单位应将本单位形成的工程文件立卷后向建设单位移交。

（5）建设工程项目实行总承包管理的，总包单位应负责收集、汇总各分包单位形成的工程档案，并应及时向建设单位移交。

（6）建设工程项目由几个单位承包的，各承包单位应负责收集、整理立卷其承包项目的工程文件，并应及时向建设单位移交。

（7）每项建设工程应编制一套电子档案，随纸质档案一并移交城建档案管理机构。

（8）对于数字化扫描形成的电子文件，实行纸质、电子双套制移交。对于工程建设项

目原生电子档案、建筑信息模型（BIM）等，应一并移交。

◆ **考法 1：向城建档案馆报送建设工程档案的时间**

【例题】（2020 年真题）根据《城市建设档案管理规定》，建设单位应当在工程竣工验收后（　　）个月内，向城建档案馆报送一套符合规定的建设工程档案。

A. 3　　　　　　　　　　　　B. 1
C. 6　　　　　　　　　　　　D. 12

【答案】A

◆ **考法 2：向城建档案馆报送建设工程档案的要求**

【例题】（2023 年真题）根据《城市建设档案管理规定》和《建设工程文件归档规范》，关于工程竣工验收后提交档案资料的说法，正确的是（　　）。

A. 勘察、设计、施工、监理等单位应当将本单位形成的工程文件立卷后向城建档案馆移交
B. 对改建的工程，建设单位应当组织设计、施工企业据实修改、补充和完善原建设工程档案
C. 建设单位应当在工程竣工验收后 6 个月内，向城建档案馆报送建设工程档案
D. 施工分包单位应将本单位形成的工程文件立卷后向建设单位移交

【答案】B

7.6　建设工程质量保修制度

核心考点提纲

1	7.6.1　质量保修书和最低保修期限
2	7.6.2　工程质量保证金

7.6.1　质量保修书和最低保修期限

核心考点及重点提示

	考点	重点提示
1	建设工程质量保修书	★★
2	建设工程质量的最低保修期限	★★★

★普通　★★重要　★★★非常重要

核心考点及考法

1. 建设工程质量保修书

（1）建设工程承包单位在向建设单位提交工程竣工验收报告时，应当向建设单位出具

质量保修书。

（2）质量保修书中应当明确建设工程的保修范围、保修期限和保修责任等。

（3）建筑工程的保修范围应当包括地基基础工程、主体结构工程、屋面防水工程和其他土建工程，以及电气管线、上下水管线的安装工程，供热、供冷系统工程等项目。

（4）建设工程在保修范围和保修期限内发生质量问题的，施工单位应当履行保修义务，并对造成的损失承担赔偿责任。

（5）当工程在保修期内出现涉及结构安全或影响使用功能的严重质量缺陷时，应由原设计单位或具有相应资质等级的设计单位提出保修设计方案，施工单位实施保修。

（6）建设单位、施工单位或受委托的其他单位在保修期内应明确保修和质量投诉受理部门、人员及联系方式，并建立相关工作记录文件。

（7）如果是因建设单位或者用户使用不当或擅自改动结构、设备位置以及不当装修等造成质量问题的，施工单位不承担保修责任；由此而造成的质量受损或者其他用户损失，应当由责任人承担相应的责任。

◆考法1：建设单位出具的质量保修书的内容

【例题】（2020年真题）建设工程承包单位应当向建设单位出具质量保修书，其内容包括建设工程的（　　）。

  A. 保修范围

  B. 工程简况和施工管理要求

  C. 保修期限

  D. 保修责任

  E. 超过合理使用年限继续使用的条件

【答案】A、C、D

◆考法2：建筑工程的保修范围

【例题】（2014年真题）根据《建筑法》，建筑工程的保修范围有（　　）。

  A. 土石方工程　　　　　　B. 地基基础工程

  C. 电气管线工程　　　　　D. 景观绿化工程

  E. 屋面防水工程

【答案】B、C、E

◆考法3：施工企业承担保修责任的前提条件

【例题】（2012年真题）施工企业承担保修责任的前提条件之一是（　　）。

  A. 非施工企业原因产生的质量问题

  B. 工期未按期交工

  C. 属于保修书中约定的保修范围

  D. 工程价款结算完毕

【答案】C

2. 建设工程质量的最低保修期限

（1）建设工程质量的最低保修期限：

表 7-6 建设工程质量的最低保修期限

年限	具体工程类别
2 年	供热与供冷系统（2 个采暖期、供冷期）。 电气管线、给水排水管道、设备安装和装修工程
5 年	屋面防水、有防水要求的卫生间、房间和外墙面的防渗漏工程
设计文件规定的 合理使用年限	基础设施工程、房屋建筑地基基础和主体结构工程
约定	其他项目的保修期限由发包方与承包方约定

（2）保修期限可以高于法定的最低保修期限，但不能低于最低保修期限。

（3）建设工程保修期的起始日是竣工验收合格之日。

◆**考法 1：建设工程的最低保修期限**

【例题】（2023 年真题）根据《建设工程质量管理条例》，在正常使用条件下，关于建设工程最低保修期限的说法，正确的有（　　）。

　　A. 供热系统为 2 年　　　　　　　B. 屋面防水工程为 5 年
　　C. 装修工程为 2 年　　　　　　　D. 房屋建筑的主体结构工程为 70 年
　　E. 电气管线为 2 年

【答案】B、C、E

◆**考法 2：建设工程质量的保修期**

【例题】（2021 年真题）根据《建设工程质量管理条例》，关于建设工程质量保修期的说法，正确的有（　　）。

　　A. 质量保修期的起始日是竣工验收合格之日
　　B. 建设工程在超过合理使用年限后一律不得继续使用
　　C. 质量保修期内，施工企业对工程的一切质量缺陷承担责任
　　D. 对于电气管线工程，建设单位与施工企业经平等协商可以约定 5 年的质量保修期
　　E. 建设单位与施工企业就景观绿化工程可以约定 1 年的质量保修期

【答案】A、D、E

7.6.2 工程质量保证金

核心考点及重点提示

	考点	重点提示
1	缺陷责任期的确定	★★
2	质量保证金的预留与使用管理	★★
3	质量保证金的返还	★

★普通　★★重要　★★★非常重要

核心考点及考法

1. 缺陷责任期的确定

（1）缺陷责任期一般为 1 年，最长不超过 2 年，由发、承包双方在合同中约定。

（2）缺陷责任期从工程通过竣工验收之日起计。

（3）由于承包人原因导致工程无法按规定期限进行竣工验收的，缺陷责任期从实际通过竣工验收之日起计。

（4）由于发包人原因导致工程无法按规定期限进行竣工验收的，在承包人提交竣工验收报告 90 天后，工程自动进入缺陷责任期。

◆ 考法 1：缺陷责任期的规定

【例题】（2024 年真题）根据《建设工程质量保证金管理办法》，关于缺陷责任期的说法，正确的是（　　）。

　　A. 由于发包人原因导致工程无法按规定期限进行竣工验收的，在承包人提交竣工验收报告 90 天后，工程自动进入缺陷责任期

　　B. 缺陷责任期最短不得少于 2 年，具体期限由发、承包双方在合同中约定

　　C. 缺陷责任期从承包人提交竣工验收报告之日起计

　　D. 由于承包人原因导致工程无法按规定期限进行竣工验收的，缺陷责任期从实际完成竣工验收备案之日起计

【答案】A

◆ 考法 2：缺陷责任期的起算时间

【例题】根据《建设工程质量保证金管理办法》，由于发包人原因导致工程无法按规定期限进行竣工验收的，在承包人提交竣工验收报告 90 天后，工程自动进入（　　）。

　　A. 保修期　　　　　　　　　　B. 索赔期
　　C. 质量责任期　　　　　　　　D. 缺陷责任期

【答案】D

2. 质量保证金的预留与使用管理

（1）缺陷责任期内，实行国库集中支付的政府投资项目，保证金的管理应按国库集中支付的有关规定执行。

（2）社会投资项目采用预留保证金方式的，发、承包双方可以约定将保证金交由第三方金融机构托管。

（3）发包人应按照合同约定方式预留保证金，总预留比例不得高于工程价款结算总额的 3%。

（4）合同约定由承包人以银行保函替代预留保证金的，保函金额不得高于工程价款结算总额的 3%。

（5）推行银行保函制度，承包人可以银行保函替代预留保证金。

（6）在工程项目竣工前，已经缴纳履约保证金的，发包人不得同时预留工程质量保证金。

（7）采用工程质量保证担保、工程质量保险等其他保证方式的，发包人不得再预留保证金。

（8）缺陷责任期内，由承包人原因造成的缺陷，承包人应负责维修，并承担鉴定及维修费用。

（9）由他人原因造成的缺陷，发包人负责组织维修，承包人不承担费用，且发包人不得从保证金中扣除费用。

◆ 考法：建设工程质量保证金的预留

【例题】关于建设工程质量保证金预留的说法，正确的是（　　）。

    A. 发包人应当按照合同约定方式预留质量保证金，质量保证金总预留比例不得高于工程价款结算总额的2%

    B. 在工程项目竣工前，已经缴纳履约保证金的，发包人不得同时预留质量保证金

    C. 合同约定由承包人以银行保函替代预留质量保证金的，保函金额不得高于工程价款结算总额的1.5%

    D. 采用工程质量保证担保的，发包人可以同时预留质量保证金

【答案】B

3. 质量保证金的返还

（1）有下列情形之一，承包人请求发包人返还工程质量保证金的，人民法院应予支持：① 当事人约定的工程质量保证金返还期限届满；② 当事人未约定工程质量保证金返还期限的，自建设工程通过竣工验收之日起满2年；③ 因发包人原因建设工程未按约定期限进行竣工验收的，自承包人提交工程竣工验收报告90日后当事人约定的工程质量保证金返还期限届满；当事人未约定工程质量保证金返还期限的，自承包人提交工程竣工验收报告90日后起满2年。

（2）发包人返还工程质量保证金后，不影响承包人根据合同约定或者法律规定履行工程保修义务。

本章模拟强化练习

1. 根据《标准化法》，标准包括（　　）。
    A. 国家标准　　　　　　　　　B. 国际标准
    C. 行业标准　　　　　　　　　D. 地方标准
    E. 企业标准

【答案】A、C、D、E

2. 关于工程建设标准的说法，正确的是（　　）。
    A. 强制性国家标准由国务院批准发布或者授权批准发布
    B. 行业标准可以是强制性标准
    C. 国家标准公布后，原有的行业标准继续实施

D. 国家标准的复审一般在颁布后 5 年进行一次

【答案】A

3. 施工过程中,建设单位违反规定提出降低工程质量要求时,施工企业应当( )。

  A. 予以拒绝   B. 征得设计单位同意
  C. 征得监理单位同意   D. 与相关各方协商一致

【答案】A

4. 根据《实施工程建设强制性标准监督规定》,属于强制性标准监督检查内容的有( )。

  A. 有关工程技术人员是否熟悉、掌握强制性标准
  B. 工程项目的规划、勘察、设计、施工、验收等是否符合强制性标准的规定
  C. 工程项目采用的材料、设备是否符合强制性标准的规定
  D. 有关行政部门处理重大事故是否符合强制性标准的规定
  E. 工程项目中采用的导则、指南、手册、计算机软件的内容是否符合强制性标准的规定

【答案】A、B、C、E

5. 《建设工程抗震管理条例》规定,( )应当将建筑的设计使用年限、结构体系、抗震设防烈度、抗震设防类别等具体情况和使用维护要求记入使用说明书,并将使用说明书交付使用人或者买受人。

  A. 建设单位   B. 勘察单位
  C. 设计单位   D. 施工企业

【答案】A

6. 《建设工程抗震管理条例》规定,对抗震性能鉴定结果判定需要进行抗震加固且具备加固价值的已经建成的建设工程,( )应当进行抗震加固。

  A. 建设单位   B. 建设工程所有权人
  C. 工程质量检测机构   D. 施工企业

【答案】B

7. 根据《建设抗震管理条例》,县级以上人民政府住房和城乡建设主管部门或者其他有关监督管理部门履行建设工程抗震监督管理职责时,有权采取的措施有( )。

  A. 向施工企业和施工人员调查了解相关情况
  B. 查封涉嫌违反抗震设防标准的施工现场
  C. 对抗震结构材料、构件和隔震减震装置实施抽样检测
  D. 对建设工程或者施工现场进行监督检查
  E. 查阅、复制建设单位有关建设工程抗震的文件和资料

【答案】A、C、D、E

8. 根据《无障碍环境建设法》,无障碍设施经验收交付后,所有权人或者管理人应当对无障碍设施履行维护和管理责任,主要包括( )。

  A. 对需改造的无障碍设施进行改造

B. 对损坏的无障碍设施进行维修

C. 对损坏的无障碍标识进行拆除

D. 纠正占用无障碍设施的行为

E. 对损坏的无障碍设施和标识进行替换

【答案】A、B、D、E

9. 根据《无障碍环境建设法》,县级以上人民政府通过（　　）等相关规划中统筹纳入无障碍环境建设,落实经费保障。

A. 数字中国　　　　　　　B. 城市更新

C. 文明城市　　　　　　　D. 乡村振兴

E. 健康老龄化

【答案】A、B、D、E

10. 根据《无障碍环境建设法》,（　　）等组织依照法律、法规以及各自章程,协助各级人民政府及其有关部门做好无障碍环境建设工作。

A. 住房和城乡建设部门　　B. 残疾人联合会

C. 文化和旅游部门　　　　D. 老龄协会

E. 卫生健康部门

【答案】B、D

11. 根据《建设工程监理范围和规模标准规定》的要求,（　　）必须实行监理。

A. 项目总投资为2800万元的卫生项目

B. 成片开发建设的4万 m^2 的住宅小区工程

C. 使用外国政府援助资金,项目总投资为300万美元的水资源保护项目

D. 项目总投资额为4600万元的公路项目

E. 项目总投资额为1800万元的体育场馆项目

【答案】C、D、E

12. 根据《建设工程质量管理条例》,属于建设单位质量责任和义务的是（　　）。

A. 办理工程质量监督手续　　B. 抽样检测现场试块

C. 建立健全教育培训制度　　D. 组织竣工预验收

【答案】A

13. 关于勘察、设计单位质量责任和义务的说法,正确的有（　　）。

A. 注册建筑师、注册结构工程师等注册执业人员应当在设计文件上签字,对设计文件负责

B. 未经注册的建设工程勘察人员,可以借用已注册执业人员的名义从事建设工程勘察活动

C. 对有特殊要求的建筑材料,设计单位可以指定生产厂、供应商

D. 勘察、设计单位可以转包所承揽的工程

E. 设计单位应当就审查合格的施工图设计文件向施工企业作出详细说明

【答案】A、C、E

14. 关于设计单位质量责任和义务的说法,正确的是(   )。

   A. 设计单位项目负责人对因设计导致的工程质量问题承担责任

   B. 设计单位可以在设计文件中指定建筑材料的供应商

   C. 设计单位应当就审查合格的施工图设计文件向建设单位作出详细说明

   D. 设计文件应当符合国家规定的设计深度要求,但不必注明工程合理使用年限

【答案】A

15. 某工程监理公司是施工项目的监理单位,其监理的依据包括(   )。

   A. 该项目施工企业与建设单位签订的施工承包合同

   B.《建设工程质量管理条例》

   C.《建设工程安全生产管理条例》

   D. 该项目设计单位与建设单位签订的设计承包合同

   E.《工程建设标准强制性条文》

【答案】A、B、C、E

16. 根据《建设工程质量管理条例》,关于工程监理职责和权限的说法,错误的是(   )。

   A. 未经监理工程师签字,建筑材料不得在工程上使用

   B. 未经监理工程师签字,建设单位不得拨付工程款

   C. 隐蔽工程验收未经监理工程师签字,不得进入下一道工序

   D. 未经总监理工程师签字,建设单位不进行竣工验收

【答案】B

17. 根据《建筑工程五方责任主体项目负责人质量终身责任终究暂行办法》(建质〔2014〕124号),下列人员中,属于五方责任主体项目负责人的有(   )。

   A. 建设单位项目负责人   B. 监理单位负责人

   C. 勘察单位项目负责人   D. 施工企业项目经理

   E. 造价单位项目负责人

【答案】A、C、D

18. 关于总承包模式下各单位质量责任的说法,正确的有(   )。

   A. 施工总承包单位应当对施工图设计文件质量负责

   B. 施工总承包单位对其采购的材料质量负责

   C. 施工总承包单位对施工质量负责

   D. 分包单位就分包工程质量向施工总承包单位负责

   E. 分包单位与施工总承包单位就分包工程质量向建设单位承担连带责任

【答案】B、C、D、E

19. 施工企业乙经建设单位甲同意,将部分非主体工程分包给施工企业丙,丙又将其中部分工程违法分包给施工企业丁。后丁因工作失误致使工程不合格,甲欲索赔。关于责任承担的说法,正确的有(   )。

   A. 甲有权要求乙承担民事责任

B. 甲有权要求丙承担民事责任

C. 甲无权要求丁承担民事责任

D. 乙向甲承担民事责任后，有权向丙追偿

E. 丙向乙承担民事责任后，有权向丁追偿

【答案】A、B、D、E

20. 施工企业在施工过程中，发现设计文件和图纸有差错的应当（　　）。

A. 及时向建设单位或监理单位提出意见和建议

B. 继续按设计文件和图纸施工

C. 对设计文件和图纸进行修改，按修改后的设计文件和图纸进行施工

D. 对设计文件和图纸进行修改，征得设计单位同意后按修改后的设计文件和图纸进行施工

【答案】A

21. 施工企业对建筑材料、建筑构配件和设备进行检验，通常应当按照（　　）进行，不合格的不得使用。

A. 工程设计要求　　　　　　B. 企业标准

C. 施工技术标准　　　　　　D. 通行惯例

E. 合同约定

【答案】A、C、E

22. 根据《建设工程质量检测管理办法》，关于建设工程质量检测的说法，正确的有（　　）。

A. 检测报告经检测人员签字后即可生效

B. 检测机构不得推荐或者监制建筑材料、构配件和设备

C. 利害关系人对检测结果发生争议的，由建设主管部门认定

D. 检测报告经工程监理单位确认后，由建设单位归档

E. 检测机构应当将检测过程中发现的涉及结构安全检测结果的不合格情况，报告工程所在地建设主管部门

【答案】B、E

23. 根据《房屋建筑工程和市政基础设施工程实行见证取样和送检的规定》，下列各项中，属于必须实施见证取样送检的试块、试件和材料有（　　）。

A. 填充墙的混凝土小型砌块

B. 混凝土中使用的掺加剂

C. 用于承重结构的钢筋及连接接头试件

D. 地下、屋面、厕浴间使用的防水材料

E. 用于拌制混凝土和砌筑砂浆的水泥

【答案】C、D、E

24. 关于建设工程返修的说法，正确的是（　　）。

A. 返修仅适用于建设工程质量保修阶段

B. 返修的前提是工程质量不符合国家规定和合同约定的质量标准

C. 返修是无偿的

D. 返修仅限于因施工企业原因造成的质量问题

【答案】B

25. 关于施工企业职工教育培训制度的说法，正确的有（　　）。

    A. 施工企业应当建立、健全教育培训制度，加强对职工的教育培训
    B. 未经教育培训或者考核不合格的人员，不得上岗作业
    C. 施工企业应当建立培训基地
    D. 推行终身职业技能培训制度，加强建筑工人岗前培训和技能提升培训
    E. 大力推行现代学徒制和企业新型学徒制

【答案】A、B、D、E

26. 关于建设工程竣工规划验收的说法，正确的是（　　）。

    A. 建设工程竣工后，施工企业应当向城乡规划主管部门提出竣工规划验收申请
    B. 竣工规划验收合格的，由城乡规划主管部门出具规划认可文件或核发建设工程竣工规划验收合格证
    C. 报送有关竣工验收材料必须在竣工验收后1年内完成
    D. 未在规定时间内向城乡规划主管部门报送竣工验收材料的，责令限期补报，并处罚款

【答案】B

27. 根据《节约能源法》，关于节能的说法，正确的是（　　）。

    A. 国家禁止发展高耗能、高污染行业
    B. 不符合强制性节能标准的项目，建设单位不得开工建设
    C. 不符合强制性节能标准的项目，已经建成的，须经国务院批准方可投入使用
    D. 政府投资项目不符合强制性节能标准的，实行限项审批管理

【答案】B

28. 关于工程竣工验收后提交档案资料的说法，正确的是（　　）。

    A. 对改建、扩建和重要部位维修的工程，应当组织设计、施工企业据实修改、补充和完善原建设工程档案
    B. 工程竣工验收后6个月内，应当向城建档案馆报送一套符合规定的建设工程档案
    C. 勘察、设计、施工、监理等单位应当将本单位形成的工程文件立卷后向城建档案馆移交
    D. 移交电子档案的，可以不移交相应纸质档案

【答案】A

29. 根据《建设工程质量管理条例》，建设工程承包单位应当向建设单位出具质量保修书的时间是（　　）。

    A. 竣工验收时　　　　　　　　B. 竣工验收合格后

C. 提交竣工验收报告时　　　　　D. 交付使用时

【答案】C

30. 关于建设工程质量保修的说法，正确的是（　　）。

    A. 不同类型的建设工程，质量保修范围不同

    B. 合同约定的保修期限不能高于法定保修期限

    C. 工程的合理使用年限与施工企业的质量责任年限无关

    D. 建设工程保修期的起始日是工程实际竣工之日

【答案】A

31. 在某施工合同履行中，施工企业未及时履行保修义务，建设单位使用不当，双方有同等责任。建筑物毁损的损失为100万元，关于责任承担的说法，正确的有（　　）。

    A. 应当由施工企业和建设单位各自承担相应责任

    B. 由施工企业负责维修，建设单位支付50万元

    C. 应当由施工企业承担全部责任

    D. 由施工企业负责维修，建设单位支付100万元

    E. 建设单位另行组织维修的，费用全部由施工企业承担

【答案】A、B

32. 根据《建设工程质量管理条例》，关于质量保修期限的说法，正确的有（　　）。

    A. 地基基础工程最低保修期限为设计文件规定的该工程合理使用年限

    B. 屋面防水工程最低保修期限为3年

    C. 给排水管道工程最低保修期限为2年

    D. 供热工程最低保修期限为2个采暖期

    E. 建设工程的保修期自交付使用之日起计算

【答案】A、C、D

33. 根据《建设工程质量管理条例》，下列项目中，属于法定最低保修期限为设计文件规定的合理使用年限的有（　　）。

    A. 设备安装和装修工程　　　　　B. 基础设施工程

    C. 房屋建筑的主体结构工程　　　D. 屋面防水工程

    E. 供热与供冷系统

【答案】B、C

34. 关于建设工程在超过合理使用年限后需要继续使用进行鉴定的说法，正确的是（　　）。

    A. 应当委托具有相应资质的施工企业鉴定

    B. 委托人应当为建设单位

    C. 根据鉴定结果，采取加固、维修等措施后，重新界定使用期

    D. 加固费用较高的，应当报废或者拆除

【答案】C

35. 根据《建设工程质量保证金管理办法》，关于缺陷责任期的说法，正确的有（　　）。

A. 缺陷责任期由发、承包双方在合同中约定

B. 缺陷责任期从工程通过竣工验收之日起计

C. 缺陷责任期中的缺陷包括建设工程质量不符合承包合同的约定

D. 缺陷责任期届满，承包人对工程质量不再承担责任

E. 由于发包人原因导致工程无法按规定期限进行竣工验收的，缺陷责任期从实际通过竣工验收之日起计

【答案】A、B、C

36. 根据《建设工程质量保证金管理办法》，关于质量保证金的说法。正确的有（ ）。

A. 社会投资项目采用预留保证金方式的，发、承包双方可以约定将保证金交予第三方金融机构托管

B. 缺陷责任期内，由第三人原因造成的缺陷发包人应当负责组织维修并从保证金中扣除费用

C. 合同约定由承包人以银行保函替代预留保证金的，保函金额不得高于工程款结算总额的 3%

D. 发包人在接到承包人返还保证金申请后 14 天内不予答复的，视同认可承包人的返还保证金申请

E. 在工程项目竣工前，已经缴纳履约保证金的，发包人不得同时预留工程质量保证金

【答案】A、C、E

第8章　建设工程环境保护和历史文化遗产保护法律制度

近五年真题考点分值表

节	题型	2020年（分）	2021年（分）	2022年（分）	2023年（分）	2024年（分）
8.1 建设工程环境保护制度	单项选择题	1	1	1	2	2
	多项选择题	2	2	2	2	
8.2 施工中历史文化遗产保护制度	单项选择题	1	1	1	1	1
	多项选择题					

8.1　建设工程环境保护制度

核心考点提纲

1	8.1.1	建设工程大气污染防治
2	8.1.2	建设工程水污染防治
3	8.1.3	建设工程固体废物污染环境防治
4	8.1.4	建设工程噪声污染防治

8.1.1　建设工程大气污染防治

核心考点及重点提示

	考点	重点提示
1	项目规划阶段大气污染防治	★
2	建设项目大气污染防治	★★
3	施工扬尘污染防治	★★★
4	严重污染大气环境的工艺、设备和产品的防治	★
5	施工车辆、设备的大气污染防治	★
6	向大气排放污染物防治	★

★普通　★★重要　★★★非常重要

核心考点及考法

1. 项目规划阶段大气污染防治

编制可能对国家大气污染防治重点区域的大气环境造成严重污染的有关工业园区、开发区、区域产业和发展等规划，应当依法进行环境影响评价。

◆ **考法：项目规划阶段大气污染防治**

【例题】编制可能对国家大气污染防治重点区域的大气环境造成严重污染的有关工业园区规划，应当（　　）。

  A. 办理大气污染排放许可证　　B. 制定防治污染的措施
  C. 缴纳大气污染防治费　　　　D. 依法进行环境影响评价

【答案】D

2. 建设项目大气污染防治

（1）企业事业单位和其他生产经营者建设对大气环境有影响的项目，应当依法进行环境影响评价、公开环境影响评价文件。

（2）向大气排放污染物的，应当符合大气污染物排放标准，遵守重点大气污染物排放总量控制要求。

（3）国家大气污染防治重点区域内新建、改建、扩建用煤项目的，应当实行煤炭的等量或者减量替代。

◆ **考法：建设项目大气污染防治**

【例题】向大气排放污染物的，应当符合大气污染物排放标准，遵守重点大气污染物（　　）控制要求。

  A. 排放区域　　　B. 排放总量
  C. 排放峰值　　　D. 排放标准

【答案】B

3. 施工扬尘污染防治

（1）建设单位应当将防治扬尘污染的费用列入工程造价，并在施工承包合同中明确施工单位扬尘污染防治责任。

（2）暂时不能开工的建设用地，建设单位应当对裸露地面进行覆盖；超过 3 个月的，应当进行绿化、铺装或者遮盖。

（3）施工单位应当在施工工地设置硬质围挡，并采取覆盖、分段作业、择时施工、洒水抑尘、冲洗地面和车辆等有效防尘降尘措施。

（4）建筑土方、工程渣土、建筑垃圾应当及时清运；在场地内堆存的，应当采用密闭式防尘网遮盖。

（5）工程渣土、建筑垃圾应当进行资源化处理。

（6）城市范围内主要路段的施工工地应设置高度不小于 2.5m 的封闭围挡，一般路段的施工工地应设置高度不小于 1.8m 的封闭围挡。施工工地的封闭围挡应坚固、稳定、整洁、美观。

（7）施工现场的建筑材料、构件、料具应按总平面布局进行码放。

（8）采用现场搅拌混凝土或砂浆的场所应采取封闭、降尘、降噪措施；水泥和其他易飞扬的细颗粒建筑材料应密闭存放或采取覆盖等措施。

（9）施工现场土方作业应采取防止扬尘措施，主要道路应定期清扫、洒水。

（10）拆除建筑物或构筑物时，应采用隔离、洒水等降噪、降尘措施，并应及时清理废弃物。

（11）施工进行铣刨、切割等作业时，应采取有效防扬尘措施；灰土和无机料应采用预拌进场，碾压过程中应洒水降尘。

（12）施工现场的主要道路及材料加工区地面应进行硬化处理。

（13）裸露的场地和堆放的土方应采取覆盖、固化或绿化等措施。

（14）施工现场出入口应设置车辆冲洗设施，并对驶出车辆进行清洗。

（15）土方和建筑垃圾的运输应采用封闭式运输车辆或采取覆盖措施。

（16）建筑物内施工垃圾的清运，应采用器具或管道运输，严禁随意抛掷。

（17）施工现场严禁焚烧各类废弃物。

◆考法1：施工工地扬尘污染防治管理措施

【例题】（2024年真题）关于施工工地扬尘污染防治管理措施的说法，正确的是（　　）。

　　A. 城市主要路段的施工工地应设置高度不小于1.8m的封闭围挡

　　B. 施工现场的建筑材料、构件、料具应按总平面布局进行码放

　　C. 施工现场主要道路应不定期清扫、洒水

　　D. 施工现场各类废弃物应集中焚烧

【答案】B

◆考法2：绿化、铺装或者遮盖

【例题】（2023年真题）根据《中华人民共和国大气污染防治法》，暂时不能开工的建设用地，超过（　　）个月的，责任单位应当进行绿化、铺装或者遮盖。

　　A. 2　　　　　　　　　　　　B. 1

　　C. 3　　　　　　　　　　　　D. 6

【答案】C

4. 严重污染大气环境的工艺、设备和产品的防治

（1）国家对严重污染大气环境的工艺、设备和产品实行淘汰制度。

（2）被淘汰的设备和产品，不得转让给他人使用。

◆考法：对严重污染大气环境的工艺、设备和产品的防治

【例题】国家对严重污染大气环境的工艺、设备和产品实行（　　）。

　　A. 审批制度　　　　　　　　　B. 淘汰制度

　　C. 备案制度　　　　　　　　　D. 限制制度

【答案】B

5. 施工车辆、设备的大气污染防治

不得损害机动车船污染控制装置效果和耐久性，不得增加新的大气污染物排放。

6. 向大气排放污染物防治

（1）企业事业单位和其他生产经营者向大气排放污染物的，应当依照法律法规和国务院生态环境主管部门的规定设置大气污染物排放口。

（2）重点排污单位应当安装、使用大气污染物排放自动监测设备，与生态环境主管部门的监控设备联网，保证监测设备正常运行并依法公开排放信息。

（3）钢铁、建材、有色金属、石油、化工、制药、矿产开采等企业，应当加强精细化管理，采取集中收集处理等措施，严格控制粉尘和气态污染物的排放。

◆考法：控制粉尘和气态污染物的排放

【例题】建材企业应当采取（　　）等措施，严格控制粉尘和气态污染物的排放。

　　A. 实时监测　　　　　　　　B. 集中收集处理
　　C. 自动监测　　　　　　　　D. 分批处理

【答案】B

8.1.2 建设工程水污染防治

核心考点及重点提示

考点		重点提示
1	排污许可	★
2	建设项目的水污染防治	★
3	施工水污染防治	★★
4	建设工程节约用水	★
5	水污染事故处置	★

★普通　★★重要　★★★非常重要

核心考点及考法

1. 排污许可

（1）直接或者间接向水体排放工业废水和医疗污水的企业事业单位和其他生产经营者，应当取得排污许可证。

（2）城镇污水集中处理设施的运营单位，应当取得排污许可证。排污许可证应当明确排放水污染物的种类、浓度、总量和排放去向等要求。

2. 建设项目的水污染防治

（1）新建、改建、扩建直接或者间接向水体排放污染物的建设项目和其他水上设施，应当依法进行环境影响评价。

（2）建设项目的水污染防治设施，应当与主体工程同时设计、同时施工、同时投入使用。

（3）禁止在饮用水水源一级保护区内新建、改建、扩建与供水设施和保护水源无关的建设项目。

（4）禁止在饮用水水源二级保护区内新建、改建、扩建排放污染物的建设项目。

（5）禁止在饮用水水源准保护区内新建、扩建对水体污染严重的建设项目。

（6）改建建设项目，不得增加排污量。

◆考法：建设工程城镇排水与污水处理

【例题】（2023年真题）根据《城镇排水与污水处理条例》，关于建设工程城镇排水与污水处理的说法，正确的是（　　）。

A. 建设工程开工前，施工企业应当查明工程建设范围内地下城镇排水与污水处理设施的相关情况
B. 城镇排水主管部门及其他相关部门和单位应当及时提供相关资料
C. 因工程建设需要拆除、改动城镇排水与污水处理设施的，政府有关部门应当承担改建和采取临时措施的费用
D. 建设工程施工范围内有排水管网等城镇排水与污水处理设施的，建设单位应当与设计单位、施工企业共同制定设施保护方案

【答案】B

3. 施工水污染防治

（1）禁止向水体排放油类、酸液、碱液或者剧毒废液。

（2）禁止在水体清洗装贮过油类或者有毒污染物的车辆和容器。

（3）禁止向水体排放、倾倒放射性固体废物或者含有高放射性和中放射性物质的废水。

（4）禁止向水体排放、倾倒工业废渣、城镇垃圾和其他废弃物。

（5）禁止将含有汞、镉、砷、铬、铅、氰化物、黄磷等的可溶性剧毒废渣向水体排放、倾倒或者直接埋入地下。

（6）禁止在江河、湖泊、运河、渠道、水库最高水位线以下的滩地和岸坡堆放、存贮固体废弃物和其他污染物。

（7）在饮用水水源保护区内，禁止设置排污口。

（8）从事工业、建筑、餐饮、医疗等活动的企业事业单位、个体工商户向城镇排水设施排放污水的，应当向城镇排水主管部门申请领取污水排入排水管网许可证。

（9）排水单位和个人应当按照国家有关规定缴纳污水处理费。向城镇污水处理设施排放污水、缴纳污水处理费的，不再缴纳排污费。

◆考法：施工水污染防治禁止事项

【例题】（2024年真题）关于施工水污染防治禁止事项的说法，正确的是（　　）。

A. 禁止向水体排放含放射性物质的废水
B. 禁止向水体排放含热废水

C. 禁止向城镇排水设施排放污水
D. 禁止向水体排放工业废渣

【答案】D

4. 建设工程节约用水

（1）节水设施应当与主体工程同时设计、同时施工、同时投入使用。

（2）新建、改建、扩建公共建筑应当使用节水器具。

（3）城市绿化、道路清扫、车辆冲洗、建筑施工以及生态景观用水，应当优先使用符合标准要求的再生水。

5. 水污染事故处置

企业事业单位发生事故或者其他突发性事件，造成或者可能造成水污染事故的，应当立即启动本单位的应急方案，采取隔离等应急措施，防止水污染物进入水体，并向事故发生地的县级以上地方人民政府或者环境保护主管部门报告。环境保护主管部门接到报告后，应当及时向本级人民政府报告，并抄送有关部门。

◆ 考法：水污染事故报告

【例题】企业事业单位发生事故或者其他突发性事件，造成或者可能造成水污染事故的，应当立即启动本单位的应急预案，采取应急措施，并向（　　）的县级以上地方人民政府或者环境保护主管部门报告。

A. 单位所在地 B. 污染影响地
C. 单位等级地 D. 事故发生地

【答案】D

8.1.3 建设工程固体废物污染环境防治

核心考点及重点提示

	考点	重点提示
1	建设项目固体废物污染环境防治	★
2	建筑垃圾污染防治	★★
3	工业固体废物许可管理与污染防治	★
4	危险废物污染防治	★

★ 普通　★★ 重要　★★★ 非常重要

核心考点及考法

1. 建设项目固体废物污染环境防治

建设项目的环境影响评价文件确定需要配套建设的固体废物污染环境防治设施，应当与主体工程同时设计、同时施工、同时投入使用。

2. 建筑垃圾污染防治

（1）工程施工单位不得擅自倾倒、抛撒或者堆放工程施工过程中产生的建筑垃圾。

（2）施工单位应建立建筑垃圾分类收集与存放管理制度，实行分类收集、分类存放、分类处置。鼓励以末端处置为导向对建筑垃圾进行细化分类。

（3）严禁将危险废物和生活垃圾混入建筑垃圾。

（4）施工单位应充分利用混凝土、钢筋、模板、珍珠岩保温材料等余料，在满足质量要求的前提下，根据实际需求加工制作成各类工程材料，实行循环利用。

（5）施工现场不具备就地利用条件的，应按规定及时转运到建筑垃圾处置场所进行资源化处置和再利用。

（6）施工单位应实时统计并监控建筑垃圾产生量，及时采取针对性措施降低建筑垃圾排放量。

（7）鼓励采用现场泥沙分离、泥浆脱水预处理等工艺，减少工程渣土和工程泥浆排放。

◆ 考法：建筑垃圾减量化处理

【例题】（2022年真题）根据《关于推进建筑垃圾减量化的指导意见》，关于建筑垃圾处理的说法，正确的是（　　）。

A. 建设单位应当建立建筑垃圾分类收集与存放管理制度
B. 建筑垃圾实行分类收集、分类存放、统一处置制度
C. 鼓励以前端收集为导向对建筑垃圾进行细化分类
D. 严禁将危险废物和生活垃圾混入建筑垃圾

【答案】D

3. 工业固体废物许可管理与污染防治

产生工业固体废物的单位应当取得排污许可证。

4. 危险废物污染防治

（1）对危险废物的容器和包装物以及收集、贮存、运输、利用、处置危险废物的设施、场所，应当按照规定设置危险废物识别标志。

（2）禁止将危险废物混入非危险废物中贮存。

8.1.4 建设工程噪声污染防治

核心考点及重点提示

	考点	重点提示
1	声环境质量标准与噪声排放标准	★
2	建设项目噪声污染防治	★
3	建筑施工噪声污染防治	★★
4	交通运输噪声污染防治	★

★普通　★★重要　★★★非常重要

核心考点及考法

1. 声环境质量标准与噪声排放标准

（1）国务院生态环境主管部门制定国家声环境质量标准。

（2）地方噪声排放标准应当报国务院生态环境主管部门备案。

2. 建设项目噪声污染防治

（1）建设项目的噪声污染防治设施未经验收或者验收不合格的，该建设项目不得投入生产或者使用。

（2）在交通干线两侧、工业企业周边等地方建设噪声敏感建筑物，还应当按照规定间隔一定距离，并采取减少振动、降低噪声的措施。

（3）在噪声敏感建筑物集中区域，禁止新建排放噪声的工业企业，改建、扩建工业企业的，应当采取有效措施防止工业噪声污染。

◆ **考法：建设项目噪声污染防治**

【例题】（2023年真题）根据《噪声污染防治法》，关于建设项目噪声污染防治的说法，正确的有（　　）。

A. 在交通干线两侧、工业企业周边等地方建设噪声敏感建筑物，还应当按照规定间隔一定距离

B. 建设项目的噪声污染防治设施应当与主体工程同时招标

C. 在噪声敏感建筑物集中区域，禁止新建排放噪声的工业企业

D. 建设项目投产使用前，建设单位应当依照规定对配套建设的噪声污染防治设施进行验收

E. 配套建设的噪声污染防治设施验收不合格的，该建设项目不得投产使用

【答案】A、C、D、E

3. 建筑施工噪声污染防治

（1）建设单位应当按照规定将噪声污染防治费用列入工程造价，在施工合同中明确施工单位的噪声污染防治责任。

（2）在噪声敏感建筑物集中区域施工作业，应当优先使用低噪声施工工艺和设备。

（3）在噪声敏感建筑物集中区域，禁止夜间进行产生噪声的建筑施工作业，但抢修、抢险施工作业，生产工艺要求或者其他特殊需要必须连续施工作业的除外。因特殊需要必须连续施工作业的，应当取得地方人民政府住房和城乡建设、生态环境主管部门或者地方人民政府指定的部门的证明，并在施工现场显著位置公示或者以其他方式公告附近居民。

◆ **考法1：建筑施工噪声污染防治**

【例题】（2024年真题）根据《噪声污染防治法》，关于建筑施工噪声污染防治的说法，正确的是（　　）。

A. 对已交付使用的建筑物进行室内装修时应当采取有效噪声防治措施

B. 建设单位应当按照规定制定噪声污染防治实施方案

C. 施工单位应当按照规定将噪声污染防治费用列入工程造价

D. 严禁施工单位夜间进行产生噪声的建筑施工作业

【答案】A

◆考法2：城市市区噪声敏感建筑物集中区域内夜间产生环境噪声污染的防治

【例题】（2020年真题）在城市市区噪声敏感建筑物集中区域内，禁止夜间进行产生环境噪声污染的建筑施工作业，但（   ）除外。

A. 经监理单位同意的   B. 抢修作业
C. 抢险作业   D. 因生产工艺上要求必须连续作业的
E. 因特殊需要必须连续作业的

【答案】B、C、D、E

4. 交通运输噪声污染防治

禁止驾驶拆除或者损坏消声器、加装排气管等擅自改装的机动车以轰鸣、疾驶等方式造成噪声污染。

8.2 施工中历史文化遗产保护制度

核心考点提纲

1	8.2.1 受法律保护的各类历史文化遗产范围
2	8.2.2 在各类历史文化遗产保护范围和建设控制地带施工、施工发现文物报告和保护

8.2.1 受法律保护的各类历史文化遗产范围

核心考点及重点提示

	考点	重点提示
1	文物的保护	★★
2	水下文物的保护	★★
3	历史文化名城名镇名村的保护	★

★普通 ★★重要 ★★★非常重要

核心考点及考法

1. 文物的保护

（1）受国家保护的文物：① 具有历史、艺术、科学价值的古文化遗址、古墓葬、古建筑、石窟寺和石刻、壁画；② 与重大历史事件、革命运动或者著名人物有关的以及具有重要纪念意义、教育意义或者史料价值的近代现代重要史迹、实物、代表性建筑；③ 历史上各时代珍贵的艺术品、工艺美术品；④ 历史上各时代重要的文献资料以及具有历史、艺术、科学价值的手稿和图书资料等；⑤ 反映历史上各时代、各民族社会制度、社会生产、社会生活的代表性实物；⑥ 具有科学价值的古脊椎动物化石和古人类化石。

（2）国家所有的文物：① 中华人民共和国境内地下、内水和领海中遗存的一切文物，属于国家所有；② 古文化遗址、古墓葬、石窟寺属于国家所有；③ 国家指定保护的纪念建筑物、古建筑、石刻、壁画、近代现代代表性建筑等不可移动文物，除国家另有规定的以外，属于国家所有。

（3）属于国家所有的可移动文物：① 中国境内出土的文物，国家另有规定的除外；② 国有文物收藏单位以及其他国家机关、部队和国有企业、事业组织等收藏、保管的文物；③ 国家征集、购买的文物；④ 公民、法人和其他组织捐赠给国家的文物；⑤ 法律规定属于国家所有的其他文物。

◆ 考法1：受国家保护的文物范围

【例题】（2023年真题）根据《文物保护法》，受国家保护的文物是（　　）。

 A. 与历史事件有关的代表性建筑

 B. 具有历史、艺术、科学价值的石刻、壁画

 C. 历史上各时代艺术品、工艺美术品

 D. 反映历史上各时代的实物

【答案】B

◆ 考法2：属于国家所有的文物范围

【例题】（2016年真题）下列文物中，属于国家所有的是（　　）。

 A. 祖传文物

 B. 我国邻海毗邻区海域中遗存的文物

 C. 民营企业家捐赠给国家的文物

 D. 遗存于公海的起源于中国的文物

【答案】C

2. 水下文物的保护

（1）属于国家所有的水下文物：① 遗存于中国内水、领海内的一切起源于中国的、起源国不明的和起源于外国的文物；② 遗存于中国领海以外依照中国法律由中国管辖的其他海域内的起源于中国的和起源国不明的文物。

（2）遗存于外国领海以外的其他管辖海域以及公海区域内的起源国不明的文物，国家享有辨认器物物主的权利。

◆ 考法：属于国家所有的水下文物的范围

【例题】根据《水下文物保护管理条例》，下列文物中，属于国家所有的水下文物的是（　　）。

 A. 遗存于中国领海内的一切起源于中国的文物

 B. 遗存于中国领海内的一切起源于外国的文物

 C. 遗存于中国领海以外依照中国法律由中国管辖的其他海域内的起源于中国的

文物

D. 遗存于中国领海以外依照中国法律由中国管辖的其他海域内的起源国不明的文物

E. 遗存于公海区域内的起源国不明的文物

【答案】A、B、C、D

3. 历史文化名城名镇名村的保护

（1）保存文物特别丰富并且具有重大历史价值或者革命纪念意义的城市，由国务院核定公布为历史文化名城。

（2）保存文物特别丰富并且具有重大历史价值或者革命纪念意义的城镇、街道、村庄，由省、自治区、直辖市人民政府核定公布为历史文化街区、村镇，并报国务院备案。

（3）历史文化名城和历史文化街区、村镇所在地的县级以上地方人民政府应当组织编制专门的历史文化名城和历史文化街区、村镇保护规划，并纳入城市总体规划。

◆ 考法：核定公布历史文化街区、村镇的行政主体

【例题】（2024年真题）根据《文物保护法》，核定公布历史文化街区、村镇的行政主体是（　　）。

A. 国务院
B. 国务院文物行政部门
C. 省、自治区、直辖市人民政府
D. 省、自治区、直辖市人民政府城乡规划主管部门

【答案】C

8.2.2　在各类历史文化遗产保护范围和建设控制地带施工、施工发现文物报告和保护

核心考点及重点提示

	考点	重点提示
1	在文物保护单位保护范围内和建设控制地带内进行工程建设的要求	★★
2	在历史文化名城名镇名村保护范围内进行工程建设的要求	★★

★普通　★★重要　★★★非常重要

核心考点及考法

1. 在文物保护单位保护范围内和建设控制地带内进行工程建设的要求

（1）建设工程选址，应当尽可能避开不可移动文物；因特殊情况不能避开的，对文物保护单位应当尽可能实施原址保护。

（2）文物保护单位的保护范围内不得进行其他建设工程或者爆破、钻探、挖掘等作业。但是，因特殊情况需要在文物保护单位的保护范围内进行其他建设工程或者爆破、钻探、挖掘等作业的，必须保证文物保护单位的安全，并经核定公布该文物保护单位的人民

政府批准，在批准前应当征得上一级人民政府文物行政部门同意。

（3）在全国重点文物保护单位的保护范围内进行其他建设工程或者爆破、钻探、挖掘等作业的，必须经省、自治区、直辖市人民政府批准，在批准前应当征得国务院文物行政部门同意。

（4）在文物保护单位的建设控制地带内进行建设工程，不得破坏文物保护单位的历史风貌；工程设计方案应当根据文物保护单位的级别，经相应的文物行政部门同意后，报城乡建设规划部门批准。

◆ **考法：在文物保护单位和建设控制地带内从事建设活动的要求**

【例题】关于在文物保护单位和建设控制地带内从事建设活动的说法，正确的是（　　）。

　　A. 文物保护单位的保护范围内及其周边的一定区域不得进行挖掘作业

　　B. 在全国重点文物保护单位的保护范围内进行挖掘作业，必须经国务院批准

　　C. 在省、自治区、直辖市重点文物保护单位的保护范围内进行挖掘作业的，必须经国务院文物行政主管部门同意

　　D. 因特殊情况需要在文物保护单位的保护范围内进行挖掘作业的，应经核定公布该文物保护单位的人民政府批准，并在批准前征得上一级人民政府文物行政主管部门同意

【答案】D

2. 在历史文化名城名镇名村保护范围内进行工程建设的要求

（1）历史文化名城批准公布后，历史文化名城人民政府应当组织编制历史文化名城保护规划。

（2）在历史文化名城、名镇、名村保护范围内禁止进行下列活动：① 开山、采石、开矿等破坏传统格局和历史风貌的活动；② 占用保护规划确定保留的园林绿地、河湖水系、道路等；③ 修建生产、储存爆炸性、易燃性、放射性、毒害性、腐蚀性物品的工厂、仓库等；④ 在历史建筑上刻划、涂污。

（3）在历史文化街区、名镇、名村核心保护范围内，不得进行新建、扩建活动。但是，新建、扩建必要的基础设施和公共服务设施除外。

（4）在历史文化街区、名镇、名村核心保护范围内，新建、扩建必要的基础设施和公共服务设施的，城市、县人民政府城乡规划主管部门核发建设工程规划许可证、乡村建设规划许可证前，应当征求同级文物主管部门的意见。

（5）在历史文化街区、名镇、名村核心保护范围内，拆除历史建筑以外的建筑物、构筑物或者其他设施的，应当经城市、县人民政府城乡规划主管部门会同同级文物主管部门批准。

◆ **考法：在历史文化名城、名镇、名村保护范围内可以进行的活动**

【例题】（2020年真题）根据《历史文化名城名镇名村保护条例》，在历史文化名城、名镇、名村保护范围内可以进行的活动是（　　）。

　　A. 开山、采石、开矿等破坏传统格局和历史风貌的活动

B. 占用保护规划确定保留的道路

C. 在核心保护范围内举办大型群众性活动

D. 为响应国家扶贫政策修建生产爆炸性物品的工厂

【答案】C

本章模拟强化练习

1. 企业事业单位和其他生产经营者建设对大气环境有影响的项目，应当依法（   ）。

    A. 办理大气污染排放许可证 B. 制定防治污染的措施

    C. 进行环境影响评价 D. 缴纳大气污染治理保证金

【答案】C

2. 国家大气污染防治重点区域内新建、改建、扩建用煤项目的，应当（   ）。

    A. 实行煤炭的等量或者减量替代 B. 控制项目规模

    C. 不予批复建设 D. 缴纳用煤项目补偿金

【答案】A

3. 关于施工企业扬尘污染防治责任的说法，正确的有（   ）。

    A. 建筑土方、工程渣土、建筑垃圾应当定时清运

    B. 应当向负责监督管理扬尘污染防治的主管部门备案

    C. 在场地内堆存的建筑垃圾，应当采用密闭式防尘网遮盖

    D. 应当在施工工地公示扬尘污染防治措施

    E. 应当制定具体的施工扬尘污染防治实施方案

【答案】B、C、D、E

4. 施工企业应当在施工工地设置硬质围挡，并采取（   ）等有效防尘降尘措施。

    A. 夜间作业 B. 洒水抑尘

    C. 冲洗地面 D. 择时施工

    E. 覆盖

【答案】B、C、D、E

5. 《关于进一步加强施工工地和道路扬尘管控工作的通知》（建办质〔2019〕23号），进一步细化明确了对施工现场实行封闭管理，城市范围内主要路段的施工工地应设置高度不小于（   ）m的封闭围挡。

    A. 1.8 B. 2.0

    C. 2.5 D. 3.0

【答案】C

6. 关于施工现场扬尘污染防治的说法，正确的有（   ）。

    A. 水泥和其他易飞扬的细颗粒建筑材料应密闭存放或采取覆盖等措施

    B. 拆除建筑物或构筑物时，应采用隔离措施，并应及时清理废弃物

    C. 施工工地必须安装在线监测和视频监控设备，并与当地有关主管部门联网

D. 施工现场出入口应设置车辆冲洗设施，并对驶出车辆进行清洗

E. 当环境空气质量指数达到轻度污染时，施工现场应增加洒水频次

【答案】A、B、D

7. 某施工工地未设置硬质围挡，根据《大气污染防治法》，关于该施工企业违反施工扬尘防治的法律责任的说法，错误的是（　　）。

A. 拒不改正的，责令停工整治

B. 责令改正

C. 处 1 万元以上 10 万元以下的罚款

D. 处 2 万元以上 5 万元以下的罚款

【答案】D

8. 某施工工地的建筑垃圾未及时清运，根据《大气污染防治法》，县级以上人民政府住房城乡建设等主管部门对该施工企业的罚款金额最多为（　　）万元。

A. 5   B. 10
C. 20   D. 50

【答案】B

9. 根据《水污染防治法》，关于饮用水水源准保护区内水污染防治的说法，正确的是（　　）。

A. 禁止新建、扩建对水体污染严重的项目

B. 禁止新建、改建、扩建与保护水源无关的建设项目

C. 禁止新建、改建、扩建排放污染物的项目

D. 禁止新建、扩建任何建设项目

【答案】A

10. 关于施工水污染防治的说法，正确的有（　　）。

A. 禁止在水体清洗装贮过油类或者有毒污染物的车辆和容器

B. 禁止向水体排放油类、酸液、碱液或者剧毒废液

C. 禁止向水体排放、倾倒放射性固体废物或者含有高放射性和中放射性物质的废水

D. 禁止向水体排放、倾倒工业废渣、城镇垃圾和其他废弃物

E. 在饮用水水源保护区内设置排污口

【答案】A、B、C、D

11. 根据《城镇排水与污水处理条例》，从事工业、建筑、餐饮、医疗等活动的企业事业单位、个体工商户向城镇排水设施排放污水的，应当向城镇排水主管部门申请领取（　　）。

A. 严重污染水排放许可证   B. 排污许可证
C. 污水排入排水管网许可证 D. 排水许可证

【答案】C

12. 根据住房和城乡建设部《关于推进建筑垃圾减量化的指导意见》（建质〔2020〕

46号），关于建筑垃圾污染防治的说法，正确的有（　　）。

  A. 实行建筑垃圾分类管理

  B. 引导施工现场建筑垃圾再利用

  C. 减少施工现场建筑垃圾排放

  D. 避免工程渣土和工程泥浆排放

  E. 实行现场泥沙分离、泥浆脱水预处理等工艺

【答案】A、B、C

13. 关于建筑垃圾污染防治的说法，正确的有（　　）。

  A. 鼓励以前端处置为导向对建筑垃圾进行细化分类

  B. 鼓励采用现场泥沙分离、泥浆脱水预处理等工艺

  C. 及时转运到建筑垃圾处置场所进行资源化处置和再利用

  D. 严禁将危险废物和生活垃圾混入建筑垃圾

  E. 充分利用混凝土、钢筋、模板、珍珠岩保温材料等余料

【答案】B、C、D、E

14. 建设项目的噪声污染防治设施应当与主体工程（　　）。

  A. 同时规划　　　　　　　　B. 同时设计

  C. 同时施工　　　　　　　　D. 同时验收

  E. 同时投产使用

【答案】B、C、E

15. 建设项目在投入生产或者使用之前，（　　）应当对配套建设的噪声污染防治设施进行验收，编制验收报告，并向社会公开。

  A. 监理单位　　　　　　　　B. 施工企业

  C. 生态环境主管部门　　　　D. 建设单位

【答案】D

16. 关于在噪声敏感建筑物集中区域夜间进行产生噪声的建筑施工作业的说法，正确的有（　　）。

  A. 一律不准夜间进行产生噪声的建筑施工作业

  B. 因生产工艺要求需要必须连续施工作业的可以在夜间进行

  C. 在施工现场显著位置公示夜间施工作业的证明

  D. 应采取有效措施，防止、减轻噪声污染

  E. 禁止对已竣工交付使用的住宅楼进行夜间室内装修活动

【答案】B、C、D

17. 根据《噪声污染防治法》，在噪声敏感建筑物集中区域改建、扩建工业企业，未采取有效措施防止工业噪声污染的，由（　　）责令改正。

  A. 县级以上地方人民政府　　B. 住房和城乡建设主管部门

  C. 地方人民政府指定的部门　　D. 生态环境主管部门

【答案】D

18. 下列文物中，可以属于私人所有的是（   ）。
    A. 古文化遗址　　　　　　B. 古墓葬
    C. 祖传的字画　　　　　　D. 石窟寺

【答案】C

19. 关于受国家保护的文物范围的说法，正确的是（   ）。
    A. 古人类化石属于受国家保护的文物
    B. 石刻、壁画受国家保护
    C. 具有科学价值的古脊椎动物化石同文物一样受国家保护
    D. 反映历史上某时代社会生产的艺术品受国家保护

【答案】C

20. 下列情形中，导致可移动文物所有权发生改变的是（   ）。
    A. 中国境外出土的文物，流入境内
    B. 公民向国家捐赠文物
    C. 收藏文物的国有文物收藏单位终止
    D. 保管文物的事业单位变更

【答案】B

21. 根据《水下文物保护管理条例》，下列文物中，属于国家所有的水下文物的是（   ）。
    A. 遗存于中国内水的起源国不明的文物
    B. 遗存于中国领海以外依照中国法律由中国管辖的其他海域内的起源于外国的文物
    C. 遗存于外国领海以外的其他管辖海域内的起源国不明的文物
    D. 遗存于外国领海内的起源于中国的文物

【答案】A

22. 各级人民政府制定城乡建设规划，应当根据文物保护的需要，事先由（   ）商定对本行政区域内各级文物保护单位的保护措施，并纳入规划。
    A. 住房城乡建设部门会同文物行政部门
    B. 城乡建设规划部门会同文物行政部门
    C. 住房城乡建设部门会同城乡建设规划部门
    D. 文物行政部门会同城乡建设规划部门

【答案】B

23. 历史文化名镇、名村批准公布后，所在地县级人民政府应当组织编制历史文化名镇、名村保护规划（   ）。
    A. 所在地县级人民政府
    B. 所在地县级人民政府文物行政部门
    C. 历史文化名城人民政府
    D. 历史文化名城人民政府文物行政部门

【答案】A

24. 根据《历史文化名城名镇名村保护条例》，在历史文化名城、名镇、名村保护范围内禁止进行的活动有（   ）。

    A. 修建生产、储存腐蚀性物品的工厂

    B. 在历史建筑上涂污

    C. 开矿破坏历史风貌的活动

    D. 占用保护规划确定保留的道路

    E. 改变河湖水系自然状态的活动

【答案】A、B、C、D

25. 在历史文化街区、名镇、名村核心保护范围内，新建、扩建必要的基础设施和公共服务设施的，城市、县人民政府城乡规划主管部门在（   ）前，应当征求同级文物主管部门的意见。

    A. 核发建设工程施工许可证　　B. 核发建设工程规划许可证

    C. 报审施工图设计文件　　　　D. 核发乡村建设规划许可证

    E. 编制城乡规划

【答案】B、D

26. 城市、县人民政府应当对历史建筑设置保护标志，建立历史建筑档案。历史建筑档案应当包括的内容有（   ）。

    A. 建筑的有关技术资料

    B. 建筑的装饰装修过程中形成的文字

    C. 建筑的规划许可证

    D. 建筑艺术特征、历史特征

    E. 建筑的使用现状和权属变化情况

【答案】A、B、D、E

27. 根据《文物保护法》，施工企业擅自在文物保护单位的保护范围内进行建设工程或者爆破、钻探、挖掘等作业尚不构成犯罪的，承担的法律责任可能会有（   ）。

    A. 吊销资质证书　　　　　　B. 责令改正

    C. 罚款　　　　　　　　　　D. 承担民事责任

    E. 治安管理处罚

【答案】A、B、C

28. 根据《文物保护法》，在文物保护单位的保护范围内或者建设控制地带内建设污染文物保护单位及其环境的设施的由（   ）依照有关法律、法规的规定给予处罚。

    A. 县级以上人民政府　　　　B. 文物主管部门

    C. 公安机关或者文物所在单位　　D. 环境保护行政部门

【答案】D

29. 根据《历史文化名城名镇名村保护条例》，在历史文化名城、名镇、名村保护范围内开山、采石、开矿等破坏传统格局和历史风貌的，造成严重后果的，对单位并处（　　）的罚款。

　　A. 5 万元以上 10 万元以下　　B. 50 万元以上 100 万元以下
　　C. 10 万元以上 50 万元以下　　D. 20 万元以上 50 万元以下

【答案】B

第 9 章　建设工程劳动保障法律制度

近五年真题考点分值表

节	题型	2020年（分）	2021年（分）	2022年（分）	2023年（分）	2024年（分）
9.1 劳动合同制度	单项选择题	1	1	1	1	1
	多项选择题	4	4	2	4	4
9.2 劳动用工和工资支付保障	单项选择题					
	多项选择题					
9.3 劳动安全卫生和保护	单项选择题	1	1	1	1	1
	多项选择题	4	4	6	4	
9.4 工伤保险制度	单项选择题	1	1	1	1	1
	多项选择题					
9.5 劳动争议的解决	单项选择题					1
	多项选择题					

9.1　劳动合同制度

核心考点提纲

1	9.1.1 劳动合同订立
2	9.1.2 劳动合同的履行、变更、解除和终止

9.1.1　劳动合同订立

核心考点及重点提示

	考点	重点提示
1	劳动合同订立的原则	★
2	劳动合同的分类	★★★
3	劳动合同的形式和内容	★★
4	劳动合同订立时双方主体的义务	★

续表

	考点	重点提示
5	劳动合同的效力	★★
6	民事合同与劳动合同的对比	★

★普通　★★重要　★★★非常重要

核心考点及考法

1. 劳动合同订立的原则

订立劳动合同，应当遵循合法、公平、平等自愿、协商一致、诚实信用的原则。其中合法的原则主要包括劳动合同的主体合法、形式合法和内容合法三个方面。

◆ **考法：订立劳动合同应当遵循合法的原则**

【例题】根据《劳动合同法》，订立劳动合同应当遵循合法的原则，合法的原则主要包括劳动合同的（　　）。

A. 形式合法　　　　　　　　B. 内容合法
C. 存续合法　　　　　　　　D. 格式合法
E. 主体合法

【答案】A、B、E

2. 劳动合同的分类

（1）按照就业方式的不同，劳动合同可以分为全日制劳动合同和非全日制劳动合同。

（2）按照劳动合同的期限划分，劳动合同分为固定期限劳动合同、无固定期限劳动合同和以完成一定工作任务为期限的劳动合同。

（3）按照劳动合同主体的数量，劳动合同可以分为个人劳动合同和集体劳动合同两类。

（4）固定期限劳动合同中用人单位与劳动者在合同中明确约定了劳动合同有效的起止日期，合同约定的期限届满，合同即告终止。

（5）具有下列情形之一，劳动者提出或者同意续订、订立劳动合同的除劳动者提出订立固定期限劳动合同外，应当订立无固定期限劳动合同：① 劳动者在该用人单位连续工作满10年的；② 用人单位初次实行劳动合同制度或者国有企业改制重新订立劳动合同时，劳动者在该用人单位连续工作满10年且距法定退休年龄不足10年的；③ 连续订立二次固定期限劳动合同，且劳动者没有《劳动合同法》第39条和第40条第1项、第2项规定的情形，续订劳动合同的。

（6）用人单位自用工之日起满1年不与劳动者订立书面劳动合同的，视为用人单位与劳动者已订立无固定期限劳动合同。

（7）以完成一定工作任务为期限的劳动合同主要适用于完成单项工作任务、季节性等原因临时用工等不特定情形。

◆ 考法 1：按期限划分的劳动合同的类型

【例题】（2024 年真题）根据《劳动合同法》，按期限划分，劳动合同可以分为（　　）。

  A. 固定期限劳动合同

  B. 无固定期限劳动合同

  C. 非全日制用工劳动合同

  D. 以完成一定工作任务为期限的劳动合同

  E. 零散用工劳动合同

【答案】A、B、D

◆ 考法 2：固定期限劳动合同

【例题】（2024 年真题）根据《劳动合同法》，用人单位与劳动者明确约定合同终止时间的合同是（　　）。

  A. 固定期限劳动合同

  B. 无固定期限劳动合同

  C. 集体合同

  D. 以完成一定工作任务为期限的劳动合同

【答案】A

◆ 考法 3：订立无固定期限劳动合同的情形

【例题】（2022 年真题）下列情形中，劳动者提出或者同意续订、订立劳动合同的，除劳动者提出订立无固定期限劳动合同外，用人单位应当与劳动者订立无固定期限劳动合同的有（　　）。

  A. 乙连续 2 次与某施工企业订立期限为 2 年的劳动合同，续订劳动合同的

  B. 丁应聘时要求订立无固定期限劳动合同的

  C. 用人单位未及时缴纳社会保险，戊要求订立无固定期限劳动合同的

  D. 甲在某施工企业连续工作超过 10 年的

  E. 用人单位初次实行劳动合同制度时，丙在该用人单位连续工作满 10 年且距法定退休年龄不足 10 年的

【答案】D、E

3. 劳动合同的形式和内容

（1）用人单位与劳动者在用工前订立劳动合同的，劳动关系自用工之日起建立。

（2）非全日制用工双方当事人可以订立口头协议。

（3）劳动合同应当具备以下条款：① 用人单位的名称、住所和法定代表人或者主要负责人；② 劳动者的姓名、住址和居民身份证或者其他有效身份证件号码；③ 劳动合同期限；④ 工作内容和工作地点；⑤ 工作时间和休息休假；⑥ 劳动报酬；⑦ 社会保险；⑧ 劳动保护、劳动条件和职业危害防护；⑨ 法律、法规规定应当纳入劳动合同的其他事项。

（4）用人单位与劳动者可以约定试用期、培训、保守秘密、补充保险和福利待遇等其他事项。

（5）劳动合同期限 3 个月以上不满 1 年的，试用期不得超过 1 个月；劳动合同期限 1 年以上不满 3 年的，试用期不得超过 2 个月；3 年以上固定期限和无固定期限的劳动合同，试用期不得超过 6 个月。同一用人单位与同一劳动者只能约定一次试用期。以完成一定工作任务为期限的劳动合同或者劳动合同期限不满 3 个月的，不得约定试用期。

◆考法 1：用人单位与劳动者建立劳动关系的时间

【例题】（2023 年真题）用人单位与劳动者建立劳动关系的时间是（　　）。

　　A. 劳动合同订立之日　　　　　B. 劳动合同备案之日
　　C. 劳动合同经行政主管部门批准之日　D. 用工之日

【答案】D

◆考法 2：劳动合同应当具备的条款

【例题】（2021 年真题）下列条款中，劳动合同应当具备的条款有（　　）。

　　A. 试用期　　　　　　　　　　B. 社会保险
　　C. 劳动合同期限　　　　　　　D. 工作内容和工作地点
　　E. 工作方法与要求

【答案】B、C、D

◆考法 3：劳动合同试用期

【例题】（2020 年真题）关于劳动合同试用期的说法，正确的是（　　）。

　　A. 初次订立劳动合同的，可以仅约定试用期，而不约定劳动合同期限
　　B. 同一用人单位与同一劳动者只能约定 1 次试用期
　　C. 试用期不包含在劳动合同期限之内
　　D. 劳动合同期限不满 1 年的，不得约定试用期

【答案】B

4. 劳动合同订立时双方主体的义务

（1）用人单位招用劳动者时，应当如实告知劳动者工作内容、工作条件、工作地点、职业危害、安全生产状况、劳动报酬，以及劳动者要求了解的其他情况。

（2）用人单位招用劳动者，不得扣押劳动者的居民身份证和其他证件，不得要求劳动者提供担保或者以其他名义向劳动者收取财物。

◆考法：订立劳动合同时的禁止情形

【例题】（2023 年真题）根据《劳动合同法》，用人单位在招用劳动者以及订立劳动合同时，禁止的情形有（　　）。

　　A. 要求劳动者提供担保　　　　B. 订立无终止时间的劳动合同
　　C. 向劳动者收取财物　　　　　D. 扣押劳动者的执业资格证书
　　E. 约定竞业限制

【答案】A、C、D

5. 劳动合同的效力

（1）劳动合同无效或者部分无效的法定情形：① 以欺诈、胁迫的手段或者乘人之危，使对方在违背真实意思的情况下订立或者变更劳动合同的；② 用人单位免除自己的法定

责任、排除劳动者权利的；③违反法律、行政法规强制性规定的。

（2）对劳动合同的无效或者部分无效有争议的，由劳动争议仲裁机构或者人民法院确认。劳动合同部分无效，不影响其他部分效力的，其他部分仍然有效。

◆ 考法：劳动合同无效或者部分无效的情形

【例题】（2023年真题）根据《劳动合同法》，下列劳动合同中，属于无效或者部分无效的有（　　）。

A. 以欺诈、胁迫的手段订立的劳动合同
B. 以虚假的意思表示订立的劳动合同
C. 乘人之危，使对方在违背真实意思的情况下订立的劳动合同
D. 用人单位免除自己的法定责任、排除劳动者权利的劳动合同
E. 违反法律、行政法规强制性规定的劳动合同

【答案】A、C、D、E

6. 民事合同与劳动合同的对比

表9-1　民事合同与劳动合同的对比

项目	民事合同	劳动合同
宗旨	合同自由，国家被动干预	合同不自由，国家主动干预
	平等保护	强调保护劳动者
合同形式	灵活	必须书面
合同效力	有效、无效、效力待定、可撤销	有效、无效
合同变更	协商一致	协商一致
合同解除权	双方平等行使	劳动者辞职自由，单位非法定事由不得辞退劳动者
合同担保制度	保证、抵押、质押、留置、定金	禁止一切担保（不得扣押身份证或者其他证件；不得担保或者收取财物）

9.1.2　劳动合同的履行、变更、解除和终止

核心考点及重点提示

	考点	重点提示
1	劳动合同的履行	★
2	劳动合同的变更	★
3	劳动合同的解除	★★★
4	劳动合同的终止	★

★普通　★★重要　★★★非常重要

核心考点及考法

1. 劳动合同的履行

（1）劳动合同履行的原则：全面履行原则、亲自履行原则、禁止强迫劳动原则。

（2）用人单位以暴力胁迫或者非法限制人身自由的手段，强迫劳动者劳动的，或者用人单位违章指挥强令冒险作业危及劳动者人身安全的，劳动者可以立即解除劳动合同，不需要事先告知用人单位。

（3）用人单位拖欠或者未足额支付劳动报酬的，劳动者可以依法向当地人民法院申请支付令，人民法院应当依法发出支付令。

（4）用人单位应当严格执行劳动定额标准，不得强迫或者变相强迫劳动者加班。用人单位安排加班的，应当按照国家有关规定向劳动者支付加班费。

（5）劳动者对危害生命安全和身体健康的劳动条件，有权对用人单位提出批评、检举和控告。

◆ 考法：劳动合同的履行

【例题】关于劳动合同履行的说法，正确的是（　　）。

  A. 用人单位可以根据单位实际情况不执行劳动定额标准

  B. 用人单位不得强迫或者变相强迫劳动者加班

  C. 用人单位拖欠或者未足额支付劳动报酬的，劳动者可以向当地劳动仲裁机构申请支付令

  D. 用人单位发生合并或者分立等情况，原劳动合同自行终止

【答案】B

2. 劳动合同的变更

（1）劳动合同的变更既包括主体的变更，也包括合同内容的变更。

（2）用人单位变更名称、法定代表人、主要负责人或者投资人等事项，不影响劳动合同的履行。

（3）用人单位发生合并或者分立等情况，原劳动合同继续有效，劳动合同由承继其权利和义务的用人单位继续履行。

（4）用人单位与劳动者协商一致，可以变更劳动合同约定的内容。

◆ 考法：劳动合同的变更

【例题】（2020年真题）关于劳动合同履行的说法，正确的是（　　）。

  A. 用人单位变更名称，原劳动合同可终止

  B. 用人单位发生合并或者分立，原劳动合同解除

  C. 用人单位变更投资人不影响劳动合同的履行

  D. 用人单位变更法定代表人，应当重新订立劳动合同

【答案】C

3. 劳动合同的解除

表 9-2　劳动合同的解除

项目		内容
用人单位可以单方解除劳动合同的规定	即时解除	劳动者有下列情形之一的，用人单位可以解除劳动合同： （1）在试用期间被证明不符合录用条件的； （2）严重违反用人单位的规章制度的； （3）严重失职，营私舞弊，给用人单位造成重大损害的； （4）劳动者同时与其他用人单位建立劳动关系，对完成本单位的工作任务造成严重影响，或者经用人单位提出，拒不改正的； （5）因《劳动合同法》第 26 条第 1 款第 1 项规定的情形致使劳动合同无效的； （6）被依法追究刑事责任的
	预告解除	有下列情形之一的，用人单位提前 30 日以书面形式通知劳动者本人或者额外支付劳动者 1 个月工资后，可以解除劳动合同： （1）劳动者患病或者非因工负伤，在规定的医疗期满后不能从事原工作，也不能从事由用人单位另行安排的工作的； （2）劳动者不能胜任工作，经过培训或者调整工作岗位，仍不能胜任工作的； （3）劳动合同订立时所依据的客观情况发生重大变化，致使劳动合同无法履行，经用人单位与劳动者协商，未能就变更劳动合同内容达成协议的
用人单位经济性裁员的规定	可以裁减人员的情形	有下列情形之一，需要裁减人员 20 人以上或者裁减不足 20 人但占企业职工总数 10%以上的，用人单位提前 30 日向工会或者全体职工说明情况，听取工会或者职工的意见后，裁减人员方案经向劳动行政部门报告，可以裁减人员： （1）依照企业破产法规定进行重整的； （2）生产经营发生严重困难的； （3）企业转产、重大技术革新或者经营方式调整，经变更劳动合同后，仍需裁减人员的； （4）其他因劳动合同订立时所依据的客观经济情况发生重大变化，致使劳动合同无法履行的
	优先留用	（1）与本单位订立较长期限的固定期限劳动合同的； （2）与本单位订立无固定期限劳动合同的； （3）家庭无其他就业人员，有需要扶养的老人或者未成年人的
劳动者可以单方解除劳动合同的规定	即时解除	用人单位有下列情形之一的，劳动者可以解除劳动合同： （1）未按照劳动合同约定提供劳动保护或者劳动条件的； （2）未及时足额支付劳动报酬的； （3）未依法为劳动者缴纳社会保险费的； （4）用人单位的规章制度违反法律、法规的规定，损害劳动者权益的； （5）因《劳动合同法》第 26 条规定的情形致使劳动合同无效的； （6）法律、行政法规规定劳动者可以解除劳动合同的其他情形。 用人单位以暴力、威胁或者非法限制人身自由的手段强迫劳动者劳动的，或者用人单位违章指挥、强令冒险作业危及劳动者人身安全的，劳动者可以立即解除劳动合同，不需事先告知用人单位
	预告解除	劳动者提前 30 日以书面形式通知用人单位，可以解除劳动合同。 劳动者在试用期内提前 3 日通知用人单位，可以解除劳动合同

◆考法 1：用人单位不必提前预告即可与劳动者解除劳动合同的情形

【例题】（2024 年真题）根据《劳动合同法》，用人单位不必提前预告即可与劳动者解除劳动合同的情形是（　　）。

  A. 用人单位生产经营发生严重困难的

  B. 劳动者在试用期间被证明不符合录用条件的

  C. 劳动者患病不能从事原工作的

  D. 劳动者受到行政处罚的

【答案】B

◆ **考法 2：用人单位可以提前 30 天以书面形式通知劳动者本人解除劳动合同的情形**

【例题】（2023 年真题）根据《劳动合同法》，用人单位可以提前 30 天以书面形式通知劳动者本人解除劳动合同的情形有（　　）。

  A. 劳动者非因工负伤，医疗期满后不能从事原工作，也不能从事由用人单位另行安排的工作的

  B. 女职工在孕期、产期、哺乳期的

  C. 劳动者不能胜任工作，经过培训或者调整工作岗位，仍不能胜任工作岗位的

  D. 劳动合同订立时所依据的客观情况发生重大变化，致使原劳动合同无法履行，经当事人协商不能就变更劳动合同达成协议的

  E. 患职业病者因工负伤并被确认丧失或者部分丧失劳动能力的

【答案】A、C、D

◆ **考法 3：劳动者可以单方解除劳动合同的情形**

【例题】（2023 年真题）陈某应聘到某施工企业，双方于 2022 年 3 月 12 日签订了劳动合同。合同中约定试用期 2 个月，签约次日合同开始履行，2022 年 6 月 17 日，陈某因找到新的工作拟解除原劳动合同。根据《劳动合同法》，关于该劳动合同解除的说法，正确的是（　　）。

  A. 陈某辞职必须取得用人单位同意

  B. 陈某口头通知用人单位即可解除劳动合同

  C. 陈某应提前 30 日以书面形式通知用人单位

  D. 陈某应报请劳动行政主管部门同意后以书面形式通知用人单位

【答案】C

4. 劳动合同的终止

（1）劳动合同终止的情形：① 劳动合同期满的；② 劳动者开始依法享受基本养老保险待遇的；③ 劳动者死亡，或者被人民法院宣告死亡或者宣告失踪的；④ 用人单位被依法宣告破产的；⑤ 用人单位被吊销营业执照、责令关闭、撤销或者用人单位决定提前解散的；⑥ 法律、行政法规规定的其他情形。

（2）以下两种情形导致劳动合同终止的，用人单位要向劳动者支付经济补偿金：① 用人单位被依法宣告破产的；② 用人单位被吊销营业执照、责令关闭、撤销或者用人单位决定提前解散的。

◆ **考法：劳动合同终止的情形**

【例题】（2021 年真题）根据《劳动合同法》，劳动合同终止的情形有（　　）。

A. 用人单位营业执照到期的
B. 用人单位进入破产重整程序的
C. 劳动者开始依法享受基本养老保险待遇的
D. 劳动者死亡，或者被人民法院宣告死亡或者宣告失踪的
E. 用人单位决定提前解散的

【答案】C、D、E

9.2 劳动用工和工资支付保障

核心考点提纲

1	9.2.1 劳动用工管理
2	9.2.2 工资支付保障

9.2.1 劳动用工管理

核心考点及重点提示

	考点	重点提示
1	"包工队"用工模式	★
2	劳务派遣	★★
3	建筑业劳动用工规范管理	★
4	改革工程建设领域用工方式	★

★普通　★★重要　★★★非常重要

核心考点及考法

1. "包工队"用工模式

农民工是指为用人单位提供劳动的农村居民。

2. 劳务派遣

（1）劳务派遣涉及劳务派遣单位、用工单位和被派遣的劳动者三方主体。

（2）劳务派遣只能在临时性、辅助性或者替代性的工作岗位上实施。

（3）在劳务派遣关系中，劳务派遣单位与被派遣劳动者订立劳动合同。

（4）劳务派遣单位与同一被派遣劳动者只能约定一次试用期。

（5）劳务派遣单位派遣劳动者应当与接受以劳务派遣形式用工的单位订立劳务派遣协议。

（6）劳务派遣单位不得克扣用工单位按照劳务派遣协议支付给被派遣劳动者的劳动

报酬。

（7）劳务派遣单位和用工单位不得向被派遣劳动者收取费用。

（8）被派遣劳动者有权在劳务派遣单位或者用工单位依法参加或者组织工会。

（9）用工单位应当向被派遣劳动者提供与工作岗位相关的福利待遇，不得歧视被派遣劳动者。

◆ **考法 1：劳务派遣用工岗位特征**

【例题】（2015 年真题）根据《劳动合同法》，劳务派遣用工岗位具有（　　）。

　　A. 替代性　　　　　　　　　B. 辅助性
　　C. 临时性　　　　　　　　　D. 长期性
　　E. 关键性

【答案】A、B、C

◆ **考法 2：劳务派遣用工单位应当履行的一般义务**

【例题】（2024 年真题）对被派遣劳动者，用工单位应当履行的一般义务有（　　）。

　　A. 执行国家劳动标准，提供相应的劳动条件和劳动保护
　　B. 告知被派遣劳动者的工作要求和劳动报酬
　　C. 支付加班费、绩效奖金
　　D. 实行正常的工资调整机制
　　E. 不得将被派遣劳动者再派遣到其他用人单位

【答案】A、B、C、E

3. 建筑业劳动用工规范管理

施工总承包、专业承包企业可通过自有劳务人员或劳务分包、劳务派遣等多种方式完成劳务作业。

4. 改革工程建设领域用工方式

鼓励施工企业将一部分技能水平高的农民工招用为自有工人，不断扩大自有工人队伍。引导具备条件的劳务作业班组向专业企业发展。

9.2.2　工资支付保障

核心考点及重点提示

	考点	重点提示
1	最低工资保障制度	★
2	工资支付保障制度	★
3	农民工工资支付保障制度	★
4	拖欠农民工工资失信联合惩戒管理	★

★普通　　★★重要　　★★★非常重要

核心考点及考法

1. 最低工资保障制度

用人单位支付劳动者的工资不得低于当地最低工资标准。

2. 工资支付保障制度

表 9-3 特殊情况工资保障

特殊情况	工资保障
休假、探亲假、婚假、丧假	按标准支付
依法解除或终止劳动合同时	一次付清
非因劳动者原因造成单位停工、停产在一个工资支付周期内的	按标准支付
依法参加社会活动期间	视同提供了正常劳动而支付

表 9-4 额外工作工资保障

额外工作	工资保障
日法定标准工作时间以外延长工作时间的	不低于 150%
在休息日工作,而又不能安排补休的	不低于 200%
在法定休假节日工作的	不低于 300%

◆ **考法:加班费的计算**

【例题】王某的日工资为 80 元。政府规定 2024 年 10 月 1 日至 7 日放假 7 天,其中 3 天属于法定休假日,4 天属于前后两周的周末休息日。公司安排王某在这 7 天加班不能安排补休。公司应当向王某支付加班费合计( )元。

  A. 560   B. 1360

  C. 800   D. 1120

【答案】B

3. 农民工工资支付保障制度

表 9-5 农民工工资支付保障制度

项目	制度
工资基本保障制度	任何单位和个人不得拖欠农民工工资
工资保证金制度	工资保证金按工程施工合同额(或年度合同额)的一定比例存储,原则上不低于 1%,不超过 3%
	施工合同额低于 300 万元,且前一年内承建的工程未发生工资拖欠的,可以免除存储
	工资保证金使用后,施工总承包单位应当自使用之日起 10 个工作日内将工资保证金补足
	工资保证金不得因支付为本工程提供劳动的农民工工资之外的原因被查封、冻结或者划拨

续表

项目	制度
工资专用账户制度	人工费用是指建设单位向总包单位专用账户拨付的专项用于支付农民工工资的工程款

◆**考法：农民工工资保证金免存储情况**

【例题】根据《工程建设领域农民工工资保证金规定》，施工合同额低于（ ）万元的工程，且该工程的施工总承包单位在签订施工合同前一年内承建的工程未发生工资拖欠的，可免除该工程存储工资保证金。

　　A. 200　　　　　　　　　　　B. 300
　　C. 400　　　　　　　　　　　D. 500

【答案】B

4. 拖欠农民工工资失信联合惩戒管理

（1）用人单位同时符合下列条件的，可以向作出列入决定的人力资源社会保障行政部门申请提前移出失信联合惩戒名单：① 已经改正拖欠农民工工资违法行为的；② 自改正之日起被列入失信联合惩戒名单满6个月的；③ 作出不再拖欠农民工工资书面信用承诺的。

（2）用人单位符合上述规定条件，但是具有下列情形之一的，不得提前移出失信联合惩戒名单：① 列入失信联合惩戒名单期限内再次发生拖欠农民工工资违法行为的；② 因涉嫌拒不支付劳动报酬犯罪正在刑事诉讼期间或者已经被追究刑事责任的。

（3）当事人被列入失信联合惩戒名单的期限为3年，自人力资源社会保障行政部门作出列入决定之日起计算。

9.3　劳动安全卫生和保护

核心考点提纲

1	9.3.1	劳动安全卫生
2	9.3.2	劳动保护

9.3.1　劳动安全卫生

核心考点及重点提示

	考点	重点提示
1	劳动安全卫生的概念	★
2	劳动安全卫生管理制度的内容	★

★普通　★★重要　★★★非常重要

核心考点及考法

1. 劳动安全卫生的概念

劳动安全卫生制度包括劳动安全技术规程、劳动卫生规程、劳动安全卫生管理制度及国家安全监察等方面的法律规定。

2. 劳动安全卫生管理制度的内容

（1）用人单位应当在劳动过程中采取的职业病防治管理措施：① 设置或者指定职业卫生管理机构或者组织，配备专职或者兼职的职业卫生管理人员，负责本单位的职业病防治工作；② 制定职业病防治计划和实施方案；③ 建立、健全职业卫生管理制度和操作规程；④ 建立、健全职业卫生档案和劳动者健康监护档案；⑤ 建立、健全工作场所职业病危害因素监测及评价制度；⑥ 建立、健全职业病危害事故应急救援预案。

（2）劳动者享有的职业卫生保护权利：① 获得职业卫生教育、培训；② 获得职业健康检查、职业病诊疗、康复等职业病防治服务；③ 了解工作场所产生或者可能产生的职业病危害因素、危害后果和应当采取的职业病防护措施；④ 要求用人单位提供符合防治职业病要求的职业病防护设施和个人使用的职业病防护用品，改善工作条件；⑤ 对违反职业病防治法律、法规以及危及生命健康的行为提出批评、检举和控告；⑥ 拒绝违章指挥和强令进行没有职业病防护措施的作业；⑦ 参与用人单位职业卫生工作的民主管理，对职业病防治工作提出意见和建议。

◆ 考法：劳动者享有的职业卫生保护权利

【例题】（2024 年真题）根据《职业病防治法》，劳动者享有的职业卫生保护权利是（　　）。

A. 获得职业安全教育培训
B. 要求用人单位提供安全防护设施
C. 建立职业卫生管理制度和操作规程
D. 对职业病防治工作提出意见和建议

【答案】D

9.3.2 劳动保护

核心考点及重点提示

考点		重点提示
1	劳动保护管理制度内容	★
2	女职工的特殊保护	★★
3	未成年工的特殊保护	★★

★普通　★★重要　★★★非常重要

核心考点及考法

1. 劳动保护管理制度内容

（1）我国职业病防治工作应坚持预防为主、防治结合的方针，建立用人单位负责、行政机关监管、行业自律、职工参与和社会监督的机制，实行分类管理、综合治理。

（2）用人单位工作场所存在职业病目录所列职业病的危害因素的，应当及时、如实向所在地安全生产监督管理部门申报危害项目，接受监督。

（3）对从事接触职业病危害的作业的劳动者，用人单位应当按照国务院卫生行政部门的规定组织上岗前、在岗期间和离岗时的职业健康检查，并将检查结果书面告知劳动者。职业健康检查费用由用人单位承担。

（4）用人单位应当为劳动者建立职业健康监护档案，并按照规定的期限妥善保存。职业健康监护档案应当包括劳动者的职业史、职业病危害接触史、职业健康检查结果和职业病诊疗等有关个人健康资料。劳动者离开用人单位时，有权索取本人职业健康监护档案复印件，用人单位应当如实、无偿提供，并在所提供的复印件上签章。

◆ **考法：职业健康监护档案的内容**

【例题】用人单位应当为劳动者建立职业健康监护档案，并按照规定的期限妥善保存。职业健康监护档案应当包括（　　）。

  A. 劳动者个人家庭情况　　　　B. 劳动者的职业史
  C. 职业病危害接触史　　　　　D. 职业健康检查结果
  E. 职业病诊疗关于个人健康资料

【答案】B、C、D、E

2. 女职工的特殊保护

表 9-6　女职工的特殊保护

期间	禁忌
日常	矿山井下；第四级体力劳动强度的作业；每小时负重 6 次以上、每次负重超过 20 公斤，或者间断负重、每次负重超过 25 公斤的作业
经期	第二级、第三级、第四级冷水作业或低温作业；第三级、第四级体力劳动强度的作业或高处作业
孕期	对怀孕 7 个月以上的女职工，用人单位不得延长劳动时间或者安排夜班劳动
产期	享受 98 天产假
哺乳期	对哺乳未满 1 周岁婴儿的女职工，用人单位不得延长劳动时间或者安排夜班劳动

◆ **考法：女职工特殊保护规定**

【例题】（2015 年真题）某施工企业的下列工作安排，违反《劳动法》中关于女职工特殊保护规定的是（　　）。

  A. 安排正在哺乳未满 1 周岁婴儿的女工李某从事资料整理工作
  B. 安排怀孕 6 个月的女工钱某从事夜班工作
  C. 安排女职工从事矿山井下作业

D. 批准女工王某只能休产假 120 天

【答案】C

3. 未成年工的特殊保护

表 9-7　未成年工的特殊保护

期间	禁忌
时间限制	对未成年工实行缩短工作时间，禁止安排未成年工从事夜班工作和加班加点工作
禁忌从事	矿山井下、有毒有害、国家规定的第四级体力劳动强度的劳动和其他禁忌从事的劳动
身体健康检查	（1）安排工作岗位之前； （2）工作满一年； （3）年满十八周岁，距前一次的体检时间已超过半年
登记发证	对未成年工的使用和特殊保护实行登记制度

◆考法：未成年工的保护

【例题】（2024 年真题）根据《劳动法》，关于未成年工保护的说法，正确的是（　　）。

A. 《未成年工登记证》由用人单位所在地省级劳动行政部门核发
B. 用人单位应对未成年工进行不定期健康检查
C. 不得安排未成年工从事矿山井下、有毒有害等工作
D. 可以安排未成年工从事夜班工作，但不得安排其加班

【答案】C

9.4　工伤保险制度

核心考点提纲

1	9.4.1 工伤认定
2	9.4.2 工伤保险待遇

9.4.1　工伤认定

核心考点及重点提示

	考点	重点提示
1	应当认定为工伤的情形	★★
2	视同工伤的情形	★★
3	不得认定为工伤或者视同工伤的情形	★★
4	工伤认定申请的期限	★

考点		重点提示
5	工伤认定程序	★

★普通　★★重要　★★★非常重要

核心考点及考法

1. 应当认定为工伤的情形

（1）在工作时间和工作场所内，因工作原因受到事故伤害的；（2）工作时间前后在工作场所内，从事与工作有关的预备性或者收尾性工作受到事故伤害的；（3）在工作时间和工作场所内，因履行工作职责受到暴力等意外伤害的；（4）患职业病的；（5）因工外出期间，由于工作原因受到伤害或者发生事故下落不明的；（6）在上下班途中，受到非本人主要责任的交通事故或者城市轨道交通、客运轮渡、火车事故伤害的；（7）法律、行政法规规定应当认定为工伤的其他情形。

◆考法：应当认定为工伤的情形

【例题】（2024年真题）根据《工伤保险条例》，职工有下列情形的，应当认定为工伤的是（　　）。

　　A. 因工外出期间，发生事故下落不明的
　　B. 因被单位领导批评，想不开自杀的
　　C. 因醉酒，上班期间摔伤的
　　D. 吸毒后，开车上班途中撞到前车受伤的

【答案】A

2. 视同工伤的情形

（1）在工作时间和工作岗位，突发疾病死亡或者在48小时之内经抢救无效死亡的；（2）在抢险救灾等维护国家利益、公共利益活动中受到伤害的；（3）职工原在军队服役，因战、因公负伤致残，已取得革命伤残军人证，到用人单位后旧伤复发的。

◆考法：可以认定为工伤或者视同工伤的情形

【例题】根据《工伤保险条例》，可以认定为工伤或者视同工伤的有（　　）。

　　A. 李某取得革命伤残军人证后到企业工作，旧伤复发
　　B. 张某患病后，精神抑郁，酗酒过度需要进行治疗
　　C. 杨某在开车下班途中，发生交通事故受伤，该事故责任认定书中认定杨某对此负次要责任
　　D. 陈某在工作场所与上司产生摩擦，一怒之下，拿剪刀将自己的胸脯刺伤
　　E. 牛某因失恋，上班时间爬到公司楼顶跳楼自杀

【答案】A、C

3. 不得认定为工伤或者视同工伤的情形

（1）故意犯罪的；（2）醉酒或者吸毒的；（3）自残或者自杀的。

◆ 考法：不得认定为工伤的情形

【例题】（2022 年真题）职工的下列情形中，不得认定为工伤的是（　　）。

A. 在工作时间和工作场所内，因工作原因受到事故伤害的
B. 工作时间之前在工作场所内，从事与工作有关的预备性工作受到事故伤害的
C. 在工作时间和工作场所内，自残的
D. 在工作时间和工作场所内，因履行工作职责受到暴力等意外伤害的

【答案】C

4. 工伤认定申请的期限

（1）职工发生事故伤害或者按照职业病防治法规定被诊断、鉴定为职业病，所在单位应当自事故伤害发生之日或者被诊断、鉴定为职业病之日起 30 日内，向统筹地区社会保险行政部门提出工伤认定申请。

（2）用人单位未在规定的时限内提出工伤认定申请的，受伤害职工或者其近亲属、工会组织在事故伤害发生之日或者被诊断、鉴定为职业病之日起 1 年内，可以向用人单位所在地统筹地区社会保险行政部门提出工伤认定申请。工会组织也可以提出工伤认定申请。

（3）由于不属于职工或者其近亲属自身原因超过工伤认定申请期限的，被耽误的时间不计算在工伤认定申请期限内。

（4）有下列情形之一耽误申请时间的，应当认定为不属于职工或者其近亲属自身原因：①不可抗力；②人身自由受到限制；③属于用人单位原因；④社会保险行政部门登记制度不完善；⑤当事人对是否存在劳动关系申请仲裁、提起民事诉讼。

◆ 考法：工伤认定申请的期限

【例题】《工伤保险条例》规定，职工发生事故伤害或者按照职业病防治法规定被诊断、鉴定为职业病，所在单位应当自事故伤害发生之日或者被诊断、鉴定为职业病之日起（　　）日内，向统筹地区社会保险行政部门提出工伤认定申请。

A. 10　　　　　　　　　　B. 15
C. 20　　　　　　　　　　D. 30

【答案】D

5. 工伤认定程序

（1）工伤认定申请的受理部门是社会保险行政部门。

（2）社会保险行政部门收到申请人提交的全部补正材料后，应当在 15 日内作出受理或者不予受理的决定。

（3）职工或者其近亲属认为是工伤，用人单位不认为是工伤的，由用人单位承担举证责任。

（4）社会保险行政部门应当自受理工伤认定申请之日起 60 日内作出工伤认定的决定，并书面通知申请工伤认定的职工或者其近亲属和该职工所在单位。

（5）社会保险行政部门对受理的事实清楚、权利义务明确的工伤认定申请，应当在 15 日内作出工伤认定的决定。

◆ **考法：工伤认定的举证责任**

【例题】（2014年真题）职工认为是工伤，用人单位不认为是工伤的，由（　　）承担举证责任。

A. 职工　　　　　　　　　B. 鉴定机构
C. 劳动部门　　　　　　　D. 用人单位

【答案】D

9.4.2 工伤保险待遇

核心考点及重点提示

	考点	重点提示
1	工伤医疗待遇	★
2	工伤致残待遇	★★
3	因工死亡待遇	★
4	停止享受工伤保险待遇的情形	★

★普通　★★重要　★★★非常重要

核心考点及考法

1. 工伤医疗待遇

（1）社会保险行政部门作出认定为工伤的决定后发生行政复议、行政诉讼的，行政复议和行政诉讼期间不停止支付工伤职工治疗工伤的医疗费用。

（2）职工因工伤停工留薪期一般不超过12个月。伤情严重或者情况特殊，经设区的市级劳动能力鉴定委员会确认，可以适当延长，但延长不得超过12个月。

◆ **考法：停工留薪期**

【例题】（2015年真题）根据《工伤保险条例》，职工因工作遭受事故伤害或者患职业病，需要暂停工作接受工伤医疗的，停工留薪期一般不超过（　　）个月。

A. 12　　　　　　　　　　B. 10
C. 8　　　　　　　　　　 D. 6

【答案】A

2. 工伤致残待遇

表 9-8　工伤致残待遇

伤残等级	劳动关系	一次性伤残补助金	伤残津贴
一级伤残	保留劳动关系，退出工作岗位	27个月的工资	本人工资的90%
二级伤残		25个月的工资	本人工资的85%

续表

伤残等级	劳动关系	一次性伤残补助金	伤残津贴
三级伤残	保留劳动关系，退出工作岗位	23 个月的工资	本人工资的 80%
四级伤残		21 个月的工资	本人工资的 75%
五级伤残	保留与用人单位的劳动关系，安排适当工作	18 个月的工资	本人工资的 70%
六级伤残		16 个月的工资	本人工资的 60%
七级伤残	劳动、聘用合同期满终止	13 个月的工资	由工伤保险基金支付一次性工伤医疗补助金，由用人单位支付一次性伤残就业补助金
八级伤残		11 个月的工资	
九级伤残		9 个月的工资	
十级伤残		7 个月的工资	

◆考法：职工因工致残的劳动关系

【例题】（2016 年真题）根据《工伤保险条例》，职工因工致残，应当保留劳动关系，退出工作岗位的伤残等级范围是（　　）伤残。

　　A. 九级至十级　　　　　　　　B. 七级至八级

　　C. 五级至六级　　　　　　　　D. 一级至四级

【答案】D

3. 因工死亡待遇

（1）职工因工死亡，其近亲属按照下列规定从工伤保险基金领取丧葬补助金、供养亲属抚恤金和一次性工亡补助金。

（2）职工因工外出期间发生事故或者在抢险救灾中下落不明的，从事故发生当月起 3 个月内照发工资，从第 4 个月起停发工资，由工伤保险基金向其供养亲属按月支付供养亲属抚恤金。

◆考法：职工因工外出期间发生事故或者在抢险救灾中下落不明的待遇

【例题】职工因工外出期间发生事故下落不明，从第（　　）个月起停发工资，由工伤保险基金向其供养亲属按月支付供养亲属抚恤金。

　　A. 1　　　　　　　　　　　　B. 2

　　C. 3　　　　　　　　　　　　D. 4

【答案】D

4. 停止享受工伤保险待遇的情形

①丧失享受待遇条件的；②拒不接受劳动能力鉴定的；③拒绝治疗的。

◆考法：停止享受工伤保险待遇的情形

【例题】下列情形，属于《工伤保险条例》中规定的停止享受工伤保险待遇的有（　　）。

　　A. 工伤治愈后继续工作　　　　B. 丧失享受待遇条件

C. 拒不接受劳动能力鉴定　　　　D. 拒绝治疗
E. 供养亲属达到法定退休年龄

【答案】B、C、D

9.5　劳动争议的解决

核心考点提纲

1	9.5.1　劳动争议调解
2	9.5.2　劳动争议仲裁

核心考点及重点提示

	考点	重点提示
1	属于劳动争议纠纷的范围	★★
2	不属于劳动争议的纠纷	★★

★普通　★★重要　★★★非常重要

核心考点及考法

表 9-9　劳动争议的范围

项目	内容
劳动争议的范围	（1）因确认劳动关系发生的争议。 （2）因订立、履行、变更、解除和终止劳动合同发生的争议。 （3）因除名、辞退和辞职、离职发生的争议。 （4）因工作时间、休息休假、社会保险、福利、培训以及劳动保护发生的争议。 （5）因劳动报酬、工伤医疗费、经济补偿或者赔偿金等发生的争议。 （6）劳动者与用人单位在履行劳动合同过程中发生的纠纷。 （7）劳动者与用人单位之间没有订立书面劳动合同，但已形成劳动关系后发生的纠纷。 （8）劳动者与用人单位因劳动关系是否已经解除或者终止，以及应否支付解除或者终止劳动关系经济补偿金发生的纠纷。 （9）劳动者与用人单位解除或者终止劳动关系后，请求用人单位返还其收取的劳动合同定金、保证金、抵押金、抵押物发生的纠纷，或者办理劳动者的人事档案、社会保险关系等移转手续发生的纠纷。 （10）劳动者以用人单位未为其办理社会保险手续，且社会保险经办机构不能补办导致其无法享受社会保险待遇为由，要求用人单位赔偿损失发生的纠纷。 （11）劳动者退休后，与尚未参加社会保险统筹的原用人单位因追索养老金、医疗费、工伤保险待遇和其他社会保险待遇而发生的纠纷。 （12）劳动者因为工伤、职业病，请求用人单位依法给予工伤保险待遇发生的纠纷。 （13）劳动者依据劳动合同法第85条规定，要求用人单位支付加付赔偿金发生的纠纷。 （14）因企业自主进行改制发生的纠纷。 （15）法律、法规规定的其他劳动争议

续表

项目	内容
不属于劳动争议	（1）劳动者请求社会保险经办机构发放社会保险金的纠纷。 （2）劳动者与用人单位因住房制度改革产生的公有住房转让纠纷。 （3）劳动者对劳动能力鉴定委员会的伤残等级鉴定结论或者对职业病诊断鉴定委员会的职业病诊断鉴定结论的异议纠纷。 （4）家庭或者个人与家政服务人员之间的纠纷。 （5）个体工匠与帮工、学徒之间的纠纷。 （6）农村承包经营户与受雇人之间的纠纷。

◆ 考法：属于劳动争议的范围

【例题】（2021年真题）下列纠纷中，属于劳动争议范围的有（　　）。

A. 劳动者与用人单位在履行劳动合同过程中发生的纠纷
B. 劳动者请求社会保险经办机构发放社会保险金的纠纷
C. 劳动者与用人单位因住房制度改革产生的公有住房转让纠纷
D. 因除名、辞退和辞职、离职发生的纠纷
E. 劳动者退休后，与尚未参加社会保险统筹的原用人单位因追索养老金、医疗费、工伤保险待遇和其他社会保险待遇而发生的纠纷

【答案】A、D、E

9.5.1 劳动争议调解

核心考点及重点提示

	考点	重点提示
1	《劳动争议调解仲裁法》的适用范围	★★
2	劳动争议处理的原则	★
3	调解组织的设立和构成	★
4	申请调解的程序	★★★
5	调解协议书的效力	★★

★普通　★★重要　★★★非常重要

核心考点及考法

1.《劳动争议调解仲裁法》的适用范围

（1）因确认劳动关系发生的争议；（2）因订立、履行、变更、解除和终止劳动合同发生的争议；（3）因除名、辞退和辞职、离职发生的争议；（4）因工作时间、休息休假、社会保险、福利、培训以及劳动保护发生的争议；（5）因劳动报酬、工伤医疗费、经济补偿或者赔偿金等发生的争议；（6）法律、法规规定的其他劳动争议。

◆ 考法：《劳动争议调解仲裁法》的适用范围

【例题】适用《劳动争议调解仲裁法》解决用人单位与劳动者发生的劳动争议有（　　）。

　　A. 因离职发生的争议
　　B. 因确认劳动关系发生的争议
　　C. 因解除和终止劳动合同发生的争议
　　D. 因工作方式发生的争议
　　E. 因工作时间发生的争议

【答案】A、B、C、E

2. 劳动争议处理的原则

（1）坚持根据事实、实事求是，一切从具体实际出发；（2）坚持合法处理、维护公平，依法保护当事人的合法权益；（3）坚持高效便捷、及时调解，提高劳动争议处理的质效。

3. 调解组织的设立和构成

（1）劳动争议调解组织包括：① 企业劳动争议调解委员会；② 依法设立的基层人民调解组织；③ 在乡镇、街道设立的具有劳动争议调解职能的组织。

（2）企业劳动争议调解委员会由职工代表和企业代表组成。

◆ 考法：建筑企业劳动争议调解委员会的组成

【例题】（2010年真题）某建筑企业的劳动争议调解委员会应由（　　）组成。

　　A. 企业的法定代表人与劳动行政部门的代表
　　B. 企业的工会代表与劳动行政部门的代表
　　C. 企业的职工代表和企业代表
　　D. 企业的职工代表、企业代表和劳动行政部门的代表

【答案】C

4. 申请调解的程序

（1）劳动争议发生以后，如果当事人不愿协商、协商不成或者达成和解协议后，一方当事人在约定的期限内不履行和解协议的，就可以向劳动争议调解组织申请调解。当事人申请劳动争议调解可以书面申请也可以口头申请。

（2）在当事人申请调解时，调解委员会接到调解申请后，对属于劳动争议受理范围且双方当事人同意调解的，应当在3个工作日内受理。

（3）经调解达成调解协议的，由调解委员会制作调解协议书。调解协议书应写明双方当事人基本情况、调解请求事项、调解的结果和协议履行期限、履行方式等。调解协议书由双方当事人签名或者盖章，经调解员签名并加盖调解委员会印章后生效。

◆ 考法：劳动争议调解

【例题】（2024年真题）关于劳动争议调解的说法，正确的是（　　）。

　　A. 劳动争议调解的原则是公平、公正、公开
　　B. 只有当事人提出申请，劳动争议调解程序才能启动
　　C. 企业劳动争议调解委员会由职工代表、企业代表和行政主管部门代表组成

D. 经调解达成协议的，调解委员会应当制作调解协议书

【答案】D

5. 调解协议书的效力

（1）调解协议书仅仅是具有劳动合同的约束力，不具有强制执行的效果。

（2）达成调解协议后，如果一方当事人在协议约定期限内不履行调解协议，一方当事人一般不能请求人民法院强制对方执行，而只能依法申请仲裁。

9.5.2 劳动争议仲裁

核心考点及重点提示

	考点	重点提示
1	劳动争议仲裁委员会的设立、组成和职责	★
2	劳动争议仲裁的程序	★

★普通　★★重要　★★★非常重要

核心考点及考法

1. 劳动争议仲裁委员会的设立、组成和职责

（1）劳动争议仲裁委员会不按行政区划层层设立。

（2）劳动争议仲裁委员会由劳动行政部门代表、工会代表和企业方面代表组成。

（3）劳动争议仲裁委员会组成人员应当是单数。

（4）劳动争议仲裁委员会依法履行下列职责：① 聘任、解聘专职或者兼职仲裁员；② 受理劳动争议案件；③ 讨论重大或者疑难的劳动争议案件；④ 对仲裁活动进行监督。

◆ 考法：劳动争议仲裁委员会的设立、组成和职责

【例题】（2024年真题）关于劳动争议仲裁委员会的说法，正确的是（　　）。

　　A. 劳动争议仲裁委员会组成人员可以是双数

　　B. 劳动争议仲裁委员会有权解聘仲裁员

　　C. 劳动争议仲裁委员会可以受理行政争议案件

　　D. 劳动争议仲裁委员会应当按照行政区划层层设立

【答案】B

2. 劳动争议仲裁的程序

（1）仲裁申请书应当载明下列事项：① 劳动者的姓名、性别、年龄、职业、工作单位和住所，用人单位的名称、住所和法定代表人或者主要负责人的姓名、职务；② 仲裁请求和所根据的事实、理由；③ 证据和证据来源、证人姓名和住所。

（2）劳动争议仲裁委员会收到仲裁申请之日起 5 日内，认为符合受理条件的，应当受理，并通知申请人。

（3）申请人收到开庭书面通知，无正当理由拒不到庭或者未经仲裁庭同意中途退庭

的，可以视为撤回仲裁申请。

（4）当事人申请劳动争议仲裁后，可以自行和解。达成和解协议的，可以撤回仲裁申请。

（5）仲裁庭在作出裁决前，应当先行调解。调解达成协议的，仲裁庭应当制作调解书。调解书经双方当事人签收后，发生法律效力。

（6）仲裁庭裁决劳动争议案件，应当自劳动争议仲裁委员会受理仲裁申请之日起45日内结束。

（7）劳动者申请先予执行的，可以不提供担保。

（8）裁决书应当载明仲裁请求、争议事实、裁决理由、裁决结果和裁决日期。

（9）劳动争议申请仲裁的时效期间为1年。仲裁时效期间从当事人知道或者应当知道其权利被侵害之日起计算。

（10）因不可抗力或者有其他正当理由，当事人不能在仲裁时效期间申请仲裁的，仲裁时效中止。从中止时效的原因消除之日起，仲裁时效期间继续计算。

（11）劳动关系存续期间因拖欠劳动报酬发生争议的，劳动者申请仲裁不受规定的仲裁时效期间的限制；但是，劳动关系终止的，应当自劳动关系终止之日起1年内提出。

◆考法：劳动争议的仲裁时效

【例题】（2009年真题）根据《劳动争议调解仲裁法》的规定，劳动争议申请仲裁的时效期限为（　　），仲裁时效期间从当事人知道或者应当知道其权利被侵害之日起计算。

A. 2个月　　　　　　　　B. 6个月
C. 1年　　　　　　　　　D. 2年

【答案】C

本章模拟强化练习

1. 根据《劳动合同法》，关于非全日制用工的说法，正确的是（　　）。
   A. 以天计酬为主
   B. 平均每日工作时间不超过3小时
   C. 不利于降低用人单位的用工成本
   D. 每周工作时间累计不超过24小时

【答案】D

2. 某施工企业的下列工作人员中，有权要求与企业订立无固定期限劳动合同的是（　　）。
   A. 在该企业连续工作满8年的张某
   B. 在该企业工作2年，并被董事会任命为总经理的王某
   C. 在该企业累计工作10年，但期间曾就职于其他企业的李某
   D. 在该企业已经连续订立两次固定期限劳动合同，但因工负伤未丧失劳动能力的赵某

【答案】D

3. 下列合同条款中，属于劳动合同必备条款的是（　　）。

    A. 试用期　　　　　　　　　B. 劳动报酬

    C. 保守商业秘密　　　　　　D. 福利待遇

【答案】B

4. 马某与某施工企业订立了一份 2 年期限的劳动合同，合同约定了试用期，同时约定合同生效时间为 5 月 1 日，则试用期最晚应当截止于（　　）。

    A. 11 月 1 日　　　　　　　B. 8 月 1 日

    C. 7 月 1 日　　　　　　　D. 6 月 1 日

【答案】C

5. 根据《劳动合同法》，用人单位在招用劳动者以及订立劳动合同时，不得（　　）。

    A. 订立无终止时间的劳动合同　　B. 要求劳动者提供担保

    C. 向劳动者收取财物　　　　　　D. 约定竞业限制条款

    E. 扣押劳动者的证件

【答案】B、C、E

6. 根据《劳动合同法》，对劳动合同的无效或者部分无效有争议的，由（　　）确认。

    A. 用人单位　　　　　　　　B. 人民法院

    C. 人民检察院　　　　　　　D. 劳动争议仲裁机构

    E. 劳动监察部门

【答案】B、D

7. 劳动者发生下列情形，用人单位可以随时解除劳动合同的有（　　）。

    A. 在试用期间被证明不符合录用条件的

    B. 严重违反用人单位规章制度的

    C. 不能胜任工作，经过培训或者调整工作岗位，仍不能胜任工作的

    D. 同时与其他用人单位建立劳动关系，对完成本单位的工作任务造成严重影响的

    E. 患病，在规定的医疗期满后不能从事原工作，也不能从事由用人单位另行安排的工作的

【答案】A、B、D

8. 根据《劳动合同法》，用人单位提前 30 日以书面形式通知劳动者本人或者额外支付劳动者 1 个月工资后，可以解除合同的有（　　）。

    A. 劳动者非因工负伤，在规定的医疗期满后不能从事原工作，也不能从事由用人单位另行安排的工作的

    B. 劳动合同订立时所依据的客观情况发生重大变化的

    C. 劳动者被依法追究刑事责任的

    D. 劳动者违反用人单位的规章制度的

    E. 劳动者不能胜任工作，经过培训或者调整工作岗位，仍不能胜任工作的

【答案】A、E

9. 根据《劳动合同法》，用人单位有权实施经济性裁员的情形有（ ）。

   A. 依照《企业破产法》规定进行重整的

   B. 生产经营发生严重困难的

   C. 股东会意见严重分歧导致董事会主要成员交换的

   D. 企业转产、重大技术革新或者经营方式调整，经变更劳动合同后，仍需裁减人员的

   E. 因劳动合同订立时所依据的客观经济情况发生重大变化，致使劳动合同无法履行的

【答案】A、B、D、E

10. 在劳动合同履行过程中，劳动者不需事先告知用人单位，可以立即与用人单位解除劳动合同的情形有（ ）。

    A. 在试用期内的

    B. 用人单位被宣告破产的

    C. 用人单位未依法缴纳社会保险费的

    D. 用人单位违章指挥、强令冒险作业危及劳动者人身安全的

    E. 用人单位以暴力、威胁的手段强迫劳动者劳动的

【答案】D、E

11. 根据《劳务派遣暂行规定》，被派遣劳动者在用工单位因工作遭受事故伤害，关于申请工伤认定的说法，正确的是（ ）。

    A. 用工单位申请，劳务派遣单位协助

    B. 被派遣劳动者申请，劳务派遣单位协助

    C. 劳务派遣单位申请，用工单位协助

    D. 被派遣劳动者申请，劳动行政部门协助

【答案】C

12. 根据《职业病防治法》，关于劳动者享有职业卫生保护权利的说法，正确的有（ ）。

    A. 获得职业卫生教育、培训

    B. 建立、健全工作场所职业病危害因素监测及评价制度

    C. 要求用人单位提供符合防治职业病要求的职业病防护设施和个人使用的职业病防护用品，改善工作条件

    D. 拒绝违章指挥和强令进行没有职业病防护措施的作业

    E. 制定职业病防治计划和实施方案

【答案】A、C、D

13. 根据《女职工劳动保护特别规定》，女职工禁忌从事的劳动范围有（ ）。

    A. 矿山井下作业

    B. 体力劳动强度分级标准中规定的第四级体力劳动强度的作业

C. 每小时负重 6 次以上、每次负重超过 20 公斤的作业

D. 间断负重、每次负重超过 25 公斤的作业

E. 高处作业分级标准中规定的第二级高处作业

【答案】A、B、C、D

14. 关于未成年工劳动保护的说法，正确的有（　　）。

A. 禁止安排未成年工从事夜班工作和加班加点工作

B. 用人单位不得安排未成年工从事矿山井下的劳动

C. 用人单位不得安排未成年工从事建设工程施工的劳动

D. 用人单位应当对未成年工定期进行健康检查

E. 用人单位不得安排未成年工从事国家规定的第四级体力劳动强度的劳动

【答案】A、B、D、E

15. 根据《工伤保险条例》，建筑施工企业职工有下列情况可以认定为工伤的有（　　）。

A. 出差途中，由于工作原因遭遇车祸受伤

B. 在施工现场斗殴受伤

C. 在施工现场因工作原因受到事故伤害

D. 施工期间醉酒坠落致残

E. 在办公场所内因劳资纠纷自杀

【答案】A、C

16. 社会保险行政部门受理工伤认定申请后，职工或者其近亲属认为是工伤，用人单位不认为是工伤，关于工伤认定证据的说法，正确的是（　　）。

A. 由职工或者其近亲属承担举证责任

B. 由用人单位承担举证责任

C. 由社会保险行政部门依职权调查取证

D. 由人民法院依职权调查取证

【答案】B

17. 下列保险中，属于强制性保险的是（　　）。

A. 工伤保险　　　　　　　　B. 意外伤害保险

C. 建筑工程一切险　　　　　D. 勘察设计责任险

【答案】A

18. 下列情形，工伤职工将停止享受工伤保险待遇的是（　　）。

A. 工伤治愈后继续工作　　　B. 拒绝劳动能力鉴定

C. 工伤治疗期间需要休息　　D. 供养亲属死亡

【答案】B

19. 下列争议中，劳动者可以向劳动争议仲裁委员会申请仲裁的是（　　）。

A. 劳动者请求社会保险经办机构发放社会保险金的纠纷

B. 劳动者与用人单位因住房制度改革产生的公有住房转让纠纷

C. 劳动者因工伤请求用人单位依法给予工伤保险待遇发生的纠纷

D. 劳动者对职业病诊断鉴定委员会的职业病诊断鉴定结论的异议纠纷

【答案】C

20. 根据《劳动争议调解仲裁法》，关于企业劳动争议调解委员会的说法，正确的是（   ）。

A. 企业劳动争议调解委员会主任必须由工会成员担任

B. 企业劳动争议调解委员会职工代表只能由全体职工推举产生

C. 企业劳动争议调解委员会由职工代表和企业负责人组成

D. 企业劳动争议调解委员会企业代表由企业负责人指定

【答案】D

21. 劳动争议调解协议书应写明（   ）等。

A. 和解的情况　　　　　　　B. 调解的结果

C. 调解请求事项　　　　　　D. 双方当事人基本情况

E. 协议履行期限

【答案】B、C、D、E

22. 关于用人单位与劳动者发生劳动争议申请劳动仲裁的说法，正确的是（   ）。

A. 劳动关系存续期间因拖欠劳动报酬发生争议的，不受仲裁时效期间的限制

B. 双方必须先经本单位劳动争议调解委员会调解，调解不成的，才可以向劳动仲裁委员会申请仲裁

C. 劳动争议申请仲裁的时效期限为2年

D. 仲裁时效期间从权利被侵害之日起计算

【答案】A

23. 根据《劳动争议调解仲裁法》，关于劳动争议仲裁时效的说法，正确的有（   ）。

A. 仲裁时效因当事人一方向对方当事人主张权利而中断

B. 劳动关系存续期间因拖欠劳动报酬发生争议的，劳动者申请仲裁不受仲裁时效期间的限制

C. 劳动争议申请仲裁的时效期间为3年

D. 仲裁时效因对方当事人同意履行义务而中止

E. 因拖欠劳动报酬发生争议且劳动关系终止的，应当自劳动关系终止之日起1年内提出

【答案】A、B、E

第 10 章　建设工程争议解决法律制度

近五年真题考点分值表

节	题型	2020 年（分）	2021 年（分）	2022 年（分）	2023 年（分）	2024 年（分）
10.1 建设工程争议和解、调解制度	单项选择题	3	3	2		
	多项选择题					
10.2 仲裁制度	单项选择题	1	1	2	3	1
	多项选择题					2
10.3 民事诉讼制度	单项选择题	2	2	2	2	2
	多项选择题	2	2	2	2	2
10.4 行政复议制度	单项选择题	1		1	1	1
	多项选择题					
10.5 行政诉讼制度	单项选择题		1		1	2
	多项选择题					

10.1　建设工程争议和解、调解制度

核心考点提纲

1	10.1.1　和解
2	10.1.2　调解

10.1.1　和解

核心考点及重点提示

	考点	重点提示
1	和解	★
★普通　★★重要　★★★非常重要		

核心考点及考法

（1）和解成本低、效率高，是自愿原则在民事纠纷解决中的体现。

（2）民事诉讼的当事人可以在民事诉讼的任何阶段达成和解。

（3）双方当事人可以自行和解。

（4）在执行中，双方当事人可以自行和解达成协议，如义务人不履行和解协议的，人民法院可以根据当事人的申请，恢复对原生效法律文书的执行。

（5）仲裁案件当事人可以在仲裁中达成和解。

（6）当事人达成和解协议的，可以请求仲裁庭根据和解协议作出裁决书，也可以撤回仲裁申请。当事人达成和解协议，撤回仲裁申请后反悔的，可以根据仲裁协议申请仲裁。

（7）法律文书的对比见表 10-1。

表 10-1 法律文书的对比

法律文书	是否具有法律约束力	是否具有强制执行力
和解协议	√	×
人民调解书	√	×
仲裁调解书	√	√
仲裁裁决书	√	√
法院调解书	√	√
法院判决书	√	√
法院裁定书	√	√
经司法确认的人民调解书	√	√

◆ 考法：民事纠纷和解

【例题】关于民事纠纷和解的说法，正确的是（　　）。

    A. 民事案件执行阶段不得和解

    B. 民事诉讼中当事人和解的，应当撤回起诉

    C. 当事人在民事诉讼中达成的和解协议具有强制执行力

    D. 民事仲裁中当事人和解的，可以请求仲裁庭根据和解协议作出裁决书

【答案】D

10.1.2 调解

核心考点及重点提示

考点		重点提示
1	人民调解	★
2	法院调解	★
3	仲裁调解	★★

★普通　★★重要　★★★非常重要

核心考点及考法

1. 人民调解

（1）人民调解委员会是依法设立的调解民间纠纷的群众性组织。

（2）人民调解委员会调解民间纠纷，不收取任何费用。

（3）经人民调解委员会调解达成调解协议的，可以制作调解协议书。

（4）经人民调解委员会调解达成调解协议后，当事人之间就调解协议的履行或者调解协议的内容发生争议的，一方当事人可以向人民法院提起诉讼。

（5）人民法院依法确认调解协议有效，一方当事人拒绝履行或者未全部履行的，对方当事人可以向人民法院申请强制执行。

（6）人民法院依法确认调解协议无效的，当事人可以通过人民调解方式变更原调解协议或者达成新的调解协议，也可以向人民法院提起诉讼。

（7）未经司法确认的人民调解协议对当事人有法律约束力，但不能作为司法强制执行的依据；经司法确认的人民调解协议，可以作为强制执行的依据。

◆ **考法：人民调解**

【例题】（2021年真题）关于人民调解的说法，正确的是（　　）。

A. 经人民调解委员会调解达成调解协议的，必须制作调解协议书
B. 经人民调解委员会调解达成的调解协议具有法律强制力
C. 调解协议的履行发生争议的，一方当事人可以向人民法院申请强制执行
D. 经人民调解委员会调解达成调解协议后，双方当事人可以共同向调解组织所在地基层人民法院申请司法确认

【答案】D

2. 法院调解

（1）人民法院审理离婚案件，应当进行调解，但不应久调不决。

（2）人民法院审理民事案件，除当事人同意公开的外，调解过程不公开。

（3）调解达成协议，人民法院应当制作调解书。调解书经双方当事人签收后，即具有法律效力。

（4）下列案件调解达成协议，人民法院可以不制作调解书：① 调解和好的离婚案件；② 调解维持收养关系的案件；③ 能够即时履行的案件；④ 其他不需要制作调解书的案件。

（5）当事人自行和解或者调解达成协议后，请求人民法院按照和解协议或者调解协议的内容制作判决书的，人民法院不予准许。

（6）适用特别程序、督促程序、公示催告程序的案件，婚姻等身份关系确认案件以及其他根据案件性质不能进行调解的案件，不得调解。

◆ **考法：法院调解**

【例题】根据《民事诉讼法》，关于法院调解的说法，正确的有（　　）。

A. 人民法院进行调解，应当由合议庭主持

B. 法院调解书一经作出，即具有法律效力
C. 调解未达成协议，人民法院可以中止庭审程序
D. 能够即时履行的案件，经调解达成协议的，人民法院可以不制作调解书
E. 调解书的法律效力与判决书相同

【答案】D、E

3. 仲裁调解

（1）仲裁庭在作出裁决前，可以先行调解。当事人自愿调解的，仲裁庭应当调解。调解不成的，应当及时作出裁决。

（2）调解达成协议的，仲裁庭应当制作调解书或者根据协议的结果制作裁决书。

（3）调解书与裁决书具有同等法律效力。

（4）调解书经双方当事人签收后，即发生法律效力。

（5）在调解书签收前当事人反悔的，仲裁庭应当及时作出裁决。

◆ 考法：仲裁调解

【例题】（2023年真题）关于仲裁调解的说法，正确的是（   ）。

A. 调解达成协议的，仲裁庭只能制作调解书
B. 调解达成协议后，即发生法律效力
C. 调解达成协议后，当事人不能反悔
D. 仲裁庭在作出裁决前，可以先行调解

【答案】D

10.2 仲裁制度

核心考点提纲

1	10.2.1 仲裁协议
2	10.2.2 仲裁的申请和受理
3	10.2.3 仲裁庭的组成、开庭和裁决

10.2.1 仲裁协议

核心考点及重点提示

	考点	重点提示
1	仲裁协议的概念和特征	★
2	仲裁协议的内容	★★
3	仲裁协议的效力	★★★

★普通　★★重要　★★★非常重要

核心考点及考法

1. 仲裁协议的概念和特征

（1）仲裁协议应当采用书面形式，口头方式达成的仲裁意思表示无效。

（2）没有仲裁协议，一方申请仲裁的，仲裁委员会不予受理。

（3）当事人达成仲裁协议，一方向人民法院起诉的，人民法院不予受理，但仲裁协议无效的除外。

（4）无民事行为能力人或者限制民事行为能力人订立的仲裁协议无效。

（5）下列纠纷不能仲裁：① 婚姻、收养、监护、扶养、继承纠纷；② 依法应当由行政机关处理的行政争议。

（6）仲裁协议独立存在，合同的变更、解除、终止或者无效，不影响仲裁协议的效力。

（7）仲裁与诉讼对比见表10-2。

表10-2 仲裁与诉讼对比

项目	民事仲裁	民事诉讼
主体	仲裁委员会（独立性）	人民法院（公权性）
前提	仲裁协议（自愿性）	一方起诉即可（强制性）
管辖	双方可约定	法定管辖
审理	不公开（保密性）	公开
程序	一裁终局制（快捷性）	二审终审制（程序性）
翻案	撤销仲裁裁决、仲裁裁决不予执行	审判监督程序

◆ 考法：仲裁协议所处分的客体范围

【例题】（2024年真题）下列纠纷中，可以申请仲裁的是（   ）。

A. 收养协议纠纷　　　　　　B. 工程合同纠纷

C. 遗产继承纠纷　　　　　　D. 监护资格纠纷

【答案】B

2. 仲裁协议的内容

（1）仲裁协议应当具有下列内容：① 请求仲裁的意思表示；② 仲裁事项；③ 选定的仲裁委员会。这三项内容必须同时具备，仲裁协议才能有效。

（2）请求仲裁的意思表示应当具备民事法律行为有效条件：① 必须是当事人双方共同的意思表示；② 不存在胁迫、欺诈、重大误解等情形。

（3）仲裁机构只能在仲裁协议约定的仲裁事项范围内进行裁决。超出此范围所作的仲裁裁决，经一方当事人申请，法院可以撤销或者不予执行。

（4）仲裁协议对仲裁委员会没有约定或者约定不明确的，当事人可以签订补充协议；达不成补充协议的，仲裁协议无效。

（5）仲裁协议约定两个以上仲裁机构的，当事人可以协议选择其中的一个仲裁机构申请仲裁；当事人不能就仲裁机构选择达成一致的，仲裁协议无效。

（6）仲裁地点就是仲裁委员会所在的地点。

◆ 考法1：有效仲裁协议的内容

【例题】（2019年真题）有效仲裁协议的内容不包括（　　）。

  A. 请求仲裁的意思表示　　　　B. 仲裁事项
  C. 选定的仲裁委员会　　　　　D. 具体的仲裁事实、理由

【答案】D

◆ 考法2：纠纷解决方式的选择

【例题】建设单位与施工企业的合同中约定："合同在履行过程中发生的争议，由双方当事人协商解决，协商不成的，可以向有关仲裁委员会申请仲裁。"后双方发生纠纷，建设单位要求向甲仲裁委员会申请仲裁，施工企业要求向乙仲裁委员会申请仲裁，双方争执不下。关于纠纷解决方式选择的说法，正确的是（　　）。

  A. 只能向不动产所在地的仲裁委员会申请仲裁

  B. 只能向有管辖权的人民法院起诉

  C. 应由甲仲裁委员会进行仲裁

  D. 建设单位与施工企业选择的仲裁委员会谁先收到仲裁申请，就由谁进行仲裁

【答案】B

3. 仲裁协议的效力

（1）仲裁协议对当事人的效力范围通常仅限于签订仲裁协议的当事人，而不及于第三人。

（2）没有仲裁协议，一方申请仲裁的，仲裁委员会不予受理。

（3）当事人达成仲裁协议，一方向人民法院起诉的，人民法院不予受理，但仲裁协议无效的除外。

（4）当事人在仲裁庭首次开庭前没有对仲裁协议的效力提出异议，而后向人民法院申请确认仲裁协议无效的，人民法院不予受理。

（5）仲裁实行一裁终局的制度。裁决作出后，当事人就同一纠纷再申请仲裁或者向人民法院起诉的，仲裁委员会或者人民法院不予受理。

（6）有下列情形之一的，仲裁协议无效：① 约定的仲裁事项超出法律规定的仲裁范围的；② 无民事行为能力人或者限制民事行为能力人订立的仲裁协议；③ 一方采取胁迫手段，迫使对方订立仲裁协议的。

（7）一方请求仲裁委员会作出决定，另一方请求人民法院作出裁定的，由人民法院裁定。当事人对仲裁协议的效力有异议，应当在仲裁庭首次开庭前提出。

（8）当事人向人民法院申请确认仲裁协议效力的案件，由仲裁协议约定的仲裁机构所在地的中级人民法院管辖。

（9）仲裁协议约定的仲裁机构不明确的，由仲裁协议签订地或者被申请人住所地的中级人民法院管辖。

（10）申请确认涉外仲裁协议效力的案件，由仲裁协议约定的仲裁机构所在地、仲裁协议签订地、申请人或者被申请人住所地的中级人民法院管辖。

（11）涉及海事海商纠纷仲裁协议效力的案件，由仲裁协议约定的仲裁机构所在地、仲裁协议签订地、申请人或者被申请人住所地的海事法院管辖。

◆ 考法 1：仲裁协议的效力

【例题】（2023 年真题）关于仲裁协议效力的说法，正确的是（   ）。

    A. 人民法院受理案件后，当事人可另行达成仲裁协议

    B. 当事人在订立合同时就争议达成仲裁协议的，合同无效则仲裁协议无效

    C. 当事人对仲裁协议效力有异议的，可以在仲裁裁决作出前提出

    D. 仲裁协议是仲裁委员会受理案件的前提

【答案】A

◆ 考法 2：仲裁协议效力的确认

【例题】（2019 年真题）当事人对于仲裁协议的效力有异议，一方请求仲裁委员会作出决定，另一方请求人民法院作出裁定的，则该仲裁协议的效力由（   ）。

    A. 仲裁协议约定的仲裁委员会所在地的中级人民法院裁定

    B. 仲裁协议约定的仲裁委员会决定

    C. 仲裁协议约定的仲裁委员会所在地的基层人民法院裁定

    D. 申请人住所地的基层人民法院裁定

【答案】A

10.2.2 仲裁的申请和受理

核心考点及重点提示

	考点	重点提示
1	仲裁的申请	★
2	仲裁的受理	★

★普通　★★重要　★★★非常重要

核心考点及考法

1. 仲裁的申请

（1）当事人申请仲裁应当符合下列条件：① 有仲裁协议；② 有具体的仲裁请求和事实、理由；③ 属于仲裁委员会的受理范围。

（2）仲裁申请书应当载明下列事项：① 当事人的姓名、性别、年龄、职业、工作单位和住所，法人或者其他组织的名称、住所和法定代表人或者主要负责人的姓名、职务；② 仲裁请求和所根据的事实、理由；③ 证据和证据来源、证人姓名和住所。

◆ 考法：仲裁申请书应当载明的事项

【例题】（2024年真题）某公司因工程款纠纷申请仲裁。仲裁申请书应当载明的事项有（　　）。

  A. 该公司的名称、住所

  B. 提出申请所依据的仲裁规则

  C. 该公司的法定代表人姓名、职务

  D. 仲裁请求和所根据的事实、理由

  E. 证据和证据来源、证人姓名和住所

【答案】A、C、D、E

2. 仲裁的受理

（1）仲裁委员会收到仲裁申请书之日起5日内，认为符合受理条件的，应当受理，并通知当事人；认为不符合受理条件的，应当书面通知当事人不予受理，并说明理由。

（2）仲裁委员会收到答辩书后，应当在仲裁规则规定的期限内将答辩书副本送达申请人。

（3）委托律师和其他代理人进行仲裁活动的，应当向仲裁委员会提交授权委托书。

◆ 考法：仲裁的申请与受理

【例题】（2024年真题）关于仲裁的申请与受理的说法，正确的是（　　）。

  A. 应向被申请人住所地的仲裁委员会申请

  B. 有具体的仲裁请求和事实、理由

  C. 仲裁委员会收到仲裁申请书之日起5日内即应当受理

  D. 当事人申请仲裁应当向仲裁委员会递交仲裁员名单

【答案】B

10.2.3 仲裁庭的组成、开庭和裁决

核心考点及重点提示

	考点	重点提示
1	仲裁庭的组成	★★
2	开庭	★
3	裁决	★★

★普通　★★重要　★★★非常重要

核心考点及考法

1. 仲裁庭的组成

（1）合议仲裁庭是指由3名仲裁员组成的仲裁庭。由3名仲裁员组成的合议仲裁庭，

设首席仲裁员。

（2）当事人约定由3名仲裁员组成仲裁庭的，应当各自选定或者各自委托仲裁委员会主任指定1名仲裁员，第3名仲裁员由当事人共同选定或者共同委托仲裁委员会主任指定。第3名仲裁员是首席仲裁员。

（3）独任仲裁庭是指由1名仲裁员组成的仲裁庭。

（4）仲裁员有下列情形之一的，必须回避，当事人也有权提出回避申请：① 是本案当事人或者当事人、代理人的近亲属；② 与本案有利害关系；③ 与本案当事人、代理人有其他关系，可能影响公正仲裁的；④ 私自会见当事人、代理人，或者接受当事人、代理人的请客送礼的。

（5）当事人提出回避申请，应当说明理由，在首次开庭前提出。回避事由在首次开庭后知道的，可以在最后一次开庭终结前提出。

（6）仲裁员是否回避，由仲裁委员会主任决定；仲裁委员会主任担任仲裁员时，由仲裁委员会集体决定。

◆ **考法1：仲裁庭的组成**

【例题】（2022年真题）根据《仲裁法》，关于仲裁庭组成的说法，正确的是（　　）。

　　A. 当事人未在仲裁规则规定的期限内选定仲裁员的，由仲裁委员会主任指定
　　B. 独任仲裁庭，由3名仲裁员组成仲裁庭
　　C. 首席仲裁员必须由仲裁委员会主任指定
　　D. 当事人约定3名仲裁员组成仲裁庭的，必须各自选定1名仲裁员

【答案】A

◆ **考法2：仲裁员应当回避的情形**

【例题】（2024年真题）下列情形中，仲裁员应当回避的有（　　）。

　　A. 与本案有利害关系
　　B. 是本案当事人或者当事人、代理人的近亲属
　　C. 本案的代理人与仲裁员办理的上一个案件的代理人是同一人
　　D. 与本案当事人、代理人有其他关系，可能影响公正仲裁的
　　E. 私自会见当事人、代理人，或者接受当事人、代理人的请客送礼的

【答案】A、B、D、E

2. 开庭

（1）仲裁可以不公开或公开进行。

（2）仲裁委员会应当在仲裁规则规定的期限内将开庭日期通知双方当事人。

（3）申请人经书面通知，无正当理由不到庭或者未经仲裁庭许可中途退庭的，可以视为撤回仲裁申请。

（4）被申请人经书面通知，无正当理由不到庭或者未经仲裁庭许可中途退庭的，可以缺席裁决。

（5）当事人申请证据保全的，仲裁委员会应当将当事人的申请提交证据所在地的基层人民法院。

◆ **考法：仲裁审理**

【例题】关于仲裁审理的说法，正确的是（　　）。

  A. 被申请人提出了反请求，却无正当理由开庭时不到庭的，视为撤回反请求

  B. 仲裁审理，必须开庭审理作出裁决

  C. 涉及当事人商业秘密的案件，当事人不得协议公开审理

  D. 申请人在开庭审理时未经仲裁庭许可中途退庭的，仲裁庭可以缺席裁决

【答案】A

3. 裁决

（1）仲裁和解与仲裁调解对比见表 10-3。

表 10-3　仲裁和解与仲裁调解对比

项目	行为	效力
仲裁和解	请求根据和解协议作出裁决	裁决作出即终局，不能再申请仲裁
	撤回仲裁申请	反悔的，可根据原仲裁协议重新仲裁（但不能起诉）
仲裁调解	制作仲裁调解书	双方签收生效
	制作仲裁裁决书	作出生效

（2）裁决应当按照多数仲裁员的意见作出，仲裁庭不能形成多数意见时，裁决应当按照首席仲裁员的意见作出。

（3）裁决书应当写明仲裁请求、争议事实、裁决理由、裁决结果、仲裁费用的负担和裁决日期。

（4）当事人自收到裁决书之日起 30 日内，可以请求仲裁庭补正。

（5）裁决书自作出之日起发生法律效力。

（6）当事人提出证据证明裁决有下列情形之一的，可以向仲裁委员会所在地的中级人民法院申请撤销裁决：① 没有仲裁协议的；② 裁决的事项不属于仲裁协议的范围或者仲裁委员会无权仲裁的；③ 仲裁庭的组成或者仲裁的程序违反法定程序的；④ 裁决所根据的证据是伪造的；⑤ 对方当事人隐瞒了足以影响公正裁决的证据的；⑥ 仲裁员在仲裁该案时有索贿受贿，徇私舞弊，枉法裁决行为的。

（7）人民法院认定该裁决违背社会公共利益的，应当裁定撤销。

（8）当事人申请撤销裁决的，应当自收到裁决书之日起 6 个月内提出。

（9）当事人申请执行仲裁裁决案件，由被执行人住所地或者被执行的财产所在地的中级人民法院管辖。

（10）申请执行的期间为 2 年。

（11）被申请人提出证据证明仲裁裁决有下列情形之一的，经人民法院组成合议庭审查核实，裁定不予执行：① 当事人在合同中没有订有仲裁条款或者事后没有达成书面仲裁协议的；② 裁决的事项不属于仲裁协议的范围或者仲裁机构无权仲裁的；③ 仲裁庭的组成或者仲裁的程序违反法定程序的；④ 裁决所根据的证据是伪造的；⑤ 对方当事人向

仲裁机构隐瞒了足以影响公正裁决的证据的；⑥仲裁员在仲裁该案时有贪污受贿，徇私舞弊，枉法裁决行为的。

（12）人民法院认定执行该裁决违背社会公共利益的，裁定不予执行。

（13）仲裁裁决被人民法院裁定不予执行的，当事人可以根据双方达成的书面仲裁协议重新申请仲裁，也可以向人民法院起诉。

（14）一方当事人申请执行裁决，另一方当事人申请撤销裁决的，人民法院应当裁定中止执行。

（15）人民法院裁定撤销裁决的，应当裁定终结执行。撤销裁决的申请被裁定驳回的，人民法院应当裁定恢复执行。

◆ 考法1：裁决应当按照多数仲裁员的意见作出

【例题】（2020年真题）仲裁委员会就某施工合同纠纷案件进行仲裁，首席仲裁员甲认为应当裁定合同无效，仲裁员乙和丙认为应当裁定合同有效，则仲裁庭应当（　　）。

A. 按甲的意见作出裁决

B. 请示仲裁委员会主任，并按其意见作出裁决

C. 按乙和丙的意见作出裁决

D. 重新组成仲裁庭，经评议后作出裁决

【答案】C

◆ 考法2：申请撤销仲裁裁决

【例题】（2022年真题）关于申请撤销仲裁裁决的说法，正确的是（　　）。

A. 当事人可以向仲裁委员会所在地的中级人民法院申请撤销裁决

B. 仲裁裁决认定事实不清的，当事人可以申请撤销仲裁裁决

C. 当事人申请撤销裁决的，应当在收到裁决书之日起3个月内提出

D. 仲裁裁决被人民法院依法撤销后，当事人就该纠纷不得再行申请仲裁

【答案】A

10.3　民事诉讼制度

核心考点提纲

1	10.3.1　民事诉讼的法院管辖
2	10.3.2　民事审判组织、诉讼参加人
3	10.3.3　民事诉讼证据的种类、保全和应用
4	10.3.4　民事诉讼时效
5	10.3.5　民事诉讼的审判程序

10.3.1 民事诉讼的法院管辖

核心考点及重点提示

	考点	重点提示
1	级别管辖	★
2	地域管辖	★★
3	协议管辖	★
4	多个管辖权法院并存时的管辖确定	★
5	移送管辖和指定管辖	★
6	管辖权的异议	★

★普通 ★★重要 ★★★非常重要

核心考点及考法

1. 级别管辖

（1）中级人民法院管辖下列第一审民事案件：① 重大涉外案件；② 在本辖区有重大影响的案件；③ 最高人民法院确定由中级人民法院管辖的案件。

（2）高级人民法院管辖在本辖区有重大影响的第一审民事案件。

（3）最高人民法院管辖下列第一审民事案件：① 在全国有重大影响的案件；② 认为应当由本院审理的案件。

2. 地域管辖

（1）对法人或者其他组织提起的民事诉讼，由被告住所地人民法院管辖。同一诉讼的几个被告住所地、经常居住地在两个以上人民法院辖区的，各该人民法院都有管辖权。

（2）下列民事诉讼，由原告住所地人民法院管辖；原告住所地与经常居住地不一致的，由原告经常居住地人民法院管辖：① 对不在中华人民共和国领域内居住的人提起的有关身份关系的诉讼；② 对下落不明或者宣告失踪的人提起的有关身份关系的诉讼；③ 对被采取强制性教育措施的人提起的诉讼；④ 对被监禁的人提起的诉讼。

（3）因合同纠纷提起的诉讼，由被告住所地或合同履行地人民法院管辖。

（4）合同履行地的几种解释情形：① 合同约定履行地点的，以约定的履行地点为合同履行地；② 合同对履行地点没有约定或者约定不明确，争议标的为给付货币的，接收货币一方所在地为合同履行地；交付不动产的，不动产所在地为合同履行地；其他标的，履行义务一方所在地为合同履行地。

（5）合同没有实际履行，当事人双方住所地都不在合同约定的履行地的，由被告住所地人民法院管辖。

（6）财产租赁合同、融资租赁合同以租赁物使用地为合同履行地。

（7）因保险合同纠纷提起的诉讼，由被告住所地或者保险标的物所在地人民法院管辖。

（8）因财产保险合同纠纷提起的诉讼，如果保险标的物是运输工具或者运输中的货物，可以由运输工具登记注册地、运输目的地、保险事故发生地人民法院管辖。

（9）因人身保险合同纠纷提起的诉讼，可以由被保险人住所地人民法院管辖。

（10）下列案件由人民法院专属管辖：① 因不动产纠纷提起的诉讼，由不动产所在地人民法院管辖；农村土地承包经营合同纠纷、房屋租赁合同纠纷、建设工程施工合同纠纷、政策性房屋买卖合同纠纷，按照不动产纠纷确定管辖。不动产已登记的，以不动产登记簿记载的所在地为不动产所在地；不动产未登记的，以不动产实际所在地为不动产所在地；② 因港口作业中发生纠纷提起的诉讼，由港口所在地人民法院管辖；③ 因继承遗产纠纷提起的诉讼，由被继承人死亡时住所地或者主要遗产所在地人民法院管辖。

（11）因侵权行为提起的诉讼，由侵权行为地或者被告住所地人民法院管辖。

◆ 考法1：争议案件的管辖权

【例题】（2013年真题）某施工合同约定：发生争议由仲裁委员会或有管辖权的人民法院管辖。后双方发生施工合同争议，根据该条款，对该争议案件享有管辖权的应为（　　）。

  A. 合同履行地法院　　　　B. 被告住所地法院
  C. 仲裁委员会　　　　　　D. 合同签订地法院
  E. 原告住所地法院

【答案】A、B

◆ 考法2：人民法院的专属管辖

【例题】（2012年真题）因下列纠纷提起的诉讼中，适用专属管辖的有（　　）。

  A. 不动产纠纷　　　　　　B. 预制构配件运输纠纷
  C. 港口作业纠纷　　　　　D. 继承遗产纠纷
  E. 工程质量纠纷

【答案】A、C、D

3. 协议管辖

（1）合同或者其他财产权益纠纷的当事人可以书面协议选择被告住所地、合同履行地、合同签订地、原告住所地、标的物所在地等与争议有实际联系的地点的人民法院管辖。

（2）协议管辖应采用书面形式，仅适用于第一审程序。

◆ 考法：书面协议选择管辖的法院

【例题】（2023年真题）根据《民事诉讼法》，合同纠纷的当事人可以书面协议选择管辖的法院有（　　）。

  A. 被告住所地　　　　　　B. 合同履行地
  C. 合同签订地　　　　　　D. 第三人住所地
  E. 原告住所地

【答案】A、B、C、E

4. 多个管辖权法院并存时的管辖确定

两个以上人民法院都有管辖权的诉讼，原告可以向其中一个人民法院起诉；原告向两个以上有管辖权的人民法院起诉的，由最先立案的人民法院管辖。

5. 移送管辖和指定管辖

（1）人民法院发现受理的案件不属于本院管辖的，应当移送有管辖权的人民法院，受移送的人民法院应当受理。受移送的人民法院认为受移送的案件依照规定不属于本院管辖的，应当报请上级人民法院指定管辖，不得再自行移送。

（2）有管辖权的人民法院由于特殊原因，不能行使管辖权的，由上级人民法院指定管辖。人民法院之间因管辖权发生争议，由争议双方协商解决；协商解决不了的，报请它们的共同上级人民法院指定管辖。

（3）上级人民法院有权审理下级人民法院管辖的第一审民事案件；确有必要将本院管辖的第一审民事案件交下级人民法院审理的，应当报请其上级人民法院批准。

（4）下级人民法院对它所管辖的第一审民事案件，认为需要由上级人民法院审理的，可以报请上级人民法院审理。

◆考法：民事诉讼中的移送管辖

【例题】（2022年真题）关于民事诉讼中移送管辖的说法，正确的是（　　）。

A. 移送管辖是没有管辖权的法院把案件移送给有管辖权的法院管理
B. 移送管辖限于上下级法院之间
C. 受移送的人民法院认为受移送的案件不属于本院管辖的，可以再自行移送
D. 移送管辖与管辖权转移的程序完全相同

【答案】A

6. 管辖权的异议

（1）人民法院受理案件后，当事人对管辖权有异议的，应当在提交答辩状期间提出。

（2）人民法院对当事人提出的异议，应当审查。异议成立的，裁定将案件移送有管辖权的人民法院；异议不成立的，裁定驳回。

（3）当事人未提出管辖异议，并应诉答辩或者提出反诉的，视为受诉人民法院有管辖权，但违反级别管辖和专属管辖规定的除外。

（4）当事人不服地方人民法院管辖异议裁定的，有权在裁定书送达之日起10日内向上一级人民法院提起上诉。

◆考法：民事诉讼管辖权异议

【例题】（2020年真题）关于民事诉讼管辖权异议的说法，正确的是（　　）。

A. 人民法院受理案件后，当事人对管辖权有异议的，应当在法庭辩论终结前提出
B. 人民法院对当事人提出的异议，审查后认为异议成立的，裁定驳回起诉
C. 当事人未提出管辖权异议并应诉答辩的，视为受诉人民法院有管辖权
D. 对人民法院就级别管辖权异议作出的裁定，当事人不得提起上诉

【答案】C

10.3.2 民事审判组织、诉讼参加人

核 心 考 点 及 重 点 提 示

	考点	重点提示
1	民事审判组织	★★
2	诉讼参加人	★★

★普通　★★重要　★★★非常重要

核 心 考 点 及 考 法

1. 民事审判组织

（1）人民法院审理民事案件，实行合议、回避、公开审判和两审终审制度。
（2）独任制主要适用的情形及不得由审判员一人独任审理的案件见表10-4。

表10-4　独任制主要适用的情形及不得由审判员一人独任审理的案件

项目	内容
独任制主要适用的情形	依简易程序审理的民事案件
	基层法院审理的基本事实清楚、权利义务关系明确的第一审民事案件
	中级人民法院对第一审适用简易程序审结或者不服裁定提起上诉的，事实清楚、权利义务关系明确，经双方当事人同意的第二审民事案件
不得由审判员一人独任审理的案件	涉及国家利益、社会公共利益的案件
	涉及群体性纠纷，可能影响社会稳定的案件
	人民群众广泛关注或者其他社会影响较大的案件
	属于新类型或者疑难复杂的案件
	法律规定应当组成合议庭审理的案件
	其他不宜由审判员一人独任审理的案件

（3）审判人员应当自行回避和当事人有权申请审判人员回避的情形：

表10-5　审判人员应当自行回避和当事人有权申请审判人员回避的情形

审判人员应当自行回避的情形	当事人有权申请审判人员回避的情形
是本案当事人或者当事人近亲属的	接受本案当事人及其受托人宴请，或者参加由其支付费用的活动的
本人或者其近亲属与本案有利害关系的	索取、接受本案当事人及其受托人财物或者其他利益的
担任过本案的证人、鉴定人、辩护人、诉讼代理人、翻译人员的	违反规定会见本案当事人、诉讼代理人的

续表

审判人员应当自行回避的情形	当事人有权申请审判人员回避的情形
是本案诉讼代理人近亲属的	为本案当事人推荐、介绍诉讼代理人，或者为律师、其他人员介绍代理本案的
本人或者其近亲属持有本案非上市公司当事人的股份或者股权的	向本案当事人及其受托人借用款物的
与本案当事人或者诉讼代理人有其他利害关系，可能影响公正审理的	有其他不正当行为，可能影响公正审理的

（4）人民法院审理民事案件，除涉及国家秘密、个人隐私或者法律另有规定的以外，应当公开进行。离婚案件，涉及商业秘密的案件，当事人申请不公开审理的，可以不公开审理。

（5）我国民事诉讼实行两审终审制度，即民事案件经两级法院审判即宣告终结。

（6）两审终审的例外情况：① 最高人民法院的判决、裁定，是发生法律效力的判决、裁定；② 选民资格案件、宣告失踪或者宣告死亡案件、认定公民无民事行为能力或者限制民事行为能力案件、认定财产无主案件、确认调解协议案件和实现担保物权案件等适用特别程序的案件，实行一审终审；③ 小额诉讼案件，实行一审终审。

◆考法1：可以由审判员一人独任审理的民事案件

【例题】（2024年真题）下列民事案件中，可由审判员独任审理的是（　　）。

A. 属于新类型或者疑难复杂的案件
B. 涉及国家利益、社会公共利益的案件
C. 人民群众广泛关注或者其他社会影响较大的案件
D. 基层法院审理的基本事实清楚、权利义务关系明确的第一审民事案件

【答案】D

◆考法2：实行一审终审的民事诉讼案件

【例题】民事诉讼案件实行一审终审的有（　　）。

A. 小额诉讼案件
B. 确认调解协议案件和实现担保物权案件
C. 中级人民法院的判决
D. 选民资格案件
E. 认定公民无民事行为能力或者限制民事行为能力案件

【答案】A、B、D、E

2. 诉讼参加人

（1）当事人一方人数众多的共同诉讼，可以由当事人推选代表人进行诉讼。代表人的诉讼行为对其所代表的当事人发生效力，但代表人变更、放弃诉讼请求或者承认对方当事人的诉讼请求，进行和解，必须经被代表的当事人同意。

（2）对当事人双方的诉讼标的，第三人认为有独立请求权的，有权提起诉讼。

（3）对当事人双方的诉讼标的，第三人虽然没有独立请求权，但案件处理结果同他有法律上的利害关系的，可以申请参加诉讼，或者由人民法院通知他参加诉讼。

（4）当事人、法定代理人可以委托 1 至 2 人作为诉讼代理人。下列人员可以被委托为诉讼代理人：① 律师、基层法律服务工作者；② 当事人的近亲属或者工作人员；③ 当事人所在社区、单位以及有关社会团体推荐的公民。

◆ 考法 1：无独立请求权的第三人的诉讼权利

【例题】（2015 年真题）无独立请求权的第三人，其诉讼权利包括（　　）。

  A. 申请提起诉讼   B. 申请参加诉讼
  C. 提起反诉   D. 由法院通知参加诉讼
  E. 申请提起公益诉讼

【答案】B、D

◆ 考法 2：可以被委托为诉讼代理人的人员

【例题】（2024 年真题）张某与甲建筑公司发生劳务纠纷，准备起诉甲公司。根据《民事诉讼法》，下列人员中，可以作为张某诉讼代理人的有（　　）。

  A. 其在中学工作的同学
  B. 其做公务员的邻居
  C. 其所在街道的基层法律服务工作者
  D. 其从事送外卖工作的哥哥
  E. 其在甲公司工作的工友

【答案】C、D

10.3.3　民事诉讼证据的种类、保全和应用

> 核心考点及重点提示

	考点	重点提示
1	证据的种类	★
2	证据的保全	★
3	证据的应用	★★

★普通　★★重要　★★★非常重要

> 核心考点及考法

1. 证据的种类

证据包括：① 当事人的陈述；② 书证；③ 物证；④ 视听资料；⑤ 电子数据；⑥ 证人证言；⑦ 鉴定意见；⑧ 勘验笔录。

◆ **考法：能作为证据的种类**

【例题】（2018年真题）在施工合同纠纷的诉讼中，能作为证据的有（　　）。

　　A. 当事人的陈述　　　　　　　B. 律师的代理意见

　　C. 工程设计图纸　　　　　　　D. 工程质量司法鉴定机构出具的鉴定报告

　　E. 法律规定

【答案】A、C、D

2. 证据的保全

因情况紧急，在证据可能灭失或者以后难以取得的情况下，利害关系人可以在提起诉讼或者申请仲裁前向证据所在地、被申请人住所地或者对案件有管辖权的人民法院申请保全证据。

◆ **考法：申请证据保全的有管辖权的人民法院**

【例题】根据《民事诉讼法》，因情况紧急，在证据可能灭失或者以后难以取得的情况下，利害关系人可以在提起诉讼或者申请仲裁前向（　　）申请保全证据。

　　A. 证据所在地人民检察院　　　B. 证据所在地人民法院

　　C. 被申请人住所地人民检察院　D. 被申请人住所地人民法院

　　E. 对案件有管辖权的人民法院

【答案】B、D、E

3. 证据的应用

（1）当事人对自己提出的主张，有责任提供证据。

（2）下列证据不能单独作为认定案件事实的根据：① 当事人的陈述；② 无民事行为能力人或者限制民事行为能力人所作的与其年龄、智力状况或者精神健康状况不相当的证言；③ 与一方当事人或者其代理人有利害关系的证人陈述的证言；④ 存有疑点的视听资料、电子数据；⑤ 无法与原件、原物核对的复制件、复制品。

◆ **考法1：证据的应用**

【例题】（2016年真题）根据《民事诉讼法》，关于证据的说法，正确的是（　　）。

　　A. 书证只能提交原件

　　B. 证据应当在法庭上出示，并由当事人互相质证

　　C. 涉及商业秘密的证据需要在法庭出示的，应当在公开开庭时出示

　　D. 经过公证证明的文书，人民法院可以作为认定事实的根据

【答案】B

◆ **考法2：不能单独作为认定案件事实的根据**

【例题】（2024年真题）根据《最高人民法院关于民事诉讼证据的若干规定》（2019年修正），下列证据中，不能单独作为认定案件事实根据的是（　　）。

　　A. 当事人陈述　　　　　　　　B. 书证

　　C. 物证　　　　　　　　　　　D. 鉴定意见

【答案】A

10.3.4 民事诉讼时效

核心考点及重点提示

	考点	重点提示
1	时效制度的概念	★
2	诉讼时效的适用范围	★
3	诉讼时效期间及其起算	★★
4	诉讼时效的中止和中断	★★

★ 普通　★★ 重要　★★★ 非常重要

核心考点及考法

1. 时效制度的概念

（1）诉讼时效届满，权利人的实体权利仍然存在，所以诉讼时效期间届满后，义务人同意履行的，不得以诉讼时效期间届满为由抗辩；义务人已经自愿履行的，不得请求返还。

（2）诉讼时效的期间、计算方法以及中止、中断的事由由法律规定，当事人约定无效。

（3）当事人对诉讼时效利益的预先放弃无效。

◆ 考法：诉讼时效

【例题】（2021年真题）关于诉讼时效的说法，正确的是（　　）。

　　A. 人民法院应当主动适用诉讼时效的规定

　　B. 当事人对诉讼时效利益的预先放弃无效

　　C. 超过诉讼时效期间后权利人起诉的，人民法院不予受理

　　D. 诉讼时效期间届满后，义务人已经自愿履行的，可以请求返还

【答案】B

2. 诉讼时效的适用范围

下列请求权不适用诉讼时效的规定：① 请求停止侵害、排除妨碍、消除危险；② 不动产物权和登记的动产物权的权利人请求返还财产；③ 请求支付抚养费、赡养费或者扶养费；④ 依法不适用诉讼时效的其他请求权。

◆ 考法：不适用于诉讼时效的情形

【例题】根据《民法典》，不适用于诉讼时效的情形有（　　）。

　　A. 延付或拒付租金请求权　　B. 寄存财物被丢失的赔偿请求权

　　C. 消除危险请求权　　　　　D. 支付赡养费请求权

　　E. 支付工程款请求权

【答案】C、D

3. 诉讼时效期间及其起算

（1）向人民法院请求保护民事权利的诉讼时效期间为 3 年。

（2）因国际货物买卖合同和技术进出口合同争议提起诉讼或者申请仲裁的期限为 4 年。

（3）诉讼时效期间自权利人知道或者应当知道权利受到损害以及义务人之日起计算。但是，自权利受到损害之日起超过 20 年的，人民法院不予保护，有特殊情况的，人民法院可以根据权利人的申请决定延长。

（4）当事人约定同一债务分期履行的，诉讼时效期间自最后一期履行期限届满之日起计算，如施工合同项下工程款的分期支付。

（5）无民事行为能力人或者限制民事行为能力人对其法定代理人的请求权的诉讼时效期间，自该法定代理终止之日起计算。

◆ 考法：诉讼时效期间的计算

【例题】（2014 年真题）诉讼时效期间应当从（　　）起计算。

　　A. 侵害行为停止时
　　B. 权利人知道或应当知道权利受到损害以及义务人之日
　　C. 当事人权利被侵害并产生损害后果时
　　D. 当事人提起赔偿主张之日

【答案】B

4. 诉讼时效的中止和中断

（1）在诉讼时效期间的最后 6 个月内，因下列障碍，不能行使请求权的，诉讼时效中止：① 不可抗力；② 无民事行为能力人或者限制民事行为能力人没有法定代理人，或者法定代理人死亡、丧失民事行为能力、丧失代理权；③ 继承开始后未确定继承人或者遗产管理人；④ 权利人被义务人或者其他人控制；⑤ 其他导致权利人不能行使请求权的障碍。自中止时效的原因消除之日起满 6 个月，诉讼时效期间届满。

（2）有下列情形之一的，诉讼时效中断，从中断、有关程序终结时起，诉讼时效期间重新计算：① 权利人向义务人提出履行请求；② 义务人同意履行义务；③ 权利人提起诉讼或者申请仲裁；④ 与提起诉讼或者申请仲裁具有同等效力的其他情形。

◆ 考法 1：可以引起诉讼时效中止的情形

【例题】（2024 年真题）在诉讼时效期间的最后 6 个月内，能够导致诉讼时效中止的情形是（　　）。

　　A. 不可抗力
　　B. 权利人向义务人提出履行请求
　　C. 义务人同意履行义务
　　D. 权利人提起诉讼或者申请仲裁

【答案】A

◆ 考法 2：可以引起诉讼时效中断的情形

【例题】（2021 年真题）下列情形中，可以引起诉讼时效中断的有（　　）。

　　A. 不可抗力
　　B. 权利人申请仲裁
　　C. 义务人同意履行义务
　　D. 权利人向义务人提出履行请求

E. 权利人被义务人或者其他人控制

【答案】B、C、D

10.3.5 民事诉讼的审判程序

核心考点及重点提示

	考点	重点提示
1	起诉和受理	★
2	开庭审理	★
3	诉讼中止和终结	★
4	判决和裁定	★
5	简易程序和小额诉讼	★★
6	第二审程序	★★
7	审判监督程序	★★

★ 普通　★★ 重要　★★★ 非常重要

核心考点及考法

1. 起诉和受理

（1）起诉必须符合下列条件：① 原告是与本案有直接利害关系的公民、法人和其他组织；② 有明确的被告；③ 有具体的诉讼请求和事实、理由；④ 属于人民法院受理民事诉讼的范围和受诉人民法院管辖。

（2）符合起诉条件的，应当在7日内立案，并通知当事人；不符合起诉条件的，应当在7日内作出裁定书，不予受理；原告对裁定不服的，可以提起上诉。

◆ 考法：起诉必须符合的条件

【例题】（2023年真题）根据《民事诉讼法》，起诉必须符合的条件有（　　）。

A. 有完整的证据目录和证据材料
B. 原告是与本案有直接利害关系的公民、法人和其他组织
C. 有明确的被告
D. 有具体的诉讼请求和事实、理由
E. 属于人民法院受理民事诉讼的范围和受诉人民法院管辖

【答案】B、C、D、E

2. 开庭审理

（1）人民法院应当在立案之日起5日内将起诉状副本发送被告，被告应当在收到之日起15日内提出答辩状。被告不提出答辩状的，不影响人民法院审理。

（2）原告经传票传唤，无正当理由拒不到庭的，或者未经法庭许可中途退庭的，可以

按撤诉处理；被告反诉的，可以缺席判决。

（3）被告经传票传唤，无正当理由拒不到庭的，或者未经法庭许可中途退庭的，可以缺席判决。

（4）宣判前，原告申请撤诉的，是否准许，由人民法院裁定。

（5）人民法院裁定不准许撤诉的，原告经传票传唤，无正当理由拒不到庭的，可以缺席判决。

（6）人民法院适用普通程序审理的案件，应当在立案之日起6个月内审结。有特殊情况需要延长的，经本院院长批准，可以延长6个月；还需要延长的，报请上级人民法院批准。

◆ 考法：开庭审理的规定

【例题】承包人起诉发包人支付工程价款，经传票传唤，诉讼参加人无正当理由拒不到庭的，人民法院的下列做法中，正确的是（　　）。

A. 承包人拒不到庭的，缺席判决
B. 第三人拒不到庭的，裁定中止案件审理
C. 证人拒不到庭的，按撤诉处理
D. 发包人拒不到庭的，缺席判决

【答案】D

3. 诉讼中止和终结

（1）有下列情形之一的，中止诉讼：① 一方当事人死亡，需要等待继承人表明是否参加诉讼的；② 一方当事人丧失诉讼行为能力，尚未确定法定代理人的；③ 作为一方当事人的法人或者其他组织终止，尚未确定权利义务承受人的；④ 一方当事人因不可抗拒的事由，不能参加诉讼的；⑤ 本案必须以另一案的审理结果为依据，而另一案尚未审结的；⑥ 其他应当中止诉讼的情形。

（2）有下列情形之一的，终结诉讼：① 原告死亡，没有继承人，或者继承人放弃诉讼权利的；② 被告死亡，没有遗产，也没有应当承担义务的人的；③ 离婚案件一方当事人死亡的；④ 追索赡养费、扶养费、抚养费以及解除收养关系案件的一方当事人死亡的。

4. 判决和裁定

（1）法庭辩论终结，应当依法作出判决。判决前能够调解的，还可以进行调解，调解不成的，应当及时判决。

（2）裁定适用于下列范围：① 不予受理；② 对管辖权有异议的；③ 驳回起诉；④ 保全和先予执行；⑤ 准许或者不准许撤诉；⑥ 中止或者终结诉讼；⑦ 补正判决书中的笔误；⑧ 中止或者终结执行；⑨ 撤销或者不予执行仲裁裁决；⑩ 不予执行公证机关赋予强制执行效力的债权文书；⑪ 其他需要裁定解决的事项。对上述第①项至第③项裁定，可以上诉。

（3）裁定书应当写明裁定结果和作出该裁定的理由。裁定书由审判人员、书记员署名，加盖人民法院印章。

5. 简易程序和小额诉讼

（1）基层人民法院和它派出的法庭审理事实清楚、权利义务关系明确、争议不大的简单的民事案件，可以适用简易程序。

（2）人民法院审理下列民事案件，不适用小额诉讼的程序：① 人身关系、财产确权案件；② 涉外案件；③ 需要评估、鉴定或者对诉前评估、鉴定结果有异议的案件；④ 一方当事人下落不明的案件；⑤ 当事人提出反诉的案件；⑥ 其他不宜适用小额诉讼的程序审理的案件。

（3）人民法院适用小额诉讼的程序审理案件，应当在立案之日起 2 个月内审结。有特殊情况需要延长的，经本院院长批准，可以延长 1 个月。

◆ 考法：不适用小额诉讼程序审理的案件

【例题】（2024 年真题）下列民事案件中，不适用小额诉讼程序审理的有（   ）。

A. 涉外案件　　　　　　　　　B. 当事人提出反诉的案件
C. 财产确权案件　　　　　　　D. 需要鉴定的案件
E. 简单的金钱给付民事案件

【答案】A、B、C、D

6. 第二审程序

（1）当事人不服地方人民法院第一审判决的，有权在判决书送达之日起 15 日内向上一级人民法院提起上诉。当事人不服地方人民法院第一审裁定的，有权在裁定书送达之日起 10 日内向上一级人民法院提起上诉。

（2）第二审人民法院对上诉案件，经过审理，按照下列情形，分别处理：

① 原判决、裁定认定事实清楚，适用法律正确的，以判决、裁定方式驳回上诉，维持原判决、裁定。

② 原判决、裁定认定事实错误或者适用法律错误的，以判决、裁定方式依法改判、撤销或者变更。

③ 原判决认定基本事实不清的，裁定撤销原判决，发回原审人民法院重审，或者查清事实后改判。

④ 原判决遗漏当事人或者违法缺席判决等严重违反法定程序的，裁定撤销原判决，发回原审人民法院重审。

（3）人民法院审理对判决不服的上诉案件，应当在第二审立案之日起 3 个月内审结。有特殊情况需要延长的，由本院院长批准。

（4）第二审人民法院对不服第一审人民法院裁定的上诉案件的处理，一律使用裁定，终审裁定，应当在第二审立案之日起 30 日内作出。

◆ 考法：判决书的生效之日

【例题】（2013 年真题）人民法院 2 月 1 日作出第一审民事判决，判决书 2 月 5 日送达原告，2 月 10 送达被告，当事人双方均未提出上诉，该判决书生效之日是 2 月（   ）日。

A. 1　　　　　　　　　　　　B. 5

C. 10   D. 26

【答案】D

7. 审判监督程序

（1）适用再审程序审理的案件，可能适用第一审程序，也可能适用第二审程序。

（2）当事人的申请符合下列情形之一的，人民法院应当再审：① 有新的证据，足以推翻原判决、裁定的；② 原判决、裁定认定的基本事实缺乏证据证明的；③ 原判决、裁定认定事实的主要证据是伪造的；④ 原判决、裁定认定事实的主要证据未经质证的；⑤ 对审理案件需要的主要证据，当事人因客观原因不能自行收集，书面申请人民法院调查收集，人民法院未调查收集的；⑥ 原判决、裁定适用法律确有错误的；⑦ 审判组织的组成不合法或者依法应当回避的审判人员没有回避的；⑧ 无诉讼行为能力人未经法定代理人代为诉讼或者应当参加诉讼的当事人，因不能归责于本人或者其诉讼代理人的事由，未参加诉讼的；⑨ 违反法律规定，剥夺当事人辩论权利的；⑩ 未经传票传唤，缺席判决的；⑪ 原判决、裁定遗漏或者超出诉讼请求的；⑫ 据以作出原判决、裁定的法律文书被撤销或者变更的；⑬ 审判人员审理该案件时有贪污受贿，徇私舞弊，枉法裁判行为的。

（3）有下列情形之一的，当事人可以向人民检察院申请检察建议或者抗诉：① 人民法院驳回再审申请的；② 人民法院逾期未对再审申请作出裁定的；③ 再审判决、裁定有明显错误的。

◆ 考法：人民法院应当再审的情形

【例题】（2013年真题）下列情形中，人民法院应当再审的有（　　）。

A. 管辖错误的　　　　　　　B. 缺席判决的
C. 剥夺当事人辩论权利的　　D. 原判决超出诉讼请求的
E. 审判庭组成不合法的

【答案】C、D、E

10.4 行政复议制度

核心考点提纲

| 1 | 10.4.1 行政复议范围 |
| 2 | 10.4.2 行政复议的申请、受理和决定 |

10.4.1 行政复议范围

核心考点及重点提示

考点	重点提示
1	行政复议与行政诉讼的对比	★★

309

续表

	考点	重点提示
2	行政复议是否受理的范围	★★

★普通　★★重要　★★★非常重要

核心考点及考法

1. 行政复议与行政诉讼的对比（表10-6）

表10-6　行政复议与行政诉讼的对比

途径	管辖	特点	审查范围	性质
行政复议	本级政府或上级主管部门	书面审查，不调解	合法性、合理性	非终局
行政诉讼	人民法院	公开开庭，不调解	合法性	终局

2. 行政复议是否受理的范围（表10-7）

表10-7　行政复议是否受理的范围

可申请行政复议的范围	不可申请行政复议的范围
行政处罚决定不服	国防、外交等国家行为
行政强制措施、决定不服	具有普遍约束力的决定、命令等规范性文件
行政许可决定不服	对行政机关工作人员的奖惩、任免等决定
自然资源的所有权或者使用权的决定不服	对民事纠纷作出的调解
征收征用补偿决定不服	
赔偿决定不服	
工伤认定决定、结论不服	
侵犯土地经营权	
排除或者限制竞争	
违法集资、摊派费用	
拒绝履行、未依法履行或者不予答复	
申请依法给付社会保障	
不依法订立履行政府特许经营协议、土地房屋征收补偿协议	
政府信息公开工作中侵犯其合法权益	

◆**考法1：属于行政复议受案的范围**

【例题】（2024年真题）下列情形中，属于行政复议受案范围的是（　　）。

A. 认为行政机关制定、发布的具有普遍约束力的规范性文件侵犯其合法权益的
B. 对行政机关作出的人事任免决定不服的
C. 对行政机关作出的民事纠纷调解不服的
D. 对行政机关作出的不予受理工伤认定申请的决定不服的

【答案】D

◆ 考法 2：不能提出行政复议的申请

【例题】下列事项中，不能提出行政复议申请的是（　　）。
A. 对行政机关就民事纠纷作出的调解处理不服的
B. 对行政机关作出的警告决定不服的
C. 对行政机关作出的资质证书变更决定不服的
D. 对行政机关作出的冻结财产措施决定不服的

【答案】A

10.4.2 行政复议的申请、受理和决定

核心考点及重点提示

	考点	重点提示
1	行政复议申请	★
2	行政复议的受理	★
3	行政复议的决定	★

★普通　★★重要　★★★非常重要

核心考点及考法

1. 行政复议申请

（1）申请人、第三人可以委托 1 至 2 名律师、基层法律服务工作者或者其他代理人代为参加行政复议。申请人、第三人委托代理人的，应当向行政复议机构提交授权委托书、委托人及被委托人的身份证明文件。授权委托书应当载明委托事项、权限和期限。

（2）公民、法人或者其他组织认为行政行为侵犯其合法权益的，可以自知道或者应当知道该行政行为之日起 60 日内提出行政复议申请；但是法律规定的申请期限超过 60 日的除外。

（3）因不动产提出的行政复议申请自行政行为作出之日起超过 20 年，其他行政复议申请自行政行为作出之日起超过 5 年的，行政复议机关不予受理。

（4）县级以上地方各级人民政府管辖下列行政复议案件：① 对本级人民政府工作部门作出的行政行为不服的；② 对下一级人民政府作出的行政行为不服的；③ 对本级人民政府依法设立的派出机关作出的行政行为不服的；④ 对本级人民政府或者其工作部门管

理的法律、法规、规章授权的组织作出的行政行为不服的。除上述规定外，省、自治区、直辖市人民政府同时管辖对本机关作出的行政行为不服的行政复议案件。

（5）对海关、金融、外汇管理等实行垂直领导的行政机关、税务和国家安全机关的行政行为不服的，向上一级主管部门申请行政复议。

（6）对履行行政复议机构职责的地方人民政府司法行政部门的行政行为不服的，可以向本级人民政府申请行政复议，也可以向上一级司法行政部门申请行政复议。

◆考法1：提出行政复议申请的期限

【例题】（2024年真题）公民、法人或者其他组织认为行政行为侵犯其合法权益的，提出行政复议申请的期限一般是自知道或应当知道该行政行为之日起（　　）日内。

  A. 15   B. 30
  C. 60   D. 90

【答案】C

◆考法2：县级以上地方各级人民政府管辖的行政复议案件

【例题】根据《行政复议法》，县级以上地方各级人民政府管辖的行政复议案件包括（　　）。

  A. 对本级人民政府工作部门作出的行政行为不服的
  B. 对下一级人民政府作出的行政行为不服的
  C. 对本级人民政府依法设立的派出机关作出的行政行为不服的
  D. 对本级人民政府或者其工作部门管理的法律、法规、规章授权的组织作出的行政行为不服的
  E. 对本部门作出的行政行为不服的

【答案】A、B、C、D

2. 行政复议的受理

（1）行政复议机关收到行政复议申请后，应当在5日内进行审查。

（2）对符合下列规定的，行政复议机关应当予以受理：① 有明确的申请人和符合规定的被申请人；② 申请人与被申请行政复议的行政行为有利害关系；③ 有具体的行政复议请求和理由；④ 在法定申请期限内提出；⑤ 属于《行政复议法》规定的行政复议范围；⑥ 属于本机关的管辖范围；⑦ 行政复议机关未受理过该申请人就同一行政行为提出的行政复议申请，并且人民法院未受理过该申请人就同一行政行为提起的行政诉讼。

（3）行政复议机关受理行政复议申请后，发现该行政复议申请不符合规定的，应当决定驳回申请并说明理由。

◆考法：行政复议机关应当予以受理的行政复议申请

【例题】行政复议机关收到行政复议申请后，对符合（　　）规定的，行政复议机关应当予以受理。

  A. 申请人与被申请行政复议的行政行为有利害关系
  B. 有明确的申请人和不明确的被申请人
  C. 属于本机关的管辖范围

D. 在法定申请期限内提出

E. 有具体的行政复议请求和理由

【答案】A、C、D、E

3. 行政复议的决定

（1）行政复议期间行政行为不停止执行；但是有下列情形之一的，应当停止执行：① 被申请人认为需要停止执行；② 行政复议机关认为需要停止执行；③ 申请人、第三人申请停止执行，行政复议机关认为其要求合理，决定停止执行；④ 法律、法规、规章规定停止执行的其他情形。

（2）行政复议期间有下列情形之一的，行政复议中止：① 作为申请人的公民死亡，其近亲属尚未确定是否参加行政复议；② 作为申请人的公民丧失参加行政复议的行为能力，尚未确定法定代理人参加行政复议；③ 作为申请人的公民下落不明；④ 作为申请人的法人或者其他组织终止，尚未确定权利义务承受人；⑤ 申请人、被申请人因不可抗力或者其他正当理由，不能参加行政复议；⑥ 依照规定进行调解、和解，申请人和被申请人同意中止；⑦ 行政复议案件涉及的法律适用问题需要有权机关作出解释或者确认；⑧ 行政复议案件审理需要以其他案件的审理结果为依据，而其他案件尚未审结；⑨ 有《行政复议法》第 56 条或者第 57 条规定的情形；⑩ 需要中止行政复议的其他情形。

（3）行政复议期间有下列情形之一的，行政复议机关决定终止行政复议：① 申请人撤回行政复议申请，行政复议机构准予撤回；② 作为申请人的公民死亡，没有近亲属或者其近亲属放弃行政复议权利；③ 作为申请人的法人或者其他组织终止，没有权利义务承受人或者其权利义务承受人放弃行政复议权利；④ 申请人对行政拘留或者限制人身自由的行政强制措施不服申请行政复议后，因同一违法行为涉嫌犯罪，被采取刑事强制措施；⑤ 依照《行政复议法》第 39 条第（1）项、第（2）项、第（4）项的规定中止行政复议满 60 日，行政复议中止的原因仍未消除。

（4）行政复议决定的类型见表 10-8。

表 10-8 行政复议决定的类型

类型	情形
变更行政行为	事实清楚，证据确凿，适用依据正确，程序合法，但是内容不适当
	事实清楚，证据确凿，程序合法，但是未正确适用依据
	事实不清、证据不足，经行政复议机关查清事实和证据
撤销或者部分撤销行政行为	主要事实不清、证据不足
	违反法定程序
	适用的依据不合法
	超越职权或者滥用职权
不撤销	依法应予撤销，但是撤销会给国家利益、社会公共利益造成重大损害
	程序轻微违法，但是对申请人权利不产生实际影响

续表

类型	情形
不撤销或者 责令履行	行政行为违法,但是不具有可撤销内容
	被申请人改变原违法行政行为,申请人仍要求撤销或者确认该行政行为违法
	被申请人不履行或者拖延履行法定职责,责令履行没有意义

◆考法 1:行政复议机关决定终止行政复议的情形

【例题】根据《行政复议法》,行政复议期间有(　　)情形之一的,行政复议机关决定终止行政复议。

A. 申请人对行政拘留不服,申请行政复议后,因同一违法行为涉嫌犯罪,被采取刑事强制措施
B. 作为申请人的法人终止,其权利义务承受人放弃行政复议权利
C. 申请人对限制人身自由的行政强制措施不服,申请行政复议后,因同一违法行为涉嫌犯罪,被采取刑事强制措施
D. 作为申请人的公民死亡,其近亲属放弃行政复议权利
E. 作为申请人的法人或者其他组织终止,尚未确定权利义务承受人

【答案】A、B、C、D

◆考法 2:行政复议机关决定撤销或者部分撤销行政行为的情形

【例题】行政行为有(　　)情形之一的,行政复议机关决定撤销或者部分撤销该行政行为,并可以责令被申请人在一定期限内重新作出行政行为。

A. 主要事实不清、证据不足
B. 适用的依据不合法
C. 违反法定程序
D. 超越职权或者滥用职权
E. 程序轻微违法,但是对申请人权利不产生实际影响

【答案】A、B、C、D

10.5 行政诉讼制度

核心考点提纲

1	10.5.1 行政诉讼的受案范围和法院管辖
2	10.5.2 行政诉讼参加人
3	10.5.3 行政诉讼证据的种类和举证责任
4	10.5.4 行政诉讼的起诉和受理
5	10.5.5 行政诉讼的审理、判决和执行

10.5.1 行政诉讼的受案范围和法院管辖

核心考点及重点提示

	考点	重点提示
1	行政诉讼的受案范围	★
2	行政诉讼的法院管辖	★★

★普通　★★重要　★★★非常重要

核心考点及考法

1. 行政诉讼的受案范围

（1）人民法院受理公民、法人或者其他组织提起的下列诉讼：① 对行政拘留、暂扣或者吊销许可证和执照、责令停产停业、没收违法所得、没收非法财物、罚款、警告等行政处罚不服的；② 对限制人身自由或者对财产的查封、扣押、冻结等行政强制措施和行政强制执行不服的；③ 申请行政许可，行政机关拒绝或者在法定期限内不予答复，或者对行政机关作出的有关行政许可的其他决定不服的；④ 对行政机关作出的关于确认土地、矿藏、水流、森林、山岭、草原、荒地、滩涂、海域等自然资源的所有权或者使用权的决定不服的；⑤ 对征收、征用决定及其补偿决定不服的；⑥ 申请行政机关履行保护人身权、财产权等合法权益的法定职责，行政机关拒绝履行或者不予答复的；⑦ 认为行政机关侵犯其经营自主权或者农村土地承包经营权、农村土地经营权的；⑧ 认为行政机关滥用行政权力排除或者限制竞争的；⑨ 认为行政机关违法集资、摊派费用或者违法要求履行其他义务的；⑩ 认为行政机关没有依法支付抚恤金、最低生活保障待遇或者社会保险待遇的；⑪ 认为行政机关不依法履行、未按照约定履行或者违法变更、解除政府特许经营协议、土地房屋征收补偿协议等协议的；⑫ 认为行政机关侵犯其他人身权、财产权等合法权益的。

（2）人民法院不受理公民、法人或者其他组织对下列事项提起的诉讼：① 国防、外交等国家行为；② 行政法规、规章或者行政机关制定、发布的具有普遍约束力的决定、命令；③ 行政机关对行政机关工作人员的奖惩、任免等决定；④ 法律规定由行政机关最终裁决的行政行为。

◆**考法：人民法院行政诉讼受案的范围**

【例题】（2022年真题）下列行为中，属于人民法院行政诉讼受案范围的是（　　）。
  A. 对行政机关为作出行政行为而实施的论证不服的
  B. 对吊销许可证不服的
  C. 对行政机关针对信访事项作出的受理不服的
  D. 对行政指导行为不服的
【答案】B

2. 行政诉讼的法院管辖

（1）级别管辖见表10-9。

表10-9　级别管辖

级别	管辖的行政案件
基层人民法院	第一审行政案件
中级人民法院	对国务院部门或者县级以上地方人民政府所作的行政行为提起诉讼的案件
	海关处理的案件
	本辖区内重大、复杂的案件
	其他法律规定由中级人民法院管辖的案件
高级人民法院	本辖区内重大、复杂的第一审行政案件
最高人民法院	全国范围内重大、复杂的第一审行政案件

（2）地域管辖见表10-10。

表10-10　地域管辖

案件	管辖的法院
行政案件	由最初作出行政行为的行政机关所在地人民法院管辖
经复议的案件	可以由复议机关所在地人民法院管辖
对限制人身自由的行政强制措施不服提起的诉讼	由被告所在地或者原告所在地人民法院管辖
因不动产提起的行政诉讼	由不动产所在地人民法院管辖
两个以上人民法院都有管辖权的案件	可以选择其中一个人民法院提起诉讼
向两个以上有管辖权的人民法院提起诉讼的	由最先立案的人民法院管辖

（3）人民法院发现受理的案件不属于本院管辖的，应当移送有管辖权的人民法院，受移送的人民法院应当受理。受移送的人民法院认为受移送的案件按照规定不属于本院管辖的，应当报请上级人民法院指定管辖，不得再自行移送。

（4）有管辖权的人民法院由于特殊原因不能行使管辖权的，由上级人民法院指定管辖。人民法院对管辖权发生争议，由争议双方协商解决。协商不成的，报它们的共同上级人民法院指定管辖。

（5）上级人民法院有权审理下级人民法院管辖的第一审行政案件。下级人民法院对其管辖的第一审行政案件，认为需要由上级人民法院审理或者指定管辖的，可以报请上级人民法院决定。

（6）有下列情形之一的，人民法院不予审查：① 人民法院发回重审或者按第一审程序再审的案件，当事人提出管辖异议的；② 当事人在第一审程序中未按照法律规定的期限和形式提出管辖异议，在第二审程序中提出的。

◆ 考法 1：应当由中级人民法院管辖的一审行政案件

【例题】下列的一审行政案件中，应当由中级人民法院管辖的有（　　）。

　　A. 对国务院部门所作的行政行为提起诉讼的
　　B. 对某市生态环境局所作的行政处罚提起诉讼的
　　C. 对某市人民政府所作的行政行为提起诉讼的
　　D. 对海关所作的行政行为提起诉讼的
　　E. 某省辖区内重大、复杂的案件

【答案】A、C、D、E

◆ 考法 2：地域管辖

【例题】（2016 年真题）关于人民法院管辖权的说法，正确的是（　　）。

　　A. 原告向两个以上有管辖权的人民法院起诉的，由最先受理的人民法院管辖
　　B. 有管辖权的人民法院由于特殊原因，不能行使管辖权的，移送上级人民法院直接管辖
　　C. 两个以上人民法院都有管辖权的诉讼，原告可以向其中一个人民法院起诉
　　D. 人民法院之间因管辖权发生争议，报请共同上级人民法院直接管辖

【答案】C

10.5.2　行政诉讼参加人

核心考点及重点提示

	考点	重点提示
1	行政诉讼原告	★
2	行政公益诉讼起诉人	★
3	行政诉讼被告	★
4	行政诉讼第三人	★
5	共同诉讼人	★
6	诉讼代理人	★★

★普通　★★重要　★★★非常重要

核心考点及考法

1. 行政诉讼原告

有下列情形之一的，属于行政诉讼法规定的"与行政行为有利害关系"：① 被诉的行政行为涉及其相邻权或者公平竞争权的；② 在行政复议等行政程序中被追加为第三人的；③ 要求行政机关依法追究加害人法律责任的；④ 撤销或者变更行政行为涉及其合法权益的；⑤ 为维护自身合法权益向行政机关投诉，具有处理投诉职责的行政机关作出或者未

317

作出处理的;⑥其他与行政行为有利害关系的情形。

◆ **考法：与行政行为有利害关系的情形**

【例题】根据《最高人民法院关于适用〈中华人民共和国行政诉讼法〉的解释》，属于行政诉讼法规定的"与行政行为有利害关系"的情形有（   ）。

  A. 在行政复议等行政程序中被追加为第三人的
  B. 为维护自身合法权益向行政机关投诉，具有处理投诉职责的行政机关作出或者未作出处理的
  C. 撤销或者变更行政行为涉及其合法权益的
  D. 被诉的行政行为涉及其相邻权或者公平竞争权的
  E. 要求行政机关依法追究被害人法律责任的

【答案】A、B、C、D

2. 行政公益诉讼起诉人

（1）行政机关不依法履行职责的，人民检察院依法向人民法院提起诉讼。行政机关应当在收到检察建议书之日起2个月内依法履行职责，并书面回复人民检察院。

（2）出现国家利益或者社会公共利益损害继续扩大等紧急情形的，行政机关应当在15日内书面回复。

◆ **考法：行政公益诉讼起诉人**

【例题】行政机关不依法履行职责的，人民检察院依法向人民法院提起诉讼，行政机关应当在收到检察建议书之日起（   ）内依法履行职责，并书面回复人民检察院。

  A. 15日   B. 1个月
  C. 2个月   D. 3个月

【答案】C

3. 行政诉讼被告（表10-11）

表10-11 行政诉讼被告

行政诉讼案件	被告
行政机关委托的组织所作的行政行为的	行政机关
复议机关决定维持原行政行为的	行政机关和复议机关
复议机关改变原行政行为的	复议机关
复议机关在法定期限内未作出复议决定的	行政机关
起诉复议机关不作为的	复议机关
经上级机关批准而作出行政行为的	文书上署名的机关
内部机构或派出机构不具有独立承担法律责任能力的	组建该机构的行政机关
内部机构或派出机构内部机构或派出机构的	实施该行为的机构或者组织
国务院、省级人民政府批准设立的开发区管理机构作出的行政行为的	开发区管理机构

续表

行政诉讼案件	被告
国务院、省级人民政府批准设立的开发区管理机构所属职能部门作出的行政行为的	职能部门
其他开发区管理机构所属职能部门作出的行政行为的	开发区管理机构
开发区管理机构没有行政主体资格的	设立该机构的地方人民政府
村民委员会或者居民委员会依据授权履行行政管理职责行为的	村民委员会或者居民委员会
村民委员会、居民委员会受行政机关委托作出的行为的	委托的行政机关
事业单位以及行业协会依据法律、法规、规章的授权实施的行政行为的	事业单位、行业协会
事业单位以及行业协会受行政机关委托作出的行为的	委托的行政机关
房屋征收与补偿工作中的	房屋征收部门

◆考法：不能作为行政诉讼的被告

【例题】（2024年真题）下列主体中，不能作为行政诉讼被告的是（　　）。

　　A. 某大学　　　　　　　　B. 某居委会
　　C. 某区区长　　　　　　　D. 某造价师协会

【答案】C

4. 行政诉讼第三人

（1）公民、法人或者其他组织同被诉行政行为有利害关系但没有提起诉讼，或者同案件处理结果有利害关系的，可以作为第三人申请参加诉讼，或者由人民法院通知参加诉讼。

（2）人民法院判决第三人承担义务或者减损第三人权益的，第三人有权依法提起上诉。

5. 共同诉讼人

当事人一方人数众多的共同诉讼，可以由当事人推选代表人进行诉讼。代表人的诉讼行为对其所代表的当事人发生效力，但代表人变更、放弃诉讼请求或者承认对方当事人的诉讼请求，应当经被代表的当事人同意。

6. 诉讼代理人

下列人员可以被委托为诉讼代理人：（1）律师、基层法律服务工作者；（2）当事人的近亲属或者工作人员；（3）当事人所在社区、单位以及有关社会团体推荐的公民。

◆考法：可以被委托为行政诉讼代理人的人员

【例题】可以被委托为行政诉讼代理人的有（　　）。

　　A. 律师　　　　　　　　　B. 当事人所在社区推荐的公民
　　C. 当事人的近亲属　　　　D. 基层法律服务工作者
　　E. 当事人的邻居

【答案】A、B、C、D

10.5.3 行政诉讼证据的种类和举证责任

核心考点及重点提示

	考点	重点提示
1	行政诉讼证据的种类	★
2	举证责任	★

★普通　★★重要　★★★非常重要

核心考点及考法

1. 行政诉讼证据的种类

① 书证；② 物证；③ 视听资料；④ 电子数据；⑤ 证人证言；⑥ 当事人的陈述；⑦ 鉴定意见；⑧ 勘验笔录、现场笔录。

2. 举证责任

（1）在诉讼过程中，被告及其诉讼代理人不得自行向原告、第三人和证人收集证据。

（2）原告提供的证据不成立的，不免除被告的举证责任。

（3）在起诉被告不履行法定职责的案件中，原告应当提供其向被告提出申请的据。但有下列情形之一的除外：① 被告应当依职权主动履行法定职责的；② 原告因正当理由不能提供证据的。

（4）与本案有关的下列证据，原告或者第三人不能自行收集的，可以申请人民法院调取：① 由国家机关保存而须由人民法院调取的证据；② 涉及国家秘密、商业秘密和个人隐私的证据；③ 确因客观原因不能自行收集的其他证据。

对涉及国家秘密、商业秘密和个人隐私的证据，不得在公开开庭时出示。

◆ **考法：申请人民法院调取的证据**

【例题】在行政诉讼案件中，与本案有关的（　　）证据，原告或者第三人不能自行收集的，可以申请人民法院调取。

A. 涉及国家秘密的证据

B. 由国家机关保存的证据

C. 涉及商业秘密的证据

D. 确因客观原因不能自行收集的证据

E. 涉及个人隐私的证据

【答案】A、C、D、E

10.5.4 行政诉讼的起诉和受理

核心考点及重点提示

	考点	重点提示
1	起诉	★
2	受理	★

★普通　★★重要　★★★非常重要

核心考点及考法

1. 起诉

（1）对属于人民法院受案范围的行政案件，公民、法人或者其他组织可以先向行政机关申请复议，对复议决定不服的，再向人民法院提起诉讼；也可以直接向人民法院提起诉讼。

（2）法律、法规规定应当先申请复议，公民、法人或者其他组织未申请复议直接提起诉讼的，人民法院裁定不予立案。

（3）公民、法人或者其他组织不服复议决定的，可以在收到复议决定书之日起15日内向人民法院提起诉讼。

（4）公民、法人或者其他组织直接向人民法院提起诉讼的，应当自知道或者应当知道作出行政行为之日起6个月内提出，法律另有规定的除外。

（5）因不动产提起诉讼的案件自行政行为作出之日起超过20年，其他案件自行政行为作出之日起超过5年提起诉讼的，人民法院不予受理。

◆**考法：行政案件起诉的时间条件**

【例题】除法律另有规定外，公民、法人或者其他组织直接向人民法院提起诉讼的，应当自知道或者应当知道作出行政行为之日起（　　）个月内提出。

A. 2　　　　　　　　　　B. 3
C. 5　　　　　　　　　　D. 6

【答案】D

2. 受理

（1）人民法院既不立案，又不作出不予立案裁定的，当事人可以向上一级人民法院起诉。

（2）上一级人民法院认为符合起诉条件的，应当立案、审理，也可以指定其他下级人民法院立案、审理。

10.5.5 行政诉讼的审理、判决和执行

核心考点及重点提示

	考点	重点提示
1	行政诉讼的审理和判决	★★
2	行政诉讼的执行	★

★普通　★★重要　★★★非常重要

核心考点及考法

1. 行政诉讼的审理和判决

（1）诉讼期间，不停止行政行为的执行。但有下列情形之一的，裁定停止执行：① 被告认为需要停止执行的；② 原告或者利害关系人申请停止执行，人民法院认为该行政行为的执行会造成难以弥补的损失，并且停止执行不损害国家利益、社会公共利益的；③ 人民法院认为该行政行为的执行会给国家利益、社会公共利益造成重大损害的；④ 法律、法规规定停止执行的。

（2）经人民法院传票传唤，原告无正当理由拒不到庭，或者未经法庭许可中途退庭的，可以按照撤诉处理；被告无正当理由拒不到庭，或者未经法庭许可中途退庭的，可以缺席判决。

（3）人民法院审理行政案件，不适用调解。

（4）行政案件的判决类型见表10-12。

表10-12　行政案件的判决类型

判决类型	情形
驳回诉讼请求判决	行政行为证据确凿，适用法律、法规正确，符合法定程序的，或者原告申请被告履行法定职责或者给付义务理由不成立的
撤销判决	主要证据不足的
	适用法律、法规错误的
	违反法定程序的
	超越职权的
	滥用职权的
	明显不当的
履行判决	查明被告不履行法定职责的，判决被告在一定期限内履行
	查明被告依法负有给付义务的，判决被告履行给付义务
变更判决	行政处罚明显不当的

续表

判决类型	情形
变更判决	其他行政行为涉及对款额的确定、认定确有错误的
判决确认违法，但不撤销行政行为	行政行为依法应当撤销，但撤销会给国家利益、社会公共利益造成重大损害的
	行政行为程序轻微违法，但对原告权利不产生实际影响的
不撤销或者判决履行的，判决确认违法	行政行为违法，但不具有可撤销内容的
	被告改变原违法行政行为，原告仍要求确认原行政行为违法的
	被告不履行或者拖延履行法定职责，判决履行没有意义的

（5）人民法院审理下列第一审行政案件，认为事实清楚、权利义务关系明确、争议不大的，可以适用简易程序：① 被诉行政行为是依法当场作出的；② 案件涉及款额 2000 元以下的；③ 属于政府信息公开案件的。

（6）当事人不服人民法院第一审判决的，有权在判决书送达之日起 15 日内向上一级人民法院提起上诉。

（7）人民法院审理上诉案件的处理情形见表 10-13。

表 10-13　人民法院审理上诉案件的处理情形

情形	处理
原判决、裁定认定事实清楚，适用法律、法规正确的	判决或者裁定驳回上诉，维持原判决、裁定
原判决、裁定认定事实错误或者适用法律、法规错误的	依法改判、撤销或者变更
原判决认定基本事实不清、证据不足的	发回原审人民法院重审，或者查清事实后改判
原判决遗漏当事人或者违法缺席判决等严重违反法定程序的	裁定撤销原判决，发回原审人民法院重审

（8）当事人对已经发生法律效力的判决、裁定，认为确有错误的，可以向上一级人民法院申请再审，但判决、裁定不停止执行。当事人的申请符合下列情形之一的人民法院应当再审：① 不予立案或者驳回起诉确有错误的；② 有新的证据，足以推翻原判决、裁定的；③ 原判决、裁定认定事实的主要证据不足、未经质证或者系伪造的；④ 原判决、裁定适用法律、法规确有错误的；⑤ 违反法律规定的诉讼程序，可能影响公正审判的；⑥ 原判决、裁定遗漏诉讼请求的；⑦ 据以作出原判决、裁定的法律文书被撤销或者变更的；⑧ 审判人员在审理该案件时有贪污受贿、徇私舞弊、枉法裁判行为的。

◆ 考法 1：人民法院应当裁定停止执行行政行为的情形

【例题】行政诉讼期间发生的下列情形中，人民法院应当裁定停止执行行政行为的有（　　）。

　　A. 被告认为需要停止执行的
　　B. 原告认为需要停止执行的
　　C. 该行政行为的执行会给当事人造成重大损害的
　　D. 该行政行为具有人身强制属性的

E. 人民法院认为该行政行为的执行会给国家利益造成重大损害的

【答案】A、E

◆ 考法 2：行政诉讼判决的类型

【例题】（2024 年真题）根据《行政诉讼法》，下列情形中，人民法院应当判决撤销或部分撤销行政行为的是（　　）。

A. 行政行为证据确凿，适用法律、法规正确，符合法定程序的
B. 行政机关超越职权作出行政行为的
C. 行政行为程序轻微违法，但对原告权利不产生实际影响的
D. 行政行为对款额的确定确有错误的

【答案】B

2. 行政诉讼的执行

（1）行政机关申请执行其行政行为，应当具备以下条件：① 行政行为依法可以由人民法院执行；② 行政行为已经生效并具有可执行内容；③ 申请人是作出该行政行为的行政机关或者法律、法规、规章授权的组织；④ 被申请人是该行政行为所确定的义务人；⑤ 被申请人在行政行为确定的期限内或者行政机关催告期限内未履行义务；⑥ 申请人在法定期限内提出申请；⑦ 被申请执行的行政案件属于受理执行申请的人民法院管辖。

（2）行政机关申请人民法院执行，应当提交行政强制法规定的相关材料。人民法院对符合条件的申请，应当在 5 日内立案受理，并通知申请人；对不符合条件的申请，应当裁定不予受理。

（3）行政机关对不予受理裁定有异议，在 15 日内向上一级人民法院申请复议的，上一级人民法院应当在收到复议申请之日起 15 日内作出裁定。

◆ 考法：行政诉讼的执行申请

【例题】行政机关申请人民法院执行判决、裁定人民法院对符合条件的申请，应当在（　　）日内立案受理，并通知申请人。

A. 3
B. 5
C. 7
D. 10

【答案】B

本章模拟强化练习

1. 甲公司根据生效判决书向法院申请强制执行。执行中与乙公司达成和解协议。和解协议约定：将乙所欠 220 万元债务减少为 200 万元，乙自协议生效之日起 2 个月内还清。协议生效 2 个月后，乙并未履行协议的约定。下列说法中，正确的是（　　）。

A. 甲可向法院申请恢复原判决的执行
B. 甲应向乙住所地法院提起民事诉讼
C. 由法院执行和解协议
D. 由法院依职权恢复原判决的执行

【答案】A

2. 关于民事纠纷和解的说法，正确的是（   ）。

   A. 和解是当事人在法院主持下解决争议的一种方式

   B. 已经进入诉讼程序的，双方当事人达成的和解协议具有强制执行力

   C. 和解可以在民事纠纷的任何阶段进行

   D. 已经进入诉讼程序的，和解的结果是撤回起诉

【答案】C

3. 关于人民调解的说法，正确的是（   ）。

   A. 人民调解委员会是依法设立的调解民间纠纷的群众性自治组织

   B. 人民调解委员会经调解达成的调解书与仲裁调解书具有同样的法律效力

   C. 人民调解委员会经调解达成的调解协议具有法律约束力

   D. 当事人对人民调解委员会经调解达成的调解协议有争议的，不得起诉

【答案】C

4. 甲、乙双方因工程施工合同发生纠纷，甲公司向法院提起了民事诉讼。审理过程中，在法院的主持下，双方达成了调解协议，法院制作了调解书并送达了双方当事人。双方签收后乙公司又反悔，则下列说法正确的是（   ）。

   A. 甲公司可以向人民法院申请强制执行

   B. 人民法院应当根据调解书进行判决

   C. 人民法院应当认定调解书无效并及时判决

   D. 人民法院应当认定调解书无效并重新进行调解

【答案】A

5. 关于仲裁协议的说法，正确的有（   ）。

   A. 合同无效的，仲裁协议无效

   B. 仲裁协议应当采用书面形式

   C. 约定发生争议可以提交仲裁也可以提交诉讼的仲裁协议有效

   D. 仲裁协议可以是合同中的仲裁条款

   E. 仲裁协议可以是独立的仲裁协议书

【答案】B、D、E

6. 甲公司与乙公司因合同纠纷向某区基层法院起诉，乙应诉，经开庭审理，法院判决甲胜诉，乙对区法院的判决实体内容无异议，却以双方签订了仲裁协议为由向市中级人民法院提起上诉，要求据此撤销一审判决，市中级人民法院的正确处理应为（   ）。

   A. 查清事实后改判，驳回甲的诉讼请求

   B. 仲裁协议如果有效，则裁定撤销一审判决，驳回甲的起诉

   C. 裁定驳回乙的上诉，维持原判决

   D. 裁定撤销一审判决，发回原法院重审

【答案】C

7. 申请人向仲裁委员会提出仲裁申请后，被申请人拒不提交答辩书但提出了仲裁反

325

请求，则仲裁委员会应（　　）。

  A. 审查反请求是否符合受理条件　　B. 中止仲裁程序

  C. 不予受理反请求　　D. 将案件移送相关人民法院

  E. 继续审理原仲裁申请

【答案】A、E

8. 关于仲裁开庭和审理的说法，正确的是（　　）。

  A. 仲裁开庭审理必须经当事人达成一致

  B. 仲裁审理案件应当公开进行

  C. 当事人可以协议仲裁不开庭审理

  D. 仲裁庭不能作出缺席裁决

【答案】C

9. 关于仲裁裁决的说法，正确的有（　　）。

  A. 仲裁裁决应当根据仲裁庭多数仲裁员的意见作出，形不成多数意见的，由仲裁委员会讨论决定

  B. 仲裁裁决没有强制执行力

  C. 当事人可以请求仲裁庭根据双方的和解协议作出裁决

  D. 仲裁实行一裁终局，当事人不得就已经裁决的事项再次申请仲裁

  E. 仲裁裁决一经作出立即发生法律效力

【答案】C、D、E

10. 当事人申请执行仲裁裁决，有管辖权的单位包括（　　）。

  A. 被执行人住所地的中级人民法院

  B. 被执行人住所地的基层人民法院

  C. 被执行的财产所在地的基层人民法院

  D. 被执行的财产所在地的中级人民法院

  E. 作出仲裁裁决的仲裁机构

【答案】A、D

11. 关于仲裁裁决不予执行和撤销的说法，正确的有（　　）。

  A. 当事人向仲裁机构隐瞒了足以影响公正裁决的证据的，经人民法院由审判员独任或者组成合议庭审查核实，裁定不予执行

  B. 仲裁裁决被人民法院依法裁定不予执行的，当事人就该纠纷应当向法院提起诉讼

  C. 当事人申请撤销裁决的，应当在收到裁决书之日起1年内提出

  D. 当事人向人民法院申请不予执行被驳回后，又以相同事由申请撤销仲裁裁决的，人民法院不予支持

  E. 案外人有证据证明仲裁案件当事人虚假仲裁，损害其合法权益的，可以根据法律相关程序的要求，申请不予执行仲裁裁决

【答案】D、E

12. 民事诉讼特殊地域管辖中，合同当事人对履行地点没有约定时，关于履行地点确定的说法，正确的有（   ）。

   A. 争议标的为给付货币的，给付货币一方所在地为合同履行地

   B. 即时结清的合同，标的物所在地为合同履行地

   C. 合同没有实际履行的，当事人双方住所地为合同履行地

   D. 交付不动产的，不动产所在地为合同履行地

   E. 其他标的，履行义务一方所在地为合同履行地

【答案】D、E

13. 根据《民事诉讼法》，下列民事纠纷中，应当适用专属管辖的有（   ）。

   A. 不动产纠纷　　　　　　　　B. 土地所有权转让纠纷

   C. 建设工程设计合同纠纷　　　D. 建设工程施工合同纠纷

   E. 港口作业纠纷

【答案】A、D

14. 严某在某市 A 区新购一套住房，并请位于该市 B 区的装修公司进行装修，装修人员不慎将水管弄破，导致该楼下住户家具被淹毁，严某交涉未果，遂向该市 B 区法院起诉装修公司，B 区法院受理后裁定将案件移送至 A 区法院，A 区法院又将案件退回 B 区法院，关于本案管辖，说法正确的有（   ）。

   A. A 区法院对该案有管辖权

   B. 严某有权向 B 区法院起诉

   C. B 区法院的移送管辖是错误的

   D. A、B 区法院均无管辖权

   E. A 区法院不接受移送，将案件退回 B 区法院是错误的

【答案】A、B、E

15. 关于民事诉讼管辖权异议的说法，正确的有（   ）。

   A. 当事人对管辖权有异议的，应当在提交答辩状期间提出

   B. 对人民法院作出的管辖权异议裁定，当事人不得上诉

   C. 当事人对级别管辖权不得提出异议

   D. 当事人对地域管辖权可以提出异议

   E. 当事人未提出管辖权异议并应诉答辩的，视为受诉人民法院有管辖权

【答案】A、D、E

16. 关于民事审判组织的说法，正确的有（   ）。

   A. 人民法院审理案件的组织形式分合议制和独任制

   B. 合议制是必须由审判员、陪审员共同组成合议庭

   C. 独任制是由审判员一人独任审理的审判组织形式

   D. 合议庭评议案件，实行全部同意评议的原则

   E. 合议制是人民法院审理案件的基本组织形式

【答案】A、C、E

17. 根据《最高人民法院关于适用〈中华人民共和国民事诉讼法〉的解释》，审判人员有（　　）情形之一的，应当自行回避审理案件，民事诉讼当事人有权申请其回避。

　　A. 法官助理的近亲属与本案有利害关系的

　　B. 人民陪审员是本案诉讼代理人的近亲属的

　　C. 审判委员会委员的近亲属持有本案上市公司当事人的股份的

　　D. 司法技术人员是本案当事人的近亲属的

　　E. 审判员担任过本案的鉴定人的

【答案】A、B、D、E

18. 关于人民法院审理民事案件是否公开进行的说法，正确的有（　　）。

　　A. 涉及国家秘密民事案件不应当公开进行

　　B. 离婚案件，当事人申请不公开审理的，可以不公开审理

　　C. 涉及个人隐私的民事案件可以公开进行

　　D. 涉及商业秘密的民事案件，当事人申请不公开审理的，可以不公开审理

　　E. 涉及巨额财产的民事案件，当事人申请不公开审理的，可以不公开审理

【答案】A、B、D

19. 根据《民事诉讼法》，关于共同诉讼的说法，正确的有（　　）。

　　A. 继承遗产的诉讼属于普通的共同诉讼

　　B. 必要的共同诉讼是指诉讼标的是共同的

　　C. 在普通的共同诉讼中，其中一人的诉讼行为对其他共同诉讼人不发生效力

　　D. 普通的共同诉讼是指诉讼标的是同一种类

　　E. 在必要的共同诉讼中，其中一人的诉讼行为经其他共同诉讼人承认

【答案】B、C、D、E

20. 在民事诉讼案件中，当事人无须举证证明的事实有（　　）。

　　A. 当事人有相反证据足以反驳的法律规定推定的事实

　　B. 自然规律以及定理、定律

　　C. 当事人有相反证据足以反驳的除外，根据已知的事实和日常生活经验法则推定出的另一事实

　　D. 众所周知的事实

　　E. 当事人有相反证据足以推翻的已为仲裁机构生效裁决所确认的事实

【答案】B、C

21. 经人民法院许可，民事诉讼案件证人可以通过书面证言、视听传输技术或者视听资料等方式作证的情形有（　　）。

　　A. 因不可抗力不能出庭的　　　　B. 因健康原因不能出庭的

　　C. 因工作原因不能出庭的　　　　D. 因路途遥远，交通不便不能出庭的

　　E. 因与当事人有利益关系不能出庭的

【答案】A、B、D

22. A诉B材料采购合同纠纷一案，人民法院立案审理。在庭审中，A经传票传唤，

无正当理由拒不到庭，则人民法院对该起诉讼案件（   ）。

  A. 移送二审法院裁决   B. 按撤诉处理

  C. 按缺席判决   D. 进入再审程序

【答案】B

23. 在民事诉讼案件审理中，人民法院可以按缺席判决的情形有（   ）。

  A. 人民法院裁定不准许撤诉的，原告经传票传唤，无正当理由拒不到庭的

  B. 被告经传票传唤，无正当理由拒不到庭的

  C. 原告无正当理由拒不到庭，被告反诉的

  D. 被告未经法庭许可中途退庭的

  E. 原告未经法庭许可中途退庭的

【答案】A、B、C、D

24. 根据《民事诉讼法》，关于简易程序的说法，正确的是（   ）。

  A. 简易程序是人民法院审理案件的首选诉讼程序

  B. 简易程序实行一审终审

  C. 人民法院在审理过程中，发现案件不宜适用简易程序的，裁定转为普通程序

  D. 适用简易程序审理的案件，应当在立案之日起2个月内审结

【答案】C

25. 下列事项中，不能提出行政复议申请的是（   ）。

  A. 对行政机关就民事纠纷作出的调解处理不服的

  B. 对行政机关作出的警告决定不服的

  C. 对行政机关作出的资质证书变更决定不服的

  D. 对行政机关作出的冻结财产措施决定不服的

【答案】A

26. 某行政复议案件由于申请人人数众多，申请人推选了代表人参加行政复议，代表人参加行政复议的（   ）行为，应当经被代表的申请人同意。

  A. 变更行政复议请求的   B. 提交行政复议申请的

  C. 撤回行政复议申请的   D. 接收行政复议决定书的

  E. 承认第三人请求的

【答案】A、C、E

27. 申请人应当先向行政复议机关申请行政复议，对行政复议决定不服的，可以再依法向人民法院提起行政诉讼的情形有（   ）。

  A. 对行政机关作出的侵犯其已经依法取得的自然资源的所有权的决定不服

  B. 对当场作出的行政处罚决定不服

  C. 对行政机关作出的侵犯其已经依法取得的自然资源的使用权的决定不服

  D. 申请政府信息公开，行政机关不予公开

  E. 对择时作出的行政处罚决定不服

【答案】A、B、C、D

28. 法律、行政法规规定应当先向行政复议机关申请行政复议的，行政复议机关决定不予受理的，公民、法人或者其他组织可以自收到决定书之日起（　　）日内，依法向人民法院提起行政诉讼。

　　A. 10　　　　　　　　　　　　　B. 15
　　C. 20　　　　　　　　　　　　　D. 30

【答案】B

29. 行政行为有（　　）情形之一，不需要撤销或者责令履行的，行政复议机关确认该行政行为违法。

　　A. 行政行为违法，但是不具有可撤销内容
　　B. 被申请人改变原违法行政行为，申请人仍要求撤销或者确认该行政行为违法
　　C. 依法应予撤销，但是撤销会给国家利益、社会公共利益造成重大损害
　　D. 程序轻微违法，但是对申请人权利不产生实际影响
　　E. 被申请人不履行或者拖延履行法定职责，责令履行没有意义

【答案】A、B、E

30. 下列行政诉讼案件中，由中级人民法院受理的一审案件是（　　）。

　　A. 知识产权案件　　　　　　　　B. 省公安厅作为被告的案件
　　C. 乡镇人民政府作为被告的案件　　D. 县级人民政府作为被告的案件

【答案】D

31. 关于行政诉讼被告的说法，正确的有（　　）。

　　A. 作出行政行为的行政机关是被告
　　B. 起诉复议机关不作为的，复议机关是被告
　　C. 两个以上行政机关作出同一行政行为的，选择其中一个行政机关作为被告
　　D. 行政机关被撤销或者职权变更的，当地人民政府是被告
　　E. 开发区管理机构没有行政主体资格的，以设立该机构的地方人民政府为被告

【答案】A、B、E

32. 关于在行政诉讼过程中被告的举证责任的说法，正确的有（　　）。

　　A. 被告对作出的行政行为负有举证责任
　　B. 在诉讼过程中，被告及其诉讼代理人不得自行向原告收集证据
　　C. 在诉讼过程中，被告及其诉讼代理人可以自行向第三人收集证据
　　D. 在诉讼过程中，被告及其诉讼代理人可以自行向证人收集证据
　　E. 被告不提供或者无正当理由逾期提供证据，视为没有相应证据

【答案】A、B、E

33. 因不动产提起诉讼的案件自行政行为作出之日起超过（　　）年的，人民法院不予受理。

　　A. 5　　　　　　　　　　　　　　B. 10
　　C. 15　　　　　　　　　　　　　D. 20

【答案】D

34. 关于人民法院审理行政案件组成合议庭的说法，正确的有（   ）。

   A. 由审判员、陪审员组成合议庭

   B. 由陪审员组成合议庭

   C. 合议庭的成员应当是 5 人以上的单数

   D. 由审判员组成合议庭

   E. 合议庭的成员应当是 7 人以上的单数

【答案】A、D

35. 人民法院经过审理，查明行政案件被告不履行法定职责的，判决被告在一定期限内（   ）。

   A. 驳回诉讼请求　　　　　　B. 撤销或者部分撤销

   C. 履行　　　　　　　　　　D. 变更

【答案】C

36. 人民法院审理（   ）第一审行政案件，认为事实清楚、权利义务关系明确、争议不大的，可以适用简易程序。

   A. 案件涉及款额 2000 元以下的　　B. 发回重审的

   C. 按照审判监督程序再审的　　　　D. 被诉行政行为是依法当场作出的

   E. 属于政府信息公开案件的

【答案】A、D、E

37. 当事人不服人民法院第一审判决的，有权在判决书送达之日起（   ）日内向上一级人民法院提起上诉。

   A. 15　　　　　　　　　　　B. 30

   C. 45　　　　　　　　　　　D. 60

【答案】A

38. 人民法院在审理上诉案件时，原判决遗漏当事人或者违法缺席判决等严重违反法定程序的，人民法院应（   ）。

   A. 判决或者裁定驳回上诉，维持原判决、裁定

   B. 依法改判、撤销或者变更

   C. 发回原审人民法院重审，或者查清事实后改判

   D. 裁定撤销原判决，发回原审人民法院重审

【答案】D

近年真题篇

2024 年度全国二级建造师执业资格考试试卷

一、单项选择题（共 60 题，每题 1 分。每题的备选项中，只有 1 个最符合题意）

1. 下列权利中，属于物权的是（　　）。
   A. 荣誉权
   B. 商标权
   C. 工程价款优先受偿权
   D. 建设用地使用权

2. 根据《民法典》，动产质权的设立时间是（　　）。
   A. 质权合同签订时
   B. 质权合同登记时
   C. 交付质押财产时
   D. 质权合同生效时

3. 根据《专利法》，实用新型专利权的期限是（　　）。
   A. 5 年
   B. 10 年
   C. 15 年
   D. 20 年

4. 张某因上班经常迟到被车间主任王某批评，心生不满。某日，张某叫朋友李某帮他出口气，两人在路上尾随王某，李某将王某推倒致其受伤。根据《民法典》，关于张某和李某的侵权责任的说法，正确的是（　　）。
   A. 张某与李某应承担连带责任
   B. 李某承担主要责任，张某承担次要责任
   C. 张某与李某根据过错程度承担按份责任
   D. 若李某是完全民事行为能力人，则张某不需要承担责任

5. 甲公司因铺设管道，在道路中间挖一深坑，设置了路障和警示标志等安全设施。张某驾车撞倒路障和警示标志，致骑摩托车途经该地的李某避让不及，将行人王某撞伤。关于对王某损害的赔偿责任的说法，正确的是（　　）。
   A. 应由张某承担赔偿责任
   B. 应由甲公司和张某共同承担赔偿责任
   C. 应由张某和李某共同承担赔偿责任
   D. 应由甲公司、张某和李某共同承担赔偿责任

6. 关于环境保护税的说法，正确的是（　　）。
   A. 征税对象是直接向环境排放应税污染物的企业事业单位和其他生产经营者
   B. 机动车排放应税污染物的，需要征收环境保护税
   C. 应税水污染物的计税依据按照污染物的排放量确定
   D. 税务机关负责环境保护税的征收管理和对应税污染物的监测管理

7. 关于行政许可的说法，正确的是（　　）。
   A. 地方性法规不能设定行政许可
   B. 行政许可决定可以口头方式作出

C. 行政许可有效期届满后一般不能延续

D. 行政机关在其法定职权范围内，可以依法委托其他行政机关实施行政许可

8. 下列行政处罚案件中，属于应当适用普通程序的是（　　）。

　　A. 对赵某处以 100 元罚款　　　　B. 对甲公司处以 2000 元罚款

　　C. 对钱某通报批评　　　　　　　D. 对孙某警告

9. 下列刑罚中，属于附加刑的是（　　）。

　　A. 罚金　　　　　　　　　　　　B. 有期徒刑

　　C. 管制　　　　　　　　　　　　D. 拘役

10. 关于重大责任事故罪构成要件的说法，正确的是（　　）。

　　A. 侵犯的客体是企业、事业单位的安全生产制度

　　B. 在客观方面表现为明知存在重大事故隐患而不排除，仍冒险组织作业

　　C. 犯罪主体只能是建设单位、设计单位、施工单位或者工程监理单位

　　D. 主观方面是故意

11. 下列组织中，属于非法人组织的是（　　）。

　　A. 公司　　　　　　　　　　　　B. 事业单位

　　C. 社会团体　　　　　　　　　　D. 合伙企业

12. 根据《建设工程企业资质管理制度改革方案》，关于建筑业企业资质的说法，正确的是（　　）。

　　A. 施工综合资质只能承担本行业各等级施工总承包业务

　　B. 施工劳务企业资质改为专业作业资质，由审批制改为备案制

　　C. 施工综合资质和专业承包资质不分等级

　　D. 施工总承包资质和专业作业资质分为甲、乙两级

13. 根据《专业技术人员资格考试违纪违规行为处理规定》，应试人员的下列行为中，应当给予其当次全部科目考试成绩无效的处理，将其违纪违规行为记入专业技术人员资格考试诚信档案库并长期记录的是（　　）。

　　A. 持伪造证件参加考试的　　　　B. 使用禁止带入考场的通讯工具的

　　C. 代替他人参加考试的　　　　　D. 抄袭他人试题答案的

14. 根据《注册建造师管理规定》，下列申请注册建造师的人员中，属于应当不予注册的是（　　）。

　　A. 张某，曾因执业活动受到刑事处罚，自处罚决定之日起至申请注册之日刚满 5 年

　　B. 李某，曾被吊销注册证书，自处罚决定之日起至申请注册之日刚满 3 年

　　C. 王某，曾在担任项目经理期间，所负责项目发生过重大质量事故，自事故发生之日至申请注册之日刚满 4 年

　　D. 赵某，曾因过失伤人受到刑事处罚，自处罚执行完毕之日起至申请注册之日刚满 3 年

15. 关于建筑市场各方主体信用信息公开期限的说法，正确的是（　　）。

A. 基本信息公开期限一般为 10 年

B. 优良信用信息公开期限一般为 5 年

C. 不良信用信息公开期限一般为 6 个月至 3 年

D. 经企业申请、相关部门批准，可缩短不良信用信息公开期限或者不予公开

16. 根据《优化营商环境条例》，市场监管领域"双随机，一公开"监管方式的内容是（　　）。

A. 随机进行检查、随机选派执法检查人员、查处结果及时向被检查单位公开

B. 随机抽取检查对象、随机进行检查、抽查事项及查处结果及时向社会公开

C. 随机抽取检查对象、随机选派执法检查人员、抽查事项及查处结果及时向被检查单位公开

D. 随机抽取检查对象、随机选派执法检查人员、抽查事项及查处结果及时向社会公开

17. 根据《城乡规划法》，关于城乡规划体系的说法，正确的是（　　）。

A. 规划区是指城市、镇和村庄的建成区

B. 城乡规划可划分为城镇体系规划、城市规划、镇规划和村庄规划

C. 城镇体系规划分为总体规划和详细规划

D. 详细规划分为控制性详细规划和修建性详细规划

18. 关于施工许可证适用范围的说法，正确的是（　　）。

A. 《建筑法》关于施工许可管理的规定，不适用于其他专业建筑工程

B. 采用工程总承包模式的建设工程项目，无须办理施工许可证

C. 依法通过竞争性谈判确定供应商的政府采购建设工程项目，符合法定申请领取施工许可证条件的，应当颁发施工许可证

D. 依法通过单一来源方式确定供应商的政府采购建设工程项目，无须颁发施工许可证

19. 关于已领取施工许可证的建设工程延期开工的说法，正确的是（　　）。

A. 建设单位应当自领取施工许可证之日起 2 个月内开工

B. 因故不能按期开工的，应当自施工许可证期满后申请延期

C. 延期以两次为限，每次不超过 2 个月

D. 既不开工又不申请延期或者超过延期时限的，施工许可证自行废止

20. 关于建设工程总承包的说法，正确的是（　　）。

A. 建设内容明确、技术方案成熟的工程项目，应当采用工程总承包方式

B. 工程总承包单位应当是具有相应资质的设计单位和施工单位组成的联合体

C. 工程总承包单位应当对其承包的全部建设工程质量负责

D. 资深总承包项目经理可以同时在两个工程项目担任工程总承包项目经理

21. 根据《必须招标的工程项目规定》，使用财政预算资金的建设项目，施工单项合同估算价在（　　）万元人民币以上的，必须进行招标。

A. 100　　　　　　　　　　　　　　B. 200

C. 300	D. 400

22. 关于开标的说法，正确的是（　　）。
    A. 开标应当在提交投标文件截止时间的 2 日内公开进行
    B. 开标地点应当为招标文件中预先确定的地点
    C. 开标时由评标委员会检查投标文件的密封情况
    D. 投标文件经确认无误后，由招标监管部门人员当众拆封

23. 投标人和其他利害关系人认为招标投标活动不符合相关规定的，有权向（　　）提出异议。
    A. 招标人	B. 评标委员会
    C. 住房城乡建设主管部门	D. 县级地方人民政府

24. 根据《政府采购法》，对于不能事先计算出价格总额的货物采购项目，适宜采用的发包方式是（　　）。
    A. 公开招标	B. 竞争性谈判
    C. 单一来源采购	D. 询价

25. 甲企业与乙企业签订建筑材料买卖合同，合同中对供货和付款没有约定先后履行顺序。在乙企业供货不符合约定时，甲企业拒绝付款。根据《民法典》，甲企业行使的权利是（　　）。
    A. 同时履行抗辩权	B. 不安抗辩权
    C. 先履行抗辩权	D. 时效抗辩权

26. 某施工企业向水泥厂购买袋装水泥并按合同约定支付全部货款。因运输公司原因导致水泥交货迟延 2 日，施工企业收货后要求水泥厂支付违约金，水泥厂予以拒绝。次日大雨，施工企业未对堆放水泥采取任何保护措施，导致水泥受潮全部硬化。根据《民法典》，水泥受潮导致损失的责任承担方是（　　）。
    A. 施工企业和运输公司	B. 施工企业
    C. 运输公司	D. 水泥厂

27. 根据《最高人民法院关于审理建设工程施工合同纠纷案件适用法律问题的解释（一）》，隐蔽工程在隐蔽以前，承包人应当通知发包人检查。发包人没有及时检查的，承包人享有的权利是（　　）。
    A. 可以顺延工期，并有权请求赔偿停工、窝工等损失
    B. 可以顺延工期，但无权请求赔偿停工、窝工等损失
    C. 有权请求赔偿停工、窝工等损失，但不可以顺延工期
    D. 有权请求支付违约金，但不可以顺延工期

28. 甲企业与乙金融机构订立了借款合同。合同约定，甲企业向乙金融机构借款 100 万元，借期 1 年，年利率 5%。乙金融机构预先将 5 万元的利息扣除，向甲企业实际提供借款 95 万元。根据《民法典》，1 年期满后，甲企业应当向乙金融机构偿还（　　）万元。
    A. 95	B. 99.75
    C. 100	D. 105

29. 甲、乙两公司签订一份机床买卖合同，约定价格为 300 万元。丙公司向乙公司出具一份"本公司愿为甲公司 300 万元机床货款承担保证责任"的保函。之后，甲、乙双方协商同意将机床价格变更为 350 万元，但未通知丙公司。乙公司交付机床后，甲公司无力支付货款，乙公司遂要求丙公司清偿。根据《民法典》，下列说法正确的是（   ）。

  A. 丙公司出具保函属于单方行为，保证不成立

  B. 丙公司应在 300 万元范围内承担保证责任

  C. 丙公司承担的是连带保证责任

  D. 丙公司应承担保证责任，保证期间为 2 年

30. 甲、乙订立承揽合同，甲提供木料，乙为其加工家具。在乙已完成加工工作的 50% 时，甲通知乙解除合同。根据《民法典》，下列说法正确的是（   ）。

  A. 甲有权解除合同，但应赔偿乙的损失

  B. 甲有权解除合同，但应按约定向乙支付报酬

  C. 甲有权解除合同，且无须赔偿乙的损失

  D. 甲无权解除合同，并应按约定向乙支付报酬

31. 关于建设单位安全生产责任的说法，正确的是（   ）。

  A. 工程开工前，审查施工企业的安全技术措施

  B. 编制工程概算时，确定工程安全生产费用

  C. 工程开工前，负责项目的安全技术交底

  D. 对特殊结构的建设工程，提出保障施工安全的措施建议

32. 关于工程监理单位安全责任的说法，正确的是（   ）。

  A. 审查施工组织设计中的专项施工方案是否符合工程建设强制性标准

  B. 对采用新结构、新材料、新工艺的建设工程提出保障施工安全的措施建议

  C. 监理中发现存在安全事故隐患的，应当立即向有关主管部门报告

  D. 施工中出现安全隐患时，监理工程师有权签发工程暂停令

33. 关于施工企业取得安全生产许可证应当具备的安全生产条件的说法，正确的是（   ）。

  A. 为职工办理了意外伤害保险

  B. 保证本单位生产经营条件所需资金的投入

  C. 特种作业人员取得特种作业操作资格证书

  D. 管理人员和作业人员每年至少进行 2 次安全生产教育培训

34. 根据《安全生产法》，施工企业主要负责人对安全生产的职责是（   ）。

  A. 组织或者参与本单位应急救援演练

  B. 组织制定并实施本单位安全生产规章制度和操作规程

  C. 检查危险性较大工程安全专项施工方案落实情况

  D. 建立企业在建项目安全生产管理档案

35. 建设工程实行施工总承包的，关于总承包单位和分包单位安全生产责任的说法，错误的是（   ）。

A. 总承包单位对施工现场的安全生产负总责

B. 总承包单位和分包单位对分包工程的安全生产承担连带责任

C. 由总承包单位统一组织编制生产安全事故应急救援预案

D. 分包单位不服从管理导致生产安全事故的,由分包单位承担全部责任

36. 根据《建筑施工特种作业人员管理规定》,下列施工作业人员中,属于特种作业人员的是(   )。

A. 焊工	B. 钢筋工
C. 混凝土工	D. 建筑起重机械司机

37. 根据《关于加强和改进消防工作的意见》,施工企业的消防安全第一责任人是其(   )。

A. 专职安全员	B. 法定代表人
C. 专职消防安全员	D. 施工项目负责人

38. 根据《生产安全事故报告和调查处理条例》,负责事故调查的人民政府应当自收到事故调查报告之日起30日内作出批复的事故是(   )。

A. 一般事故	B. 较大事故
C. 重大事故	D. 特别重大事故

39. 根据《安全生产法》,关于安全生产举报的说法,错误的是(   )。

A. 受理的举报事项经调查核实后,应当形成书面材料

B. 需要落实整改措施的,报经有关负责人签字并督促落实

C. 涉及人员死亡的举报事项,应当由省级人民政府组织核查处理

D. 任何单位或者个人对事故隐患或者安全生产违法行为,均有权举报

40. 关于工程建设强制性标准实施的说法,正确的是(   )。

A. 建设单位为确保工期可要求施工企业降低工程质量

B. 建筑工程设计文件中应当注明选用的建筑材料的技术指标

C. 监理人员有权要求设计单位修改违反强制性标准的设计文件

D. 施工单位经监理单位同意后方可使用未经检验的建筑材料

41. 根据《无障碍环境建设法》,关于无障碍设施建设和改造的说法,正确的是(   )。

A. 城市中心区的人行横道应当按照标准安装过街警示标志

B. 扩建的居住建筑的无障碍设施工程验收通过后方可验收主体工程

C. 无障碍停车位应当优先供残疾人驾驶或者乘坐的机动车使用

D. 因特殊情况设置临时无障碍设施,应当符合无障碍设施工程建设标准

42. 下列建设工程中,属于依法必须实行监理的是(   )。

A. 项目总投资额在2000万元以上的供水等市政工程

B. 建筑面积在3万平方米以上成片开发建设的住宅建设工程

C. 学校、影剧院、体育场馆项目

D. 所有的生态环境保护项目

43. 根据《建设工程质量管理条例》，关于建设工程总承包单位与分包单位质量责任的说法，正确的是（　　）。

   A. 分包单位无须接受总承包单位的质量管理
   B. 总、分包单位对分包工程的质量承担按份责任
   C. 总承包单位将主体结构施工分包的，应经建设单位同意
   D. 总承包单位应当对全部建设工程质量负责

44. 根据《建设工程质量管理条例》，组织建设工程竣工验收的主体是（　　）。

   A. 建设工程质量监督机构　　B. 建设单位
   C. 设计单位　　　　　　　　D. 监理单位

45. 根据《消防法》，受理建设单位消防验收申请的主管部门是（　　）。

   A. 住房和城乡建设主管部门　B. 城乡规划主管部门
   C. 应急管理部门　　　　　　D. 生态环境主管部门

46. 根据《房屋建筑和市政基础设施工程竣工验收备案管理办法》，关于办理竣工验收备案的说法，正确的是（　　）。

   A. 建设单位应当自建设工程竣工验收合格之日起 30 日内办理建设工程竣工验收备案
   B. 属于住宅工程的，建设单位还应提交《住宅质量保证书》和《住宅使用说明书》
   C. 监理单位应当在工程竣工验收之日起 5 日内，向备案机关提交工程质量监督报告
   D. 备案机关验证竣工验收备案文件齐全后，应当在工程竣工验收备案表上签署同意意见

47. 根据《建设工程质量管理条例》，在正常使用条件下，关于建设工程最低保修期限的说法，正确的是（　　）。

   A. 供热与供冷系统为 2 年　　B. 主体结构工程为 70 年
   C. 设备安装工程为 5 年　　　D. 屋面防水工程为 5 年

48. 关于施工工地扬尘污染防治管理措施的说法，正确的是（　　）。

   A. 城市主要路段的施工工地应设置高度不小于 1.8 米的封闭围挡
   B. 施工现场的建筑材料、构件、料具应按总平面布局进行码放
   C. 施工现场主要道路应不定期清扫、洒水
   D. 施工现场各类废弃物应集中焚烧

49. 根据《关于推进建筑垃圾减量化的指导意见》，关于建筑垃圾污染防治的说法，正确的是（　　）。

   A. 建设单位应当建立建筑垃圾分类收集与存放管理制度
   B. 施工现场可以将生活垃圾混入建筑垃圾统一处置
   C. 施工单位应当实时统计并监控建筑垃圾产生量
   D. 禁止采用现场泥沙分离、泥浆脱水预处理等工艺

50. 根据《文物保护法》，核定公布历史文化街区、村镇的行政主体是（　　）。

A. 国务院

B. 国务院文物行政部门

C. 省、自治区、直辖市人民政府

D. 省、自治区、直辖市人民政府城乡规划主管部门

51. 根据《劳动合同法》，用人单位与劳动者明确约定合同终止时间的合同是（   ）。

    A. 固定期限劳动合同

    B. 无固定期限劳动合同

    C. 集体合同

    D. 以完成一定工作任务为期限的劳动合同

52. 根据《劳动法》，关于未成年工保护的说法，正确的是（   ）。

    A.《未成年工登记证》由用人单位所在地省级劳动行政部门核发

    B. 用人单位应对未成年工进行不定期健康检查

    C. 不得安排未成年工从事矿山井下、有毒有害等工作

    D. 可以安排未成年工从事夜班工作，但不得安排其加班

53. 关于工伤保险特征的说法，正确的是（   ）。

    A. 工伤保险的投保人为劳动者　　B. 工伤保险是强制性保险

    C. 工伤保险的权利和义务是对应的　　D. 工伤保险实行过错责任原则

54. 关于劳动争议仲裁委员会的说法，正确的是（   ）。

    A. 劳动争议仲裁委员会组成人员可以是双数

    B. 劳动争议仲裁委员会有权解聘仲裁员

    C. 劳动争议仲裁委员会可以受理行政争议案件

    D. 劳动争议仲裁委员会应当按照行政区划层层设立

55. 关于仲裁的申请与受理的说法，正确的是（   ）。

    A. 应向被申请人住所地的仲裁委员会申请

    B. 有具体的仲裁请求和事实、理由

    C. 仲裁委员会收到仲裁申请书之日起5日内即应当受理

    D. 当事人申请仲裁应当向仲裁委员会递交仲裁员名单

56. 下列民事案件中，可由审判员独任审理的是（   ）。

    A. 属于新类型或者疑难复杂的案件

    B. 涉及国家利益、社会公共利益的案件

    C. 人民群众广泛关注或者其他社会影响较大的案件

    D. 基层法院审理的基本事实清楚、权利义务关系明确的第一审民事案件

57. 在诉讼时效期间的最后6个月内，能够导致诉讼时效中止的情形是（   ）。

    A. 不可抗力　　　　　　　　B. 权利人向义务人提出履行请求

    C. 义务人同意履行义务　　　　D. 权利人提起诉讼或者申请仲裁

58. 公民、法人或者其他组织认为行政行为侵犯其合法权益的，提出行政复议申请的期限一般是自知道或应当知道该行政行为之日起（   ）内。

A. 15 日 B. 30 日
C. 60 日 D. 90 日

59. 下列情形中,属于行政复议受案范围的是( )。

A. 对行政机关作出的不予受理工伤认定申请的决定不服的

B. 认为行政机关制定、发布的具有普遍约束力的规范性文件侵犯其合法权益的

C. 对行政机关作出的人事任免决定不服的

D. 对行政机关作出的民事纠纷调解不服的

60. 下列主体中,不能作为行政诉讼被告的是( )。

A. 某大学 B. 某居委会
C. 某区区长 D. 某造价师协会

二、多项选择题(共 20 题,每题 2 分。每题的备选项中,有 2 个或 2 个以上符合题意,至少有 1 个错项。错选,本题不得分;少选,所选的每个选项得 0.5 分)

61. 下列法律中,属于民商法法律部门的有( )。

A.《民法典》 B.《公司法》
C.《建筑法》 D.《土地管理法》
E.《劳动法》

62. 下列财产权利的转让,未经登记,不得对抗善意第三人的有( )。

A. 机动车 B. 房屋
C. 自行车 D. 船舶
E. 航空器

63. 关于产品存在缺陷造成他人损害责任的说法,正确的有( )。

A. 被侵权人只能向生产者请求赔偿

B. 被侵权人只能向销售者请求赔偿

C. 被侵权人可以向生产者请求赔偿,也可以向销售者请求赔偿

D. 因运输者的过错使产品存在缺陷的,被侵权人可以直接向运输者请求赔偿

E. 明知产品存在缺陷仍然生产、销售的,被侵权人有权请求惩罚性赔偿

64. 下列情形中,注册机关可以撤销建造师注册的有( )。

A. 注册机关工作人员滥用职权作出准予注册许可的

B. 注册机关工作人员超越法定职权作出准予注册许可的

C. 申请人以欺骗、贿赂等不正当手段获准注册的

D. 注册建造师未按照要求提供信用档案信息的

E. 注册建造师因过错造成质量事故的

65. 根据《全国建筑市场各方主体不良行为记录认定标准》,下列行为中,属于承揽业务不良行为的有( )。

A. 以欺骗手段取得资质证书承揽工程的

B. 涂改、伪造建筑业企业资质证书的

C. 相互串通投标或与招标人串通投标的

D. 将承包的工程转包或违法分包的

E. 不按照与招标人订立的合同履行义务,情节严重的

66. 关于核发建设工程规划许可证的说法,正确的有(   )。

   A. 对符合城市总体规划的,应予核发建设工程规划许可证

   B. 在乡、村庄规划区内进行乡镇企业建设的,应当申请核发乡村建设规划许可证

   C. 在乡、村庄规划区内进行乡村公共设施和公益事业建设的,不得占用农用地

   D. 在乡、村庄规划区内,建设单位在取得乡村建设规划许可证后,方可办理用地审批手续

   E. 临时建设影响城市控制性详细规划的实施以及交通、市容的,不得批准

67. 根据《招标投标法实施条例》,关于投标保证金的说法,正确的有(   )。

   A. 所有的建设工程项目投标时,均须提交投标保证金

   B. 投标保证金不得超过招标项目估算价的 2%

   C. 投标保证金有效期应当超出投标有效期 30 日

   D. 以现金或支票形式提交的投标保证金应当从投标人基本账户转出

   E. 投标截止后投标人撤销投标文件的,招标人可以不退还投标保证金

68. 根据《政府采购法》,下列情形中,可以采用单一来源方式采购的货物或者服务的有(   )。

   A. 只能从唯一供应商处采购的

   B. 发生了不可预见的紧急情况不能从其他供应商处采购的

   C. 货物技术复杂或性质特殊的

   D. 供应商资信良好的

   E. 采购人决定继续从原供应商处添购的

69. 甲公司购买商务楼一栋,与乙装修公司签订了装修合同。在施工过程中,甲公司的代表张某与乙公司装修工长提出想修改地板砖铺设方案,工长也表示认可,但后来双方并未就具体方案再次确认。后乙公司按照原方案完成了全部装修,甲公司以地板砖仍按原方案铺设为由拒不支付工程余款。根据《民法典》,下列说法正确的有(   )。

   A. 乙公司按合同约定的施工方案施工,甲公司应支付装修款

   B. 甲公司的代表张某和乙公司的工长提出过修改地板砖铺设方案,属于合同变更

   C. 装修合同未变更,甲公司应支付装修款

   D. 合同签订后,甲公司无权变更地板砖铺设方案

   E. 乙公司违约,应向甲公司承担违约责任,减免装修款

70. 根据《建筑施工企业安全生产管理机构设置及专职安全生产管理人员配备办法》,下列安全生产责任中,属于施工企业专职安全生产管理人员职责的有(   )。

   A. 查阅在建项目安全生产有关资料、核实有关情况

   B. 检查危险性较大工程安全专项施工方案落实情况

C. 监督项目专职安全生产管理人员履责情况

D. 监督作业人员安全防护用品的配备及使用情况

E. 编制安全生产管理制度并监督实施

71. 关于施工企业负责人现场带班制度的说法，正确的有（　　）。

    A. 设有分公司的企业集团，集团负责人因故不能到现场的，可书面委托工程所在地的分公司负责人对施工现场带班检查

    B. 超过一定规模的危险性较大的分部分项工程施工时，应到施工现场带班检查

    C. 工程施工出现险情时，应到施工现场带班检查，督促整改并及时消除险情和隐患

    D. 每月检查时间不少于其工作日的20%

    E. 带班检查时应认真做好检查记录，并分别在企业和工程项目存档备查

72. 施工作业人员应当履行的安全生产义务包括（　　）。

    A. 对本单位的安全生产工作提出建议

    B. 接受安全生产教育培训

    C. 发现安全事故隐患时，立即向上级报告

    D. 施工中遇到危及人身安全的紧急情况时，停止工作

    E. 正确使用安全防护用具

73. 关于施工生产安全事故应急预案的说法，正确的有（　　）。

    A. 施工单位主要负责人负责组织编制本单位的应急预案

    B. 实行施工总承包的，由总承包单位统一组织编制生产安全事故应急预案

    C. 实行施工总承包的，由总承包单位按照应急救援预案，统一建立应急救援组织

    D. 应急预案的编制应符合本地区、本部门、本单位的安全生产实际情况

    E. 应急预案的编制应符合本地区、本部门、本单位的危险性分析情况

74. 关于无障碍环境建设保障措施的说法，正确的有（　　）。

    A. 县级以上人民政府应将无障碍环境建设统筹纳入相关规划中

    B. 新闻媒体应当积极开展无障碍环境建设方面的公益宣传

    C. 无障碍环境建设地方标准不得高于国家标准的相关技术要求

    D. 老龄协会等组织可以依法提出修改无障碍环境建设标准的建议

    E. 文明城市、文明村镇等创建活动应当将无障碍环境建设作为重要内容

75. 根据《建设工程质量管理条例》，建设单位的质量责任和义务包括（　　）。

    A. 依法发包工程　　　　　　　　B. 提供建设工程相关原始资料

    C. 建立健全进场材料检验制度　　D. 报审施工图设计文件

    E. 对设计文件进行设计交底

76. 关于施工单位按图施工的说法，正确的有（　　）。

    A. 施工单位不得擅自修改工程设计

    B. 施工单位发现工程设计不符合强制性标准的，应当报告建设单位

C. 施工单位发现工程设计有差错的，应当及时提出意见和建议

D. 施工单位拥有充足同类项目施工经验的，可自行修改工程设计

E. 经设计单位同意，施工单位可修改工程设计

77. 对被派遣劳动者，用工单位应当履行的一般义务有（   ）。

A. 执行国家劳动标准，提供相应的劳动条件和劳动保护

B. 告知被派遣劳动者的工作要求和劳动报酬

C. 支付加班费、绩效奖金

D. 实行正常的工资调整机制

E. 不得将被派遣劳动者再派遣到其他用人单位

78. 根据《保障农民工工资支付条例》，农民工工资支付保障制度包括（   ）。

A. 最低工资保障制度　　　　　　B. 工资保证金制度

C. 工资专用账户制度　　　　　　D. 农民工全日制用工制度

E. 工资预付制度

79. 下列情形中，仲裁员应当回避的有（   ）。

A. 与本案有利害关系

B. 是本案当事人或者当事人、代理人的近亲属

C. 本案的代理人与仲裁员办理的上一个案件的代理人是同一人

D. 与本案当事人、代理人有其他关系，可能影响公正仲裁的

E. 私自会见当事人、代理人，或者接受当事人、代理人的请客送礼的

80. 下列民事案件中，不适用小额诉讼程序审理的有（   ）。

A. 涉外案件　　　　　　　　　　B. 当事人提出反诉的案件

C. 财产确权案件　　　　　　　　D. 需要鉴定的案件

E. 简单的金钱给付民事案件

参 考 答 案

一、单项选择题

1. D	2. C	3. B	4. A	5. A
6. A	7. D	8. C	9. A	10. A
11. D	12. B	13. C	14. A	15. C
16. D	17. D	18. C	19. D	20. C
21. D	22. B	23. A	24. B	25. A
26. B	27. A	28. B	29. B	30. A
31. B	32. A	33. C	34. B	35. D
36. D	37. B	38. D	39. C	40. B
41. D	42. C	43. D	44. B	45. A
46. B	47. D	48. B	49. C	50. C
51. A	52. C	53. B	54. B	55. B
56. D	57. A	58. C	59. A	60. C

二、多项选择题

61. A、B	62. A、D、E	63. C、E	64. A、B、C	65. C、D、E
66. B、C、D、E	67. B、D、E	68. A、B	69. A、C	70. A、B、C、D
71. A、B、C、E	72. B、C、E	73. A、B、D、E	74. A、B、D、E	75. A、B、D
76. A、B、C	77. A、B、C、E	78. A、B、C	79. A、B、D、E	80. A、B、C、D

2023年度全国二级建造师执业资格考试试卷

一、单项选择题（共60题，每题1分。每题的备选项中，只有1个最符合题意）

1. 施工企业项目经理与他人订立材料采购合同，承担该材料款支付责任的是（ ）。
   A. 施工企业
   B. 项目经理部
   C. 项目经理
   D. 施工企业的母公司

2. 行为人没有代理权，仍然实施代理行为，关于其法律后果的说法，正确的是（ ）。
   A. 相对人可以催告被代理人自收到通知之日起3个月内予以追认
   B. 被代理人未作表示的，视为追认
   C. 相对人知道或应当知道行为人无权代理的，相对人和行为人承担连带责任
   D. 相对人有理由相信行为人有代理权的，代理行为有效

3. 建设单位通过拍卖方式取得一宗建设用地使用权，其建设用地使用权的设立时间是（ ）。
   A. 土地使用权出让合同订立时
   B. 建设用地使用权登记时
   C. 土地使用权出让合同生效时
   D. 拍卖结束时

4. 根据《专利法》，下列知识产权中，属于专利权保护对象的是（ ）。
   A. 集成电路布图设计
   B. 商业秘密
   C. 植物新品种
   D. 外观设计

5. 某施工企业向银行借款，由其母公司为借款提供保证担保并订立保证合同，保证合同对保证方式未作约定。该保证为（ ）。
   A. 连带责任保证
   B. 可撤销保证
   C. 一般保证
   D. 共同保证

6. 下列保险合同中，属于财产保险合同的是（ ）。
   A. 人寿保险合同
   B. 伤害保险合同
   C. 健康保险合同
   D. 安装工程一切险合同

7. 某施工企业的安全生产设施不符合国家规定，经行政主管部门提出后，对事故隐患仍不采取措施，因而发生重大伤亡事故，该行为构成的罪名为（ ）。
   A. 危险作业罪
   B. 工程重大安全事故罪
   C. 重大责任事故罪
   D. 重大劳动安全事故罪

8. 根据《建筑工程施工许可管理办法》，下列建筑工程中，应当办理施工许可证的是（ ）。
   A. 工程投资额20万元的改建工程
   B. 建筑面积3000平方米的钢结构厂房新建工程

C. 农民自建 2 层住宅

D. 用于抢险救灾的房屋

9. 根据《最高人民法院关于审理建设工程施工合同纠纷案件适用法律问题的解释（一）》，承包人已经提交竣工验收报告，发包人拖延验收的，竣工日期（   ）。

A. 以合同约定的竣工日期为准

B. 以转移占有建设工程之日为准

C. 以承包人提交竣工验收报告之日为准

D. 以实际通过竣工验收之日为准

10. 施工合同一方当事人的下列情形中，对方当事人可以解除合同的是（   ）。

A. 承包人将承包的工程转包

B. 合同约定的期限内承包人没有完成承包内容

C. 发包人未按约定支付工程价款

D. 已经完成的建设工程存在质量缺陷

11. 施工企业的下列不良行为记录中，属于工程安全不良行为的是（   ）。

A. 将承包的工程转包或者违法分包的

B. 未取得安全生产许可证擅自进行生产的

C. 未取得资质证书承揽工程的

D. 在施工中偷工减料，使用不合格建筑材料的

12. 根据《建设工程质量管理条例》，关于建筑材料检验的说法，正确的是（   ）。

A. 书面检验记录应当由项目负责人签字

B. 应当按照工程设计要求、施工技术标准和合同约定进行检验

C. 当事人在合同中约定不检验的，可以不进行检验

D. 厂家附带合格证的，不再进行检验

13. 根据《建设工程企业资质管理制度改革方案》，专业作业资质实行（   ）。

A. 审批制　　　　　　　　　B. 核准制

C. 特许制　　　　　　　　　D. 备案制

14. 根据《建筑法》，已经领取施工许可证的在建建筑工程因故中止施工 6 个月，关于其施工许可证处理的说法，正确的是（   ）。

A. 建设单位应当重新申请领取施工许可证

B. 施工许可证自行作废

C. 建设单位应当自中止施工之日起 1 个月内，向发证机关报告

D. 恢复施工时，建设单位应当报发证机关核验施工许可证

15. 关于仲裁调解的说法，正确的是（   ）。

A. 调解达成协议的，仲裁庭只能制作调解书

B. 调解达成协议后，即发生法律效力

C. 调解达成协议后，当事人不能反悔

D. 仲裁庭在作出裁决前，可以先行调解

16. 关于标底的说法，正确的是（   ）。

   A. 招标项目设有标底的，招标人应当在开标时公布

   B. 可以以投标报价接近标底作为中标条件

   C. 可以以投标报价超过标底上下浮动范围作为否决投标的条件

   D. 非国有资金投资的建筑工程招标的，应当设有标底

17. 某非政府投资项目施工合同约定施工企业垫资施工，对垫资及其利息的处理未作特别约定。关于该垫资及其利息的说法，正确的是（   ）。

   A. 施工企业无权请求建设单位支付垫资利息

   B. 施工企业有权要求建设单位返还垫资及其利息

   C. 垫资的约定无效

   D. 垫资利息按照同期贷款市场报价利率确定

18. 关于仲裁协议的说法，正确的是（   ）。

   A. 当事人没有仲裁协议，一方申请仲裁的，仲裁委员会受理后可以要求双方达成仲裁协议

   B. 当事人达成仲裁协议，一方向人民法院起诉的，人民法院受理后先审查仲裁协议的效力

   C. 合同无效的，合同中的仲裁条款也无效

   D. 申请仲裁必须以当事人依法订立的仲裁协议为前提

19. 根据《保障中小企业款项支付条例》，关于事业单位从中小企业采购工程价款支付的说法，正确的是（   ）。

   A. 应当自工程交付之日起 60 日内支付款项

   B. 事业单位迟延支付中小企业款项且对逾期利息的利率未作约定的，按照每日利率万分之五支付逾期利息

   C. 事业单位内部付款流程未履行完毕的，可以拒绝或者迟延支付中小企业款项

   D. 合同约定采取履行进度结算的，付款期限应当自相应履行进度完成之日起算

20. 关于合同形式的说法，正确的是（   ）。

   A. 书面形式合同是指纸质合同

   B. 可以随时调取查用的电子邮件视为书面形式

   C. 根据当事人的行为推定合同成立的，称为口头合同

   D. 未依法采用书面形式订立合同的，合同无效

21. 关于租赁合同中承租人转租的说法，正确的是（   ）。

   A. 承租人转租的，承租人与出租人之间的租赁合同继续有效

   B. 承租人可以决定是否转租

   C. 承租人转租的，转租合同的内容可以突破租赁合同的内容

   D. 转租合同订立后，租赁合同自动解除

22. 根据《生产安全事故报告和调查处理条例》，造成 20 人死亡和 9000 万元直接经济损失的事故是（   ）。

A. 一般事故　　　　　　　　B. 较大事故
C. 特别重大事故　　　　　　D. 重大事故

23. 关于仲裁和解的说法，正确的是（　　）。

    A. 当事人仲裁和解的，应当开庭进行
    B. 当事人自行达成和解协议的，仲裁庭应当制作撤案决定书
    C. 当事人达成和解协议撤回仲裁申请后反悔的，需要另行达成仲裁协议申请仲裁
    D. 当事人自行达成和解协议的，可以撤回仲裁申请

24. 自然人之间的借款合同，自（　　）时成立。

    A. 贷款人提供借款　　　　B. 双方意思一致
    C. 合同订立　　　　　　　D. 向主管部门登记备案

25. 根据《建筑市场信用管理暂行办法》，关于建筑市场信用信息分类的说法，正确的是（　　）。

    A. 建筑市场信用信息由基本信息、资质信息构成
    B. 优良信用信息是指建筑市场各方主体在工程建设活动中获得的省级以上行政机关或群团组织表彰奖励等信息
    C. 基本信息是指注册登记信息、资质信息、工程项目信息、注册执业人员信息等
    D. 不良信用信息是指建筑市场各方主体在工程建设活动中违反有关法律、法规、规章或者工程建设强制性标准等，受到市级以上住房城乡建设主管部门行政处罚的信息，以及经有关部门认定的其他不良信用信息

26. 某施工企业的下列劳动者中，有权要求与企业订立无固定期限劳动合同的是（　　）。

    A. 在该施工企业已经连续订立2次固定期限劳动合同，因工负伤调整到其他工作岗位的李某
    B. 在该施工企业连续工作刚满8年的张某
    C. 在该施工企业工作满2年，并被任命为总经理的王某
    D. 在该施工企业累计工作刚满10年，期间曾离开过企业1年的刘某

27. 下列责任中，属于建设单位安全责任的是（　　）。

    A. 向工程总承包单位提供勘察资料
    B. 合同约定的工期不得短于定额工期
    C. 依法办理有关批准手续
    D. 提出防范生产安全事故的指导意见和措施建议

28. 根据《建筑施工企业安全生产许可证管理规定》，建筑施工企业取得安全生产许可证，应当具备的安全生产条件是（　　）。

    A. 保证本单位生产经营所需资金的投入
    B. 建立健全安全生产责任制，制定完备的安全生产规章制度和操作规程

C. 管理人员经建设主管部门或者其他有关部门考核合格

D. 为施工现场作业人员办理意外伤害保险

29. 关于民事诉讼级别管辖的说法，正确的是（   ）。

　　A. 主要根据案件的性质、影响和诉讼标的金额等确定

　　B. 划分同级人民法院之间审判第一审民事案件的分工和权限

　　C. 各地人民法院确定的级别管辖争议标的数额标准是相同的

　　D. 群体性纠纷案件，一般由中级人民法院管辖

30. 投标人以向评标委员会成员行贿的手段谋取中标，关于该投标人应承担法律责任的说法，正确的是（   ）。

　　A. 情节轻微的，免予行政处罚

　　B. 无须对他人承担赔偿责任

　　C. 情节严重的，取消一定期限内参加依法必须进行招标的项目的投标资格并予以公告

　　D. 降低其资质等级

31. 关于中标的说法，正确的是（   ）。

　　A. 招标人根据评标委员会提出的书面评标报告和推荐的中标候选人确定中标人

　　B. 招标人应当自收到评标报告之日起 3 日内公示中标候选人，公示期为 2 日

　　C. 中标人的投标价格可以低于成本

　　D. 招标人不得授权评标委员会直接确定中标人

32. 下列文件中，必须有施工企业的注册建造师签字盖章的是（   ）。

　　A. 施工总承包合同　　　　　　B. 监理日志

　　C. 单位工程质量验收记录　　　D. 与建设单位的联系函

33. 根据《建设工程安全生产管理条例》，施工总承包单位应当承担的安全生产责任是（   ）。

　　A. 总承包合同应当明确总分包单位双方的安全生产责任

　　B. 负责调查施工生产安全事故

　　C. 与分包单位对分包工程的安全生产责任承担按份责任

　　D. 统一组织编制建设工程生产安全应急救援预案

34. 关于两阶段招标的说法，正确的是（   ）。

　　A. 第二阶段，投标人提交包括最终技术方案和投标报价的投标文件

　　B. 对技术复杂或者无法精确拟定技术规格的项目，招标人应当分两阶段进行招标

　　C. 第一阶段，投标人应当提交带报价的技术建议

　　D. 招标人要求投标人提交投标保证金的，应当在第一阶段提出

35. 关于融资租赁合同效力的说法，正确的是（   ）。

　　A. 融资租赁合同未采用书面形式的，合同无效

　　B. 以虚构租赁物方式订立的融资租赁合同有效

C. 对于租赁物的经营使用应当取得行政许可的，出租人未取得行政许可不影响融资租赁合同的效力

D. 出租人对租赁物享有的所有权，未经登记的，融资租赁合同无效

36. 下列情形中，不予建造师注册的是（   ）。

   A. 因执业活动受到刑事处罚，自刑事处罚执行完毕之日起至申请注册之日止已满 6 年的

   B. 年龄超过 65 周岁的

   C. 被吊销注册证书，自处罚决定之日起至申请注册之日止已满 3 年的

   D. 在申请注册之日 5 年前担任项目经理期间，所负责项目发生过重大安全事故的

37. 关于建设工程返修的说法，正确的是（   ）。

   A. 施工企业仅对施工过程中出现质量问题的建设工程负责返修

   B. 是施工企业的法定义务

   C. 施工企业仅对竣工验收时不合格的建设工程负责返修

   D. 对于非施工企业原因造成的质量问题，施工企业不负责返修

38. 根据《城镇排水与污水处理条例》，关于建设工程城镇排水与污水处理的说法，正确的是（   ）。

   A. 建设工程开工前，施工企业应当查明工程建设范围内地下城镇排水与污水处理设施的相关情况

   B. 城镇排水主管部门及其他相关部门和单位应当及时提供相关资料

   C. 因工程建设需要拆除、改动城镇排水与污水处理设施的，政府有关部门应当承担改建和采取临时措施的费用

   D. 建设工程施工范围内有排水管网等城镇排水与污水处理设施的，建设单位应当与设计单位、施工企业共同制定设施保护方案

39. 注册建造师的下列行为中，经有关监督部门确认后应当记入注册建造师执业信用档案的是（   ）。

   A. 对本人执业活动进行解释和辩护的

   B. 接受继续教育的

   C. 变更注册单位后到另一家施工企业从事执业活动的

   D. 超出执业范围和聘用企业业务范围从事执业活动的

40. 根据《最高人民法院关于审理建设工程施工合同纠纷案件适用法律问题的解释（一）》，关于建设工程合同承包人工程价款优先受偿权的说法，正确的是（   ）。

   A. 承包人建设工程价款优先受偿权自建设工程竣工验收合格之日起算

   B. 发包人与承包人放弃或者限制建设工程价款优先受偿权的约定无效

   C. 未竣工的建设工程质量合格，承包人无建设工程价款优先受偿权

   D. 承包人行使建设工程价款优先受偿权的时限最长不得超过 18 个月

41. 根据《噪声污染防治法》，关于噪声污染防治的说法，正确的是（   ）。

A. 施工企业应当按照规定将噪声污染防治费用列入工程造价

B. 建设单位应当在施工合同中明确施工企业的噪声污染防治责任

C. 建设单位应当按照规定制定噪声污染防治实施方案

D. 建设行政主管部门应当审核噪声污染防治实施方案

42. 建设工程竣工验收的组织主体是（　　）。

  A. 建设单位   B. 使用单位

  C. 施工企业   D. 县级人民政府质量监督管理部门

43. 根据《房屋市政工程生产安全重大事故隐患判定标准（2022版）》，下列重大事故隐患中，应当判定为施工安全管理重大事故隐患的是（　　）。

  A. 对因基坑工程施工可能造成损害的毗邻重要建筑物、构筑物和地下管线等，未采取专项防护措施

  B. 模板支架拆除及滑模、爬模爬升时，混凝土强度未达到设计或规范要求

  C. 建筑施工特种作业人员未取得特种作业人员操作资格证书上岗作业

  D. 有限空间作业时现场未有专人负责监护工作

44. 关于招标代理机构的说法，正确的是（　　）。

  A. 必须招标的项目应当委托招标代理机构代理招标

  B. 招标代理机构是从事招标代理业务并提供相关服务的政府机构

  C. 招标代理机构在招标人委托的范围内开展招标代理业务，任何单位和个人不得非法干涉

  D. 投标人对招标项目有疑问的，招标代理机构应当向投标人提供咨询

45. 关于工程监理的说法，正确的是（　　）。

  A. 所有的住宅小区工程均需实行监理

  B. 监理单位可以对工程款的支付进行管理

  C. 强制监理的工程无需订立监理合同

  D. 工程的设计单位不得进行该工程的监理

46. 关于承揽合同中解除权的说法，正确的是（　　）。

  A. 定作人可以随时解除合同，造成承揽人损失的，应当赔偿损失

  B. 承揽人将承揽的非主要工作交由第三人完成的，定作人有权解除合同

  C. 定作人不履行协助义务的，承揽人可以解除合同

  D. 承揽人可以随时解除合同，造成定作人损失的，应当赔偿损失

47. 根据《危险性较大的分部分项工程安全管理规定》，关于需要进行第三方监测的危大工程的说法，正确的是（　　）。

  A. 建设单位应当委托具有相应质量检测资质的单位进行监测

  B. 监测方案由监测单位负责人审核签字并加盖单位公章

  C. 监测单位发现异常时，及时向建设、设计、施工、监理单位报告

  D. 监测单位及时向建设行政主管部门报送监测成果，并对监测成果负责

48. 关于施工企业的质量责任的说法，正确的是（　　）。

A. 国家鼓励施工企业建立工程质量责任制度
B. 施工企业应当通过信息化手段采集、留存隐蔽工程施工质量信息
C. 施工企业对建设工程的施工质量负责
D. 施工企业技术负责人对因施工导致的工程质量问题承担主要责任

49. 关于行政强制的说法，正确的是（　　）。
    A. 行政法规不得设定行政强制措施
    B. 地方性法规可以设定冻结存款的行政强制措施
    C. 查封场所属于行政强制措施
    D. 加处罚款属于行政强制措施

50. 根据《文物保护法》，受国家保护的文物是（　　）。
    A. 与历史事件有关的代表性建筑
    B. 具有历史、艺术、科学价值的石刻、壁画
    C. 历史上各时代艺术品、工艺美术品
    D. 反映历史上各时代的实物

51. 关于民事诉讼时效的说法，正确的是（　　）。
    A. 超过诉讼时效的，权利人的诉讼权利消灭
    B. 权利人超过诉讼时效起诉的，人民法院不予受理
    C. 人民法院不得主动适用诉讼时效的规定
    D. 普通诉讼时效期间通常为2年

52. 建设工程施工合同被撤销的，关于其法律约束力的说法，正确的是（　　）。
    A. 自当事人申请撤销之日无法律约束力
    B. 自当事人请求撤销的通知到达相对方之日无法律约束力
    C. 自人民法院撤销之日无法律约束力
    D. 自始无法律约束力

53. 关于行政复议的说法，正确的是（　　）。
    A. 当事人可以向具体行政行为的作出机关申请复议
    B. 对行政复议决定不服的，不得再向人民法院提起行政诉讼
    C. 行政复议原则上采用开庭审理的办法
    D. 行政复议机关应当审查申请行政复议的具体行政行为是否合法与适当

54. 根据《民用建筑节能条例》，关于新建建筑节能的说法，正确的是（　　）。
    A. 国家强制使用民用建筑节能的新技术和新工艺
    B. 未经监理工程师签字，保温材料不得在建筑上使用或者安装
    C. 国家全面禁止进口能源消耗高的材料和设备
    D. 对不符合民用建筑节能标准的，不得颁发建设工程规划许可证

55. 用人单位与劳动者建立劳动关系的时间是（　　）。
    A. 劳动合同订立之日
    B. 劳动合同备案之日

C. 劳动合同经行政主管部门批准之日

D. 用工之日

56. 关于工程建设行业标准的说法，正确的是（　　）。

　　A. 对没有推荐性国家标准，需要在全国工程建设行业范围内统一的技术要求，可以制定行业标准

　　B. 行业标准可以由行业协会制定

　　C. 工程建设行业标准中包括强制性标准

　　D. 行业标准的制定，应当报国务院标准化行政主管部门批准

57. 关于投标文件送达的说法，正确的是（　　）。

　　A. 投标人将投标文件送达后，招标人签收后可以开启

　　B. 投标人应当在招标文件要求提交投标文件的截止时间前，将投标文件送达投标地点

　　C. 在招标文件要求提交投标文件的截止时间后送达的投标文件，招标人应当否决其投标

　　D. 投标人应当如实记载投标文件的送达时间和密封情况，并存档备案

58. 根据《生产安全事故应急条例》，下列情形中，生产安全事故应急救援预案制定单位应当及时修订相关预案的是（　　）。

　　A. 制定预案所依据的规章、标准发生变化

　　B. 安全生产面临的风险发生变化

　　C. 应急资源发生变化

　　D. 应急指挥机构及其职责发生调整

59. 关于投标人对投标文件澄清、说明的说法，正确的是（　　）。

　　A. 投标人的澄清、说明应当采用书面形式

　　B. 投标文件中有含义不明确的内容，评标委员会应当通知该投标人作出澄清、说明

　　C. 投标人的澄清、说明可以超出投标文件的范围

　　D. 评标委员会可以接受投标人主动提出的澄清、说明

60. 根据《建筑工程安全防护、文明施工措施费用及使用管理规定》，关于总、分包单位安全防护、文明施工措施费用管理的说法，正确的是（　　）。

　　A. 安全防护、文明施工措施费用由工程所在地工程造价管理机构确定

　　B. 安全防护、文明施工措施费用由各分包单位自行管理

　　C. 分包单位提出专项安全防护措施及施工方案，经建设单位批准后及时支付所需费用

　　D. 总承包合同中应当明确安全防护、文明施工措施项目总费用

二、多项选择题（共20题，每题2分。每题的备选项中，有2个或2个以上符合题意，至少有1个错项。错选，本题不得分；少选，所选的每个选项得0.5分）

61. 下列安全责任中，应当由设计单位承担的有（　　）。

A. 采取措施保证各类管线、设施和周边建筑物、构筑物的安全
B. 在各类工程设计中提出保障施工作业人员安全的措施建议
C. 按照法律、法规和工程建设强制性标准进行设计
D. 投保职业责任险
E. 考虑施工安全操作和防护的需要

62. 关于农民工工资支付的说法，正确的有（　　）。
    A. 用工单位使用个人派遣的农民工，拖欠农民工工资的，由用工单位清偿
    B. 施工总承包单位应当自工程取得施工许可证（开工报告批复）前，开立工资保证金专门账户
    C. 施工合同额低于300万元的工程，免除该工程存储工资保证金
    D. 分包单位拖欠农民工工资的，由施工总承包单位先行清偿，再进行追偿
    E. 工程建设项目转包，拖欠农民工工资的，由施工总承包单位先行清偿，再进行追偿

63. 当事人对建设工程开工日期有争议，关于开工日期认定的说法，正确的有（　　）。
    A. 开工日期为建设工程施工合同载明的计划开工日期
    B. 开工通知发出后，尚不具备开工条件的，以开工条件具备的时间为开工日期
    C. 开工通知发出后，因承包人原因导致开工时间推迟的，以开工条件具备的时间为开工日期
    D. 承包人经发包人同意已经实际进场施工的，以实际进场施工时间为开工日期
    E. 发包人或者监理人未发出开工通知，亦无相关证据证明实际开工日期的，以施工许可证载明的时间为开工日期

64. 建设工程竣工验收应当具备的法定条件有（　　）。
    A. 有工程使用的全部建筑材料、建筑构配件和设备的进场记录
    B. 完成建设工程设计和合同约定的各项内容
    C. 有完整的技术档案和施工管理资料
    D. 有勘察、设计、施工、工程监理等单位分别签署的质量合格文件
    E. 有施工企业签署的工程保修书

65. 根据《劳动合同法》，用人单位在招用劳动者以及订立劳动合同时，禁止的情形有（　　）。
    A. 要求劳动者提供担保　　　　　　B. 订立无终止时间的劳动合同
    C. 向劳动者收取财物　　　　　　　D. 扣押劳动者的执业资格证书
    E. 约定竞业限制

66. 下列情形中，视为投标人相互串通投标的有（　　）。
    A. 不同投标人的投标文件载明的项目管理成员为同一人
    B. 不同投标人委托同一单位或者个人办理投标事宜
    C. 不同投标人的投标保证金从同一银行转出

D. 不同投标人的投标文件由同一单位编制

E. 不同投标人属于同一集团的成员

67. 根据《房屋建筑和市政基础设施项目工程总承包管理办法》，关于建设工程总承包的说法，正确的有（   ）。

   A. 工程总承包单位可以同时是工程总承包项目的代建单位

   B. 工程总承包单位应当同时具有与工程规模相适应的工程设计资质和施工资质，或者由具有相应资质的设计单位和施工企业组成联合体

   C. 政府投资项目不得由工程总承包单位或者分包单位垫资建设

   D. 工程总承包单位和分包单位就分包工程对建设单位承担连带责任

   E. 工程总承包单位不得将工程直接发包给分包单位

68. 根据《大气污染防治法》，应当取得排污许可证的单位有（   ）。

   A. 排放工业废气的单位

   B. 集中供热设施的燃煤热源生产运营单位

   C. 工业废气回收处理单位

   D. 直接或间接向水体排放工业废水和医疗污水的企业事业单位

   E. 大气污染物监测机构

69. 关于建筑工程招标中工程造价计价的说法，正确的有（   ）。

   A. 国有资金投资的建筑工程招标的，应当设有最高投标限价

   B. 非国有资金投资的大型公共建筑招标的，应当设有最低投标限价

   C. 全部使用国有资金投资或者以国有资金为主的建筑工程，应当采用工程量清单计价

   D. 采用工程量清单计价的，工程量清单可以作为独立文件与招标文件分别发出

   E. 非国有资金投资的建筑工程，鼓励采用工程量清单计价

70. 关于同一财产向两个以上债权人抵押的，拍卖抵押财产所得价款的清偿顺序的说法，正确的有（   ）。

   A. 抵押权已经登记的，按照登记的时间先后确定清偿顺序

   B. 抵押权已经登记的，按照债权比例清偿

   C. 抵押权未登记的，按照交付的时间先后确定清偿顺序

   D. 抵押权未登记的，按照设立的时间先后确定清偿顺序

   E. 抵押权已经登记的先于未登记的受偿

71. 下列情形中，用人单位不得解除劳动合同的有（   ）。

   A. 在本单位因工负伤并被确认部分丧失劳动能力的

   B. 患病在规定的医疗期内的

   C. 劳动者被依法追究刑事责任的

   D. 女职工在哺乳期的

   E. 劳动者不能胜任工作，经过培训，仍不能胜任工作的

72. 下列民事权利中，属于用益物权的有（   ）。

A. 土地承包经营权 B. 承租权
C. 建设用地使用权 D. 宅基地使用权
E. 居住权

73. 建设工程施工合同的下列情形中，应当认定无效的有（   ）。
    A. 施工企业超越资质等级订立的
    B. 没有资质的实际施工人借用有资质的建筑施工企业名义订立的
    C. 建设单位胁迫施工企业订立的
    D. 施工企业与建设单位对工程款支付有重大误解订立的
    E. 建设工程必须进行招标而未招标订立的

74. 关于法的效力层级的说法，正确的有（   ）。
    A. 行政法规的效力高于规章
    B. 部门规章之间具有同等效力
    C. 地方性法规的效力高于同级地方政府规章
    D. 行政法规与地方性法规具有同等效力
    E. 部门规章效力高于地方政府规章

75. 根据《必须招标的工程项目规定》，属于必须招标范围内的项目，从采购金额标准判断，可以不招标的项目有（   ）。
    A. 施工单项合同估算价为 300 万元
    B. 材料采购单项合同估算价为 150 万元
    C. 重要设备采购单项合同估算价为 350 万元
    D. 设计采购单项合同估算价为 150 万元
    E. 监理采购单项合同估算价为 80 万元

76. 关于从建筑物中抛掷物品造成他人损害的说法，正确的有（   ）。
    A. 工程质量监督机构应当及时调查，查清责任人
    B. 由物品所有权人承担侵权责任
    C. 可能加害的建筑物使用人补偿后，可以向侵权人追偿
    D. 建筑物管理人未采取必要的安全保障措施的，应当承担相应的侵权责任
    E. 由建设单位和施工企业承担连带责任

77. 《民法典》规定的特别法人有（   ）。
    A. 某基金会 B. 某农村集体经济组织法人
    C. 某大学 D. 某县人民政府
    E. 某有限责任公司

78. 根据《民事诉讼法》，起诉必须符合的条件有（   ）。
    A. 有完整的证据目录和证据材料
    B. 原告是与本案有直接利害关系的公民、法人和其他组织
    C. 有明确的被告
    D. 有具体的诉讼请求和事实、理由

E. 属于人民法院受理民事诉讼的范围和受诉人民法院管辖

79. 根据《建设工程质量管理条例》，在正常使用条件下，关于建设工程最低保修期限的说法，正确的有（　　）。

A. 供热系统为 2 年　　　　　　B. 屋面防水工程为 5 年

C. 装修工程为 2 年　　　　　　D. 房屋建筑的主体结构工程为 70 年

E. 电气管线为 2 年

80. 关于劳务派遣的说法，正确的有（　　）。

A. 经营劳务派遣业务，应当向劳动行政部门申请行政许可

B. 用工单位可以将被派遣劳动者再派遣到其他用人单位

C. 劳务派遣用工只能在临时性、辅助性或者替代性的工作岗位上实施

D. 除岗前培训费以外，劳务派遣单位不得再向被派遣劳动者收取费用

E. 劳务派遣用工方式使劳动者的聘用与使用分离

参 考 答 案

一、单项选择题

1. A	2. D	3. B	4. D	5. C
6. D	7. D	8. B	9. C	10. A
11. B	12. B	13. D	14. C	15. D
16. A	17. A	18. D	19. B	20. B
21. A	22. D	23. D	24. A	25. C
26. A	27. C	28. B	29. A	30. C
31. A	32. C	33. D	34. A	35. C
36. B	37. B	38. B	39. D	40. D
41. B	42. A	43. C	44. C	45. B
46. A	47. C	48. C	49. C	50. B
51. C	52. D	53. D	54. B	55. D
56. A	57. B	58. D	59. A	60. D

二、多项选择题

61. C、E	62. A、D、E	63. B、D	64. B、C、D、E	65. A、C、D
66. A、B、D	67. B、C、D	68. A、B	69. A、C、E	70. A、E
71. A、B、D	72. A、C、D、E	73. A、B、E	74. A、B、C	75. A、B、E
76. C、D	77. B、D	78. B、C、D、E	79. B、C、E	80. A、C、E

模拟预测篇

模拟预测试卷一

一、单项选择题（共60题，每题1分。每题的备选项中，只有1个最符合题意）

1. 我国法律体系中，部门法的划分依据是（　　）。
   A. 法律调整的主体　　　　　　B. 法律调整的社会关系性质
   C. 法律的调整方法　　　　　　D. 法律的效力层级

2. 关于物权保护的说法，正确的是（　　）。
   A. 物权受到侵害的，权利人不能通过和解方式解决
   B. 侵害物权造成权利人损害的，权利人既可以请求损害赔偿，也可请求承担其他民事责任
   C. 侵害物权的，承担民事责任后，不再承担行政责任
   D. 物权的归属、内容发生争议的，利害关系人应当请求返还原物

3. 下列物权中，不属于用益物权的是（　　）。
   A. 土地所有权　　　　　　　　B. 土地承包经营权
   C. 建设用地使用权　　　　　　D. 地役权

4. 关于计算机软件著作权的说法，正确的是（　　）。
   A. 自然人的软件著作权保护期为自然人终生
   B. 如无相反证据证明，在软件上署名的自然人、法人或者其他组织为开发者
   C. 接受他人委托开发的软件，其著作权由委托人享有
   D. 法人的软件著作权，保护期为30年

5. 在我国侵权行为的归责原则中，损害双方的当事人对损害结果的发生都没有过错，但如果受害人的损失得不到补偿又显失公平的情况下，由人民法院根据具体情况和公平的观念，要求当事人分担损害后果是指（　　）。
   A. 过错推定责任原则　　　　　B. 无过错责任原则
   C. 公平责任原则　　　　　　　D. 过错责任原则

6. 根据《增值税暂行条例》，下列进项税额中，准予从销项税额中抵扣的是（　　）。
   A. 非正常损失的购进货物
   B. 用于集体福利的购进货物
   C. 从销售方取得的增值税专用发票上注明的增值税额
   D. 用于个人消费的购进不动产

7. 在行政法基本原则中的程序正当原则中，可以实现公民的知情权，满足公民对信息的需要，有利于公民对行政事务的参与的是（　　）。
   A. 程序公正　　　　　　　　　B. 行政公开
   C. 平等对待　　　　　　　　　D. 公众参与

8. 下列法律责任中，属于刑罚主刑的是（　　）。
   A. 拘留
   B. 剥夺政治权利
   C. 拘役
   D. 驱逐出境

9. 下列法人中，属于特别法人的是（　　）。
   A. 基金会法人
   B. 事业单位法人
   C. 社会团体法人
   D. 机关法人

10. 乙施工企业委托员工王某与甲建设单位办理结算事宜。后王某离职，乙未及时将该情形告知甲。此后，王某又和甲签署了一份结算文件。关于该结算文件的说法，正确的是（　　）。
    A. 对乙无效
    B. 其后果由乙承担
    C. 其后果由王某承担
    D. 对甲无效

11. 根据《建筑业企业资质管理规定》，由省级人民政府住房城乡建设主管部门颁发的施工企业资质证书的变更结果，应当报国务院住房城乡建设主管部门备案。变更结果备案的时限标准为资质证书变更后（　　）日内。
    A. 15
    B. 5
    C. 10
    D. 20

12. 根据《注册建造师管理规定》，一级建造师申请初始注册应当具备的条件是（　　）。
    A. 聘用单位 3 年内未发生重大质量和安全事故
    B. 未受过刑事处罚
    C. 年龄不超过 65 周岁
    D. 承诺参加继续教育

13. 根据《建筑市场信用管理暂行办法》，属于建筑市场基本信息的是（　　）。
    A. 行政机关奖励信息
    B. 群团组织奖励信息
    C. 注册执业人员信息
    D. 行政处罚信息

14. 根据《优化营商环境条例》，关于工程建设项目审批事项行政许可的说法，正确的是（　　）。
    A. 通过事中事后监管能够解决的事项，一律不得设立行政许可
    B. 可以以年检、年报的形式设定或者实施行政许可
    C. 对相关管理事项尚未制定法律、行政法规的，地方不得就该事项设定行政许可
    D. 已经取消的行政许可，可以转由行业协会组织实施

15. 在乡、村庄规划区内进行乡村公共设施和公益事业建设时，应当办理（　　）。
    A. 乡村建设规划许可证
    B. 乡村建设工程规划许可证
    C. 乡村建设用地规划许可证
    D. 土地性质变更登记手续

16. 甲房地产开发公司将一住宅小区工程以施工总承包方式发包给乙建筑公司，乙建筑公司又将其中场地平整及土方工程分包给丙土方公司。在工程开工前，应当由（　　）

按照有关规定申请领取施工许可证。

　　A. 乙建筑公司

　　B. 丙土方公司

　　C. 甲房地产开发公司和乙建筑公司共同

　　D. 甲房地产开发公司

17. 关于工程总承包项目发承包的说法，正确的是（　　）。

　　A. 工程总承包单位为联合体的，联合体各方应当就合同履行过程中的过错承担按份责任

　　B. 建设单位应当将建筑工程的勘察、设计、施工、设备采购一并发包给一个工程总承包单位

　　C. 设计单位可以在订立工程承包合同后与施工企业组成联合体

　　D. 政府投资项目的招标人公开已经完成的项目建议书、可行性研究报告的，其编制单位可以参与该工程总承包项目的投标

18. 乙施工企业和丙施工企业联合共同承包甲公司的建筑工程项目，由于联合体管理不善，造成该建筑项目损失。关于共同承包责任的说法，正确的是（　　）。

　　A. 甲公司有权请求乙施工企业与丙施工企业承担连带责任

　　B. 乙施工企业和丙施工企业对甲公司各承担一半责任

　　C. 甲公司应该向过错较大的一方请求赔偿

　　D. 对于超过自己应赔偿的那部分份额，乙施工企业和丙施工企业都不能进行追偿

19. 根据《必须招标的工程项目规定》，下列必须招标的项目范围中，达到必须招标规模标准的是（　　）。

　　A. 设计采购单项合同估算价为 150 万元

　　B. 施工单项合同估算价为 300 万元

　　C. 材料采购单项合同估算价为 150 万元

　　D. 监理采购单项合同估算价为 50 万元

20. 关于开标的说法，正确的是（　　）。

　　A. 投标文件经确定无误后，由招标监管部门人员当众拆封

　　B. 开标时只能由投标人或者其推选的代表检查投标文件的密封情况

　　C. 开标地点应当为招标文件中预先确定的地点

　　D. 开标过程应当及时向社会公布

21. 关于竞争性谈判采购程序的说法，正确的是（　　）。

　　A. 谈判小组所有成员不能与单一供应商进行谈判

　　B. 谈判小组从符合相应资格条件的供应商名单中确定两家供应商参加谈判

　　C. 谈判文件有实质性变动的，谈判小组应当以书面形式通知符合相应资格条件的供应商

　　D. 确定成交供应商后，将结果通知所有参加谈判的未成交的供应商

22. 关于框架协议采购的说法，正确的是（　　）。
    A. 框架协议采购可以确定 1 名或者多名入围供应商
    B. 开放式框架协议采购是框架协议采购的主要形式
    C. 框架协议采购需求在框架协议有效期内可以变动
    D. 封闭式框架协议入围供应商可以随时退出框架协议

23. 施工企业根据材料供应商寄送的价目表用邮政快递发出建筑材料采购清单，后又发出电子邮件通知取消了该采购清单。如果施工企业后发出的取消通知先于采购清单到达材料供应商处，则该取消通知从法律上称为（　　）。
    A. 要约撤回　　　　　　　　　B. 要约撤销
    C. 承诺撤回　　　　　　　　　D. 承诺撤销

24. 建设单位与乙设计单位签订了设计合同，合同约定设计费为 200 万元。定金为设计费的 15%，甲支付定金后，如果乙在规定期限内不履行合同，甲可以要求乙返还（　　）万元。
    A. 80　　　　　　　　　　　　B. 60
    C. 40　　　　　　　　　　　　D. 30

25. 根据《最高人民法院关于审理建设工程施工合同纠纷案件适用法律问题的解释（一）》，建设工程未经竣工验收，发包人擅自使用，当事人对建设工程实际竣工日期有争议的，竣工日期为（　　）。
    A. 转移占有建设工程之日　　　B. 承包人提交竣工验收报告之日
    C. 实际竣工验收之日　　　　　D. 工程完工之日

26. 2024 年 9 月 15 日，甲公司与丙公司订立书面协议转让其对乙公司的 30 万元债权，同年 9 月 25 日甲公司将该债权转让通知了乙公司。关于该案的说法，正确的是（　　）。
    A. 甲公司与丙公司之间的债权转让协议于 2024 年 9 月 25 日生效
    B. 丙公司自 2024 年 9 月 15 日起可以向乙公司主张 30 万元的债权
    C. 甲公司和乙公司就 30 万元债务的清偿对丙公司承担连带责任
    D. 甲公司和丙公司之间的债权转让行为于 2024 年 9 月 25 日对乙公司发生效力

27. 出卖人将标的物的权利凭证交给买受人，以替代标的物的现实交付，该种交付方式称为（　　）。
    A. 简易交付　　　　　　　　　B. 占有改定
    C. 指示交付　　　　　　　　　D. 拟制交付

28. 甲建设单位与乙施工企业签订了施工合同，由丙公司为甲出具工程款的支付担保，担保方式为一般保证。甲到期未能支付工程款，乙应当要求（　　）。
    A. 丙先行代为清偿　　　　　　B. 甲和丙按比例支付
    C. 甲先行支付　　　　　　　　D. 甲和丙协商支付

29. 依法批准开工报告的建设工程，建设单位应当自开工报告批准之日起（　　）日内，将保证安全施工的措施报送建设工程所在地的县级以上人民政府建设行政主管部门或者其他有关部门备案。

A. 20 B. 15
C. 30 D. 60

30. 在施工现场安装、拆卸施工起重机械和整体提升脚手架、模板等自升式架设设备，必须由（   ）承担。

   A. 设备使用单位　　　　　　　　B. 具有相应资质的单位
   C. 设备出租单位　　　　　　　　D. 检验检测机构

31. 根据《建筑施工企业安全生产许可证管理规定》，属于取得安全生产许可证应当具备的条件是（   ）。

   A. 设置安全管理机构，配备专职或者兼职安全生产管理人员
   B. 有符合规定的工程业绩
   C. 作业人员经有关业务主管部门考核合格，取得操作资格证书
   D. 保证本单位安全生产条件所需资金的投入

32. 下列安全生产职责中，不属于建筑施工企业安全生产管理机构职责的是（   ）。

   A. 编制并适时更新安全生产管理制度并监督实施
   B. 编制项目生产安全事故应急救援预案并组织演练
   C. 参加生产安全事故的调查和处理工作
   D. 协调配备项目专职安全生产管理人员

33. 根据《建筑施工企业负责人及项目负责人施工现场带班暂行办法》，关于施工企业负责人施工现场带班制度的说法，正确的是（   ）。

   A. 建筑施工企业负责人是指企业的法定代表人、总经理，不包括主管质量安全和生产工作的副总工程师
   B. 建筑施工企业负责人带班检查时，应认真做好检查记录，并分别在企业和工程项目存档备查
   C. 建筑施工企业负责人要定期带班检查，每月检查时间不少于其工作日的 20%
   D. 有分公司的企业集团负责人因故不能到现场的，可口头委托工程所在地的分公司负责人对施工现场进行带班检查

34. 根据《企业安全生产费用提取和使用管理办法》，关于施工企业提取安全费用的说法，正确的是（   ）。

   A. 总承包单位和分包单位应当分别提取安全费用
   B. 安全费用以建筑安装工程造价为计提依据
   C. 施工企业不得自行提高安全费用提取标准
   D. 安全费用提取标准与建设工程类别无关

35. 2024 年 7 月 1 日，某工程施工过程中发生坍塌事故，造成人员伤亡，次日在救援中找到 2 具尸体，另有 10 人受伤。根据《生产安全事故报告和调查处理条例》，该事故造成的伤亡人数发生变化应当补报的最迟日期为（   ）。

   A. 2024 年 7 月 6 日　　　　　　B. 2024 年 7 月 8 日
   C. 2024 年 7 月 15 日　　　　　 D. 2024 年 7 月 31 日

36. 建设行政主管部门安全生产监督机构收到建设单位提交的资料后，经查验符合要求的，应当在（　　）个工作日内向建设单位发放《中止施工安全监督告知书》。

　　A. 15　　　　　　　　　　　　B. 7

　　C. 5　　　　　　　　　　　　 D. 3

37. 下列国家标准中，属于强制性国家标准的是（　　）。

　　A. 工程建设重要的通用的信息技术标准

　　B. 工程建设行业专用的试验方法

　　C. 工程建设行业专业的术语、符号

　　D. 工程建设勘察行业专用的质量要求

38. 关于城市中心区、残疾人集中就业单位和集中就读学校周边的人行横道的交通信号设施的说法，正确的是（　　）。

　　A. 安装过街音响提示装置　　　　B. 设置盲道

　　C. 设置无障碍停车位　　　　　　D. 设置显著标志标识

39. 关于必须实行监理的建设工程的说法，正确的是（　　）。

　　A. 建设单位须将工程委托给具有相应资质等级的监理单位

　　B. 建设单位有权决定是否委托某工程监理单位进行监理

　　C. 监理单位不能与建设单位有隶属关系

　　D. 监理单位不能与该工程的设计单位有利害关系

40. 关于工程监理单位质量责任和义务的说法，正确的是（　　）。

　　A. 工程监理单位可以转让工程监理业务

　　B. 工程监理单位不得与被监理工程的承包单位有隶属关系

　　C. 未经总监理工程师签字，建筑材料不得在工程上使用

　　D. 未经工程监理单位盖章，建设单位不拨付工程款

41. 建设工程总承包单位依法将建设工程分包给其他单位的，关于分包工程的质量责任承担的说法，正确的是（　　）。

　　A. 分包工程质量责任仅由分包单位承担

　　B. 分包工程质量责任由总承包单位和分包单位承担连带责任

　　C. 分包工程质量责任仅由总承包单位承担

　　D. 分包工程质量责任由总承包单位和分包单位按比例承担

42. 根据《建设工程质量管理条例》，施工人员对涉及结构安全的试块、试件以及有关材料，应当在（　　）监督下现场取样，并送具有相应资质等级的质量检测单位进行检测。

　　A. 施工企业质量管理部门　　　　B. 设计单位或监理单位

　　C. 建设单位或监理单位　　　　　D. 工程质量监督机构

43. 关于建设工程档案资料的说法，正确的是（　　）。

　　A. 工程竣工验收后 6 个月内，应当向城建档案馆报送一套符合规定的建设工程档案

B. 电子档案签署了具有法律效力的电子印章或者电子签名的，也应当移交相应纸质档案

C. 组织竣工验收时，应当组织对工程档案进行验收

D. 改建工程应当重新编制建设工程档案，并按时报送

44. 根据《建设工程质量管理条例》，关于建设工程质量保修期的说法，正确的是（　　）。

　　A. 地基基础工程保修期限为设计文件规定的该工程的合理使用年限

　　B. 所有项目的保修期限均由法律规定

　　C. 任何使用条件下，建设工程保修期均应当符合法定最低保修期限

　　D. 供热系统的最低保修期限为5年

45. 关于建设单位扬尘污染防治责任的说法，错误的是（　　）。

　　A. 暂时不能开工的建设用地应当对裸露地面进行覆盖

　　B. 应当将防治扬尘污染的费用在施工承包合同中明确由施工企业承担

　　C. 超过三个月不能开工的建设用地，应当进行绿化、铺装或者遮盖

　　D. 在施工承包合同中明确施工企业扬尘污染防治责任

46. 根据《噪声污染防治法》，关于建设工程项目噪声污染防治的说法，正确的是（　　）。

　　A. 噪声污染防治费用应当列入工程造价

　　B. 建设单位应当制定噪声污染防治实施方案

　　C. 监理单位应当落实噪声污染防治实施方案

　　D. 在施工合同中，应当明确建设单位的噪声污染防治责任

47. 关于在文物保护单位保护范围和建设控制地带内从事建设活动的说法，正确的是（　　）。

　　A. 文物保护单位的保护范围内及其周边的一定区域不得进行爆破作业

　　B. 在全国重点文物保护单位的保护范围内进行爆破作业，必须经国务院批准

　　C. 因特殊情况需要在文物保护单位的保护范围内进行爆破作业的，应经核定公布该文物保护单位的人民政府批准

　　D. 在省、自治区、直辖市重点文物保护单位的保护范围内进行爆破作业的，必须经国务院文物行政部门批准

48. 张某在甲施工企业连续工作满8年；李某与甲施工企业已经连续订立2次固定期限劳动合同，但因工负伤不能从事原工作；王某在甲施工企业工作2年，并被甲施工企业聘任为总经理；赵某在甲施工企业累计工作了10年，但期间曾离职。除劳动者提出订立固定期限劳动合同外，甲施工企业应当与其订立无固定期限劳动合同的是（　　）。

　　A. 李某　　　　　　　　　　B. 张某

　　C. 王某　　　　　　　　　　D. 赵某

49. 关于劳动合同履行的说法，正确的是（　　）。

　　A. 用人单位可以根据单位实际情况不执行劳动定额标准

B. 用人单位不得强迫或者变相强迫劳动者加班

C. 用人单位拖欠或者未足额支付劳动报酬的,劳动者可以向当地劳动仲裁机构申请支付令

D. 用人单位发生合并或者分立等情况,原劳动合同自行终止

50. 关于劳务派遣的说法,正确的是( )。

A. 甲可以被劳务派遣公司派到某施工企业担任安全员

B. 乙可以被劳务派遣公司派到某公司做临时性工作1年以上

C. 丙在无工作期间,其所属劳务派遣公司不再向其支付工资

D. 劳务派遣协议中应当载明社会保险费的数额

51. 女大学生林某被企业录用后,主动要求到最苦、最累的岗位工作。根据《劳动法》,企业可以满足她的要求,但不得安排其从事的是( )。

A. 矿山井下作业　　　　　　B. 高处作业

C. 低温、冷水作业　　　　　D. 夜班工作

52. 根据《工伤保险条例》,职工的下列情形中,应当认定为工伤的是( )。

A. 在工作场所受到事故伤害的

B. 因工外出期间,下落不明的

C. 上班途中,受到本人主要责任的交通事故伤害的

D. 患职业病的

53. 《劳动争议调解仲裁法》规定,调解协议生效后,对双方当事人具有约束力,当事人应当履行。此处的"约束力"是指( )。

A. 可以请求人民法院强制执行　　B. 调解协议具有强制执行的效果

C. 可以向人民法院提起诉讼　　　D. 仅仅是劳动合同的约束力

54. 关于建设工程施工合同纠纷和解的说法,正确的是( )。

A. 和解可以在民事纠纷的任何阶段进行

B. 当事人自行达成的和解协议具有强制执行力

C. 已经申请仲裁,当事人达成和解的,应当请求仲裁庭制作仲裁调解书

D. 已经提起诉讼,当事人达成和解的,不得请求法院制作民事调解书

55. 某建设工程总承包商与分包商在分包合同中约定了有效的仲裁条款。合同履行期间,总承包商以分包商不具备资质为由向人民法院起诉,要求确认该分包合同无效。根据我国相关法律规定,人民法院( )。

A. 应当受理,确认合同有效后驳回起诉

B. 不予受理

C. 应当受理,确认合同有效后移送仲裁委员会

D. 应当先审查合同效力,确认合同无效后受理

56. 关于仲裁庭组成的说法,正确的是( )。

A. 当事人可以约定仲裁庭由5名仲裁员组成

B. 仲裁庭可以由3名仲裁员或者1名仲裁员组成

C. 仲裁庭由当事人组建，仲裁员采取随机抽取方式确定

D. 首席仲裁员应当由仲裁委员会主任指定

57. 根据《民事诉讼法》，按照各人民法院的辖区和民事案件的隶属关系，划分同级人民法院受理第一审民事案件的分工和权限的属于（　　）。

　　A. 级别管辖　　　　　　　　　B. 移送管辖

　　C. 地域管辖　　　　　　　　　D. 指定管辖

58. 下列民事诉讼案件中，实行二审终审制度的是（　　）。

　　A. 实现担保物权案件　　　　　B. 建设工程施工合同案件

　　C. 确认调解协议案件　　　　　D. 小额诉讼案件

59. 对下列行政行为不服，申请人应当先向行政复议机关申请行政复议，对行政复议决定不服，方可以向人民法院提起行政诉讼的是（　　）。

　　A. 行政机关作出的确认自然资源所有权的决定

　　B. 行政机关作出的行政强制执行决定

　　C. 行政机关作出的吊销资质证书处罚决定

　　D. 申请政府信息公开，行政机关不予公开

60. 关于行政诉讼举证责任的说法，正确的是（　　）。

　　A. 原告应当提供其向被告提出异议的证据

　　B. 被告对作出的行政行为负有举证责任

　　C. 在诉讼过程中，被告可以自行向原告、第三人和证人收集证据

　　D. 原告应当提供证明行政行为违法的证据

二、多项选择题（共20题，每题2分。每题的备选项中，有2个或2个以上符合题意，至少有1个错项。错选，本题不得分；少选，所选的每个选项得0.5分）

61. 根据《立法法》，（　　）之间对同一事项的规定不一致时，由国务院裁决。

　　A. 部门规章

　　B. 地方政府规章与部门规章

　　C. 同一机关制定的旧的一般规定与新的特别规定

　　D. 部门规章与地方性法规

　　E. 地方性法规与地方政府规章

62. 当事人之间订立有关设立不动产物权的合同，除法律另有规定或者合同另有约定外，该合同的效力情形表现为（　　）。

　　A. 合同自成立时生效　　　　　B. 合同自办理物权登记时生效

　　C. 未办理物权登记合同无效　　D. 未办理物权登记不影响合同效力

　　E. 合同生效当然发生物权效力

63. 关于工程重大责任事故罪的说法，正确的有（　　）。

　　A. 该犯罪的客观方面可能表现为发生重大伤亡事故

　　B. 该犯罪的客体是单位的安全生产制度

　　C. 该犯罪的主观方面是故意

D. 该犯罪的主体不包括投资人

E. 该犯罪的客观方面只能表现为造成其他严重后果

64. 关于承包单位将承包的工程转包或违法分包的，正确的行政处罚有（　　）。

    A. 责令改正，没收违法所得

    B. 对施工企业处工程合同价款 0.5% 以上 1% 以下的罚款

    C. 责令停业整顿，降低资质等级

    D. 追究刑事责任

    E. 情节严重的，吊销资质证书

65. 施工企业承揽业务不良行为的认定标准有（　　）。

    A. 以欺骗手段取得资质证书的

    B. 工程竣工验收后，不向建设单位出具质量保修书的

    C. 以他人名义投标或以其他方式弄虚作假，骗取中标的

    D. 将承包的工程转包或违法分包的

    E. 以向评标委员会成员行贿的手段谋取中标的

66. 根据《城乡规划法》，关于规划条件的说法，正确的有（　　）。

    A. 变更规划条件必须向城市、县人民政府城乡规划主管部门提出申请

    B. 规划条件的变更内容不符合控制性详细规划的，城乡规划主管部门不得批准

    C. 县级以上地方人民政府城乡规划主管部门对建设工程是否符合规划条件予以核实

    D. 经城乡规划主管部门核实不符合规划条件的，建设单位不得组织竣工验收

    E. 建设单位应当参照规划条件进行建设

67. 根据《建筑法》，关于建筑工程分包的说法，正确的有（　　）。

    A. 建筑工程的分包单位必须在其资质等级许可的业务范围内承揽工程

    B. 资质等级较低的分包单位可以超越一个等级承接分包工程

    C. 建设单位指定的分包单位，总承包单位必须采用

    D. 严禁个人承揽分包工程业务

    E. 劳务作业分包不经建设单位认可

68. 根据《招标投标法实施条例》，关于投标保证金的说法，正确的有（　　）。

    A. 两阶段招标中要求提交投标保证金的，应当在第一阶段提出

    B. 投标保证金有效期应当与投标有效期一致

    C. 投标保证金不得超过招标项目估算价的 2%

    D. 招标人应当在中标通知书发出后 5 日内退还中标人的投标保证金

    E. 未中标的投标人的投标保证金及银行同期存款利息，招标人最迟应当在书面合同签订后 5 日内退还

69. 当事人就合同履行地点约定不明确，不能达成补充协议，又不能根据合同有关条款或者交易习惯确定的，则（　　）。

    A. 给付货币的，在接受货币一方所在地履行

B. 履行义务一方有权选择履行地点

C. 交付不动产的，在不动产所在地履行

D. 接受履行方有权选择履行地点

E. 其他标的，在履行义务一方所在地履行

70. 根据《最高人民法院关于审理建设工程施工合同纠纷案件适用法律问题的解释（一）》，建设工程施工合同具有（　　）情形之一的，应当依据《民法典》的规定认定无效。

A. 承包人未取得建筑业企业资质或者超越资质等级的

B. 承包人超越资质等级许可的业务范围签订建设工程施工合同，在建设工程竣工前取得相应资质等级的

C. 没有资质的实际施工人借用有资质的建筑施工企业名义的

D. 具有劳务作业法定资质的承包人与总承包人签订劳务分包合同的

E. 建设工程必须进行招标而未招标或者中标无效的

71. 下列义务中，属于建设工程监理企业安全生产管理主要义务的是（　　）。

A. 安全技术措施审查　　　　B. 安全设备合格审查

C. 专项施工方案审查　　　　D. 施工招标审查

E. 安全生产事故隐患报告

72. 根据《建设工程安全生产管理条例》，下列"危大工程"中，施工企业应当组织专家对专项施工方案进行论证、审查的有（　　）。

A. 地下暗挖工程　　　　　　B. 砌筑工程

C. 高大模板工程　　　　　　D. 起重吊装工程

E. 爆破工程

73. 下列事故中，属于较大生产安全事故的有（　　）。

A. 造成6人死亡的事故

B. 造成15人重伤的事故

C. 造成1230万元直接经济损失的事故

D. 造成800万元直接经济损失和1050万元间接经济损失的事故

E. 造成9人重伤的事故

74. 根据《建设工程质量管理条例》，属于建设单位质量责任和义务的有（　　）。

A. 不得任意压缩合理工期

B. 设计文件应当符合国家规定的设计深度要求，注明工程合理使用年限

C. 应当就审查合格的施工图设计文件向施工企业作出详细说明

D. 不得明示施工企业使用不合格的建筑材料

E. 不得暗示施工企业使用不合格的建筑构配件

75. 根据《建设工程质量管理条例》，建设工程竣工验收应当具备的条件有（　　）。

A. 有完整的技术档案和施工管理资料

B. 完成建设工程设计和合同约定的主体工程

C. 有工程使用的主要建筑材料、建筑构配件和设备的进场试验报告

D. 有施工企业签署的工程保修书

E. 有设计、施工、质量监督单位分别签署的质量合格文件

76. 在中华人民共和国境内，受国家保护的文物有（   ）。

   A. 与著名人物有关的现代重要史迹

   B. 历史上各时代珍贵的艺术品

   C. 反映历史上各时代、各民族社会制度的代表性实物

   D. 近代代表性建筑

   E. 古墓葬和古建筑

77. 下列情形中，用人单位有权解除劳动合同且不需要提前30天通知的有（   ）。

   A. 用人单位发生经营困难的

   B. 劳动者严重失职，营私舞弊，给用人单位造成重大损害的

   C. 劳动者被依法追究刑事责任的

   D. 劳动者严重违反用人单位的规章制度的

   E. 劳动者患病后在规定的医疗期满后不能从事原工作，也不能从事由用人单位另行安排的工作的

78. 根据《最高人民法院关于适用〈中华人民共和国民事诉讼法〉的解释》，审判人员应当自行回避，当事人有权申请其回避的情形有（   ）。

   A. 其近亲属持有本案上市公司当事人的股份

   B. 是本案当事人或者当事人近亲属的

   C. 是本案诉讼代理人近亲属的

   D. 本人或者其近亲属与本案有利害关系的

   E. 担任过本案的诉讼代理人的

79. 严某在某市A区新购一套住房，并请位于该市B区的装修公司进行装修，装修人员不慎将水管弄破，导致该楼下住户家具被淹毁，严某交涉未果，遂向该市B区法院起诉装修公司，B区法院裁定将案件移送至A区法院，A区法院又将案件退回B区法院，关于本案管辖，说法正确的有（   ）。

   A. A区法院对该案有管辖权

   B. 严某有权向B区法院起诉

   C. B区法院的移送管辖是错误的

   D. A、B区法院均无管辖权

   E. A区法院不接受移送，将案件退回B区法院是错误的

80. 根据《民事诉讼法》，起诉必须符合的条件有（   ）。

   A. 原告是与本案有直接利害关系的公民、法人和其他组织

   B. 有明确的被告

   C. 有具体的诉讼请求和理由

   D. 事实清楚，证据确实充分

   E. 属于人民法院受理民事诉讼的范围和受诉人民法院管辖

参考答案

一、单项选择题

1. B	2. B	3. A	4. B	5. C
6. C	7. B	8. C	9. D	10. B
11. A	12. C	13. C	14. A	15. A
16. D	17. D	18. A	19. A	20. C
21. D	22. A	23. A	24. B	25. A
26. D	27. D	28. C	29. B	30. B
31. D	32. B	33. B	34. B	35. D
36. C	37. A	38. A	39. A	40. B
41. B	42. C	43. C	44. A	45. B
46. A	47. C	48. A	49. B	50. D
51. A	52. D	53. D	54. A	55. B
56. B	57. C	58. B	59. D	60. B

二、多项选择题

61. A、B	62. A、D	63. A、B	64. A、B、C、E	65. C、D、E
66. A、B、C、D	67. A、D、E	68. B、C、E	69. A、C、E	70. A、C、E
71. A、C、E	72. A、C	73. A、B、C	74. A、D、E	75. A、C、D
76. A、B、C	77. B、C、D	78. B、C、D、E	79. A、B、C、E	80. A、B、C、E

模拟预测试卷二

一、单项选择题（共60题，每题1分。每题的备选项中，只有1个最符合题意）

1. 关于法的效力层级的说法，正确的是（   ）。
    A. 行政法规的效力高于地方性法规和部门规章
    B. 地方性法规与地方政府规章之间具有同等效力
    C. 省、自治区人民政府制定的规章与设区的市、自治州人民政府制定的规章之间具有同等效力
    D. 部门规章的效力高于地方政府规章

2. 甲与乙签订房屋买卖合同，将自有的一幢房屋卖给乙，并约定任何一方违约须向对方支付购房款25%的违约金。但在交房前，甲又与丙签订合同，将该房屋卖给丙，并与丙办理了过户登记手续。则下列说法中错误的是（   ）。
    A. 若乙要求甲支付约定的违约金，甲可以请求法院或仲裁机构予以适当减少
    B. 甲必须收回房屋并向乙方交付
    C. 丙取得该房屋的所有权
    D. 乙不能要求甲实际交付该房屋，但可以要求甲承担违约责任

3. 施工企业以自有的房产作抵押，向银行借款100万元，后来施工企业无力还贷，经诉讼后其抵押房产被拍卖，拍得的价款为150万元，贷款的利息及违约金为20万元，实现抵押权的费用为10万元，则拍卖后应返还施工企业的款项为（   ）万元。
    A. 10   B. 20
    C. 30   D. 50

4. 下列知识产权法保护对象中，属于专利法保护对象的是（   ）。
    A. 施工企业研发的新技术方案   B. 设计单位绘制的工程设计图
    C. 施工企业编制的投标文件   D. 项目经理完成的工作报告

5. 关于产品责任的说法，正确的是（   ）。
    A. 因产品存在缺陷造成他人损害的，被侵权人仅可向产品的销售者请求赔偿
    B. 因运输者的过错使产品存在缺陷，造成他人损害的，被侵权人应当向产品的运输者请求赔偿
    C. 明知产品存在缺陷仍然生产、销售，造成他人死亡的，被侵权人有权请求相应的惩罚性赔偿
    D. 产品投入流通后发现存在缺陷造成他人损害的，生产者、销售者不承担责任

6. 纳税人排放应税大气污染物或者水污染物的浓度值低于国家和地方规定的污染物排放标准50%的，减按（   ）征收环境保护税。
    A. 50%   B. 70%

C. 75% D. 80%

7. 关于行政机关对施工企业提出的行政许可申请的说法，正确的是（   ）。

   A. 申请事项依法不需要取得行政许可的，应当予以驳回
   B. 申请材料存在可以当场更正的错误的，应当要求申请人重新申请
   C. 行政机关不予受理申请的，应当出具书面凭证
   D. 行政机关受理申请的，可以不出具书面凭证

8. 某施工企业在施工中偷工减料，降低工程质量标准，造成重大安全事故，该施工企业的行为构成（   ）。

   A. 重大劳动安全事故罪
   B. 强令、组织他人违章冒险作业罪
   C. 重大责任事故罪
   D. 工程重大安全事故罪

9. 由甲施工企业设立的乙项目经理部订立采购合同，未能按时支付合同价款，应当承担违约责任的主体是（   ）。

   A. 乙
   B. 甲
   C. 甲的法定代表人
   D. 乙的项目经理

10. 建设单位欠付工程款，施工企业指定本单位职工申请仲裁，该职工的行为属于（   ）。

    A. 法定代理
    B. 表见代理
    C. 委托代理
    D. 指定代理

11. 关于施工企业资质证书的申请、延续和变更的说法，正确的是（   ）。

    A. 企业首次申请资质应当申请最低等级资质，但增项申请资质不必受此限制
    B. 施工企业发生合并需承继原建筑业企业资质的，不必重新核定建筑业企业资质等级
    C. 被撤回建筑业企业资质的企业，可以在资质被撤回后6个月内，向资质许可证机关提出核定低于原等级同类别资质的申请
    D. 资质许可机关逾期未做出资质准予延续决定的，视为准予延续

12. 根据《关于做好工程建设领域专业技术人员职业资格"挂证"等违法违规行为专项整治工作的补充通知》，下列实际工作单位与注册单位一致，但社会保险缴纳单位与注册单位不一致的人员，原则上不认定为"挂证"的是（   ）。

    A. 某国有企业改制，按该企业政策内退，但仍由该企业缴纳社会保险的职工
    B. 在某造价咨询公司注册并实际工作，但由某商贸公司缴纳社会保险的军队转业人员
    C. 某城建大学所属设计院聘用的该校在职教师
    D. 在某监理公司注册并实际工作，但由某劳务公司缴纳社会保险的因征地拆迁暂无居所的人员

13. 根据《招标投标违法行为记录公告暂行办法》，关于招标投标违法行为记录公告的说法，正确的是（   ）。

    A. 依法限制投标人投标资格的行政处理决定，公告期限为6个月

B. 对招标投标违法行为作出警告行政处理决定不必公告

C. 对招标投标违法行为作出的暂停建设项目审查批准的行政处理决定应当予以公告

D. 被公告的招标投标当事人认为公告记录与行政处理决定的相关内容不符的，公告部门应当立即停止对违法行为记录的公告

14. 机关、事业单位和大型企业与中小企业约定以货物、工程、服务交付后经检验或者验收合格作为支付中小企业款项条件的，机关、事业单位和大型企业拖延检验或者验收的，付款期限自（　　）之日起算。

  A. 检验或者验收合格   B. 交付货物、工程、服务

  C. 约定的检验或者验收期限届满   D. 双方确认结算金额

15. 关于规划许可证的说法，正确的是（　　）。

  A. 在乡村规划区内进行公益事业建设无须办理规划许可

  B. 出让土地的建设用地规划许可证由县级以上人民政府审批

  C. 建设工程规划类许可证可以向省级人民政府确定的镇人民政府申请办理

  D. 以划拨方式取得土地后应当办理用地规划许可

16. 某建设单位于2024年2月1日领取施工许可证，由于某种原因工程未能按期开工，该建设单位按照《建筑法》规定向发证机关申请延期，该工程最迟应当在（　　）开工。

  A. 2024年3月1日   B. 2024年5月1日

  C. 2024年8月1日   D. 2024年11月1日

17. 总承包单位甲公司经建设单位同意，将幕墙工程分包给乙公司施工。后该分包工程出现了施工质量问题。建设单位要求乙赔偿。下列责任赔偿的说法中，能够成立的是（　　）。

  A. 乙与建设单位无直接合同关系，建设单位应要求甲赔偿

  B. 若甲已全部赔偿建设单位损失，则建设单位无权再向乙要求赔偿

  C. 该质量问题是乙造成的，与甲无关

  D. 对该质量问题乙与甲负有同等责任，乙仅承担赔偿额的50%

18. 关于工程分包的说法，正确的是（　　）。

  A. 分包单位应当具有相应的资质条件

  B. 中标人可以将中标项目肢解后分别向他人分包

  C. 专业分包工程可以再次分包

  D. 分包单位就分包工程承担按份责任

19. 某工程施工招标，合同估算价为3000万元，招标人要求提交的投标保证金额度应不超过（　　）万元。

  A. 60   B. 80

  C. 350   D. 300

20. 关于招标投标异议、投诉处理的说法，正确的是（　　）。

  A. 投标人对开标有异议的，应当自知道或者应当知道之日起15日内向有关行政

监督部门投诉

B. 行政监督部门应当自收到投诉之日起 5 个工作日内决定是否受理投诉

C. 投诉人以非法手段取得证明材料进行投诉的，行政监督部门应当予以驳回

D. 行政监督部门应当自受理投诉之日起 20 个工作日内作出书面处理决定

21. 根据《政府采购法》，必须保证原有采购项目一致性或者服务配套的要求，需要继续从原供应商处添购，且添购资金总额不超过原合同采购金额 10% 的政府采购的货物或者服务，可以采用（   ）方式采购。

  A. 竞争性磋商   B. 邀请招标

  C. 单一来源采购   D. 竞争性谈判

22. 关于政府采购采取询价方式的说法，正确的是（   ）。

  A. 供应商第一次报出价格后需要修改应征得询价小组的同意

  B. 采购人根据质量和服务最好且报价最低的原则确定成交供应商

  C. 询价小组由采购人的代表和有关专家共六人组成

  D. 询价小组从符合相应资格条件的供应商名单中确定五家供应商，并向其发出询价通知书让其报价

23. 甲乙双方签订买卖合同的情形是：2023 年 11 月 10 日，甲在合同书上签字后寄送乙方；2023 年 11 月 20 日，乙在合同书上签字，并将双方签字的合同寄还甲，2023 年 11 月 30 日甲收到该合同书；合同书约定合同于 2023 年 12 月 10 日生效，该合同成立时间是（   ）。

  A. 2023 年 11 月 10 日   B. 2023 年 11 月 20 日

  C. 2023 年 11 月 30 日   D. 2023 年 12 月 10 日

24. 某材料采购合同，约定采购方先支付合同总价 5% 作为预付款。采购方在支付预付款前获得确切证据证明供货方抽逃资金，以逃避债务，采购方未按时支付预付款，这是采购方行使的（   ）。

  A. 同时履行抗辩权   B. 后履行抗辩权

  C. 不安抗辩权   D. 合同中止履行的权利

25. 根据《民法典》，建设工程施工合同无效，且建设工程经验收不合格的，以下处理正确的是（   ）。

  A. 修复后经验收合格的，依据合同关于工程价款的约定支付承包人

  B. 修复后经验收不合格的，参照合同关于工程价款的约定折价补偿承包人

  C. 修复后经验收合格的，发包人可以请求承包人承担修复费用

  D. 修复后经验收不合格的，发承包双方均应当承担责任

26. 关于债务转移的说法，正确的是（   ）。

  A. 债务人只能将债务的全部转移给第三人

  B. 债务人转移债务的，新债务人不可以主张原债务人对债权人的抗辩

  C. 债务人转移债务的，原债务人对债权人享有债权的，新债务人可以向债权人主张抵销

D. 债务转移必须经债权人同意方可生效

27. 关于借款合同的说法，正确的是（　　）。

   A. 借款合同是实践合同

   B. 自然人之间的借款合同对支付利息没有约定或约定不明确的，视为支付利息

   C. 借贷双方约定的利率超过年利率24%，则该借款的利息约定无效

   D. 对支付利息的期限没有约定的，借款期间1年以上的，应当在每届满1年时支付

28. 甲施工企业与乙预制构件加工厂签订了承揽合同，合同约定由甲提供所需材料和图纸。关于该合同主体权利义务的说法，正确的是（　　）。

   A. 没有约定报酬支付期限的，甲应当先行预付

   B. 因甲提供的图纸不合理导致损失的，甲与乙承担连带责任

   C. 未经甲许可，乙不得留存复制品或技术资料

   D. 乙发现甲提供的材料不合格，遂自行更换为自己确认合格的材料

29. 下列责任中，属于设计单位安全责任的是（　　）。

   A. 确定安全施工措施所需费用

   B. 对施工安全技术措施进行审查

   C. 对涉及施工安全的重点部位和环节在设计文件中注明，并对防范生产安全事故提出指导意见

   D. 审查专项施工方案是否符合工程建设强制性标准

30. 根据《建设工程安全生产管理条例》，工程监理单位在实施监理过程中，发现存在安全事故隐患且情况严重的，应当（　　）。

   A. 要求施工企业整改，并及时报告有关主管部门

   B. 要求施工企业整改，并及时报告建设单位

   C. 要求施工企业暂时停止施工，并及时报告有关主管部门

   D. 要求施工企业暂时停止施工，并及时报告建设单位

31. 关于安全生产许可证有效期的说法，正确的是（　　）。

   A. 延期手续由原安全生产许可证颁发管理机关办理

   B. 安全生产许可证的有效期为5年

   C. 安全生产许可证需要延期的，企业应当于期满后3个月内申请延期

   D. 未发生重大安全事故的，安全生产许可证有效期满时自动延期

32. 甲建筑公司是某施工项目的施工总承包单位，乙建筑公司是其分包单位。2008年5月5日，乙建筑公司的施工项目发生了生产安全事故，应由（　　）向负有安全生产监督管理职责的部门报告。

   A. 甲建筑公司或乙建筑公司　　　B. 甲建筑公司

   C. 乙建筑公司　　　　　　　　　D. 甲建筑公司和乙建筑公司

33. 建筑施工企业的特种作业人员不包括（　　）。

   A. 架子工　　　　　　　　　　　B. 起重信号工

C. 起重机械司机　　　　　　D. 钢筋工

34. 根据《消防法》，单位的消防安全责任人是（　　）。
    A. 单位实际控制人　　　　　B. 单位安全部门负责人
    C. 单位行政部门负责人　　　D. 单位主要责任人

35. 发生重大事故，负责事故调查的人民政府应当自收到事故调查报告之日起（　　）日内做出批复。
    A. 10　　　　　　　　　　　B. 15
    C. 30　　　　　　　　　　　D. 60

36. 关于安全生产举报的说法，正确的是（　　）。
    A. 应急管理部门集中受理举报
    B. 受理的举报事项经调查核实后，根据性质和程度决定是否形成书面材料
    C. 负有安全生产监督管理职责的部门应当公开举报电话、信箱或者电子邮件地址等网络举报平台
    D. 涉及人员重伤的举报事项，应当由县级以上人民政府组织核查处理

37. 《建设工程抗震管理条例》规定，（　　）应当建立建设工程过程数据和结果数据、检测影像资料及检测报告记录与留存制度，对检测数据和检测报告的真实性、准确性负责，不得出具虚假的检测数据和检测报告。
    A. 建设单位　　　　　　　　B. 工程质量检测机构
    C. 工程监理单位　　　　　　D. 施工企业

38. 关于无障碍环境建设保障措施的说法，正确的是（　　）。
    A. 文明城市创建活动，应当将无障碍环境建设情况作为重要内容
    B. 残疾人联合会有权修改涉及无障碍环境建设的标准
    C. 地方结合本地实际制定的地方无障碍环境建设标准应当高于国家标准的相关技术要求
    D. 中等职业学校应当开设无障碍环境建设相关专业和课程

39. 《建设工程质量管理条例》规定，建设工程发包单位不得迫使承包方以（　　）。
    A. 低于市场的价格竞标，不得任意压缩合理工期
    B. 低于成本的价格竞标，不得任意压缩合理工期
    C. 低于预算的价格竞标，不得降低工程质量
    D. 低于标底的价格竞标，不得降低工程质量

40. 某水泥厂在原厂区进行生产线二期扩建，委托原设计单位设计厂房，要求该设计单位根据原厂房的勘察资料进行设计。关于该设计单位质量责任和义务的说法，正确的是（　　）。
    A. 原厂房的勘察资料符合工程建设强制性标准的，设计单位应当使用
    B. 设计单位根据原厂房的勘察资料设计的，对厂房的质量不承担责任
    C. 设计单位应当拒绝使用原厂房的勘察资料
    D. 设计单位有权要求原勘察单位对新厂址进行勘察

41. 施工企业在施工过程中发现设计文件和图纸有差错的,应当( )。
   A. 继续按设计文件和图纸施工
   B. 对设计文件和图纸进行修改,按修改后的设计文件和图纸进行施工
   C. 对设计文件和图纸进行修改,征得设计单位同意后按修改后的设计文件和图纸进行施工
   D. 及时提出意见和建议

42. 关于建设工程返修的说法,正确的是( )。
   A. 建设工程返修不包括竣工验收不合格的情形
   B. 对竣工验收不合格的建设工程,若非施工企业原因造成的,施工企业不负责返修
   C. 对施工中出现质量问题的建设工程,无论是否是施工企业原因造成的,施工企业都应负责返修
   D. 对竣工验收不合格的建设工程,若是施工企业原因造成的,施工企业负责有偿返修

43. 关于建设工程竣工规划验收的说法,正确的是( )。
   A. 建设工程未经核实或者经核实不符合规划条件的,建设单位不得组织竣工验收
   B. 建设单位应当向住房城乡建设主管部门提出竣工规划验收申请
   C. 对于验收合格的建设工程,城乡规划行政主管部门出具建设工程规划许可证
   D. 建设单位应当在竣工验收后 3 个月内向城乡规划行政主管部门报送有关竣工验收资料

44. 根据《国务院办公厅关于清理规范工程建设领域保证金的通知》(国办发〔2016〕49号),关于工程建设领域保证金的说法,正确的是( )。
   A. 建设单位可以要求施工企业缴纳工期保证金
   B. 农民工工资保证金已经被取消
   C. 未按规定返还保证金,无需承担违约责任
   D. 在工程项目竣工前,已经缴纳履约保证金的,建设单位不得同时预留工程质量保证金

45. 根据《水污染防治法》,禁止设置排污口的是( )。
   A. 风景名胜区水体　　　　B. 货运码头
   C. 饮用水水源保护区内　　D. 具有特殊经济文化价值的水体

46. 在噪声敏感建筑物集中区域因特殊需要必须连续施工作业的,应当取得地方人民政府住房和城乡建设、生态环境主管部门或者地方人民政府指定的部门的证明,并( )。
   A. 向附近居民支付赔偿费用　　B. 报经应急管理部门审批
   C. 经居民小区业主委员会同意　　D. 在施工现场显著位置公示

47. 关于国家所有的文物的说法,正确的是( )。

A. 遗存于公海区域内的起源于中国的文物，属于国家所有

B. 国有不可移动文物的所有权因其所依附的土地所有权或者使用权的改变而改变

C. 属于国家所有的可移动文物的所有权因其保管、收藏单位的终止或者变更而改变

D. 古文化遗址、古墓葬、石窟寺属于国家所有

48. 根据《劳动合同法》，用人单位与劳动者已建立劳动关系，未同时订立书面劳动合同的，应当自用工之日起（　　）内订立书面劳动合同。

　　A. 1个月　　　　　　　　　　　B. 2个月
　　C. 3个月　　　　　　　　　　　D. 半年

49. 劳动者可以立即解除劳动合同且无须事先告知用人单位的情形是（　　）。

A. 用人单位未按照劳动合同约定提供劳动保护或者劳动条件

B. 用人单位以暴力、威胁或者非法限制人身自由的手段强迫劳动者劳动

C. 用人单位未及时足额支付劳动报酬

D. 用人单位制定的规章制度违反法律、法规的规定，损害劳动者的权益

50. 根据《工程建设领域农民工工资保证金规定》，施工总承包单位采用银行保函替代工资保证金，发生拖欠农民工工资的，提供银行保函的经办银行应在收到《支付通知书》（　　）个工作日内，依照银行保函约定支付农民工工资。

　　A. 2　　　　　　　　　　　　　B. 3
　　C. 5　　　　　　　　　　　　　D. 6

51. 某施工企业职工在工程施工中受伤，职工认为应属于工伤，用人单位不认为是工伤的，则应由（　　）承担举证责任。

　　A. 职工本人　　　　　　　　　　B. 工伤治疗机构
　　C. 用人单位　　　　　　　　　　D. 社会保险行政部门

52. 关于工伤医疗停工留薪期的说法，正确的是（　　）。

A. 在停工留薪期内，原工资福利待遇适当减少

B. 停工留薪期一般不超过12个月

C. 工资由所在单位在停工留薪期结束后一次性支付

D. 停工留薪期满后仍需治疗的，工伤职工不再享受工伤医疗待遇

53. 关于劳动仲裁的说法，正确的是（　　）。

A. 劳动者应当与用人单位先行调解，调解不成的，方可向劳动争议仲裁委员会申请仲裁

B. 劳动争议仲裁委员会由劳动行政部门代表、同级工会代表、用人单位方面的代表组成

C. 劳动争议申请仲裁的时效期间为6个月

D. 劳动争议申请仲裁的时效期间不适用中止和中断

54. 王某在施工现场工作时不慎受伤，在监理工程师的调解下，王某与雇主达成

协议，雇主一次性支付王某两万元作为补偿，王某放弃诉讼权利。这种调解方式属于（　　）。

  A. 人民调解   B. 法院调解

  C. 仲裁调解   D. 专业调解

55. 纠纷发生后，下列不属于仲裁案件受理条件的是（　　）。

  A. 有仲裁协议   B. 有具体的仲裁请求、事实和理由

  C. 属于仲裁委员会受理范围   D. 当事人双方口头愿意仲裁

56. 根据《仲裁法》，关于仲裁裁决撤销的说法，正确的是（　　）。

  A. 违约金的计算不符合合同约定，当事人可以申请撤销仲裁裁决

  B. 仲裁的程序违反法定程序，当事人可以申请撤销仲裁裁决

  C. 当事人需要申请撤销仲裁裁决时，可以向财产所在地的中级人民法院申请

  D. 仲裁裁决被撤销后，当事人可以根据双方重新达成的仲裁协议申请仲裁，不可以向人民法院起诉

57. 民事诉讼活动中，诉讼代理人代为承认、放弃、变更诉讼请求的，必须有委托人的授权，该授权属于（　　）。

  A. 一般授权   B. 特别授权

  C. 无条件授权   D. 全面授权

58. 关于民事诉讼时效期间的说法，正确的是（　　）。

  A. 普通诉讼时效期间为 3 年

  B. 权利的最长保护期限为 10 年

  C. 国际货物买卖合同争议的时效期间为 3 年

  D. 技术进出口合同争议的时效期间为 2 年

59. 甲省人民政府作出了批准该省乙市人民政府在乙市某村征用土地的批复。其后，乙市规划建设局授予丙公司拆迁许可证，拆除该村一组住户的房屋。住户不服，欲请求法律救济。下列说法中，正确的是（　　）。

  A. 住户不得对乙市规划建设局授予丙拆迁许可证的行为提起诉讼

  B. 住户对甲省人民政府征用土地的批复不服，应当先申请复议再提起诉讼

  C. 住户可以对乙市人民政府征用补偿决定提起诉讼

  D. 住户不得请求乙市人民政府撤销乙市规划建设局授予丙拆迁许可证的行为

60. 关于行政诉讼案件审理的说法，正确的是（　　）。

  A. 行政诉讼期间，被诉行政行为停止执行

  B. 涉及商业秘密的行政诉讼案件一律不得公开审理

  C. 人民法院对行政案件宣告判决前原告申请撤诉的，是否准许，由人民法院裁定

  D. 人民法院审理行政赔偿案件不适用调解

二、多项选择题（共 20 题，每题 2 分。每题的备选项中，有 2 个或 2 个以上符合题意，至少有 1 个错项。错选，本题不得分；少选，所选的每个选项得 0.5 分）

61. 根据《立法法》，下列事项中，只能由法律规定的有（   ）。
    A. 基层群众自治制度
    B. 对公民政治权利的剥夺、限制人身自由的强制措施和处罚
    C. 仲裁基本制度
    D. 为执行法律的规定需要制定行政法规的事项
    E. 民事基本制度

62. 关于商标专用权的说法，正确的有（   ）。
    A. 商标专用权是指商标所有人对注册商标所享有的具体权利
    B. 商标专用权的内容只包括财产权
    C. 商标专用权包括使用权和禁止权两个方面
    D. 未经核准注册的商标不受商标法保护
    E. 商标设计者的人身权由专利权法保护

63. 关于建筑物和物件损害责任的说法，正确的是（   ）。
    A. 堆放物倒塌、滚落或者滑落造成他人损害，堆放人能证明自己没有过错的，也应当承担侵权责任
    B. 窨井等地下设施造成他人损害，管理人不能证明尽到管理职责的，应当承担侵权责任
    C. 公共道路管理人不能证明已经尽到清理、防护、警示等义务的，应当承担相应的责任
    D. 在公共场所或者道路上挖掘、修缮安装地下设施等造成他人损害，施工人不能证明已经设置明显标志和采取安全措施的，应当承担侵权责任
    E. 在公共道路上堆放、倾倒、遗撒妨碍通行的物品造成他人损害的，由行为人承担侵权责任

64. 关于一级建造师注册的说法，正确的有（   ）。
    A. 取得一级建造师资格证书的人员，可以自行提出注册申请
    B. 取得一级建造师资格证书的人员可以受聘于招标代理机构，提出注册申请
    C. 自一级建造师资格证书签发之日起超过 3 年的，不得申请注册
    D. 注册建造师的聘用单位可以根据工程施工需要扣押建造师的注册证书
    E. 未取得注册证书的，不得以注册建造师的名义从事相关活动

65. 施工企业的下列行为符合工程安全不良行为认定标准的有（   ）。
    A. 在施工起重机械和整体提升脚手架、模板等自升式架设设施验收合格后未按照规定登记的
    B. 在尚未竣工的建筑物内设置员工集体宿舍的
    C. 未对因建设工程施工可能造成损害的毗邻建筑物、构筑物和地下管线等采取专项预防措施的

D. 使用未经验收或验收不合格的施工起重机械和整体提升脚手架、模板等自升式架设设施的
   E. 未按照节能设计进行施工的

66. 根据《建筑工程施工许可管理办法》，下列建设工程中，需要办理施工许可证范围的有（　　）。
   A. 工程投资额为 50 万元的建筑工程
   B. 抢险救灾工程
   C. 建筑面积为 500 平方米的建筑工程
   D. 农民自建低层住宅
   E. 按照国务院规定的权限和程序批准开工报告的建筑工程

67. 下列分包的情形中，属于违法分包的有（　　）。
   A. 总承包单位将部分工程分包给不具有相应资质的单位
   B. 未经建设单位认可，施工总承包单位将劳务作业分包给有相应资质的劳务分包企业
   C. 未经建设单位认可，承包单位将部分工程交由他人完成
   D. 分包单位将其承包的工程再分包
   E. 施工总承包单位将承包工程的主体结构分包给了具有先进技术的其他单位

68. 评标委员会应当否决投标的情形有（　　）。
   A. 投标报价低于成本或者高于招标文件设定的最高投标限价
   B. 投标人不符合国家或者招标文件规定的资格条件
   C. 投标文件没有对招标文件的实质性要求和条件作出响应
   D. 投标联合体没有提交共同投标协议
   E. 同一投标人提交两个以上不同的投标文件或者投标报价

69. 关于违约金的说法，正确的有（　　）。
   A. 支付违约金是一种民事责任的承担方式
   B. 约定的违约金低于造成的损失的，当事人可以请求人民法院或者仲裁机构予以增加
   C. 当事人既约定违约金又约定定金的，一方违约时，对方可以同时适用违约金条款和定金条款
   D. 违约方支付违约金后，非违约方有权要求其继续履行
   E. 约定的违约金过分高于造成的损失的，当事人可以请求人民法院或者仲裁机构予以适当减少

70. 根据《最高人民法院关于审理建设工程施工合同纠纷案件适用法律问题的解释（一）》，发包人就建设工程质量缺陷承担过错责任的情形有（　　）。
   A. 提供的设计有缺陷
   B. 推荐购买的建筑构配件不符合强制性国家标准
   C. 提供的建筑材料不符合强制的国家标准

D. 未按照合同约定支付预付款

E. 直接指定分包人分包专业工程

71. 根据《建筑起重机械安全监督管理规定》，下列建筑起重机械中，不得出租、使用的有（   ）。

    A. 经检验达不到安全技术标准规定的建筑起重机械

    B. 属国家明令限制使用的建筑起重机械

    C. 没有完整安全技术档案的建筑起重机械

    D. 超过制造厂家推荐的使用年限的建筑起重机械

    E. 没有齐全有效的安全保护装置的建筑起重机械

72. 施工作业人员应当享有的安全生产权利有（   ）。

    A. 获得防护用品权   B. 获得保险赔偿权

    C. 拒绝违章指挥权   D. 安全生产决策权

    E. 紧急避险权

73. 根据《建设工程安全生产管理条例》，关于编制建设工程生产安全事故应急救援预案的说法，正确的有（   ）。

    A. 应急救援预案应当由建设行政主管部门批准

    B. 分包单位不得参与应急救援预案编制

    C. 应急救援预案应当针对施工现场编制

    D. 总承包单位应当统一组织编制应急救援预案

    E. 应急救援预案编制的重点是施工现场易发生重大事故的部位和环节

74. 根据《建设工程质量管理条例》，关于施工企业质量责任和义务的说法，正确的有（   ）。

    A. 对施工质量负责

    B. 按照工程设计图纸和施工技术标准施工

    C. 对建筑材料、设备等进行检验检测

    D. 建立健全施工质量检验制度

    E. 审查批准高大模板工程的专项施工方案

75. 建设单位办理大型公共建筑工程竣工验收备案应提交的材料有（   ）。

    A. 工程竣工验收备案表

    B. 住宅使用说明书

    C. 工程竣工验收报告

    D. 施工企业签署的工程质量保修书

    E. 公安机关消防机构出具的消防验收合格证明文件

76. 关于施工现场扬尘污染防治的说法，正确的有（   ）。

    A. 施工现场土方作业应在密闭环境内进行

    B. 施工现场的主要道路地面应进行硬化处理，路面应平整坚实

    C. 施工现场的废料要及时焚烧

D. 在规定区域内的施工现场应使用预拌混凝土及预拌砂浆

E. 建筑物内施工垃圾应采用器具或管道运输清运

77. 根据《最低工资规定》，在劳动者提供正常的劳动情况下，判断用人单位支付的工资是否低于最低标准应剔除（　　）。

A. 加班补贴
B. 工龄补贴
C. 高温补贴
D. 有毒有害补贴
E. 井下工作补贴

78. 关于未成年工特殊保护的说法，正确的有（　　）。

A. 不得安排未成年工从事低温、冷水作业

B. 不得安排未成年工从事国家规定的第三级体力劳动强度的劳动

C. 不得安排未成年工从事矿山井下作业

D. 不得安排未成年工从事夜班工作

E. 用人单位应当对未成年工定期进行健康检查

79. 关于仲裁开庭与裁决的说法，正确的有（　　）。

A. 当事人协议不开庭的，仲裁庭可以根据仲裁申请书、答辩书以及其他材料作出裁决

B. 仲裁裁决是由仲裁庭作出的具有强制执行效力的法律文书

C. 被申请人在开庭审理时未经仲裁庭许可中途退庭的，仲裁庭不可缺席审理并作出裁决

D. 仲裁裁决在所有《承认和执行外国仲裁裁决公约》缔约国或地区均可得到承认和执行

E. 申请仲裁裁决强制执行时效的中断适用法律有关诉讼时效中断的规定

80. 公民、法人或者其他组织提起的下列诉讼中，属于行政诉讼受案范围的有（　　）。

A. 认为行政机关滥用行政权力排除或者限制竞争的

B. 认为行政机关不依法履行政府特许经营协议的

C. 对行政机关的行政指导行为不服的

D. 申请行政机关履行保护人身权的法定职责，行政机关拒绝履行的

E. 对行政机关针对信访事项作出的复核意见不服的

参考答案

一、单项选择题

1. A	2. B	3. B	4. A	5. C
6. A	7. C	8. D	9. B	10. C
11. D	12. C	13. C	14. C	15. C
16. D	17. B	18. A	19. A	20. C
21. C	22. D	23. B	24. C	25. C
26. D	27. D	28. C	29. C	30. D
31. A	32. B	33. D	34. D	35. B
36. C	37. B	38. A	39. B	40. A
41. D	42. C	43. A	44. D	45. C
46. D	47. D	48. A	49. B	50. C
51. C	52. B	53. B	54. A	55. D
56. B	57. B	58. A	59. C	60. C

二、多项选择题

61. A、B、C、E	62. A、B、C、D	63. B、C、D、E	64. B、E	65. A、B、C、D
66. A、C	67. A、D、E	68. A、B、C、D	69. A、B、D、E	70. A、C、E
71. A、C、E	72. A、B、C、E	73. C、D、E	74. A、B、C、D	75. A、C、D、E
76. B、D、E	77. A、C、D、E	78. C、D、E	79. A、B、D、E	80. A、B、D